仝建平　高瑞艳　聂宇洁　朱娇娇 著

山西旧志研究

SHANXI JIUZHI YANJIU

黄河出版传媒集团
宁夏人民出版社

图书在版编目（CIP）数据

山西旧志研究 / 仝建平等著. -- 银川：宁夏人民
出版社，2023.12
　ISBN 978-7-227-07899-9

　Ⅰ. ①山… Ⅱ. ①仝… Ⅲ. ①山西–地方志–研究
Ⅳ. ①K292.5

　中国国家版本馆CIP数据核字（2024）第020893号

山西旧志研究	仝建平　高瑞艳　聂宇洁　朱娇娇　著

责任编辑　杨海军
责任校对　赵　亮
封面设计　张　宁
责任印制　侯　俊

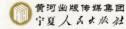 黄河出版传媒集团　宁夏人民出版社　出版发行

出 版 人　薛文斌
地　　址　宁夏银川市北京东路139号出版大厦（750001）
网　　址　http://www.yrpubm.com
网上书店　http://www.hh-book.com
电子信箱　nxrmcbs@126.com
邮购电话　0951-5052104　5052106
经　　销　全国新华书店
印刷装订　宁夏银报智能印刷科技有限公司
印刷委托书号　（宁）0028293

开本　880 mm × 1230 mm　1/32
印张　13.5
字数　315千字
版次　2023年12月第1版
印次　2023年12月第1次印刷
书号　ISBN 978-7-227-07899-9
定价　68.00元

前　言

　　地方志是综合记录一行政区域内自然环境、社会历史的图书，被誉为"地方的百科全书"。欲较全面地了解历史时期的某地，主体必定要依托地方志书。1949 年以前编纂的地方志被方志界称为"旧志"。在 1998 年出版的《山西文献总目提要》中，李裕民先生统计，山西旧志中政区志有 458 种，专志有 20 余种[1]。20 年过去了，学界发现《山西文献总目提要·地方志》所列方志也有不实者，如万历《乡宁县志》和顺治《乡宁县志》实为 1 种。此外，《山西文献总目提要》出版后，还有多种方志陆续被发现，包括崇祯《山西通志》、万历《翼乘》、乾隆《景毛小记》、乾隆《湾里庄志》、同治《湾里庄续志》、民国《石膏山志》等。如果再加上私人收藏及国外收藏，笔者推测现存山西旧志应不少于 520 种[2]，约占全国现存旧志的二十分之一，编纂成书年代集中于明代后期、清代和民国，且以清代旧志居多。时间较早的也有唐、宋、蒙古时期的几种。从记述种类来看，山西旧志绝大多数属政区志，以官修为

主,专志有四五十种。现存山西旧志中的名志有成化《山西通志》、光绪《山西通志》、康熙《平阳府志》、乾隆《汾州府志》和光绪《五台新志》等。

晚清乡宁人杨笃是山西旧志编纂中涌现出的一位修志名家。他一生修志(包括参订)13 种,其中山西旧志 11 种、河北旧志 2 种,是学界公认的中国古代修志最多的人。杨笃所修 11 种山西旧志分别是:光绪《山西通志》、光绪《代州志》、光绪《壶关县续志》、光绪《长子县志》、光绪《续修黎城县志》、光绪《屯留县志》、光绪《长治县志》、光绪《潞城县志》、光绪《天镇县志》、光绪《繁峙县志》和光绪《五台新志》。

现存山西旧志的主体已被列入珍贵古籍,分别被四套影印版方志丛书集中收录。一是台北成文出版社《中国方志丛书》(山西省)62 种;二是江苏古籍出版社(今凤凰出版社)《中国地方志集成·山西府县志辑》173 种、省志辑 2 种;三是巴蜀书社、凤凰出版社、上海书店出版社联合影印的《中国地方志集成·山西省善本方志辑》,收录了明清时期 57 种山西善本方志;四是天津古籍出版社《国家图书馆藏地方志珍本丛刊》,收录山西旧志 50 种。在这四套影印版方志丛书中,前两种较为常见。

近 40 年来,为了研究利用方便,一大批山西旧志陆续得到整理出版。对山西旧志的整理主要包括影印、排印、点校、点注、标点、翻译和辑录等,或正式出版,或内部印行,或线装、胶装,或铅印、油印。

1．影印。影印的山西旧志有：嘉靖《山西通志》，洪武《平阳志》，雍正《朔平府志》，乾隆《汾州府志》，嘉靖《太原县志》，万历、顺治、咸丰《太谷县志》，康熙《阳曲县志》，雍正《岳阳县志》，民国《永和县志》，乾隆《重修盂县志》，乾隆《泫志拾遗》，万历、康熙、嘉庆、同治《稷山县志》。近年来三晋出版社出版的《山西文华·史料编》影印了约20种山西旧志，其中包括光绪《山西通志》、万历《潞安府志》、康熙《平阳府志》、雍正《朔平府志》、雍正《泽州府志》、乾隆《汾州府志》、乾隆《蒲州府志》、光绪《代州志》、光绪《解州志》、光绪《直隶绛州志》等。

2．排印。山西旧志排印主要集中于原晋东南地区，现长治和晋城两市。20世纪80年代，两地将域内的绝大部分府州县志排印后以线装形式出版（内部印行）。

3．点校。点校后的省志包括成化、万历、康熙、雍正、光绪《山西通志》；府志有雍正《朔平府志》，万历、乾隆《汾州府志》；州志有弘治《潞州志》、万历《应州志》；县志有万历《繁峙县志》，雍正《岳阳县志》，民国《安泽县志》，康熙、乾隆、光绪、民国《和顺县志》。

4．点注。点注的山西旧志有万历《太原府志》、万历《潞安府志》、道光《大同县志》、光绪《蒲县志》、光绪《太平县志》、民国《襄陵县新志》和民国《翼城县志注释》。

5．标点。标点的山西旧志有顺治、乾隆《潞安府志》，以及康熙《平阳府志》、乾隆《蒲州府志》、万历《代州志》、万历《泽州志》和民国《洪洞县志》。

6. 翻译。翻译的山西旧志有乾隆《浑源州志》、民国《翼城县志今译》和民国《永和县志》。

7. 辑录。辑录后的山西旧志有数种。如《永乐太原府志》就是辑录《永乐大典》残本《太原府志》编成，《康熙版〈大宁县志〉》辑录了康熙《平阳府志》中大宁县域的内容并作了标点、注释和翻译，《汾州府志·平遥编》辑录了万历、乾隆《汾州府志》点校本中的平遥内容编成，《宁武旧志集成》中的《三关志·宁武地理总考》辑自明代廖希颜的《三关志》编成。此外，《静乐旧志集成》(康熙、雍正、同治)和万历《忻州志》是影印与标点相结合的旧志，每页分上下两栏，下栏为影印页，上栏为对应的简体文字，标点竖排，可对照影印版阅读。

除去影印外，点校或标点也是山西旧志整理的主要方式。据任根珠先生《西樵志语》一书所收《山西新方志事业综述》统计，截至 2002 年，山西旧志点注或标点的有 101 种。据刘益龄《山西地方志史》统计，山西旧志整理点校本有 129 种，时间显示截至 2010 年。据笔者掌握的数据，截至目前，山西旧志点校或标点本(不含影印)约有 210 种；若再加上整理的专志，总数应在 240 种以上，约占现存山西旧志的二分之一。如果把已影印单行的山西旧志都计算在内，则规模约占现存山西旧志总数的 70%。

山西旧志整理工作以长治市、太原市、晋中市最有功效。20世纪 80 年代长治市曾将府州县志的多数版本标点排印，使用线装方式内部出版。本世纪前后，长治市的旧志整理又增加了点校

本和标点整理本。除却长治、平顺，其余市县的现存旧志各版本均已正式出版。太原市将市域内府县志全部点校或标点，出版《太原府志集全》4 种、《太原古县志集全》12 种，实现了旧志中政区志全部整理出版的目标。据赵保平统计：晋中市已经影印出版旧志30 种，占现存方志古籍总数的 49%，标点整理方志古籍 28 种；介休、和顺两市县已将现存旧志全部点校或标点整理出版[3]。此外，静乐县、汾阳市、孝义市、交城县、广灵县、应县、代县、繁峙县、翼城县、乡宁县、霍州市、吉县、隰县、永和县、沁水县均已将辖区内的旧志标点整理出版。加上影印版，山西省内几乎所有市县都整理出版过至少 1 种旧志。

在山西旧志整理过程中，李裕民先生是对旧志点校整理最多的学者，主要贡献包括成化《山西通志》、万历《汾州府志》、雍正《朔平府志》、天启《文水县志》、康熙《宁乡县志》、万历《繁峙县志》、雍正《岳阳县志》、民国《安泽县志》和光绪《山西通志·古迹考》。

近 40 年来，学术界对山西旧志的整理出版主要集中在影印、标点以及成就较高的辑佚方面，同时还出版了一批分类辑录旧志资料的图书，包括：李裕民《山西古方志辑佚》《晋志钩沉》，山西省农业厅农业志编写组《山西方志物产综录》，山西省地震局《山西省地震历史资料汇编》，张杰《山西自然灾害史年表》，平鲁县县志办公室《旧志辑录》，右玉县县志办公室《旧志集录》。此外，刘纬毅《宋辽金元方志辑佚》《汉唐方志辑佚》和太谷县志编纂委员会办

公室《太谷历史文献辑录》也收录了不少山西旧志佚文。

辑录和专门介绍山西旧志的工具书有：李裕民《现存山西地方志总目提要》，刘纬毅主编《山西文献总目提要》《山西方志概述》，祁明《山西地方志综录》《山西方志要览》，池秀云《〈山西通志〉人物传索引》，张国淦《山西方志考》，赵保平《晋中地方志总目提要》等。

对现存山西旧志的研究已有一些成果面世，其中整体研究山西旧志的最新学术成果是刘益龄《山西地方志史》。该书全面梳理了山西地方志的发展史，总结特点，辑佚志文，并附录现存及亡佚志书书目。赵世芳《跟着古志游和顺》是一部利用旧志撰写的乡土历史文化著作。研究一类、一种或数种山西旧志的研究生学位论文已经出现了10多篇。至于其他研究山西旧志的文章，据统计已经有百余篇。目前，对现存山西旧志的研究、利用主要集中在采摘各类资料，对志书本身的深度研究则较少。

山西是中国地域文化积淀厚重的省份之一，目前正面临着经济转型的发展重任。传承发展地域文化可以助推山西社会文化健康发展，而现存山西旧志是记录山西地域文化的重要文献，也是展示山西丰厚历史文化的重要载体。习近平总书记说："要运用现代科技手段加强古籍典藏的保护修复和综合利用，深入挖掘古籍蕴含的哲学思想、人文精神、价值理念、道德规范，推动中华优秀传统文化创造性转化、创新性发展。""我们要加强考古工作和历史研究，让收藏在博物馆里的文物、陈列在广阔大地上的遗产、书

写在古籍里的文字都活起来,丰富全社会历史文化滋养。"因此,深度研究山西旧志,挖掘其中的丰富养分,让古籍活起来,对传承、发展、创新山西地域文化具有重要的社会价值,同时对于旧志整理研究及华北社会文化研究也具有积极功效。

注释:

[1] 据祁明《山西方志要览》统计,山西现存旧志 529 种。见该书第 16 页统计表。

[2] 据刘益龄《山西地方志史》统计,山西现存明代方志有 68 种、清代 349 种、民国 78 种,唐宋山水志 3 种,蒙古时期志文 2 种,合计 500 种。

[3] 赵保平《传承文化遗产　汲取历史智慧——对晋中方志古籍资源整理工作的若干思考》,载中国地方志指导小组办公室主办、山西省地方志学会等承办的《中国地方志与中华优秀传统文化论坛——地方志与三晋文化分论坛论文集》,山西临汾,2023 年 8 月。

目　录

上篇　明洪武《平阳志》研究

引　言 …………………………………………………… 003

第一章　洪武《平阳志》的编纂概况 …………………… 008

　一、洪武《平阳志》的编纂背景 ………………………… 008

　二、洪武《平阳志》的作者 ……………………………… 012

　三、洪武《平阳志》的卷数 ……………………………… 021

　四、洪武《平阳志》的成书 ……………………………… 022

第二章　洪武《平阳志》刻本及内容 …………………… 024

　一、洪武《平阳志》刻本概述 …………………………… 024

　二、洪武《平阳志》内容概述 …………………………… 026

　三、洪武《平阳志》史料来源 …………………………… 029

　四、洪武《平阳志》与万历《平阳府志》体例、内容及舆图之比较

　　………………………………………………………… 033

第三章　洪武《平阳志》内容校订 ……………………… 043

　一、平阳府 ……………………………………………… 043

　二、临汾县 ……………………………………………… 051

　三、洪洞县 ……………………………………………… 054

　四、赵城县 ……………………………………………… 056

　五、太平县 ……………………………………………… 060

六、浮山县 062

七、岳阳县 064

八、曲沃县 067

九、翼城县 070

十、汾西县 071

十一、蒲县 074

十二、蒲州 077

第四章 洪武《平阳志》史料价值 085

一、研究明初平阳府地域及行政格局 085

二、研究明代区域坛壝体系变迁 086

三、研究明初平阳府气候环境及风俗 088

四、研究明初平阳府信仰文化 091

第五章 洪武《平阳志》辑补价值 101

一、辑佚旧志条目 101

二、辑补《山西寺庙大全》 104

第六章 以图示古:解读中国古代方志地图

       ——以洪武《平阳志》地图为例 111

一、山水形意:洪武《平阳志》地图规制 112

二、按图索骥:洪武《平阳志》地图文献价值 116

三、以图示古:洪武《平阳志》地图人文价值 136

结 语 147

中篇 现存5种民国时期山西村志研究

引 言 153

第一章 5种村志编纂概况 158

一、村志编纂概述 158

二、5 种村志的成书与流传 ··················· 161

第二章　5 种村志的编纂动因 ··················· 169

一、村志编纂者的卓识 ··················· 169

二、官方督修村志 ··················· 173

三、官修县志促进村志编纂 ··················· 174

四、民国山西村治的影响 ··················· 175

第三章　5 种村志的内容与特点 ··················· 179

一、5 种村志的体例与内容 ··················· 179

二、5 种村志的体例特点 ··················· 187

三、5 种村志的文本特点 ··················· 190

四、5 种村志的史料来源 ··················· 203

五、5 种村志存在的问题 ··················· 205

第四章　5 种村志的文献价值 ··················· 220

一、研究区域历史的重要史料 ··················· 220

二、保存珍贵的碑刻资料 ··················· 249

三、存录已佚书籍的内容 ··················· 256

第五章　5 种村志对方志理论的探讨 ··················· 259

一、史志关系:志乃史之支流 ··················· 259

二、村志与府州县志的关系 ··················· 260

三、村志的功用 ··················· 262

四、新村志与旧村志编纂理论对比 ··················· 265

结　语 ··················· 270

下篇　晚清民国时期山西乡土志研究

引　言 ··················· 275

第一章　晚清民国时期山西乡土志概况 ··················· 280

一、乡土志与地方志的关系 ……………………… 280

二、山西乡土志现存状况 ……………………… 286

三、山西乡土志编纂目的 ……………………… 290

第二章　晚清民国时期山西乡土志的编纂背景 ……………… 295

一、山西乡土志编纂的社会文化背景 ……………… 295

二、山西乡土志的编纂过程 ……………………… 306

三、山西乡土志的编纂群体 ……………………… 313

四、山西乡土志及志目编纂时间考 ……………… 318

第三章　晚清民国时期山西乡土志的编纂特点 ……………… 322

一、山西乡土志的编纂语言 ……………………… 322

二、山西乡土志的编纂体例 ……………………… 333

三、山西乡土志的内容特点 ……………………… 336

第四章　晚清民国时期山西乡土志的价值 ………………… 342

一、山西乡土志的时代价值 ……………………… 342

二、山西乡土志的当代价值 ……………………… 348

三、山西乡土志的不足之处 ……………………… 352

结　语 ……………………………………………… 357

附　录

乾隆《景毛小记》考略 ……………………………… 363

浅谈山西省临汾市域旧志整理 ……………………… 382

参考文献 …………………………………………… 398

后　记 ……………………………………………… 415

上篇
SHANG PIAN

明洪武《平阳志》研究

引　言

　　洪武《平阳志》是现存最早的山西方志刻本,是明初少有以原书形式保存下来的志书之一。该志大致采用三级纲目体,卷一至卷四以平阳府为纲,下设州县、山川、风俗、土产、渠堰、关隘、城壕、陵墓、台榭、寺观、仕宦、仙道、人物、驿传等目,对平阳府及各州县进行总体介绍。卷五至卷九以平阳府下辖各州县等为目,每目下又分小目详述,文字记述简洁明了。该志采用图文结合的形式,现存 14 幅平阳府地图,其中 1 幅为《平阳府总图》,另外 13 幅为平阳府下辖州县图。舆图均以山水写意的方法绘制而成。

　　洪武《平阳志》发现得较晚,明清公私藏书目录也鲜少著录该志。当前学界对其研究成果较少,暂未有全面系统的研究成果出现,仅有部分有关古籍书目、方志提要等著作中简略记载了该志信息。另有一些相关论文引用了该志的部分条目。

　　对洪武《平阳志》作提要、简介的论著。李裕民《山西古方志辑佚》卷八记有一则《平阳府志》简介,且从《永乐大典》中辑出十条引

自《平阳志》的条目内容①。赵冬生曾对洪武《平阳志》的修志情况作过简略记述，但其仅查得胶卷，并未见原书，故而仅记该志"卷首无目录、凡例、纂修姓氏，仅存一残序"，志中内容、纲目等信息未见著述②。王菡曾写有一篇洪武《平阳志》提要，载于《山西文献总目提要》，记有该志作者、志书体例、卷数、内容、修志时间、原本所藏等信息，可谓面面俱到。但该提要亦有几处可斟酌之处，如：王菡认为该志作者为张昌，但据笔者考证，张昌重修的《平阳郡图志》与洪武《平阳志》并非一志；王菡又推测原书卷数有三十卷，但笔者据现存残本推测原本至多二十卷。该提要提及现存洪武《平阳志》浮山县卷仅有卷首和县境图，以后各卷俱缺；但查国家图书馆2012年影印出版的洪武《平阳志》刻本，浮山县记载全面，无缺。浮山县后还载有岳阳县、曲沃县、翼城县、汾西县、蒲县、蒲州及临晋县，除临晋县有部分目缺失外，其余各县门目记载详备，仅有部分字词脱落。③《山西地方志综录》④、《中国古籍善本书目·史部》以及《中国古籍总目·史部》等对洪武《平阳志》的基本情况都进行了著录。

引用洪武《平阳志》作为史料的论著。多数学者曾引用该志部分条目作为辅助论文材料，以佐证论文观点。部分学者对山西或临汾地区方志概况梳理时亦提及该志。如王汝雕的《从新史料看元大德十年山西洪洞大地震》引用洪武《平阳志》卷五《赵城县·霍泉》一条，

---

①李裕民辑《山西古方志辑佚》，山西省地方志编纂委员会办公室，1985，第445页。
②赵冬生：《临汾、运城两地区方志考略》，载刘纬毅编《山西方志概述》，吉林省图书馆学会，1988，第48页。
③王菡：《洪武〈平阳志〉提要》，载刘纬毅主编《山西文献总目提要》，山西人民出版社，1998，第253-254页。
④祁明编《山西地方志综录》，山西省地方志编纂委员会办公室，1986，第91页。

以说明地震引起的地体滑移使霍泉等河渠完全堵塞,从而使附近水系被彻底破坏①。张俊峰在《1303年洪洞大地震与地域分水制度——以广胜寺泉域为中心的考察》一文亦引用霍泉条,并指出霍泉以元大德七年(1303)地震为分界线,水流量的减少使溉田亩数减少,并引发持续数百年的洪赵争水案②。乔新华《尧舜故地——明代平阳府州县方志纂修的文化现象学探析》引用洪武《平阳志》序文与卷一风俗两条,以说明地方士绅在修志时将平阳与尧舜故地联系起来,此地亦有"陶唐之遗风",突出地域特色③。张敏之在《明清时期洪洞民间信仰——以碑刻和地方志所载庙宇为例》引洪武《平阳志》卷七《赵城县》伏羲台一条,作为洪洞民间伏羲信仰的史料④。张志中《中国古建筑的防震措施探讨》引用洪武《平阳志》卷五《赵城县》广胜寺一条,探讨元大德七年地震后洪洞广胜寺恢复重建的艰辛⑤。此外,还有部分研究者在其学位论文中引用洪武《平阳志》的部分条目。如张俊峰《明清以来洪洞水利与社会变迁——基于田野调查的分析与研究》、沈波《明代地理学与历史地理学》、张书剑《论明代洪洞大槐树移民的伦理意义及启示》、李越《明代版刻书籍中的字体及名家题字探析》、申艳然《晋南地区旧志风俗志研究》等。

---

①王汝雕:《从新史料看元大德七年山西洪洞大地震》,《山西地震》2003年第3期,第10–15页。
②张俊峰:《1303年洪洞大地震与地域分水制度——以广胜寺泉域为中心的考察》,第六届中国灾害史国际学术研讨会论文集,太原,2009年7月,第112–134页。
③乔新华:《尧舜故地——明代山西平阳府州县方志纂修的文化现象学探析》,《清华大学学报》(哲学社会科学版)2011年第5期,第44–48、160页。
④张敏之:《明清时期洪洞民间信仰——以碑刻和地方志所载庙宇为例》,《山西档案》2015年第6期,第129–131页。
⑤张志中:《中国古建筑的防震措施探讨》,《震灾防御技术》2017年第1期,第194–202页。

涉及洪武《平阳志》纂修者的论著。目前学术界多以张昌为洪武《平阳志》作者,明成化《山西通志》、万历《平阳府志》和清乾隆《临汾县志》皆有张昌修《平阳府志》的记载。明清地方志对张昌修志记载翔实,后世学者亦采用此说。李裕民《山西古方志辑佚》,祁明《山西地方志综录》,刘纬毅《山西文献总目提要》,王汝雕《从新史料看元大德七年山西洪洞大地震》,张俊峰《1303 年洪洞大地震与地域分水制度——以广胜寺泉域为中心的考察》,彭亚鸣、师希平《尧庙元代〈圣旨田宅之记〉碑考究》,以上学者在撰写洪武《平阳志》提要、简介时,又或在其文章中引用洪武《平阳志》时,都采用张昌为洪武《平阳志》作者这一观点。

对山西修志情况整理研究的部分论著。有部分学者对明代山西修志情况做过梳理。李裕民在《山西方志综述》中提到,明代是山西修志的高峰期,概括来看,修志数量庞大,修志体例较为统一,志书内容篇幅较大,引用史料丰富①。任根珠在《山西旧志整理与研究》中指出,明代是山西修志走向成熟的一个阶段②。洪武、永乐、景泰等时期,中央多次下令地方修志,山西地区优秀志书层出不穷,内容、体例等方面都有所创新,也对清代修志产生了重要影响。全建平师《山西省临汾市旧志整理述略》③、《临汾地域文献及其整理述略》④提及现存时间最早的山西地区方志刻本即为洪武《平阳志》。

①李裕民:《山西方志综述》,《沧桑》1995 年第 1 期,第 13-16、36 页。
②任根珠:《山西旧志整理与研究》,《中国地方志》2003 年第 5 期,第 70-77 页。
③全建平:《山西省临汾市旧志整理述略》,《太原理工大学学报》(社会科学版)2012年第 1 期,第 58-61、64 页。
④全建平:《临汾地域文献及其整理述略》,《忻州师范学院学报》2018 年第 1 期,第72-75、83 页。

　　综合来看，目前学术界将洪武《平阳志》作为史料征引者较多，而对该志进行全面、整体、深入的研究暂未出现，这影响了学界对该志整体价值的把握与利用。洪武《平阳志》是明初刻本，志书中包含了明初平阳府政治、经济、文化、民风等多种类型史料，对认识明初平阳府全貌有着十分重要的参考价值。志中还存有14幅明初平阳府地图，标注详细。除官署、山川、寺庙等位置有明确标记外，图中亦可见部分遗址、陵墓、古迹、煤窑、铁冶等图例。陵墓、古迹等标注可为当代考古调查和发掘提供线索，学界亟须对其进行全面系统的整理。

　　本书从洪武《平阳志》的版本、内容、体例等方面入手，深入研究了洪武《平阳志》的文献价值与史料价值，并将洪武《平阳志》与明代其他平阳府志（如万历《平阳府志》）进行比较研究，以查考、补正其他志书讹误错漏之处。

第一章 洪武《平阳志》的编纂概况

　　中国地方志以起源早、持续久、类型全、数量多而享誉世界。据《中国地方志联合目录》统计,仅保存至今的宋至民国时期的方志就有 8264 种 11 万余卷。一般认为山西地区最早的方志可追溯至魏晋时期的《上党记》,说明山西地区的方志历史已有 1700 余年。据统计,山西现存志书有 500 种之多,其中政区志 460 余种、专业志 30 余种,而现存最早的山西方志刻本即为明洪武《平阳志》。此书发现于 20 世纪 80 年代,近年被收入《中华再造善本·明代编》影印出版。洪武《平阳志》残序有"洪武壬戌春"的记载,洪武壬戌年即洪武十五年(1382),故其大约于洪武十五年成书,稍后刊行。

一、洪武《平阳志》的编纂背景

　　方志起源于何时,目前学界争议颇多,有商朝末年说、周朝说、战国说、两汉说等[1]。东汉时期图经开始出现,其体例与后世志书相似,此即方志的早期形态。隋唐后,全国性的区域志开始出现,如隋代《区宇图志》(129 卷)、唐代《元和郡县图志》(40 卷)、宋代《太平寰宇记》(200 卷)。元明清三代,大型《一统志》的编纂亦促进了地方志

书的编著。尤其是明代，"二百七十余年间，共修成各类志书二千八百九十二种，比宋元方志的总和还多四倍，几乎'天下郡县莫不有志'"①。洪武《平阳志》即纂于明初，现就其编纂背景进行探究。

(一)明初政治统治需求

明初国之将定，太祖为"昭同轨同文之盛"，使"功业永垂"，即诏令天下编纂地方志书。洪武三年(1370)，太祖命儒臣魏俊民、黄篪、刘俨、丁凤等编修《大明志书》，凡十二省、一百二十府、一百零八州、八百八十七县、三按抚司、一长官司，东至海，南到海南，西至临洮，北到北京，都在记载范围之内。其主要内容是"类编天下州郡地理形势，降附始末为书"。洪武六年(1373)，又令"州府绘上山川险易图"②。洪武九年(1376)，诏天下州郡县纂修志书。洪武十一年(1378)，又有旨令天下郡县纂修图志。洪武十六年(1383)，诏天下都司"上卫所城池、地理、山川、关津、亭堠、陆路、水道、仓库"之图。洪武十七年(1384)，编成《大明清类天文分野书》24卷，记郡县建置沿革。洪武二十七年(1394)，又诏修《寰宇通衢书》，专载全国交通水马驿程。③据巴兆祥先生不完全统计，明代洪武年间共修有2部通志、98部府志、62部州志、120部县志、1部乡镇志、1部卫所志，共284种志书。

明初大修方志，实是为满足当政者统治所需。方志所载包括当地的"疆域、沿革、山川、建置、城镇、乡里、物产、财赋、户口、兵事、民

---

①巴兆祥:《明代方志纂修述略》,《文献》1988年第3期,第152-162页。
②郑晓:《郑端简公今言类编》卷二《形胜》,第1册,商务印书馆,1936,影印本,第99页。
③黄苇等:《方志学》,复旦大学出版社,1993,第177页。

情、风俗、人物、艺文、名胜、古迹、异闻、琐事等等,可以说无所不载"[1]。这些文字一方面可作为资政决策的依据,使当政者较快熟悉当地人文风貌,便于因地制宜,制定适合当地的政策;另一方面统治者通过查阅各地方志,可掌握地方状况,加强对地方的管理。基于上述政治需求,方志便于明初大量出现。

(二)平阳府经济实力雄厚

平阳府地处汾河谷地,毗邻黄河,境内更有多条流量较大的河流经过,如汾河、涑水、浍河、涝水、霍泉等。府中官吏关注民生,广修水渠,以利农业生产,因而平阳府较山西其他府粮食丰廪。如明初山西太原府与平阳府田赋数显示:"太原府所属州县,洪武二十四年,田地九万六千四百二十三顷三十七亩八分五厘四毫,税麦一十九万四千四百一一六石七斗四升六合三勺六抄三撮六圭,粮粟米四十五万四千四百七十三石七斗二合一勺八抄四撮二圭,桑三十五万四十二株,丝一千三十三斤一十两三钱,枣五万七千九百二十六株……平阳府所属州县,洪武二十四年,田地一十六万八千一百四十四顷八十二亩二分二厘,税麦二十八万六千九百八十八石六斗九升六合六勺一抄六撮,粮粟米九十四万八千九石九斗二升九合四勺二抄九撮,桑一十七万三千五百九十七株,丝一千二十七斤一十二两九钱,枣一十万八千八百二十六株。"[2]对比明初平阳府与太原府的田赋数量可以发现,平阳府的田地、税麦、粮粟米的赋税几乎是太原府的一倍还多,而桑、丝、枣的数量更是与太原府不相上下。半阳府与太原府经济相比即是如此,更遑论山西其他地区。发达的农业经

---

①黄苇:《论方志的继承和创新》,载《方志论集》,浙江人民出版社,1983,第258页。
②成化《山西通志》卷四《仓场》,中华书局,1998,第279、287页。

济给平阳地区带来了富足，为地方修志奠定下厚实的经济基础。

（三）平阳府社会文化底蕴浓厚

平阳府有深厚的文化环境。金元之际，平阳因"平水刻"而声名大噪。李晋林指出，金自太宗天会六年（1128）至哀宗末年，平阳府治临汾（以平水为郡望）逐渐代替了北宋汴京（今河南开封），成为黄河以北地区的刻书中心。金朝还在此地设置了专门的出版机构。元代平阳地区刻书事业依旧盛行，从而使临汾成为与大都（今北京）、杭州、建阳并列的全国四大重要刻书中心地区之一。①赵万里评价说："平水文化代表两个时期：金、元。"金元平阳府文化名人层出不穷，出现了以诗词创作为主要方向的河汾文学流派。此流派代表人物中出自平阳地区者不在少数，如麻革（虞乡人）、张宇（平阳人）、陈赓（临晋人）、陈庚（临晋人，与陈赓为兄弟）、房暤（平阳人）、段克己（稷山人）、段成己（稷山人，段克己之弟）等。河汾文学流派带动整个河东地区作家大量出现，推动了当地的文化繁荣。平阳地区更是元杂剧的摇篮，王国维曾评价平阳地区是"文化最盛之地，宜杂剧家之多"。元杂剧家在"北人之中，大都之外，以平阳为最多"②。著名元杂剧作家狄厚君、孔文卿、石宝君、李潜夫及元曲四大家之一的郑光祖都来自平阳。

浓郁的文化氛围是平阳地区文人儒士进行文学创作的基础。雕版印刷业的兴盛，文人墨客的学术影响，使得平阳府有着浓厚的文化底蕴，为方志编纂奠定了文化基础和技术基础。

从洪武《平阳志》残书史料来看，该志记事止于洪武十一年

---

①李晋林：《金元时期平水刻版印刷考述（上）》，《文献》2001年第2期，第64-75页。
②王国维：《宋元戏曲史》，上海三联出版社，2014，第88页。

(1378)。元明间临汾人张昌曾在《新修华池神行祠记》中说:"洪武九年,令州郡县采贡图志……今平阳志书所载是也。"故笔者推测,洪武《平阳志》于洪武九年(1376)由官方开始修纂,洪武十五年(1382)成书,稍后便刊刻发行。

二、洪武《平阳志》的作者

洪武《平阳志》被发现时已是残书,翻检全书,并无编纂者的相关记载。稍后,祁明所编《山西地方志综录》记:"[洪武]平阳志(明)张昌修 明洪武十五年(1382)刻本 北京(存卷1-9)。"[①]王菡在《山西文献总目提要》中亦称该志作者是张昌[②]。然而在《山西地方志综录》《山西文献总目提要》出版之前,李裕民先生在《山西古方志辑佚》中认为明洪武年间张昌修纂的是《平阳府志》:"平阳府志,五册,明洪武间张昌修,《文渊阁书目》卷十九'旧志'著录。……(见乾隆《临汾县志》卷八)。"[③]乾隆《临汾县志》载:"张昌,字思广,……修《平阳府志》,所著有《存斋稿》。"[④]又查《文渊阁书目》"旧志",载有3种《平阳府志》,即"《平阳府志》四册;《平阳府志》四册;《平阳府志》二册"[⑤]。《山西古方志辑佚》据乾隆《临汾县志》认定张昌是洪武间《平阳府志》的作者,但对于该志册数记载有误。《文

---

①祁明编《山西地方志综录》,山西省地方志编纂委员会办公室,1986,第91页。

②王菡.《洪武〈平阳志〉提要》,载刘纬毅主编《山西文献总目提要》,山西人民出版社,1998,第253页。

③李裕民辑《山西古方志辑佚》,山西省地方志编纂委员会办公室,1985,第445页。

④乾隆《临汾县志》卷八《文苑》,收入《中国地方志集成·山西府县志辑》第46册,凤凰出版社,2011,影印本,第114页下。

⑤杨士奇等编《文渊阁书目》,商务印书馆,1935,第250页。

渊阁书目》所载3种《平阳府志》最多为四册,洪武《平阳志》现仅存三册,内容有佚,故该志原书应为四册,并非《山西古方志辑佚》所说的五册。由于《山西文献总目提要》是查阅检索山西地方文献较为权威的工具书,于是洪武《平阳志》为张昌所修似乎已成共识。

(一)洪武《平阳志》作者并非张昌

张昌(1314—1392),字思广,元明间临汾人。洪武初被授予国子助教,著有《存斋稿》50卷,今不存。明人刘璟评价他:"其貌古雅,其神精明,存心乎六经,以礼义而淑我后生。游情乎山林,仪式乎泮黉。"①据明清山西地方志书记载,张昌确实曾修平阳府方志。明成化《山西通志》载:"张昌,临汾人……修《平阳郡志》。"②万历《平阳府志》载:"张昌,元进士……修《平阳府郡志》。"③康熙《平阳府志》载:"明张昌……修《平阳府郡志》。"④前述乾隆《临汾县志》载张昌修《平阳府志》。明清部分山西地方志书中有关于张昌修志的记载,但对其所修志书的名称记载却并不一致,有《平阳郡志》《平阳府郡志》《平阳府志》3种。

明人刘璟曾为张昌撰写墓志铭,志文完整保存在他的文集《易斋稿》中。现摘录如下:

张思广墓志铭

按公名昌,字思广,生於元延祐甲寅十一月十一日亥时,世居平阳,临汾人。生甫八岁,动止端重,发言有理趣,祖父大奇

①刘璟:《易斋稿》卷七,中国科学院图书馆藏清钞本,第436页。
②成化《山西通志》卷一〇《人物》,中华书局,1998,第565页。
③万历《平阳府志》卷八《人物》,《原国立北平图书馆甲库善本丛书》第339册,国家图书馆出版社,2013,第306页。
④康熙《平阳府志》卷二三《人物》,山西古籍出版社,1998,第624页。

之,使就乡校,能日记千余字。年十五,诣关中,从师董实夫先生,学举子业。逾年而悉其义,为经义策赋,皆下笔立就,众莫不敬伏。年十八,授鲁斋书院山长,丁内艰而归。后举乡贡进士,将入廷试,乃慨然叹曰:"吾斯之未能信,何为者耶?"遂归。益研核旧闻,增益其所未至,悉以圣贤道义心术为本,弟子日众。公孜孜训诱,未尝厉声色,李者益裕其德,服其教,多所成就。时郡守知其贤,以礼延致郡庠,教子弟几四十年,率多显於时者。时元政日紊,先生益无仕。圣朝混一九有,洪武三年,以博学儒士应召赴京,奉命山西搜采野史。进奏,毕於礼部,讲究礼仪。未几,以疾归。六年春,复召至京,见太祖皇帝于奉天门,亲问出处,闵其年耄,授以国子助教。他日奉旨试诸生于奉天门,中选者八十余人,本斋生居多,遂升上舍。前后教者四百余人,多授职者。九年,复以老疾,奉旨赐诰命冠带致仕,胄监揢绵(当为"绅"字——引者注)先生多为诗文,以荣其归。十七年,考试山西布政司乡贡科举,中选者高铎等一百三十二人。公之采择,皆先义理而后词藻,去取以公,众悉悭服。于后,重修《平阳郡图志》。洪武二十五年十月廿三日亥时卒於家,享年七十有八。

按墓志铭所言,张昌"洪武三年,以博学儒士应召赴京……。六年春……授以国子助教……。九年,复以老疾,奉旨赐诰命冠带致什……十七年,考试山西布政司乡贡科举……。于后,重修《平阳郡图志》"[①]。张昌修志属实,然其修志时间在洪武十七年(1384)之后,而洪武《平阳志》大约成书于洪武十五年(1382),这与洪武《平阳志》成

---

① 刘璟:《易斋稿》卷七,中国科学院图书馆藏清钞本,第436页。

书时间明显不符，晚于洪武《平阳志》成书。此为其一。

其二，据墓志铭所载，张昌年少时师从关学大师董实夫，"逾年而悉其义，为经义策赋，皆下笔立就"，年方十八，便任鲁斋书院山长。归至临汾，又被聘请入郡学，教授子弟。明初以博学儒士征辟，随后被明太祖亲任国子助教。致仕后，又担任山西布政司主考官。张昌晚年，"外和易而内有守，与世无染而益务著述，有《存斋集》五十卷"。《存斋集》现已亡佚，幸山西地方志书中还存有张昌所著部分佚文。[2]从其诗文可以看出，张昌此人文采出众，文学造诣极高，"其诗古淡易直，出于自然。其文理趣条畅，断断然主义理而有法度。余率类是"①。而洪武《平阳志》志文记载简洁明了，记人记事皆寥寥数语，文字简练直白，通俗易懂，且多引用前代史书、志书，与张昌文风不相称。此为张昌非洪武《平阳志》作者的第二点理由。

故而，张昌所修《平阳郡图志》与洪武《平阳志》不是同一种书。洪武《平阳志》的作者不是张昌，除非张昌在洪武年间间隔几年修纂了2种平阳府志书。

（二）洪武《平阳志》与张昌《平阳郡图志》

据洪武十五年（1382）张昌《新修华池神行祠记》碑文（以下简称《神行祠记》）记载：

> 平阳东七十里有山曰龙角山，有两峰东西对峙。东峰之巅有池曰华池，周围二丈，水深三尺，冬夏恒不涸，上有神祠，是为池之主。西峰亦有山神祠，山北下三里，有老君观，乃唐高祖武德三年所建，即晋州人吉善行见老子之处。历代相传，遂为胜境。

---

① 刘璟：《易斋稿》卷七，中国科学院图书馆藏清钞本，第436页。

迨圣朝奄有天下，洪武九年令郡县采贡图志，此山之迹实列其中。今平阳志书所载是也。①

按《神行祠记》所言"洪武九年令郡县采贡图志"，又言"今平阳志书所载是也"，即表明张昌作此《神行祠记》时，平阳志书已修成。此碑刻于洪武十五年十二月②，因此，《神行祠记》所言"平阳志书"成书时间应在洪武九年到洪武十五年十二月间。按现有史料来看，洪武《平阳志》记事止于洪武十一年，撰序于洪武十五年三月，那么《神行祠记》所言"平阳志书"与洪武《平阳志》是否有关联，甚至是同一部书呢？

按《神行祠记》所言，平阳志书中载有龙角山，且有对此山祠庙的记载。查洪武《平阳志》，有如下记载：

> 龙角山，在县南三十五里，旧名羊角山。唐武德三年，神人见於山下，曰老君，故更名龙角。高三里，两峰对峙，盘踞八里。东南峰有华池，嘉润侯庙前有华池，周围二丈，水深三尺，西北峰有孚祐将军庙，山北下三里有天圣观。③

张昌所记龙角山东峰有华池、神祠，西峰有山神祠，山下有老君观；洪武《平阳志》记龙角山，东峰有嘉润侯庙，庙前有华池，西北峰上是孚祐将军庙，山下有天圣观。二者对祠庙名称记载有异。经查考，《神行祠记》中所载应为俗称[3]。另查洪武《平阳志》浮山县图，明确标有龙角山、华池、嘉润侯庙等。再结合前述内容推断，《神行祠记》所载平阳志书极有可能就是洪武《平阳志》。按《神行祠记》所言，

---

①成化《山西通志》卷一四《集文》，中华书局，1998，第884页。

②王天然主编《三晋石刻大全·临汾市尧都区卷》，三晋出版社，2011，第64页。

③洪武《平阳志》卷七《浮山县》，国家图书馆出版社，2012，第3页。

洪武九年令郡县纂修图志,洪武《平阳志》便在此背景下开始编纂,应由官方修纂。洪武十五年三月书成,随后刊行,应在张昌撰写此《神行祠记》时,即洪武十五年十二月洪武《平阳志》已刊行流传。

李裕民先生从《永乐大典》中辑得《平阳志》佚文收入《山西古方志辑佚》(此本以下称"大典本《平阳志》")。大典本《平阳志》记载:"义门,在石楼县西五十里……元大德年间旌其门。"①此条目记元大德年间旌表义门,但所记朝代时间为"元大德年间"。比对万历《平阳府志》中有关明朝史料记载:"洪洞县治……国朝洪武三年知县杨茂□……相继增修。"②一般来说,本朝修志多用"国朝"代指国号,而在大典本《平阳志》中出现"元大德年间"的记载,表明该志修纂时间不在元朝,当是元代之后。石楼县元时属隰州,隶晋宁路,不属平阳府管辖。明初隰州隶平阳府,石楼县才归于平阳府管辖,这亦证明大典本《平阳志》为明时修纂。因《永乐大典》编纂始于永乐元年(1403),其所引《平阳志》成书时间必早于永乐元年,而建文朝并未有平阳府纂修府志的记载,故而推断大典本《平阳志》为明洪武年间修纂。现摘录数条大典本《平阳志》内容与洪武《平阳志》进行比对。

　　刁黄岭,在山西岳阳县东一百九十里长子县界。(《永乐大典》卷一一九八一第二页)

　　刁黄岭,在县东一百九十里。(洪武《平阳志》卷七《岳阳县》)

　　丰济仓,在城西南隅。(《永乐大典》卷七五一四第三三页)

　　丰济仓,在城西南隅。(洪武《平阳志》卷九《蒲州》)

①李裕民辑《山西古方志辑佚》,山西省地方志编纂委员会办公室,1985,第451页。
②万历《平阳府志》卷四《衙署》,《原国立北平图书馆甲库善本丛书》第339册,国家图书馆出版社,2013,第132页。

大典本《平阳志》记述较洪武《平阳志》详细,参见"刁黄岭"条目。此外,大典本《平阳志》中还存有一篇《蒲州·宫室》的文章,该文记述宋仁宗至和元年(1054)河中使君起城作安民堂于衙前之事,现为李裕民收于《山西古方志辑佚》①。洪武《平阳志》蒲州内容保存完整,然查阅"蒲州"所载,并无《蒲州·宫室》这篇文章,亦无安民堂之记载。这说明《永乐大典》所引《平阳志》与洪武《平阳志》不是一种书。大典本《平阳志》存有《蒲州·宫室》,还保留了临晋县的一篇完整碑刻录文,其内容比洪武《平阳志》更为丰富。洪武年间,中央频频下诏令地方纂修志书。洪武九年(1376),中央曾诏天下州郡县纂修志书。洪武十一年(1378),又令天下郡县纂修图志。建文朝未有令地方修志敕令,由此可知大典本《平阳志》应修于洪武年间,且有很大可能为官方修撰。结合张昌墓志铭所记,大典本《平阳志》极有可能就是《平阳郡图志》。洪武《平阳志》内容简略,张昌在洪武十七年(1384)后重修《平阳郡图志》时,应该参考过洪武《平阳志》,并在该志基础上丰富了志书内容,即前述张昌"重修"之事。

《文渊阁书目》卷十九"旧志"中记有3种《平阳府志》,均列于《辽州志》与《太原府志》之前,且这2种志书皆为明洪武年间修撰。在3种《平阳府志》中,前2种各有4册,后1种计有2册,可能杨士奇在编纂《文渊阁书目》时,2册者已有残缺。结合洪武《平阳志》征引"旧志"中有《平阳志》与《平阳旧志》可知,此二志应为明代以前所修。是以笔者推测《义渊阁书目》所记3种平阳府旧志,其中1种可能为明代以前平阳府所修,另外2种可能就是洪武《平阳志》与张昌

---

① 李裕民辑《山西古方志辑佚》,山西省地方志编纂委员会办公室,1985,第445–447页。

所修《平阳郡图志》。

(三)洪武《平阳志》序文探究

依上文推论,洪武《平阳志》作者并非张昌大概无疑,且张昌所作《平阳郡图志》相比现存之洪武《平阳志》内容更为丰富,并为《永乐大典》所收。然论及于此,洪武《平阳志》的作者似乎依旧无论,故笔者依现存志文序言作一探究。

洪武《平阳志》现存残序一篇,序之前文已毁,仅保留一小节,现录之如下。

> 铁盐品,粲然毕具,编成,乃命工刊行。执《禹贡》为冀州,其治在平水之阳而曰平阳。《诗》本晋也,而谓之唐,盖以其俗尚犹有尧之遗风故也。於戏!尧舜之世去今远矣。观夫虞夏及商,贤圣禅受,治道兴隆,今昔同运,其丰功丕业,著于方策,布于封建,山川土地,可以想见其人。惜乎图志尚不能以有传也。二贤守独举其未备,於数十百年之下,庶几国都封建,世代文物,凡所纪载,实始表章我圣朝之典制,崇古惟新,后之览者或有所采摭,则二贤守之於斯,岂为无补也。夫洪武壬戌春三月甲子金华朱材可谨识。①

该序落款为"洪武壬戌春三月甲子金华朱材可"。前文已有言,洪武壬戌年即洪武十五年(1382),由此可知洪武《平阳志》大概成书于此之前,序文成后便付梓刊行。此序落款为朱材可[4],序中最需注意者当为"二贤守"。"二贤守独举其未备,於数十百年之下,庶几国都封建,世代文物,凡所纪载,实始表章我圣朝之典制,崇古惟新,后之览者或有所采摭,则二贤守之於斯,岂为无补也。"观此文,实可知

---

① 洪武《平阳志》,国家图书馆出版社,2012,序第2-3页。

修此志者当为"二贤守"。然"二贤守"究竟是谁,序中未及言明;但大略可推知,"二贤守"当有官职在身,以"守"平阳。复观古之方志,以地方最高长官作为总纂修者例子颇多,是以推测"二贤守"应该也为洪武年间平阳府的两位知府。结合上文所言,洪武《平阳志》于洪武九年开始纂修,大约成书于洪武十五年,其间有两人出任平阳府知府,一为徐铎,"洪武八年以户部侍郎改任平阳知府,浚永利池,改建临汾县学"[①]。"徐铎,江西南昌人。"[②]二为孙仲昱,"洪武十二年任平阳知府,甫期尝致灵芝"[③]。"孙仲昱,十二年任。""孙仲昱,籍贯未详。"[④]此二人任职期均在洪武《平阳志》纂修时间之内,是以有相当大的可能为洪武《平阳志》纂修者,即序中所言"二贤守"。

洪武《平阳志》发现较晚,除《文渊阁书目》外,明清公私藏书目录皆未著录。该志被发现时已是残书,未有编纂者的记载,相关研究者认为洪武《平阳志》作者当为张昌。然据张昌墓志铭所载,他于洪武十七年后重修《平阳郡图志》,这与洪武《平阳志》序文所记"洪武壬戌春"时间上有差异。以张昌现存诗文与洪武《平阳志》志文文风比对,张昌文风自然,文学造诣极高,而洪武《平阳志》记述简洁,且多引用前代史籍,二者文风不符。结合《山西古方志辑佚》一书从《永乐大典》中所辑《平阳志》条目及《文渊阁书目》所载 3 种旧志推测,洪武年间应修有两部《平阳志》,一部成书于洪武十五年三月,今国

---

①成化《山西通志》卷八《名宦》,中华书局,1998,第 423 页。
②万历《平阳府志》卷三《职官》,《原国立北平图书馆甲库善本丛书》第 339 册,国家图书馆出版社,2013,第 81 页。
③成化《山西通志》卷八《名宦》,中华书局,1998,第 423 页。
④万历《平阳府志》卷三《职官》,《原国立北平图书馆甲库善本丛书》第 339 册,国家图书馆出版社,2013,第 81、231 页。

家图书馆藏有残本,一部为张昌于洪武十七年后重修之《平阳郡图志》。与洪武《平阳志》相比,《平阳郡图志》内容更为丰富。依洪武《平阳志》序文所言,"二贤守"很有可能即为此志作者,但因序文残缺,"二贤守"之人暂不可考。根据洪武《平阳志》修志时间与万历《平阳府志》所载洪武年间平阳府知府,推测徐铎、孙仲昱可能为朱材可序中所言之"二贤守"。洪武《平阳志》作者当为序中所言之"二贤守"。张昌重修而成的平阳府志书名称应为《平阳郡图志》,而成化《山西通志》、万历《平阳府志》、康熙《平阳府志》及乾隆《临汾县志》对张昌所修志书的名称记载却有《平阳郡志》《平阳府郡志》《平阳府志》3种,皆不精准,与此前成书的洪武《平阳志》容易混淆。《山西文献总目提要》《山西地方志综录》等对洪武《平阳志》作者记载有误,应予纠正。

三、洪武《平阳志》的卷数

洪武《平阳志》现存三册九卷。据王菡推断,洪武《平阳志》"全志三十余卷"。洪武时期,平阳府辖一府六州二十九县,现存三册九卷中涉及一府一州十二县。换言之,在亡佚卷中还应有五州十七县的记载。洪武《平阳志》卷一至卷四为平阳府总说,卷五临汾县、洪洞县,卷六赵城县、襄陵县、太平县,卷七浮山县、岳阳县、曲沃县,卷八翼城县、汾西县、蒲县,卷九蒲州及临晋县。由现存九卷内容可知,每卷最少包含两县或一州一县,具体依照各州(县)的内容多少而定。由此推断,其余五州十七县的亡佚卷至多有十一卷。因此,洪武《平阳志》最多有二十卷;且据《文渊阁书目》卷十九"旧志"所记"平阳志,四册",按现有三册九卷推断,洪武《平阳志》可能不到二十卷。

四、洪武《平阳志》的成书

洪武《平阳志》残序载:"惜乎图志尚不能以有传也。……凡所纪载,实始表章我圣朝之典制崇古惟新,后之览者或有所采撷。"①由此可知,洪武《平阳志》的编纂,一因大明初建,表章明之典章制度,实则为适应政治统治需要;二可将本地前朝当代人物、事迹著于方志,流传后世。此序文落款为"洪武壬戌春三月",并言"编成乃命工刊行",故该志应成书于洪武十五年,稍后应上呈南京。明成祖迁都北京后,此志随之迁至北京,明英宗正统年间移至文渊阁贮藏。《文渊阁书目》卷十九"旧志"在洪武《太原志》与洪武《辽州志》前载有3种《平阳志》,其中1种应为洪武《平阳志》。然除《文渊阁书目》外,明清公私藏书目录皆未著录此志,故而推测,此志在明中后期流传极少。

注释:

[1] 主张"商朝末年说"的学者有邸富生、方致,其代表作为《试论方志的起源、性质和作用》,《河北师范大学学报》(社会科学版)1985年第3期。主张"周朝说"的学者主要有朱士嘉和骆啸声,前者代表作为《中国地方志的起源、特征及其史料价值》,《史学史资料》1979年第2期;后者代表作为《中国地方志探源》,《湖北大学学报》(哲学社会科学版)1985年第2期。主张"战国说"的学者主要有黄苇、傅振伦和吕志毅等,黄苇代表作为《秦汉杂述与方志发端》,《江西社会科学》1982年第1期;傅振伦代表作为《论方志的起源和演变》,《浙江学刊》1986年第Z1期;吕志毅代表作为《方志起源研究》,《中国地方志》2003年第5期。主张"两汉说"的学者包括史念海、仓修良等,史念海代表作为《方志刍议》,浙江人民出版社,1986;仓修良代表作为《再论

---

① 洪武《平阳志》,国家图书馆出版社,2012,序第2—3页。

方志的起源》,《杭州大学学报》(哲学社会科学版)1986年第3期。

[2] 成化《山西通志》卷一二《集文》收录张昌文11篇,诗16首。

[3]《宋会要辑稿》中有《华池神祠》一篇,文中载:"在神山龙角山西峰,徽宗崇宁五年十二月赐庙额'孚佑'。"这便说明龙角山西峰庙宇在宋时即称"孚佑"庙,故而推测"山神祠"即为"孚佑将军庙"之俗称。参见徐松辑《宋会要辑稿》第20册,中华书局,1957,第826页。另宋宣和七年(1125)有碑记载:"按龙角山在浮山县,因祈雨有验,敕封嘉润侯。"故"华池神祠"即为"嘉润侯庙"之俗称。参见〔清〕胡聘之《山右石刻丛编》卷一八,山西人民出版社,1988,第20页。洪武《平阳志》载:"天圣观,在县东南三十二里,唐武德三年神见於羊角山……开元十四年增旧祠为庆唐观……天圣中诏改庆唐观为天圣。""神"即老子,有乡人吉善行在羊角山(即龙角山)遇老子,上报唐高祖,高祖命在此建祠,内祀老子。故言"老君观"即为"天圣观"之俗称。参见洪武《平阳志》卷七《浮山县》寺观,第5页。

[4] 光绪《永康县志》艺文中提及此人,原文载:"洪武元年四月壬戌,余与朱君材可、何君彦诚、族弟国明、族子伯贞、思恭六人者,会于石泉之麓……今我与诸君子无官守之责……五人者乃皆谢曰,当相与戒之酒。竟以杜少陵愿吹野水添金杯之句,析而为韵,各赋一诗。章既就,乃书此语序诸卷首,以相愧厉云。"(光绪《永康县志》卷一三《石泉分韵序》,成文出版社,1970,据中华民国二十一年重印本影印,第769-770页。)此文作者为吕文荧,浙江金华永康县人,师从朱长史右,长于古文辞。《金华贤达传》中有其传。吕于洪武元年四月壬戌相邀朱材可等5人游石泉,后6人分韵作赋,吕氏著此文为序。另有一则:"处士之先出於汉槐里云云槐里七世孙汎,尝为东阳太守,后移守临海。其孙埴,复守东阳,始自平陵来居东阳。东阳今为金华,金华之朱氏皆其后也。"(〔明〕程敏政编《明文衡》卷九二《朱处士墓表》,吉林人民出版社,1998,第834页)朱氏材可是否于洪武年间为官平阳,现地方志中皆无记载。

第二章　洪武《平阳志》刻本及内容

一、洪武《平阳志》刻本概述

(一)洪武《平阳志》刻本概况

洪武《平阳志》为明初刻本。原书版框高 30.9 厘米、宽 19.6 厘米,天头地脚留白甚多,符合明刻本大气之特色。卷首有署"洪武壬戌春三月"的残序一篇,每半页 8 行,每行 15 字,落款为朱材可。正文每半页 10 行、每行 18 字,注文双行小字。版心大黑口。双黑对鱼尾,四周双边。中书口鱼尾内标有卷数与页数,下方记有每页刊刻者的姓名。因年代久远,许多字迹已漫漶不清,可查刊刻者有:曹克中、王添锡、王文□、王士亮、侯德原、张荣、刘克□、孙仁祐、李思义、李孝思、王士□、武令先、翟十等。每卷首行顶格书"平阳志卷第×",平阳府、临汾县、赵城县、浮山县、翼城县、蒲州于次行空一格题,其余各县亦于首行空一格题各县名称。正文遇讳,如"圣朝""朝"等提行空一格,遇"御"字提行顶格书。

(二)洪武《平阳志》刻本特点

1.三级纲目体例

洪武《平阳志》大致采用三级纲目体。卷一至卷四以平阳府为纲,

下设州县、山川、风俗、土产、渠堰、关隘、城壕、陵墓、台榭、寺观、仕宦、仙道、人物、驿传等，以及对平阳府及各州县的总说。卷五至卷九以临汾、洪洞、赵城、襄陵、太平、浮山、岳阳、曲沃、翼城、汾西、蒲县、蒲州及临晋等为目，每目下又有沿革、乡、里路、公廨、坛壝、坊巷、山川、风俗、土产、渠堰、陵墓、台榭、寺观、人物、仙道、驿传等小目详述。这种体例在后世山西志书中比较少见。洪武《平阳志》以各州县志单独成书，后汇总成府志；各州县下门目相同，清新简洁，查阅较为方便。

2.记述简洁

洪武《平阳志》记述简洁明了。以临汾县为例，涉及门目有沿革、乡、里路、公廨、坛壝、坊巷、山川、风俗、土产、渠堰、关隘、古迹、陵墓、台榭、寺观、人物、驿传等。山川目下载有山5座，河4条；土产目下载有黑磁器、石炭、麻布、枣、柿、瓦器等；古迹目下记刘元海故城、高梁城等4处；寺观目下载有天庆观、木塔寺等13座寺观；人物目下载有仓颉、卫青等21人。该志涉及门目较为完备，但具体到某事某物时则寥寥数语。如记载卫青与羊续，洪武《平阳志》载："汉卫青，字仲卿，平阳人。为大将军，封长平侯。"[1]"羊续，平阳人，为南阳太守。"[2]万历《平阳府志》则记："卫青，平阳人，本姓郑，武帝时拜大夫，屡将兵出雁门、云中伐匈奴，立大功，封长平侯。长子伉，不疑、登，皆封侯。"[3]"羊续，平阳人。其先七世二千石，祖侵，司隶校尉。父孺，太常。续以忠臣子孙拜郎中，至灵帝朝迁南阳太守，恶奢尚俭。府丞尝

---

① 洪武《平阳志》卷五《临汾县》人物，第8页。
② 洪武《平阳志》卷五《临汾县》人物，第8页。
③ 万历《平阳府志》卷八《人物》，第287页。

献生鱼,续受而悬于厅,丞后又进之,续乃出前所悬者以杜其意。卒,遗言薄敛不受赙,遗诏书褒美之。"①相较万历《平阳府志》,洪武《平阳志》记载更为简略。

3.史料征引丰富

援引史料时,洪武《平阳志》并未列举史料来源;但从志书内容看,征引史料痕迹较为明显。经整理,该志征引的史料分为四类:一是天文地理类,如《禹贡》《都城记》《汉书·天文志》《汉书·地理志》《晋书·地理志》《水经注》《太平寰宇记》等;二是历代方志,如《平阳旧志》、《平阳志》、临汾县《旧志》、洪洞县《旧志》、浮山县《旧志》等[1];三是正史、政书类,如《左传》《史记》《汉书》《魏书》《通典》《资治通鉴》等;四是诗类、杂记、小说、碑刻资料等,如《诗经》、《说苑》、县厅壁记、西严子诗、吕洞宾诗等。这些史料仅为洪武《平阳志》现存三册九卷中的部分,由此推知,整部志书在纂修过程中所征引的史料应不在少数,且多为明代以前史料,较为珍贵。

二、洪武《平阳志》内容概述

洪武《平阳志》正文现存前九卷,其中卷一至卷四为平阳府总说。卷一记平阳府,下分门目繁多,其中沿革目记从尧时至明初平阳府的地理沿革。州县目列平阳府所辖六州二十九县,包括蒲州(即河中府)、解州、绛州、吉州、隰州、霍州共六州,临汾、洪洞、赵城、襄陵、太平、浮山、岳阳、曲沃、翼城、汾西、蒲、临晋、河津、猗氏、万泉、荣河、安邑、夏、闻喜、平陆、芮城、稷山、绛、垣曲、乡宁、石楼、永和、大

---

① 万历《平阳府志》卷八《人物》,第288页。

宁、灵石共二十九县,并特别注明平阳府直隶之十一县名。山川目先以平阳府六州二十九县为小目,各小目下再简单罗列各州县山川名称,如临汾县目下记有平山、姑射山、石孔山、卧虎山、矾石山、汾河、平水、黄芦泉、涝水①。风俗目大体对平阳府民风民俗作一概括:"绛人经晋霸之余,尚多勇敢;蒲、解人以其邻秦,乃有秦人风;隰、吉人以其居山,多质朴信实;霍人与平阳颇相类,此其大略耳。"又简要介绍此地民众"勤耕织,服劳商贾"。此外,还记有平阳府农作物种类,即"其地率近山,原宜麦、豆、黍、稷,喜水忧旱,气候适中"②。乡里、公廨、坛壝、坊巷等目则省略不记,仅标明此四目内容"见各州县"。

卷二体例与卷一一致,土产目下以州县为小目,简列各州县之土产,所记包含枣、柿、棉花等,手工产品有黑磁、青磁、瓦器、棉布、麻布等,药物有苍术、黄芩、连翘等。值得注意的是,明初平阳府 11个州县都有煤炭或石炭资源,说明此时煤炭与石炭资源已经得到广泛开发。盐业主要集中在解州与安邑县。明初平阳府农作物主要以温带作物为主,如麦、豆、黍、稷等,手工业主要集中于瓷器、纺织等,且此地有丰富的煤炭与盐业资源,说明明初平阳府经济状况良好。渠堰目体例与前文一致,所记不仅有人工渠堰,还将汾河、高石河等自然河流列于渠堰目下。关隘目记有各州县重要关隘、渡口,如太平县之故太平关、蒲州之风陵渡与永乐渡。

卷三体例与前文一致,所记古迹目详述府中之门楼,如对"四门"的记载,下注:"内外口楼,於其上题其门,南曰朝京,北曰镇朔,

①洪武《平阳志》卷一《山川》,第3页。
②洪武《平阳志》卷一《风俗》,第8页。

东曰武定,西曰义和。并置兵马司。"①各州县小目所记仅简列城壕名目,未作详述。卷三剩余陵墓目、台榭目及寺观目,此三者体例与前文一致。平阳府中无陵墓、台榭及寺观之记载,州县仅简列各州县的陵墓、台榭及寺观名称,如临汾县陶唐氏陵、刘聪墓、贾充墓,临汾县之七星台、通明阁,临汾县之天庆观、北禅院、塔寺等。

卷四侧重对平阳府、州、县重要人物之记载,仕宦目中详述平阳府中著名官宦,如曹参、刘毅、刘弘基、徐怀玉等。各府、州、县小目中简列各州县人物姓名。仙道目较为特殊,仅列汾西县的龙岗真人、平陆县的金舌和尚、芮城县的侯道华及蒲州吕洞宾,其他州县均无仙道记载。人物目中平阳府无记载,各州县亦仅列人物姓名;但此目所记人物数量较多,临汾县有 21 位重要人物之记载,且这 21 位人物上起上古时期,如仓颉,下讫元代,如王士元。驿传目记有平阳府 9个州县中的重要驿站名称,如临汾县之建雄驿,曲沃县之蒙城驿与侯马驿等。

卷五至卷九分别以平阳府所辖州县为目, 每目下又细分小目详述。卷五至卷八志书内容保存相对完整,文字脱落较少。从卷九开始,文字脱落较多,尤其是对临晋县的记载,坊巷目后文字几乎完全脱落,仅存只字片语。

洪武《平阳志》采用图文结合的形式编撰,现存 14 幅平阳府地图价值较高,是研究明代平阳府所辖州县少有的地图资料。

---

① 洪武《平阳志》卷三《古迹》,第 1 页。

三、洪武《平阳志》史料来源

洪武《平阳志》编纂时虽未列举所引书目,但从志书内容来看,征引痕迹较为明显。据统计,洪武《平阳志》现存内容共引书 29 种,其中正史、编年、典制、杂史类 12 种(见表 1.2.1),天文、地理、方志类 11 种(见表 1.2.2),诗歌、杂记、小说类 4 种(见表 1.2.3),另引石刻史料 2 种,即《县厅壁记》《县门小石碣》,表中未列。从征引次数上看,正史、编年、典制、杂史类图书共征引 21 次,天文、地理、方志类图书共征引 34 次,诗歌、杂记、小说类图书共征引 5 次。从洪武《平阳志》征引书目来看,种类相对丰富,涉及正史、典制、杂史、天文、地理、诗歌、杂记等。

表 1.2.1　洪武《平阳志》征引正史、编年、典制、杂史类图书列表

序号	书名	作者	存佚	所载卷数	征引次数	备注
1	《尚书》		存	卷八	1	洪武《平阳志》记之为《书》
2	《左传》	左丘明	存	卷七、八	5	
3	《史记》	司马迁	存	序,卷六、七	5	
4	《说苑》	刘向	存	卷六	1	
5	《汉书》	班固	存			洪武《平阳志》记之为《汉书·地理志》
6	《春秋左传正义》	杜预	存	卷八、九	3	洪武《平阳志》记之为《春秋》,或记为《春秋左传》,或记为"杜预注"
7	《十六国春秋》	崔鸿	存	卷六	1	
8	《魏书》	魏收	存	卷七	1	洪武《平阳志》记之为《后魏书》
9	《晋书》	房玄龄	存	卷六	1	洪武《平阳志》记之为《晋地理志》
10	《通典》	杜佑	存	卷五	1	
11	《资治通鉴》	司马光	存	卷五	1	洪武《平阳志》记之为《通鉴》
12	《通志略》	郑樵	存	卷五	1	

表1.2.2　洪武《平阳志》征引天文、地理、方志类图书列表

序号	书名	作者	存佚	所载卷数	征引次数	备注
1	《禹贡》		存	序,卷五、六、七、八、九	10	
2	《都城记》		佚	卷八	1	
3	《水经注》	郦道元	存	卷八	1	洪武《平阳志》记之为《水经》
4	《太平寰宇记》	乐史	存	卷五、六、八、九	6	洪武《平阳志》记之为《寰宇记》
5	《平阳旧志》		佚	卷五	2	
6	《平阳志》		佚	卷五、七	4	
7	洪洞县《旧志》		佚	卷五	2	洪武《平阳志》记之为《旧志》(引文在洪洞县沿革目下)
8	浮山县《旧志》		佚	卷七	3	洪武《平阳志》记之为《旧志》(引文在浮山县山川目下)
9	浮山县《图经》		佚	卷七	1	洪武《平阳志》记之为《图经》(引文在浮山县古迹目下)
10	岳阳县《旧志》		佚	卷七	3	洪武《平阳志》记之为《旧志》(引文在岳阳县沿革目下)
11	《平阳郡县志》		佚	卷九	1	洪武《平阳志》记之为《郡县志》(引文在蒲州山川目下)

表1.2.3　洪武《平阳志》征引诗歌、杂记、小说类图书列表

序号	书名	作者	存佚	所载卷数	征引次数	备注
1	《穆天子传》		存	卷八	1	
2	《诗经》		存	序,卷七	2	洪武《平阳志》记之为《诗》
3	《孔子家语》		佚	卷七	1	洪武《平阳志》记之为《家语》(引文在曲沃县寺观目下)
4	《诗谱》	郑玄	佚	卷八	1	

洪武《平阳志》现存内容征引条目有以下几个特点。

第一，平阳府及各州县沿革目记载引用图书较多。该志引书多集中于府、州、县的沿革目，如临汾县沿革目下便引《禹贡》《平阳旧志》2种，洪洞县沿革目下引《禹贡》、《太平寰宇记》、《通志略》、《左传》、洪洞县《旧志》、《汉书·地理志》、《通典》6种，其余各县沿革目内至少引用1种图书。该志沿革目下征引史料丰富，故而记载内容较为翔实。以洪洞县沿革目为例：

> 本县按《禹贡》其地三代已前属冀州之域，唐尧畿内。《寰宇记》云即春秋时杨侯国也。杨侯乃唐叔虞之后，伯侨封杨侯，因以为氏出。《通志略》又杨雄拟离骚辞，注云周衰而杨氏有号。杨侯者，晋灭之，以赐大夫羊舌肸，即春秋时叔向也。及叔向之子羊食我为魏献子所灭，乃以僚安为杨氏大夫出，《左传·昭公二十八年》。《旧志》云秦属河东郡。汉为杨县，属晋州。《汉书·地理志》云王莽改为有年亭。应劭曰即春秋时杨侯国也。杜氏《通典》载，后齐有洪洞，注云平阳郡北县故城，四围重复控据要险。崇化末周师既克，晋州守主张玄静以城降周。至隋恭帝义宁元年改曰洪洞县，盖取诸县北镇名也。唐武德元年洪洞、临汾并置西河县。贞观十七年省入临汾县。后不知何时复立洪洞县。历宋金元因之。今朝仍隶平阳府。①

第二，征引地理类书目较多。洪武《平阳志》作为地方志，对历代地理志书的征引较多。由列表统计可知，此志现存内容仅征引天文、地理类图书就有11种34次之多。具体而言，次数最多的是《禹贡》，

---

① 洪武《平阳志》卷五《洪洞县》沿革，第11页。

征引 10 次,其多见于各州县沿革目下;其次是《太平寰宇记》,洪武《平阳志》记为《寰宇记》,征引 6 次,多见于各州县沿革目下及古迹目下。洪武《平阳志》征引平阳府明代以前旧志较多,包括《平阳旧志》、《平阳志》、洪洞县《旧志》、浮山县《旧志》、浮山县《图经》、岳阳县《旧志》、《平阳郡县志》。上述旧志修于明代以前,明初尚存,后佚。洪武《平阳志》共征引上述旧志 16 条,说明明代以前平阳府州郡县皆有志。

第三,该志征引的部分史料与原史料有出入。经对比发现,洪武《平阳志》征引的部分史料是从原文中截取并进行缀合而成。如曲沃县陵墓目下里克墓引《史记》①:

> 按《史记·晋世家》,献公病甚,乃谓荀息曰:"立[2]奚齐为后,年少,诸大臣不服,恐乱起,子能立之乎?"荀息曰:"能。"献公曰:"何以为验?"对曰:"使死者复生,生者不惭,为之验。"於是遂属奚齐於荀息。荀息为相,主国政。[3]献公卒,里克、丕郑父[4]欲内重耳,以三公子之徒作乱,谓荀息曰:"三怨将起,秦、晋辅之,子将何如?"荀息曰:"吾不可负先君言。"[5]里克弑[6]奚齐於丧次,献公未葬也。荀息将死之,或曰不如立奚齐弟卓[7]子而传之,荀息立卓[8]子而葬献公。[9]里克弑卓[10]子於朝,荀息死之。君子曰:"诗所谓:白珪之玷,尚[11]可磨也,冂(当为"斯"字——引者注)言之玷,不可为也。"其荀息之谓乎!今里克有墓存焉。②

按《史记》所载,上述引文中多省略时间记载,如"秋九月""十月""十一月",又有衍字如"父",讹字如"弑""卓"。方志纂修者在纂

---

① 《史记》卷三九《晋世家》,中华书局,1959,第 1648–1649 页。
② 洪武《平阳志》卷七《曲沃县》陵墓,第 17 页。

修方志时征引前代史书,丰富志书内容,是寻常之事。在征引前代史书内容时,常进行删繁就简,节录重要细节。洪武《平阳志》在征引旧书时有此特点,不难理解。

四、洪武《平阳志》与万历《平阳府志》体例、内容及舆图之比较

据现有史料记载,明代平阳府多次修志,而现存仅洪武《平阳志》、正德《平阳志》和两个版本的万历《平阳府志》。正德《平阳志》原卷现藏于北京大学图书馆,存卷十一、十二、十六、十七、二十二,线装,一函六册,典藏号为 NC/3149/147/7。万历《平阳府志》现有两个版本,一为万历四十三年(1615)刊本,曹树声所修,现存二十八卷,原卷存于台北故宫博物院图书馆,登录号为 rb0022010;一为顺治二年(1645)修补本,现存十二册,十卷,藏于台北故宫博物院,《原国立北平图书馆甲库善本丛书》第339册存有此书影印本。因正德《平阳志》与万历四十三年所刊《平阳府志》查找困难,无缘得见,现仅以顺治二年所刊万历《平阳府志》修补本与洪武《平阳志》从体例、内容及舆图三个方面进行比较。

(一)洪武《平阳志》与万历《平阳府志》体例比较

洪武《平阳志》采用三级纲目体例,卷一至卷四以平阳府为目,下设州县、山川、风俗、土产、渠堰、关隘、古迹、陵墓、台榭、寺观、仕宦、仙道、人物、驿传等小目对平阳府及各州县总说。卷五至卷九以临汾、洪洞、赵城、襄陵等平阳府下辖州县为目,每目下又有沿革、乡、里路、公廨等小目详述。

万历《平阳府志》亦采用纲目体述事,正文前有目录,记各卷小目名目。卷一记星野、舆图(形势附)、城池(疆域附)、山川、津梁(坊

乡附),卷二记建置沿革(风俗附)、帝系(后妃附)、历代藩封(窃据附)、昭代宗封,卷三记府治历官、县正历官、州正历官、儒学历官,卷四记衙署(宫室附)、学校、坛壝(祠庙附),卷五记户口、田赋、物产、土贡、盐政、兵防,卷六记名宦、乡贤、寓贤,卷七记选举、科目、岁荐、荐辟、封荫,卷八记人物上、人物下(孝义、节烈、隐逸、仙释、方技俱附),卷九记艺文上、艺文下,卷十记古迹、寺观、陵墓、杂志、灾祥。

两志在体例记述上虽皆采用纲目体,然亦有不同。洪武《平阳志》在撰述时先以各州县为目,下再分各小目记述,每州县各小目名目大体一致;若遇此州县无此目内容,则将此目删去,接下一目记载。万历《平阳府志》先以所记内容名目为目,下再按各县分述记载。二志体例各有优缺。洪武《平阳志》按州县排列,查找某一州县地方史料较万历《平阳府志》更方便;万历《平阳府志》以内容名目分类记载,对查阅平阳府及所辖州县某一内容则更为便利。

(二)洪武《平阳志》与万历《平阳府志》内容比较

洪武《平阳志》现存内容所记,上起尧舜,下讫洪武十一年(1378),所记之事,详今略古。如在赵城县人物目下,对春秋赵简子与战国蔺相如这样记载:"春秋赵简子。战国蔺相如,为赵相。"对元人徐毅则记为:"元徐毅,字伯弘,本县霍峰乡石明里人。尝为监察御史,力陈台省为治之要,寻迁左右司郎中及刑部尚书。能弥纶庶政,复拜各道廉使。遂参议中书。顷之,拜御史中丞。特赠中书左丞、上护军,追封平阳郡公,谥文靖。"[1]万历《平阳府志》记人记事上起三皇五帝时期,下讫万历四十二年(1614)。虽说此志所记亦有详今略古

①洪武《平阳志》卷六《赵城县》人物,第6—7页。

的特点,但对古之所记相对较为翔实。从所记人物来看,此志搜集人物数量丰富,即便所记对象为上古人物,如仓颉、风后等,亦尽力在有限资料中整理出人物信息。如:"上古仓颉,临汾人。有熊氏史官,生而四目,始造文字,天雨粟,鬼夜哭。风后,解州人。为有熊氏三公,与力牧等为六相,天地治神明至。"①

万历《平阳府志》较洪武《平阳志》门目设计有所创新。

表 1.2.4　洪武《平阳志》与万历《平阳府志》门目比较表

洪武《平阳志》	万历《平阳府志》
沿革	建置沿革(风俗附)
风俗	
乡	津梁(坊乡附)
坊巷	
渠堰	
里路	城池
公廨	衙署(官室附)
台榭	
驿传	
坛埠	坛壝
山川	山川
土产	土产
陵墓	陵墓
寺观	寺观
人物	人物
仙道	

由表 1.2.4 可知,洪武《平阳志》的部分内容在万历《平阳府志》中都得到整合,放入同一门目下。如洪武《平阳志》中乡、坊巷与渠

①万历《平阳府志》卷八上《人物》,第 284 页。

堰,在万历《平阳府志》中被放入津梁目下,主记渠堰、桥梁,各县后附坊与乡,所记渠堰、坊、乡内容与洪武《平阳志》对应名目略有不同。

万历《平阳府志》较洪武《平阳志》增加了部分内容,包括帝系后妃、历代藩封、昭代宗封、府治历官、县正历官、州正历官、儒学历官、户口、田赋、土贡、盐政、兵防、名宦、乡贤、寓贤、选举、科目、岁荐、荐辟、封荫、杂志、灾祥。万历《平阳府志》门目繁多,可能与永乐朝颁布的《纂修志书凡例》有关。明成祖于永乐十年(1412)颁下《纂修志书凡例》,规定志书内容分为"建置沿革 分野""疆域 城池 里至""山川""坊郭 乡镇""土产 贡赋""风俗 形势""户口""学校""军卫""廨舍""寺观 祠庙 桥梁""古迹 城郭故址 宫室台榭 陵墓 关塞 岩洞园池 井泉 陂堰 景物""宦绩""人物""仙释""杂志""诗文" 共计 17 个类目。永乐十六年(1418)又诏"纂修天下郡县志书",令夏原吉、杨荣、金幼孜任总裁,"仍命礼部遣官遍诣郡县,博采事迹及旧志书"[1],再次规定郡县志书内容须按照《纂修志书凡例》来进行修撰。此后志书体例皆受其影响,志书门目大多与此类同,内容更为丰富。

洪武《平阳志》门目较多,但记述简洁。其卷一山川目下记有山71 座,川 57 条,岩 1 处,洞 2 处。万历《平阳府志》山川目记载山有 168 座,河有 125 条。洪武《平阳志》卷三古迹目下载有 134 处古迹,而万历《平阳府志》卷十古迹目下则载有 217 处古迹。

(三)洪武《平阳志》与万历《平阳府志》舆图比较

洪武《平阳志》在纂修体例上采用图文结合的形式。府有总图,

---

[1]《钞本明实录》卷二〇一,太宗永乐十六年六月乙酉,第三册,线装书局,2005,影印本,第 392 页。

州县有州县图。三册九卷共保留14幅地图,即平阳府总图、临汾县图、洪洞县图、赵城县图、襄陵县图、太平县图、浮山县图、岳阳县图、曲沃县图、翼城县图、汾西县图、蒲县图、蒲州图、临晋县图。以平阳府总图为例,图以上北下南左西右东为方位,详细标记平阳府一府六州二十九县的地理位置,还标记了灵石县巡检司、白浪渡巡检司、风陵渡巡检司、禹门渡巡检司、永和关巡检司等及河东运司的地理位置,标注出沁河、汾河、高河等河流,标明壶口、孟门山、禹王庙、盐池等标志性的山川人文景观。州图与县图标注更为细致。在蒲州图(见图1.2.1)中,标有州中公廨。蒲州公署、按察司及三皇庙位于州城西北角,千户所等位于州城正北,税课局等位于州城正东,旗纛庙、城隍庙、丰济仓、寥阳宫、文庙依次立于正南方。城外正西处画有四个农民驱牛耕作,表明此处为农田,民众多以农业为生。再往西处至黄河西岸,有牛三头,隐约可见有柱四根,此为"铁牛"之典。城外南地多山,应为中条山系,山中多庙。历山相传为舜耕之处,故建有舜庙。首阳山上因有夷齐墓,在此亦建夷齐庙以祀。此外,还标注有数座寺庙,如万固寺、栖岩寺、神龙庙等。城外东地有舜庙一座,观其规模,似比历山舜庙规模更大,且庙中注有圆形图示,与志中所记舜井的地理位置相吻合,推断应是在舜井基础上所建。再往东处标有古蒲坂所在地。州北零星散布着数座台楼、寺庙。普救寺位于城东北,真武庙位于城北门外,魏豹城位于城外西北处。社稷坛与鬼神坛位于城北,山川坛位于城南。

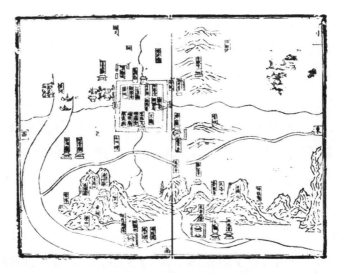

图 1.2.1　洪武《平阳志》蒲州图

万历《平阳府志》所存图种类丰富，现存有 22 幅，其中 5 幅为星宿图，即觜宿图、参宿图、昂宿图、井宿图、毕宿图；8 幅为地方故事图，即龙门喷雪图、砥柱轰雷图、霍岳堆青图、条峰拖紫图、虞台解愠图、汉祀歌风图、姑山霞洞图、平水瑗澜图；2 幅为公廨图，即平阳府署图、平阳府学图；7 幅为地域图，即平阳府属总图、平阳府城图、平阳府三面依山图、平阳府二面带河图、平阳府尧都图、平阳府舜都图、平阳府禹都图。万历《平阳府志》现存 7 幅地域图，其中 3 幅为尧、舜、禹时古都图，1 幅为平阳府三面依山图，主标注平阳府东、南、西三面山脉形势，1 幅为平阳府二面带河图，主示黄河自平阳府西流至南出河南流山。"河……东至娘娘滩，南入塞，过君子济，行山西，西经郡之石楼，下禹门，历荣河，环蒲州西门，折而东绕平陆，奔至垣

曲,出河南怀庆之济源县界,当其下禹门经砥柱也。"①其余1幅为平阳府属总图,图中列一府六州二十八县的地理位置。然若以平阳府作为参照对象,许多州县与图中所示位置有出入。此外还列出许多山势,但仅标明霍山所在,其余山未列其名。还标记有平阳府境内河流、支流,但也未标明河流名目。另1幅为平阳府城图,介绍平阳府城内格局分布。以鼓楼为中心,东、西、南、北各设一门。鼓楼西向察院、县学、医学、小鼓楼、平阳府、宗口仓依次排列;鼓楼北向由西向东依次为高墙、阳曲府、如京仓、考场、铁匠局、织造局、关王庙、西河府、养济院、预备仓;鼓楼东向为府学、临汾县署、城隍庙;鼓楼西南为总铺、铁佛寺与宗学,鼓楼东南角为交口府、府衙官亭、分巡道、民口教等。府城墙外东设税课局,北设惠民局,坛祀中厉坛设于府城外东北处,社稷坛设于府城外西北处,山川坛设于府城外西南处。平阳府城图整体而言较为规整,图中各标志皆有序可依。

第一,洪武《平阳志》平阳府总图中示有平阳府一府六州二十九县的地理位置,万历《平阳府志》平阳府属总图中列有平阳府一府六州二十八县的地理位置,缺灵石县。《钞本明实录·神宗卷》载:

> 巡抚山西魏允贞奏改汾州为府,另立附郭县为汾阳县,各铸给印。汾州旧辖平遥、介休、孝义三县,今议割永宁州宁乡县、临县与平阳府之灵石县及沁州并沁源、武乡县益之,俱隶分守冀南道,改州所辖为县,改州官为县官,而增建县址,恢州治为府治。②

万历四十三年(1615)又记:

> 初,山西自升汾州为府,割平阳之灵石改隶焉。然平阳所籍

①万历《平阳府志》卷一《山川》,第30页。
②《钞本明实录》卷二八五,神宗万历二十三年五月丙申,第二十册,第182页。

御房者全凭冷泉一线之关信,灵石为平门户,其当还无疑。第以平大而汾小,始议改平阳之石楼属汾,而汾称不便。盖谓石楼离汾辽绝,其铺舍司兵诸费又无所出,各道府复议建设公费,派平协济铺兵工食,听汾加编于所属府厅,工食仍前对换。户部据抚臣吴仁度疏题复,报可。①

由上可知,万历二十三年(1595)五月升汾州为府,此时割平阳府灵石县为汾州府所属。然万历四十三年又议,因灵石县为平阳府与太原府沟通之重要关隘所在,故欲使石楼县易灵石县属汾州府;又因石楼县距汾州甚远,便议定平阳府协济铺兵工食之费,隶汾州府管辖。《明史·地理志》与清代地方志又有不同记载。康熙《平阳府志》:"灵石县……明为灵石县,属霍州。万历二十三年改汾州为府,割灵石县属焉。四十二年又以石楼改隶汾州府,灵石县改隶平阳府。"②康熙《平阳府志》记灵石县于万历四十二年改属平阳府,与《明实录》所记有差。《明史·地理志》:"灵石……万历二十三年五月改属汾州府。四十三年还属府。"③"石楼……万历四十年改属(汾州府)。"④《明史·地理志》记灵石县于万历四十三年归属平阳府,而石楼县于万历四十年(1612)改隶汾州府,这与《明实录》所记灵石县、石楼县于万历四十三年改易隶属、康熙《平阳府志》所记灵石县于万历四十二年归属平阳府俱有出入。雍正《石楼县志》有言:"万历壬子

①《钞本明实录》卷五三三,神宗万历四十三年六月丁丑,第二十二册,第201页。
②康熙《平阳府志》卷三《建置沿革》,第63页。
③《明史》卷四一《地理志》,中华书局,1974,第962页。
④《明史》卷四一《地理志》,中华书局,1974,第965页。

邑令王三益请与灵石相易,始属汾州府。"①万历壬子年即万历四十年。嘉庆《灵石县志》除了引用《明史·地理志》对灵石县与石楼县的隶属变迁记载,又云:"又《旧志》载,万历四十三年平阳缙绅李都谏等谓灵石郡中关隘,同疏请准,仍为平阳,免辖霍州。"②清代地方志及《明史·地理志》对万历年间灵石县复归平阳府管辖时间和石楼县改属汾州府时间记载有异,应属误。万历《平阳府志》记事止于万历四十二年,若石楼县于万历四十年即改隶汾州府,那万历《平阳府志》中应无此县记载。然万历《平阳府志》记有石楼县,这表明至少在万历四十二年时石楼县仍属平阳府管辖。同理,万历《平阳府志》中现无灵石县记载,表明在万历四十二年时灵石县还未归于平阳府管辖,那么只有一种可能,万历四十三年改石楼县属汾州府,易灵石县属平阳府,《明实录》所记是准确的。综上,万历二十三年(1595)升汾州为府,改灵石县属汾州府。后因灵石县为关隘之地,郡中之人申请以石楼县易灵石县,万历四十三年改石楼县属汾州府,改灵石县属平阳府。清代地方志及《明史·地理志》记载有误,应予纠正。

第二,洪武《平阳志》平阳府总图与万历《平阳府志》平阳府属总图,二者所示六州二十八县地理位置有出入。

第三,万历《平阳府志》平阳府城图与洪武《平阳志》中临汾县图大致相似,二者皆对平阳府城图有载,但亦有不同。平阳府城图主要记载平阳府城内各署分布格局,侧重记载城内官署及府城边坛壝、

---

①雍正《石楼县志》卷一《建置沿革》,收入《中国地方志集成》第26册,凤凰出版社,2005,影印本,第470页。
②嘉庆《灵石县志》卷一《地舆》,收入《中国地方志集成》第20册,凤凰出版社,2005,影印本,第23页。

楼阁建筑的位置。临汾县图则侧重于对临汾县整体情况的标示,不仅包含平阳府城,还包含城外山川、河流、坛壝、寺庙、陵墓、古迹。除此之外,临汾县图西南部还标注有黑磁窑、铁冶等,图中还标有三处石炭窟的地理位置。相较而言,虽然平阳府城图对平阳府城内之标注详细具体,然临汾县图对平阳府及周围地理环境状态的记载更为丰富。

第四,洪武《平阳志》现存14幅地图,其中平阳府总图与临汾县图大致与万历《平阳府志》中的平阳府属总图及平阳府城图相似。洪武《平阳志》地图以州县为单位,记载了各州县的地理位置及环境分布情况。万历《平阳府志》缺少对各州县的地图记载,因此,洪武《平阳志》的地图更为珍贵。

注释:

[1] 洪武《平阳志》中所引旧志、图经多以旧志、郡县志、图经等命名,笔者此处采用刘纬毅在《山西方志概述》中对洪武《平阳志》中征引方志的命名。

[2] "立",《史记》作"以",前脱"吾"字。

[3] "政"下《史记》有"秋九月",当据补。

[4] "父"字《史记》中无,当系衍文。

[5] "言"下按《史记》有"十月",当据补。

[6] "弑"字《史记》作"杀",是。

[7] "卓"字《史记》作"悼",是。

[8] "卓"字《史记》作"悼",是。

[9] "公"下按《史记》有"十一月",当据补。

[10] "卓"字《史记》作"悼",是。

[11] "尚",《史记》作"犹"。

第三章　洪武《平阳志》内容校订

一、平阳府

（一）沿革

　　（平阳府）春秋属晋，战国属韩，后属赵。（洪武《平阳志》卷一
《平阳府》）

　　洪武《平阳志》记平阳府"战国属韩，后属赵"①，但在万历《平阳
府志》中却记载平阳"在春秋时实晋大夫韩康子邑也。文公又十六传
至靖公，为其大夫韩赵魏三家所灭，共分晋地。魏侯都安邑，其地属
魏"②。两志关于平阳府在战国时期的建置问题存在明显分歧，孰是
孰非，需谨慎考证。查目前已出版的明清《山西通志》、明清《平阳府
志》、民国《临汾县志》及《大明一统志》，关于春秋战国时平阳地区的
建置沿革主要有以下说法[1]。

　　（1）平阳府春秋属晋，战国属韩，后属赵。有此记载的主要是洪
武《平阳志》与《大明一统志》。"平阳……春秋属晋，战国属韩，后

---

①洪武《平阳志》卷一《平阳府》，第 1 页。
②万历《平阳府志》卷二《建置沿革》，第 55 页。

属赵。"①

（2）平阳府春秋属晋，战国属魏。嘉靖《山西通志》："春秋时，实晋大夫韩康子食邑也，后三家分晋，而魏都安邑，其地又属魏。"②万历《山西通志》："而平阳在春秋时实晋大夫韩康子邑也，后三家分晋，而魏都安邑，其地又属魏。"③康熙《山西通志》："春秋时，韩康子食邑。后三家分晋，而魏都安邑，其地又属魏。"④雍正《山西通志》："春秋属晋。战国属魏。"⑤光绪《山西通志》："春秋属晋，后属韩氏。战国属魏。"⑥万历《平阳府志》："而平阳在春秋时实晋大夫韩康子邑也。文公又十六传至靖公，为其大夫韩赵魏三家所灭，共分晋地。魏侯都安邑，其地属魏。"⑦康熙《平阳府志》："《文献通考》：晋州古尧舜之都，所谓平阳也。春秋时属晋，战国属魏，秦属河东郡。"⑧民国《临汾县志》："韩康子食邑，魏都安邑，取平阳，于是平阳又属魏。"⑨

（3）平阳府战国属魏，后属赵。成化《山西通志》："（平阳）唐尧都畿之地，春秋属晋，战国属魏，后属赵。"⑩

春秋时韩贞子从韩原徙居平阳，并在此定居。三家分晋后，韩以平阳为都，直至韩武子（公元前424—前409年在位）时将都城迁至

①《大明一统志》卷二〇《平阳府》，三秦出版社，1990，影印本，第304页。
②嘉靖《山西通志》，中华书局，2017，影印本，第12页。
③万历《山西通志》卷二《建置沿革》，中华书局，2012，第18页。
④康熙《山西通志》卷三《建置沿革》，中华书局，2014，第95页。
⑤雍正《山西通志》卷三《沿革》，中华书局，2006，第108页。
⑥光绪《山西通志》卷二十六《河东道一》，中华书局，1990，第2309页。
⑦万历《平阳府志》卷二《建置沿革》，第55页。
⑧康熙《平阳府志》卷三《建置沿革》，第58页。
⑨民国《临汾县志》卷一《沿革考》，方志出版社，2016，第50页。
⑩成化《山西通志》卷一《建置沿革》，第7页。

阳翟(今河南省禹州市)。因此,战国前期平阳属韩毋庸置疑。故而上述三种观点可合并为两种,即"平阳属魏说"与"平阳属赵说"。现考辨如下。

平阳属魏说。一说"魏都安邑"后,其地属魏。依史书所载,魏都安邑期间(?—公元前339年),韩都平阳,又将都城迁至阳翟,后迁至郑(今河南省新郑市)。按"魏都安邑,其地属魏"之说,"平阳属魏"之说应在韩迁都阳翟之后、魏迁都大梁之前。韩赵魏三家分晋后形成三晋联盟,多次以联盟形式一致对外。《史记·魏世家》:"七年,伐齐,至桑丘。九年,翟败我于浍。使吴起伐齐,至灵丘。"①《史记·赵世家》:"九年,伐齐。齐伐燕,赵救燕。"②"十一年,魏、韩、赵共灭晋,分其地。伐中山,又战于中人。"③甚至在魏国迁都后,三家亦有合作。"五年,与韩会宅阳……十四年,与赵会鄗。"④《史记·赵世家》:"二十四年,魏归我邯郸,与魏盟漳水上。"⑤因此,在魏国迁都大梁之前,韩赵魏三家形成利益共同体,魏断不可能在韩迁都后随即占领韩之旧都,破坏三家联盟,故平阳属魏可能性不大。另据《国策地名考》引《竹书纪年》:"梁惠成王二十九年,齐田盼及宋人伐我东鄙,围平阳。"⑥《国策地名考》认为平阳"此本卫地,战国时属魏,距今长垣县约百里。即策文所指也。或云即鲁之南平阳,固远不相涉"⑦。长垣县

---

①《史记》卷四四《魏世家》,第1842页。
②《史记》卷四三《赵世家》,第1798页。
③《史记》卷四三《赵世家》,第1799页。
④《史记》卷四四《魏世家》,第1844页。
⑤《史记》卷四三《赵世家》,第1801页。
⑥程恩泽:《国策地名考》卷一一《魏中》,中华书局,1991,第192页。
⑦程恩泽:《国策地名考》卷一一《魏中》,中华书局,1991,第192页。

即今河南省长垣市。综上，魏迁都之前，平阳属魏可能性不大；而"魏之平阳"更可能是指原卫国之平阳，后属魏地，并非尧都平阳。

平阳属赵说。此说法多因《史记·赵世家》中有"赵之平阳"之记载。《史记》卷六载："十三年桓齮攻赵平阳……十四年，攻赵军于平阳，取宜安，破之，杀其将军。桓齮定平阳、武城。"①然《史记正义》引《括地志》云："平阳故城在相州临漳县西二十五里。"又云："平阳，战国时属韩，后属赵。""（武城）即贝州武城县外城是也。七国时赵邑。"②既攻平阳，后又平定平阳及武城，说明二城相距不远。若此处为尧都平阳，武城位于今德州市武城县西北部，二者相距500多公里。若取《括地志》所释，平阳位于相州临漳县西25里，与武城相距200多公里。尧都平阳与相州平阳二者相较，后者可能性更大。《国策地名考》对"赵之平阳"记载："案此平阳即在邺城县，魏郡邺城有平阳城……今临漳县西25里，有平阳城，距邺五里。"③邺城位于相州临漳县西南25里之地，其中隔平阳之故城，故"赵之平阳"应是相州临漳县（今河北临漳）附近的平阳，而非尧都平阳。《太平寰宇记》以平阳战国时曾属赵，云："晋州平阳县，今理临汾县。禹贡冀州之域，星分参宿。尧舜所都平阳即此地。书谓既修太原至于岳阳亦此地也。春秋属晋，战国属韩，后属赵。"④按《括地志》所云，平阳故城"战国属韩，后属赵"，故而笔者推断《太平寰宇记》在纂修时误以平阳故城为晋州平阳县，引用其"战国属韩，后属赵"之说，实则有误。而洪武《平

①《史记》卷六《秦始皇本纪》，第232页。
②《史记》卷六《秦始皇本纪》，第232页。
③程恩泽：《国策地名考》卷九《赵下》，第159页。
④《太平寰宇记》卷四三《河东道四》，中华书局，2007，第896页。

阳志》《大明一统志》记载与《太平寰宇记》相似,亦采用此种错误记载,一定程度上影响了洪武《平阳志》的价值。

平阳属韩说。李晓杰《中国行政区划通史·总论　先秦卷》认为:"王安九年(前230),秦灭韩,至迟此时平阳属秦。"[1]《史记·韩世家》:"宣子卒,子贞子代立。贞子徙居平阳。"[2]这说明,在战国初期平阳为韩县。后景侯六年(前403),韩将都城迁至阳翟。公元前375年,韩灭郑后,将都城迁至郑。及至此时,平阳仍属韩。《战国策》卷三十记:"秦正告韩曰:我起乎少曲,一日而断太行。我起乎宜阳而触平阳,二日莫不尽繇。我离两周而触郑,五日而国举。韩氏以为然,故事秦。"[3]秦用韩国大县相威胁,以达到连横之目的。宜阳、平阳为韩之大县,郑为其国都。及至公元前307年,秦破宜阳,"而韩犹复事秦,以先王墓在平阳"[4]。另外,出土的战国时韩国钱币有"平阳"方足布[5],亦可证明战国时平阳属韩,直至韩亡属秦。故笔者认为,平阳"春秋属晋,战国属韩"的可能性最大。

综上所述,战国时韩在尧之后又都于平阳,但在其战略目标转移后,都城又迁至阳翟,后徙至郑。正因如此,平阳建置归属出现分歧。然经考证,史书、地理志等所记"魏之平阳"本卫县,后属魏,在今河南省长垣市附近;"赵之平阳"实为今河北省临漳县附近。据史实及考古资料推断,战国时平阳在失去都城功能后,一直作为韩之封县存在,直至韩被秦亡后属秦。

①周振鹤、李晓杰:《中国行政区划通史·总论　先秦卷》,复旦大学出版社,2009,第319页。
②《史记》卷四五《韩世家》,第1866页。
③范祥雍笺证《战国策笺证》卷三〇,上海古籍出版社,2014,第1706–1707页。
④《史记》卷四〇《楚世家》,第1726页。
⑤国家文物局《中国古钱谱》编撰组编《中国古钱谱》,文物出版社,1989,第64–65页。

　　五代梁太祖开平四年升为定昌军,均王贞明二年改建宁军。

（洪武《平阳志》卷一《平阳府》）

　　万历《平阳府志》载:"五代梁开平中置定昌军节度,寻改建宁郡。"①二志一说五代时平阳改为"建宁军",一说改为"建宁郡"。"军"与"郡"都曾作为地方行政单位存在过,然二者亦有差异。郡作为行政单位最早出现于春秋时期,战国时得到发展。秦国开设郡县制,后世多有变化,隋时先废后立,依然保持郡县二级制的设置。唐初沿袭隋制,设郡县二级制,后因疆域辽阔,又改为州县二级制,于州之上设道。军作为行政单位出现较晚。唐时,"军作为军事建制单位,在唐初是设立于边境地带,以为戍边之用"②。至宋时,军已经作为地方行政单位而普遍存在。五代作为唐宋变革的过渡时段,军在行政设置上担任的角色较为特殊。唐安史之乱后,随着普遍设置节度使,军事部队在内地的数量迅速增加。因为大多数军队都为长期驻军,若其驻军之地不太出名,人们便多以军队名称代称其地。又因五代时军事长官与地方民事长官大多互相兼任,"军使兼知县事"或"知县兼军使",这就使军事职能与政治职能集中于一人身上,军作为地方行政单位的设置量逐渐增加。据统计,五代时共设三十余军作为地方行政单位⑫,其中平阳于"梁开平四年(910)置定昌军,贞明三年(917)改曰建宁,唐改曰建雄"③。综上可知,唐中后期实行"道—州—县"三级制。五代时军作为地方行政单位出现,故言五代梁均王贞明三年应改设"建宁军",并非"建宁郡"。万历

---

①万历《平阳府志》卷二《建置沿革》,第55页。
②田雁:《五代行政区划单位"军"的形成》,《江汉大学学报》(人文科学版)2004年第2期,第65-68页。
③《新五代史》卷六〇《职方考》,中华书局,1974,第738页。

《平阳府志》记载有误,应据洪武《平阳志》进行订正。

> 宋为晋州,仍为建雄军节度,领临汾、洪洞、襄陵、神山、霍邑、赵城、汾西、冀氏、岳阳、和川十县。金初为平阳府。(洪武《平阳志》卷一《平阳府》)

万历《平阳府志》记:"宋时州军仍旧,后升州为平阳府。金初府仍旧。"①二志对平阳升府时间记载有异,一说金初升为平阳府,一说宋时即升为平阳府。查《宋史·地理志》卷八十六:"平阳府,望,平阳郡,建雄军节度。本晋州,政和六年,升为府。崇宁户七万五千九百八,口一十八万三千二百五十四。贡蜜、蜡烛。"②政和六年即1116年,金太祖二年。此时平阳府尚在北宋政权统治之下,至迟于靖康二年(1127),即"靖康之难"后,平阳府方属金朝。故洪武《平阳志》所记"宋为晋州……金初为平阳府"之说并不准确,应以万历《平阳府志》为准,即"宋……后升州为平阳府。金初府仍旧"。

(二)古迹

> 四门 内外□楼,於其上题其门,南曰朝京,北曰镇朔,东曰武定,西曰义和。并置兵马司。(洪武《平阳志》卷三《平阳府》)

成化《山西通志》载:"平阳府城……门四:南曰朝京,北曰镇朔,东曰武定,西曰景和。"③西门名称"景和"与洪武《平阳志》记载的"义和"并不一致。从洪武《平阳志》对此四门的记述来看,"于其上题其门",即可知四门名称是明初命名的,故洪武《平阳志》所载四门名称应不会有错。成化《山西通志》还载:"景泰初修周围十二里一百十二

---

①万历《平阳府志》卷二《建置沿革》,第55—56页。
②《宋史》卷八六《地理志》,中华书局,1977,第2133页。
③成化《山西通志》卷三《城池》,第98页。

步,高四丈四尺,外包以砖,壕深二丈五尺。"此次重修主要是对四门周围地区进行修建,并未载明对四门易名。"义和"词义为"讲义气、彼此和睦","景"字有光明之意。"义和"在西门,体现的是明初对西方少数民族要讲义气并和睦共存。"义和"与"景和"从词义上对比,"义和"更佳,且"义"的繁体"義"与"景"字形上有相似之处,故笔者推测,成化《山西通志》很可能是撰修时抄写错误,误将"義"作"景"。

(三)仕宦

> 曹参,二年,击魏王於曲阳,尽定魏地。六年,剖符赐参爵列侯,食邑平阳万六百三十户。(洪武《平阳志》卷四《平阳府》)

万历《平阳府志》载:"汉曹参,击魏王豹於平阳,尽定魏地。后封列侯,食邑平阳。"[1]二志所记汉臣曹参击魏王之地不一,洪武《平阳志》言其在曲阳,万历《平阳府志》言其在平阳。曲阳之地,《史记正义》引《括地志》云:"上曲阳,定州恒阳县是。下曲阳在定州鼓城县西五里。"[2]据《史记》所载,高祖二年(前205)假曹参为左丞相,入屯兵关中。"月余,魏王豹反,以假左丞相别与韩信东攻魏将军孙遫军东张,大破之。因攻安邑,得魏将王襄。击魏王于曲阳,追至武垣,生得魏王豹。取平阳,得魏王母妻子,尽定魏地,凡五十二城。赐食邑平阳。"[3]是故万历《平阳府志》言"击魏王豹于平阳"不成立,应予以更正。

---

①万历《平阳府志》卷六《名宦》,第219页。
②《史记》卷五四《曹相国世家》,第2027页。
③《史记》卷五四《曹相国世家》,第2026-2027页。

二、临汾县

(一)古迹

> 古渠，宋庆历三年知州潘太博导黄芦泉水入城，以溉府廨池塘园圃。旧东城有砖礮水门，金时闭塞不通。今子城东壕莲花池，洪武十一年郡守徐铎开广其址，引涝水北入，分为南北二池，以便军民汲饮，更名曰永利。(洪武《平阳志》卷五《临汾县》)

成化《山西通志》载："绦水，源出浮山县北四十里乌岭下，一名黑水，其旁有小涧沟，合入，流经府城北，又名高河，西入汾。汉武十一年如府徐铎引入城西北广浚其北，周围三百八十步，深五丈，分为二池，名曰永利，以便汲饮。"[1]此条中"汉武""如府"，成化《山西通志》并未对其校勘。根据洪武《平阳志》载，此处应为"洪武""知府"。又万历《平阳府志》载平阳知府徐铎于洪武八年(1375)至洪武十一年在任[2]，可校正成化《山西通志》此条错误。

(二)陵墓

> 陶唐氏陵，在府城东七十里陈意里。俗谓之神林，又谓之神临，陶唐氏之陵也。高一百五十尺，广二百余步，有金泰和二年碑。(洪武《平阳志》卷五《临汾县》)

成化《山西通志》："陶唐氏陵，在平阳城东七十里陈意里，俗谓之神林，又谓之神临，陶唐氏之陵也，高一百五十尺，广二百余步，有金泰始二年碑也。"[3]成化《山西通志》校勘记中载："有金泰始二年碑

---

[1]成化《山西通志》卷二《山川》，第83页。
[2]万历《平阳府志》卷三《职官考》，第81页。
[3]成化《山西通志》卷五《陵墓》，第206页。

也。按金无'泰始'年号,疑'金'为'晋'之误。"①按,此条校勘应有误。据洪武《平阳志》记,陶唐氏陵有"金泰和二年碑"。成化《山西通志》所记"金泰始二年碑"应改为"金泰和二年碑"。

万历《平阳府志》载:"平阳府临汾县陶唐氏陵,在府城东七十里郭行里,俗谓之神林,又谓之神临陵,高一百五十尺,广二百余步。"②二者关于陶唐氏陵的地理位置记载有异,一言于"府城东七十里陈意里",一言于"府城东七十里郭行里"。是二者有一将村名记错,还是在修万历《平阳府志》之前"陈意里"已易名为"郭行里"?因"陈意里"与"郭行里"俱为里名,旧时平阳府地图并未描绘至里,无地图可考,暂无法考证。

(三)人物

　　霍去病,平阳人。为骠骑将军,封冠军侯。(洪武《平阳志》卷五《临汾县》)

万历《平阳府志》记霍去病,"以功封冠军使,加骠骑大将军"③。洪武《平阳志》记封霍去病为冠军侯,万历《平阳府志》记封其为冠军使,二者记载不一。查《汉书》卷五十五,"霍去病……以二千五百户封去病为冠军侯"④。故按《汉书》及洪武《平阳志》所载,万历《平阳府志》关于霍去病的记载应改为"以功封冠军侯"。洪武《平阳志》记载准确。

　　李矩,平阳人,为晋冠军将军,封阳武县侯。按《通鉴》矩仕

---

① 成化《山西通志》卷五《陵墓》,第260页。
② 万历《平阳府志》卷一〇《陵墓》,第475页。
③ 万历《平阳府志》卷八上《人物》,第287页。
④《汉书》卷五五《霍去病传》,中华书局,1962,第2478页。

晋，初为荥阳太守，元帝太兴元年以李矩都督河南军事，与刘曜诸将屡战有功。（洪武《平阳志》卷五《临汾县》）

李矩，《晋书》有传①。此人字世迴，平阳人也。年少英勇，拜于征西将军梁王肜麾下以为牙门。永嘉初，因护卫太尉苟藩有功，及藩承制，以李矩为荥阳太守。又设计大败石勒大军，元帝加矩为冠军将军，辂车幢盖，进封阳武县侯，领河东、平阳太守。后李矩率壮士三千入刘聪营救出部将张皮等人。刘聪气愤不已，竟发病而死。元帝嘉其功，封其都督河南三郡军事、安西将军、荥阳太守，封脩武县侯。及刘桀嗣位，其将靳準起兵杀桀，灭其族，鞭尸刘聪，而后率军降于李矩麾下。帝因李矩有功，封其为都督司州诸军事、司州刺史，改封平阳县侯，将军如故。李矩卒时，已军功累累，被封为吉阳亭侯。洪武《平阳志》载："李矩，平阳人，为晋冠军将军，封阳武县侯。按《通鉴》矩仕晋，初为荥阳太守，元帝太兴元年以李矩都督河南军事，与刘曜诸将屡战有功。"②而万历《平阳府志》则记为："李矩，本郡人，怀帝时领平阳太守，时饥疫，矩悉心抚恤，百姓赖焉。又与石勒、刘聪战，设伏出奇累，立殊功，官至司州刺史，封平阳侯。"③按《晋书》李矩传载，李矩先以功封荥阳太守，后陆续获封阳武县侯、脩武县侯、平阳县侯、吉阳亭侯等。洪武《平阳志》与万历《平阳府志》都对其有载，但均有省略。从所记内容来看，洪武《平阳志》倒比万历《平阳府志》记载更为详细。

宋孙复，字明复，按宋名臣言行录，平阳人也。举进士不中，

---

① 《晋书》卷六三《李矩传》，中华书局，1974，第1706—1710页。
② 洪武《平阳志》卷五《临汾县》，第8—9页。
③ 万历《平阳府志》卷六《名宦》，第220页。

退居泰山之阳,明春秋,著尊王发微十六篇(当为"篇"字——引者注)。鲁之学者自石介而下,皆以弟子礼事之。(洪武《平阳志》卷五《临汾县》)

《古今源流至论》载:"庆历二年,以孙复为国子直讲,复居泰山。学春秋,著尊王发微十二篇。"[1]又言:"孙复,学春秋,著尊王发微十二篇。"[2]《玉海》亦记:"庆历中,国子监直讲孙复,著尊王发微十二篇,大约本于陆淳而增新意。书目十二卷,又总论三卷,总类例而为之断。"[3]补充说明孙复所著尊王发微正文十二卷,又有总论三卷,当共有十五卷。郑樵在《通志》中亦载:"春秋尊王发微十二卷孙复,春秋总论三卷孙复。"[4]即言宋时孙复著春秋尊王发微十二卷、总论三卷。至元人修著《宋史》时,记载"孙复,春秋尊王发微十二卷,春秋总论一卷"[5],可知此时孙复所著春秋总论已佚两卷,仅剩一卷。因此,洪武《平阳志》载孙复"明春秋,著尊王发微十六篇"有误,应予纠正。

三、洪洞县

(一)沿革

唐武德元年,洪洞、临汾并置西河县,贞观十七年,省入临汾县。后不知何时复立洪洞县。历宋、金、元因之。(洪武《平阳志》卷五《洪洞县》)

万历《平阳府志》言洪洞县:"唐析洪洞、临汾,置河西县,隶晋

①林駧:《古今源流至论》后集卷六《隐逸》,上海古籍出版社,1992,影印本,第254页。
②林駧:《古今源流至论》后集卷八《传注》,上海古籍出版社,1992,影印本,第291页。
③《玉海》卷四○《艺文》,江苏古籍出版社,1987,影印本,第759页。
④郑樵:《通志二十略·艺文略第一》,王树民点校,中华书局,1995,第1471页。
⑤《宋史》卷二○二《艺文一》,第5059页。

州。"①万历《山西通志》、康熙《平阳府志》亦有此记载②,即言唐时分洪洞县与临汾县,并置河西县。这与洪武《平阳志》所载西河县有出入。《旧唐书》载:"晋州……武德元年改为晋州,分襄陵置浮山县,分洪洞置西河县。"③《旧唐书》所载证明洪武《平阳志》记载正确,万历《山西通志》、万历《平阳府志》、康熙《平阳府志》应据此更正。

洪武《平阳志》记:"后不知何时复立洪洞县。"《唐会要》载:"升洪洞县等同上年月日。""上年月日"即"升猗氏、解县开元十二年二月二十六日"。唐末平定河北三镇叛乱时,"薛铁山、李承嗣营洪洞迎战"④,可知至唐末时洪洞县早已复其名。所以,《唐会要》所记于开元十二年二月二十六日升洪洞县即为复立洪洞县之日。洪武《平阳志》应据以补充。

(二)里路

> 东至岳阳县偏店村界三十五里。(洪武《平阳志》卷五《洪洞县》)

万历《平阳府志》、康熙《平阳府志》皆言洪洞县东到"岳阳县偏村店界三十五里"⑤,此与洪武《平阳志》所载偏店村有异,大约二志在传抄过程中出现错误。因成化《山西通志》与洪武《平阳志》所记一致,故推测此条记载在成化至万历年间出现传抄错误,"岳阳县偏店村"错记为"岳阳县偏村店"。清代所修志书与平阳府相关志书记载

①万历《平阳府志》卷二《建置沿革》,第66页。
②万历《山西通志》卷二《建置沿革》,第18页;康熙《平阳府志》卷三《建置沿革》,第61页。
③《旧唐书》卷三九《河东道一》,中华书局,1975,第1472页。
④《新唐书》卷二一八《沙陀》,中华书局,1975,第6161页。
⑤万历《平阳府志》卷一《城池》,第15页;康熙《平阳府志》卷三《建置沿革》,第69页。

错误,可能系撰修时抄写错误所致,亦记为"岳阳县偏村店"。据此,万历《平阳府志》及康熙《平阳府志》应予更正。

(三)陵墓

皋陶墓,在县南十三里皋陶村南。有冢,高五尺,周围十步。古有碑,高一丈,其文剥落,不知何代立。(洪武《平阳志》卷五《洪洞县》)

一说碑在冢右。成化《山西通志》、万历《平阳府志》俱言:"皋陶墓……右有碑,其文剥落。"①

四、赵城县

(一)乡

广济乡　宝泉乡　霍峰乡　普安乡 (洪武《平阳志》卷六《赵城县》)

洪武年间,赵城县设四乡,直至万历年间,广济乡、霍峰乡、普安乡三乡名称都未改变,但宝泉乡在万历《平阳府志》中记为贵泉乡②。因"宝"字的繁体"寶"与"贵"字的繁体"貴"有些相似,又因赵城县有霍泉,此乡之名很有可能因霍泉而得名。笔者推测,此乡极有可能因近霍泉而名为宝泉乡,后又因传抄错误,万历《平阳府志》将其错记为贵泉乡。

(二)里路

西南到蒲县界一百三十里。(洪武《平阳志》卷六《赵城县》)

查万历《平阳府志》,赵城县西南方位是"西南到襄陵一百三

①成化《山西通志》卷五《陵墓》,第207页;万历《平阳府志》卷一〇《陵墓》,第477页。
②万历《平阳府志》卷一《津梁》,第48页。

十里"①。按地图所示(见图1.3.1),蒲县、襄陵县确实都位于赵城县西南。

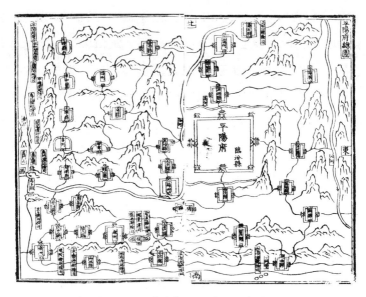

图1.3.1　洪武《平阳志》平阳府总图

　　然洪武《平阳志》卷一平阳府总图与《中国历史地图集·元明时期》中所收三县疆域并未界定,并不能确定赵城县西南疆域与蒲县或襄陵县东北地区接壤。要确定二者所载孰是孰非,需确定蒲县与襄陵县的疆域范围。对比洪武《平阳志》与万历《平阳府志》对蒲县及襄陵县里路的记载,可知万历《平阳府志》对蒲县西北及以北方位的记载出现了混乱,其余记载基本一致。以洪武《平阳志》对二县的记载为本,可知襄陵县:"四至:东至浮山县高村界六十里。南至太平县故城界三十里。西至乡宁县水泉槽界一十五里。北至临汾县北陈村

①万历《平阳府志》卷一《城池》,第16页。

界二里。八到:东到浮山县一百一十五里。东南到翼城县一百里。南
到太平县五十五里。西南到太平县侯村五十五里。西到乡宁县一百
五十里。西北到蒲县一百七十二里。北到临汾县三十里。东北到浮
山县荆庄五十里。"①蒲县:"四至:东至洪洞县分水岭界七十里。南至
乡宁县武庄界七十里。西至大宁县大县村界六十里。北至汾西县程
家山界八十里。八到:东到洪洞县一百五十里。东南到临汾县一百四
十里。南到乡宁县一百七十里。西南到吉州一百五十里。西到大宁
县九十里。西北到隰州一百一十里。北到汾西县一百三十里。东北
到赵城县一百三十里。"②故而可以确定,襄陵县东北近浮山县,蒲县
东北近赵城县,说明洪武《平阳志》关于赵城县里路西南方位的记载
是正确的,万历《平阳府志》记载错误,应予更正。

(三)寺观

> 兴唐寺,在霍岳中镇山内。唐贞元年间所建,赐号崇胜院。宋
> 太平兴国六年赐号兴唐寺。有石刻,文字磨灭。(洪武《平阳志》卷
> 六《赵城县》)

万历《平阳府志》记该庙曰:"兴唐寺,在镇庙东,唐贞观元年
建。"③从二志对兴唐寺地理位置的记载来看,应属一庙。然洪武《平
阳志》记该庙建于唐贞元年间,而"贞元"是唐德宗李适的第三个年
号,唐德宗时已进入唐后期,时间上是从贞元元年(785)正月至贞元
二十一年(805)八月,共计21年。万历《平阳府志》记兴唐寺建于唐
太宗贞观元年(627)。二志对兴唐寺初建时间记载有异,后世文献多

---

①洪武《平阳志》卷六《襄陵县》,第9页。
②洪武《平阳志》卷八《蒲县》,第11-12页。
③万历《平阳府志》卷一〇《寺观》,第498页。

记载此寺于唐贞观初建①。宋太平兴国六年(981)此寺改名为兴唐寺，大概兴建于盛唐时期，建于唐贞观元年的可能性更大。洪武《平阳志》此处脱"观"字，为使文体流畅，衍"间"字。原句应为："兴唐寺，在霍岳中镇山内。唐贞观元年所建，赐号崇胜院。"

（四）人物

> 金王纲，字振之，泰安年廷试中词赋魁。仕至翰林修撰。（洪武《平阳志》卷六《赵城县》）

此处"泰安"错误，金无"泰安"年号。据仝建平师在其文《金状元王纲生平及诗文辑考》中考证，王纲于"金大安元年(1209)词赋状元"②，非泰安年。

> 元徐毅，字伯弘，本县霍峰乡石明里人。尝为监察御史，力陈台省为治之要，寻迁左右司郎中及刑部尚书。能弥纶庶政，复拜各道廉使。遂参议中书。顷之，拜御史中丞。特赠中书左丞、上护军，追封平阳郡公，谥文靖。（洪武《平阳志》卷六《赵城县》）

万历《平阳府志》记徐毅谥号"文清"③，误，应为"文靖"。《大明一统志》载："徐毅，赵城人，累官监察御史，力陈台省为治之要。迁至刑部尚书、中书参议、御史中丞，能弥纶庶政。及卒，追封平阳郡公，谥

---

①成化《山西通志》卷五《寺观》，第237页；汪学文主编《三晋石刻大全·临汾市洪洞县卷》，三晋出版社，2009，第1052页。道光《赵城县志》卷二七《坛庙》，收入《中国地方志集成·山西府县志辑》第52册，凤凰出版社，2005，影印本，第11页。
②仝建平：《金状元王纲生平及诗文辑考》，《山西师范大学学报》(社会科学版)2015年第4期，第136–138页。
③万历《平阳府志》卷八上《人物》，第305页。

文靖。"①《宋元学案》亦有"徐毅,字伯宏,赵城人……谥文靖"②的记载。

五、太平县

(一)沿革

> 后魏太平□(或为"真"字——引者注)君中移於今治东北二十五里,改名太平县,□(或为"属"字——引者注)平阳郡。至后周避太祖宇文泰之讳改曰大平。(洪武《平阳志》卷六《太平县》)

"太平县"应作"泰平县","大平"应作"太平"。《魏书·地理志》云:"平阳郡……领县五……泰平,真君七年置。有泰平城、齐城。"③魏时置泰平县,其地有泰平城。至后周时因避讳宇文泰之名,遂改为"太平",并非"大平"。《元和郡县图志》卷十二《河东道一》载绛州太平县:"后魏太武于今县东北二十七里太平故关城置泰平县,属平阳郡。周改泰平为太平县,因关名。"④《太平寰宇记》因其记。⑤王卯根先生在万历《山西通志》中校勘太平县建置沿革时说:"后魏始置(太)〔泰〕平县因在(太)〔泰〕平故关城置泰平县,属平阳郡。两"太平"皆当作"泰平","太"字承旧志音讹。"⑥故言,后魏太平真君七年(446)置泰平县,至后周因避讳宇文泰名,改曰太平县。

---

①《大明一统志》卷二〇《平阳府》,第323页。

②《宋元学案》卷九〇,《黄宗羲全集》第12册,浙江古籍出版社,2012,第3396页。

③《魏书》卷一〇六上《地形志》,中华书局,1974,第2477页。

④《元和郡县图志》卷一二《河东道一》,中华书局,1983,第331页。

⑤《太平寰宇记》卷四七《河东道七》,第989页。

⑥万历《山西通志》卷二《建置沿革》,第32页。

（二）里路

东到曲沃县八十里。东南到曲沃县高阳村三十里。（洪武《平阳志》卷六《太平县》）

万历《平阳府志》记太平县"东到曲沃县高阳村三十里"，无东南方位记载，其余"四至八到"记载与洪武《平阳志》同。万历《平阳府志》在此处脱"东到"记载，使得"东南到"的内容记载到"东到"之下，可据洪武《平阳志》补正。

（三）人物

程婴曰："朔之妇有遗腹，若产[3]而男，吾奉之；即女也，吾徐死耳。"居无何，朔妇免身，生男。[4]……巳[5]脱，程婴谓公孙杵臼曰："今一索不得，后必且复索之，奈何？"杵臼[6]曰："立孤与死孰难？"程婴曰："死易，立孤难耳。"杵臼[7]曰："赵氏先君遇子厚，子强[8]为其难者，吾为其易者，请先死。"乃二人谋取他人婴儿负之，衣以文葆，匿山中。程婴出，谬谓诸将[9]曰："婴不□[10]，不能立赵孤。谁能与我千金，吾告赵氏孤处。"诸将皆喜，许之，发师随程婴攻公孙杵臼。杵臼谬曰："小人哉程婴！昔下宫之难不能死，与我谋匿赵氏孤儿，今又卖我。纵不能立，而忍卖之乎！"抱儿呼曰："天乎天乎！赵氏孤儿何罪？请活之，独杀杵臼[11]。"诸将不许，遂杀杵臼与孤儿。诸将以为赵氏孤儿良巳死，皆喜。然赵氏[12]孤[13]反在，程婴卒与俱匿山中。居十五年，景公与程婴、赵武（赵孤名）攻屠岸贾，灭其族。复与赵武田邑如故。及赵武冠，为成人，程婴乃辞诸大夫，谓赵武曰："昔下宫之难，皆能死。我非不能死，思[14]立赵氏之后。今赵武既立，为成人，复故位，我将下报赵宣孟与公孙杵臼。"赵武啼□[15]顿首固请，曰："武愿苦筋骨以

报子至死,而子忍去我死乎!"程婴曰:"不可。彼以我为能成事,故先我死[16];今我不死[17],是以[17]事为不成。"遂自杀。赵武服齐衰三年,为之祭邑,春秋祠之,世世勿绝。(洪武《平阳志》卷六《太平县》)

因此条是洪武《平阳志》引用《史记》,今据《史记·赵世家》①校勘,详见注释。

六、浮山县

(一)沿革

《后魏书》襄陵入擒昌,地有故郭城,即此也。(洪武《平阳志》卷七《浮山县》)

襄陵入禽(擒)昌应在北齐。《魏书》中分别载有禽昌、襄陵二县②,若魏时襄陵即入禽昌,则魏收作《魏书》时二县应合而记之。又《隋书》载:"襄陵,后魏太武禽赫连昌,乃分置禽昌县。齐并襄陵入禽昌县。"③《通典》记:"襄陵,汉旧县。有赵襄子墓。又有晋襄公之陵,因以为名。后魏擒赫连昌,又分此县置擒昌县。"④《太平寰宇记》《舆地广记》皆有此记载。故可证襄陵入禽昌非在魏时,应在北齐。成化《山西通志》和《肇域志》所载与洪武《平阳志》相似,即"按《旧志》载神山县,故郭城是也。《后魏书》襄陵入擒昌,有故郭城,又曰丹朱邑"⑤。此

①《史记》卷四三《赵世家》,第1783—1785页。
②《魏书》卷一〇六上《地形志》,中华书局,1974,第2477页。
③《隋书》卷三〇《地理中》,中华书局,1973,第851页。
④《通典》卷一七九《州郡九》,中华书局,2016,第4720页。
⑤成化《山西通志》卷七《古迹》,第342页;《肇域志》第2册《平阳府》,上海古籍出版社,2004,第826页。

条所记与洪武《平阳志》浮山县古迹目下故郭城内容大约一致,故郭城内容引自《(浮山县)旧志》,疑洪武《平阳志》、成化《山西通志》、《肇域志》三者沿袭《(浮山县)旧志》讹误。

(二)乡

　　万安乡　尧山乡　浮国乡(洪武《平阳志》卷七《浮山县》)

浮国乡,嘉靖《浮山县志》记作浮峪乡[1]。万历《平阳府志》作浮谷乡[2]。此乡可能在明中后期有易名情况。

(三)里路

　　南至翼城县南朱村界四十五里。(洪武《平阳志》卷七《浮山县》)

万历《平阳府志》作"南距翼城县南朱村界西十五里"[3],万历《平阳府志》将"四"讹作"西",应据洪武《平阳志》改正。

(四)古迹

　　平宁里,在县北一十五里。东汉光武使鲍永安集河东破青犊,贼既平,报曰贼巳平,国巳宁。今邑人称平宁者即其地也。(洪武《平阳志》卷七《浮山县》)

万历《平阳府志》记平宁里"在浮山县北十里"[4]。另,此条中"巳"字均为"已"字之讹。

(五)陵墓

　　桑维翰冢,在县东北八十里,无碑刻。(洪武《平阳志》卷七《浮山县》)

---

①嘉靖《浮山县志》,收入浮山县地方志办公室整理《明清浮山县志》,山西人民出版社,2010,第14页。
②万历《平阳府志》卷一《津梁》,第48页。
③万历《平阳府志》卷一《城池》,第15页。
④万历《平阳府志》卷一〇《古迹》,第469页。

成化《山西通志》与洪武《平阳志》同,作"桑丞相墓,在浮山县东北八十里"①。万历《山西通志》作"桑维翰墓,浮山县东南五十里"②。万历《平阳府志》记"晋桑维翰墓,在县东北六十里"③。康熙《平阳府志》作"五代桑维翰墓,县东北六十里"④。四志对桑维翰冢距岳阳县城方位、距离的记载有分歧,分别记之为"县东北八十里""县东南五十里""县东北六十里"。

七、岳阳县

(一)沿革

二年移於今县南三十里东池堡。(洪武《平阳志》卷七《岳阳县》)

《元和郡县图志》载:"东池堡,在县南三十三里。"⑤《太平寰宇记》亦有"东池堡,在县南三十三里"⑥的记述,即东池堡在岳阳县南三十三里处。成化《山西通志》载,明朝的岳阳县为元大德二年(1298)所置,因此与唐宋志书中所载东池堡距离有所差异。

(二)里路

西至赵城县马家山沟界一十里。(洪武《平阳志》卷七《岳阳县》)

---

①成化《山西通志》卷五《陵墓》,第207页。
②万历《山西通志》卷一三《古迹》,第329页。
③万历《平阳府志》卷一〇《陵墓》,第479页。
④康熙《平阳府志》卷三二《陵墓》,第886页。
⑤《元和郡县图志》卷一二《河东道一》,第339页。
⑥《太平寰宇记》卷四三《河东道四》,第908页。

成化《山西通志》记岳阳县"西抵赵城县马家山"①，万历《平阳府志》作"西距赵城县马家庄沟界一十里"。三志对赵城县西至地点的记载有分歧，分别记之为"马家山沟"、"马家山"及"马家庄沟"。

(三)山川

乌岭，在县东七十里。（洪武《平阳志》卷七《岳阳县》）

《元和郡县图志》记"乌岭山，在(岳阳)县东三十里"②。《太平寰宇记》载"乌岭山，在(岳阳)县东十四里"③。成化《山西通志》载平阳府乌岭山有二：一曰乌岭山，"在翼城县东七十五里，沁水县西四十里"；一曰黑山，"在浮山县北四十里，亦名牛口，又名乌岭"④。万历《山西通志》记"乌岭山，在翼城县东三十五里，沁水县西四十里"⑤。万历《平阳府志》与洪武《平阳志》记载一致。各书记载不一致，无法断定孰是孰非。

刁黄岭，在县东一百九十里。（洪武《平阳志》卷七《岳阳县》）

"刁"一作"雕"，因二字音同，在此互用。《资治通鉴》载"李佐尧受雕黄岭"，即此地。一作"刀"。《新唐书》记孙揆讨伐李克用时，"克用伏兵刀黄岭"⑥，即此地。"刁""刀"二字字形相似，读者误将"刁"认成"刀"也是常有之事。李裕民先生在《山西古方志辑佚》中亦将"刁黄岭"记作"刀黄岭"⑦，但查《永乐大典》中的对应条目，却明确记载

---

①成化《山西通志》卷二《疆域》，第 34 页。

②《元和郡县图志》卷一二《河东道一》，第 339 页。

③《太平寰宇记》卷四三《河东道四》，第 908 页。

④成化《山西通志》卷二《山川》，第 60 页。

⑤万历《山西通志》卷四《山川上》，第 67 页。

⑥《新唐书》卷一九三《忠义下》，中华书局，1975，第 5562 页。

⑦李裕民辑《山西古方志辑佚》，山西省地方志编纂委员会办公室，1985，第 445 页。

是"刁黄岭"①。"刁黄岭,在县东一百九十里。"对于此山至岳阳县的距离,各志记载亦有差别。成化《山西通志》、嘉靖《山西通志》、万历《山西通志》所记与洪武《平阳志》同②,万历《平阳府志》记"刁黄岭,在岳阳县东南一百五十里"③。康熙《平阳府志》与万历《平阳府志》所载一致④。《大明一统志》《大清一统志》《读史方舆纪要》《方舆考证》等都将此山列在长子县下记载,不作比对。

(四)古迹

> 冀氏城,在县东南一百三十里,按《旧志》本汉猗氏县,地属上党郡,旧县在今县北三十五里,至晋省。后魏孝庄帝於猗氏南置郡,别置冀氏县,今县是也。高齐文宣帝省属义宁郡。隋开皇三年罢郡,以冀氏县属晋州。历唐五代、宋、金、元皆因之,猗氏故城雉堞犹存,元省并入岳阳。(洪武《平阳志》卷七《岳阳县》)

《元和郡县图志》言:"冀氏县,本汉猗氏县地也,属上党郡。至晋省。后魏庄帝于猗氏城南置冀氏县,属晋州。"⑤《舆地广记》亦言:"冀氏县,汉猗氏县地,属上党郡。后魏置冀氏县及冀氏郡。北齐郡废。隋属临汾郡。唐属晋州。"⑥此二条所记与洪武《平阳志》大体一致,均言汉时置猗氏县,后魏时置冀氏县及冀氏郡。但隋时冀氏县是入临汾郡或是入晋州,三志记载有异。据《太平寰宇记》所载,冀氏县于开皇

---

① 《永乐大典》卷一一九八一,第2页。
② 成化《山西通志》卷二《山川》,第60页;嘉靖《山西通志》卷四,第2册,第22页;万历《山西通志》卷四《山川上》,第67页。
③ 万历《平阳府志》卷一《山川》,第22页。
④ 康熙《平阳府志》卷五《山川》,第81页。
⑤ 《元和郡县图志》卷一二《河东道一》,第341页。
⑥ 《舆地广记》卷一八《河东路上》,中华书局,1985,影印本,第7页。

年间并入长子,即"长子县……隋开皇九年移冀氏县理此,属潞州。十八年,改冀氏为长子县"①。成化《山西通志》、万历《平阳府志》亦有如是记载。成化《山西通志》并言:"冀氏,今岳阳、长子县地。"②隋前期实行州县二级制,至隋炀帝时又改为郡县二级制,如此便可以理解《元和郡县图志》、《舆地广记》、洪武《平阳志》中对隋代冀氏县建制记载的差异了。然冀氏县是于开皇年间入晋州还是并入长子县?按《隋书·地理志》所言:"冀氏,后魏置冀氏郡,领冀氏、合阳二县。后齐郡废,又废合阳入焉。"③"长子,后齐废。开皇九年置,曰寄氏县。十八年改为长子。旧有屯留、乐阳二县,后齐废。有浊漳水、尧水。"④《元和郡县图志》:"长子县……隋开皇九年,移寄氏县理此,属潞州,十八年改寄氏为长子县。"⑤《舆地广记》亦有相似记载⑥。据此可知,冀氏县于隋初入晋州,隋炀帝时并属临汾郡,唐因之。因"冀氏"与"寄氏"音同,冀氏县与长子县相邻,至迟于宋时已将二者混谈,以为"冀氏县"并入"长子县",明代志书亦有此误。

八、曲沃县

(一)乡

　　□山乡　汾东乡　汾西乡　富贵乡　禓祁乡(洪武《平阳志》

---

①《太平寰宇记》卷四五《河东道六》,第 939 页。《太平寰宇记》中华书局 2007 年点校本已将"辑氏"改为"寄氏"。
②成化《山西通志》卷一《县名》,第 26 页;万历《平阳府志》卷一〇《古迹》,第 469 页。
③《隋书》卷三〇《地理志》,第 851 页。
④《隋书》卷三〇《地理志》,第 849 页。
⑤《元和郡县图志》卷一五《河东道四》,第 418-419 页。
⑥《舆地广记》卷一八《河东路上》,第 7 页。

卷七《曲沃县》)

万历《平阳府志》作"乔山乡　汾东乡　汾隰乡　富贵乡　褫祁乡　新田乡"①。新增新田乡。

(二)里路

> 南至绛县沙坑村界三十五里。(洪武《平阳志》卷七《曲沃县》)

"沙坑村",一作"沙坑村"。万历《平阳府志》记曲沃县"南距绛县沙坑村界三十五里"②。一作"步坑村"。康熙《平阳府志》记曲沃县"南至绛县步坑村界三十里"③。查《汉语大词典》,古时"坑"字同"坑",二字互用,"坑"为"坑"之俗字。大概后来用"坑"字较多,便将"坑"改为"坑"字。

> 西至绛州狄庄村界四十六里。(洪武《平阳志》卷七《曲沃县》)

万历《平阳府志》、康熙《平阳府志》俱有曲沃县"西距绛州狄庄村界四十里"④的记述,里数从四十六里记作四十里。

(三)山川

> 龙泉,在县东北三十五里温泉村。其水冬则温,气如云雾,俗故呼为温泉。西由杨成等村民引以灌田。(洪武《平阳志》卷七《曲沃县》)

成化《山西通志》:"龙泉……一在曲沃县东北三十五里温泉村,其水冬则温,气如云雾,又名温泉。居人引以灌田。"⑤万历《平阳府

---

① 万历《平阳府志》卷一《津梁》,第49页。
② 万历《平阳府志》卷一《城池》,第16页。
③ 康熙《平阳府志》卷四《疆域》,第70页。
④ 万历《平阳府志》卷一《城池》,第16页;康熙《平阳府志》卷四《疆域》,第70页。
⑤ 成化《山西通志》卷二《山川》,第75页。

志》："龙泉……一在曲沃县林交村,山下平地涌出,引以灌田。"①洪武《平阳志》及成化《山西通志》皆作此泉位于曲沃县温泉村,万历《平阳府志》记此泉位于曲沃县林交村。洪武《平阳志》记龙底泉"在县东南二十里紫金山下,平地涌出,流入林交村,可以溉田"②。嘉靖《曲沃县志》："龙底泉有二,一在林交村,山下平地涌出,引以灌田,一在冰岩下,乡人多于淘金。晋时架水入城,环绕宫殿。今废。"③由此可知,万历《平阳府志》所记"龙泉"应为"龙底泉"。

(四)寺观

[台骀]祠,在县西三十六里力村,庙貌俱存。人民岁时致祭。(洪武《平阳志》卷七《曲沃县》)

《元和郡县图志》："台骀神祠,在县西南三十六里。"④《太平寰宇记》亦有此记载。⑤此县即曲沃县。然成化《山西通志》记:"汾水川祠,台骀神庙……一在曲沃县西三十五里高村。"⑥洪武《平阳志》与《元和郡县图志》所载不一,记台骀祠距离曲沃县为三十五里,所在村名为高村。嘉靖《曲沃县志》："台骀祠,县西三十里台神村。"⑦万历《平阳府志》与嘉靖《曲沃县志》记载一致,可能是台骀祠在数百年间经历数次重修,时人遂将此庙所在的村名改为台神村。

---

①万历《平阳府志》卷一《山川》,第26页。
②洪武《平阳志》卷七《曲沃县》,第15页。
③嘉靖《曲沃县志》卷一《山川》,收入《天一阁藏明代方志选刊续编》第4册,上海书店出版社,1990,影印本,第299页。
④《元和郡县图志》卷一二《河东道一》,第333页。
⑤《太平寰宇记》卷四七《河东道八》,第988页。
⑥成化《山西通志》卷五《祠庙》,第185页。
⑦嘉靖《曲沃县志》卷二《政教志》,第349–350页。

(五)人物

金靳和，字达道，县之由(当为"曲"字——引者注)村人。周济贫乏，教人为善，人皆乐从。贞祐间兵扰，乃集乡人习武以护乡，并民赖以安。元知绛阳军，事锡(或为"悉"字——引者注)以金符治政公平，兴利除害。(洪武《平阳志》卷七《曲沃县》)

洪武《平阳志》中将靳和列为金代人物，《大明一统志》、嘉靖《曲沃县志》及万历《平阳府志》等将其列为元人①。查靳和其人，生于金承安三年(1198)，活跃于金末元初，曾在金末领乡人习武护乡，元时仕官，数次迁升，官至同知晋宁路致仕，元至元二年(1265)逝世。故方志中有将其列为金人，有将其列为元人，现补充其生卒之事以说明方志记载差异的原因。

九、翼城县

(一)山川

浍高山，一名翔翱山，在县东南一十五里。(洪武《平阳志》卷八《翼城县》)

《史记》引《括地志》云："浍高山又云浍山。在绛州翼城县东北二十五里。"②《水经注集释订讹》载："浍水东出详高山。按山西平阳府翼城县有浍高山，又名翱翔山。详疑当作翔。"③《太平寰宇记》亦言此

---

①《大明一统志》卷二〇《平阳府》，第322页；嘉靖《曲沃县志》卷三《人物》，第417页；万历《平阳府志》卷八上《人物》，第303页。

②《史记》卷四四《魏世家》，第1842页。

③沈炳巽：《水经注集释订讹》卷六《浍山》，商务印书馆，1935，影印本，第19页。

山又名详高①。成化《山西通志》记此山为翱翔山②。万历《平阳府志》记此山名翔皋山③。《方舆考证》载："按浍山，或又谓之翔翱，又谓之翔皋，又谓之详高，皆水经注绛高之讹也。"④

（二）渠堰

> 滦泉，出翔翱山下，岸侧有栾将军庙。（洪武《平阳志》卷八《翼城县》）

成化《山西通志》载滦泉"傍有滦将军祠"⑤，记其为"滦将军"。按，应为"栾将军"。"栾将军"即栾盈，春秋时为晋大夫，后与范鞅有隙，旋即奔秦、奔楚，后至齐。齐庄公送其归曲沃，曲沃为栾氏之邑，栾盈率军攻绛未遂，返回曲沃后被杀。故此庙所祀即栾盈，应为栾将军庙，并非滦将军。

十、汾西县

（一）沿革

> 北魏置临汾，并汾西郡。隋开皇三年改临汾、汾西为县。十六年改属汾州。十八年改属吕州。大业二年改属晋州。唐义师初属霍州郡。（洪武《平阳志》卷八《汾西县》）

《隋书·地理志》："汾西，后魏曰临汾，并置临汾并汾西郡。开皇初郡废，十八年县改为汾西。又有后周新城县，开皇十年省入。"⑥据

---

① 《太平寰宇记》卷四七《河东道八》，第307页。
② 成化《山西通志》卷二《山川》，第60页。
③ 万历《平阳府志》卷一《山川》，第22页。
④ 许鸿磐：《方舆考证》卷二三《平阳府》，济宁潘氏华鑋阁刻本，1933，第13页。
⑤ 成化《山西通志》卷二《山川》，第60页。
⑥ 《隋书》卷三〇《地理志》，第851页。

《隋书·地理志》载,开皇初废郡,开皇十八年(598)将此县名改为汾西县,这就与洪武《平阳志》中"隋开皇三年改临汾、汾西为县,十六年改属汾州,十八年改属吕州"出现分歧。《元和郡县图志》载:"高齐又于此置临汾郡及临汾县。隋开皇三年改临汾县为汾西县,十六年改属汾州,十八年改属吕州。"①按《元和郡县图志》所记,隋时汾西县历史沿革与洪武《平阳志》记载一致,又载北齐时在此设临汾郡及临汾县,而《隋书·地理志》、洪武《平阳志》却记北魏时在此置临汾并汾西郡。《舆地广记》记载内容与《隋书·地理志》所载基本一致:"上汾西县,后魏置曰临汾县及汾西郡。隋开皇初郡废,十八年改县曰汾西,属晋州。唐因之。"②后世志书对汾西县北朝及隋朝的沿革记载多与《隋书·地理志》记载一致。清末史学大家杨守敬在《隋书地理志考证》中说:"汾西,今县治。后魏曰临汾,并置汾西郡。(注文:《地形志》无汾西郡,其临汾县属晋州平阳郡。即汉旧县。志于太平县下云'后齐废临汾',是也。《元和志》汾西县下云:高齐于此置临汾郡及临汾县。《寰宇记》同。然则志文'后魏'当'后齐'之误,'汾西'亦'临汾'之误。)开皇初郡废,十八年县改为汾西。(注文:《元和志》、《寰宇记》俱谓开皇三年改临汾为汾西,十六年属汾州,十八年改属吕州,大业二年改属晋州,义宁初属霍山郡。)又有后周新城县,(注文:今汾西县西北。《地形志》:新城,世祖名岭东,二十二年改。非周置。)开皇十年省入。(注文:《纪要》:义宁初复置。)"③查《元和郡县图志》,汾西县

---

①《元和郡县图志》卷一二《河东道一》,第341页。

②《舆地广记》卷一八《河东路上》,第6页。

③杨守敬:《隋书地理志考证》卷五《河东道》,收入《杨守敬集》第2册,湖北人民出版社,1997,第325页。

于开皇十八年改属吕州[118]。据此可知，汾西县在北朝及隋时的建制沿革当为高齐时在此置临汾郡及临汾县，隋开皇三年(583)改临汾县为汾西县，十六年(596)县属汾州，十八年改属吕州，后改属晋州。

又洪武《平阳志》记"唐义师初属霍州郡"，按《元和郡县图志》载："义旗初属霍山郡。"①又记："霍邑县……隋末丧乱……义师之至也……遂平霍邑，置霍山郡。"②《隋书地理志考证》亦有"义宁初属霍山郡"③之说。即言，唐义师初汾西县属霍山郡，非霍州郡，洪武《平阳志》记载有误。

(二)寺观

　　九脚寺，在县南五十里申村。(洪武《平阳志》卷八《汾西县》)

一记此寺位于县西南六十里。成化《山西通志》记此寺一名"乾明寺"，在"汾西县西南六十里中村里九脚岩下"④。

(三)仙道

　　龙冈真人，名大才，字广道，姓李氏，县人。(洪武《平阳志》卷八《汾西县》)

龙岗真人名"大才"，一作"大方"。成化《山西通志》记龙岗真人名"李大方"⑤。

(四)人物

　　元傅起岩，字梦臣，本县在城人。(洪武《平阳志》卷八《汾西县》)

①《元和郡县图志》卷一二《河东道一》，第341页。
②《元和郡县图志》卷一二《河东道一》，第340页。
③杨守敬：《隋书地理志考证》卷五《河东道》，收入《杨守敬集》第2册，湖北人民出版社，1997，第325页。
④成化《山西通志》卷五《寺观》，第235页。
⑤成化《山西通志》卷一〇《仙释》，第645页。

据王丽华、李彦良考证，此人应名为傅岩起，并非傅起岩[1]，洪武《平阳志》记载有误。

十一、蒲县

(一)里路

> 西北到隰州一百一十里。北到汾西县一百三十里。(洪武《平阳志》卷八《蒲县》)

据万历《平阳府志》载，蒲县"西北到汾西县一百三十里"。无蒲县"北到"的记载。万历《平阳府志》记载错误。查汾西县里路记载，汾西县"南到蒲县一百三十里"，而汾西县东南接赵城县，"东南到赵城县九十五里"，万历《平阳府志》将蒲县里路"西北到"与"北到"记载错乱，应据洪武《平阳志》予以纠正。

(二)古迹

> 仵城郡，《寰宇记》云在县东北六十三里。(洪武《平阳志》卷八《蒲县》)

《太平寰宇记》载"仵城故城在县东南六十三里"[2]，并非洪武《平阳志》所记"在县东北六十三里"。成化《山西通志》、万历《平阳府志》俱载"故仵城，在蒲县西北六十三里"[3]。按，仵城郡应在县西南六十三里。《元和郡县图志》载："仵城故城，在县西南六十三里。后魏仵城郡也。"[4]《方舆考证》对"五城废郡"有过考证："按平阳府吉州东北六

①王丽华、李彦良：《元代中书左丞傅岩起研究》，《文物鉴定与鉴赏》2018年第16期，第24-27页。
②《太平寰宇记》卷四八《河东道九》，第1012页。此条已校勘。
③成化《山西通志》卷七《古迹》，第342页；万历《平阳府志》卷一〇《古迹》，第470页。
④《元和郡县图志》卷一二《河东道一》第346页。

十里有仵城故县,蒲县之西南即吉州之东北,应即一城,系于两地耳……《寰宇记》谓仵城故郡在蒲县东南六十三里,似误。"①据《元和郡县图志》及《方舆考证》,仵城郡应在蒲县西南六十三里处,《太平寰宇记》及洪武《平阳志》记载错误,今中华书局出版的《太平寰宇记》已将此条校勘②。

> 石城县,《寰宇记》云在县西六十三里。(洪武《平阳志》卷八《蒲县》)

《太平寰宇记》载"石城故县城,在县西南二里"③,与洪武《平阳志》所记并不一致。按,洪武《平阳志》所引《太平寰宇记》关于石城县的记载实为仵城郡的内容。据《太平寰宇记》:"仵城故郡城,在县西南六十三里。后魏石城县,周废。石城故县城,在县西南二里。隋蒲县,武德元年移于东北二里,今县理是也。"④《太平寰宇记》万廷兰本与四库本对此条记载一致,此错误应非《太平寰宇记》版本不同所致。仵城故郡与石城故县城在《太平寰宇记》中位置相邻,且又有"仵城故郡城",后魏时称为石城之说,故推测可能是洪武《平阳志》编纂者在引用《太平寰宇记》时将二者混淆。

(三)仕宦

刘汲,字伯深,南山翁之子,天德三年(1151)进士。释褐庆州军事判官,入翰林为供奉。自号"西严老人"。有《西严集》传于家⑤。洪武《平阳志》记:

---

①许鸿磐:《方舆考证》卷二七《隰州》,第25页。

②《太平寰宇记》卷四八《河东道九》,第1021页。

③《太平寰宇记》卷四八《河东道九》,第1012页。

④《太平寰宇记》卷四八《河东道九》,第1012页。

⑤阎凤梧主编《全辽金文》,山西古籍出版社,2002,第3332页。

[西]严子,[姓]刘名汲,字伯深。金大定间进士,仕至翰林供奉。尝为是县令。有诗云:"山城无事早休衙,闲逐东风看落花。行处不教呵唱闹,恐惊林外野人家。"又诗云:"古柳长楸倚翠微,水光岚气袭人衣。清闲岁月无多事,山简何妨倒载归。"今县北五里下库村有石刻。(洪武《平阳志》卷八《蒲县》)

成化《山西通志》载其诗文有:

蒲县下库村留题二首①

山城无事早休衙,闲逐东风看落花。

行处不教呵唱闹,恐惊林外野人家。

古柳长楸倚翠微,水光岚气袭人衣。

清间岁月无多事,事简何妨倒载归。

颈句"清间岁月无多事"与"清闲岁月无多事",此句应是在传抄过程中将"闲"抄成"间"。尾句"事简何妨倒载归"更符合七言绝句平仄要求,但"山简何妨倒载归"出自《世说新语·任诞》:"山季伦为荆州,时出酣畅。人为之歌曰:'山公时一醉,径造高阳池。日莫倒载归,茗艼无所知。复能乘骏马。倒箸白接䍦。举手问葛彊,何如并州儿。'高阳池在襄阳,彊是其爱将,并州人也。"②山季伦即山简,即西晋名士司徒山涛第五子。山涛酒量很大,传说饮酒八斗才会醉。山简作为其子,饮酒酣畅,醉酒而归。李白《襄阳歌》中还提到:"傍人借问笑何事,笑杀山公醉如泥。"后人便沿用山公醉、山翁倒载等说来表现醉酒、心醉神往或借指像山公一类的高雅之士。此处应指此情此景使

作者心醉神往,故借"山简倒载"之典来呈现。是以洪武《平阳志》记载此诗更为准确,成化《山西通志》所记可能是传抄错误所致。

十二、蒲州

(一)沿革

　　周初为虞、魏、耿、阳、芮之地。(洪武《平阳志》卷九《蒲州》)

"阳"应作"杨"。《元和郡县图志》:"春秋时为魏、耿、杨、芮之地。"[①]《太平寰宇记》中亦载蒲州在"周初为虞、芮、耿、杨、魏之地"[②]。杨,即今洪洞县地。

　　至延和九年改雍州为秦州。(洪武《平阳志》卷九《蒲州》)

"延和九年"应为"延和元年"。《元和郡县图志》载"延和元年改雍州为秦州"[③],《太平寰宇记》亦有此记载[④]。

　　隋初复置郡,大业三年废州,为河东郡。(洪武《平阳志》卷九《蒲州》)

"隋初复置郡"应为"隋初罢郡"。隋初实行州县二级制,至隋炀帝时废郡,设郡县二级制,故隋初应为罢郡,非复置郡。另据《太平寰宇记》载:"隋初罢郡,大业三年又废州,复改为河东郡。"[⑤]亦可证隋初罢郡的事实。

　　二年置蒲州总管府,管蒲、虞、秦、绛、浍、邵六州。(洪武《平阳志》卷九《蒲州》)

---

① 《元和郡县图志》卷一二《河东道一》,第323页。
② 《太平寰宇记》卷四六《河东道七》,第949页。
③ 《元和郡县图志》卷一二《河东道一》,第323页。
④ 《太平寰宇记》卷四六《河东道七》,第950页。
⑤ 《太平寰宇记》卷四六《河东道七》,第950页。

"秦"州应作"泰"州。《旧唐书·地理志》载:"二年,置蒲州总管府,管蒲、虞、泰、绛、邵、浍六州。"①《太平寰宇记》与此记载一致②。《太平寰宇记》载:"义宁元年改汾阴郡为泰州……唐贞观十七年废泰州。"③"义宁元年,以蒲州之汾阴、龙门置汾阴郡。"④汾阴在今山西万荣西南庙前村北古城处,龙门在今山西河津西北和陕西韩城东北交会处。

九年□置都督府,管蒲、虞、芮、邵、秦五州。(洪武《平阳志》卷九《蒲州》)

"秦"州应作"泰"州,见上条。

废泰州,以汾阴县来属。(洪武《平阳志》卷九《蒲州》)

"泰州"应作"泰州"。《旧唐书》与《太平寰宇记》皆载:"十七年以废虞州之安邑解县、废泰州之汾阴来属。"⑤

开元八年改为河中府,寻升为中都。(洪武《平阳志》卷九《蒲州》)

"开元八年"应作"开元元年"。《通典》:"初,开元元年正月,于蒲州置中都,改州为河中府,至六月而罢。"⑥《元和郡县图志》亦载蒲州于"开元元年五月,改为河中府,仍置中都"⑦。至唐末已出现错误记载。《旧唐书》载:"开元八年,置中都,改蒲州为河中府。"⑧宋初时,蒲

---

①《旧唐书》卷三九《河东道》,第1469页。
②《太平寰宇记》卷四六《河东道七》,第950页。
③《太平寰宇记》卷四六《河东道七》,第958页。
④《资治通鉴》卷一八七《唐纪三》,唐武德二年条,第5978页。
⑤《旧唐书》卷三九《河东道》,第1469页;《太平寰宇记》卷四六《河东道七》,第950页。
⑥《通典》卷三三《职官》,中华书局,2016,第897页。
⑦《元和郡县图志》卷一二《河东道一》,第324页。
⑧《旧唐书》卷三九《河东道》,第1469-1470页。

州改河中府、置中都的时间已变为开元九年(721),即《太平寰宇记》所载蒲州"开元九年改为河中府,仍置中都"①。至北宋欧阳忞编撰《舆地广记》时,蒲州改河中府、置中都的时间又改为开元八年。"开元八年置中都,为府。"②洪武《平阳志》记载与《旧唐书》内容大体一致,二者记载蒲州改河中府、升中都时间均为开元八年(720),实应为开元元年(713)。

> 又与陕、郑、汴、怀为六雄,十二年升为四辅。(洪武《平阳志》
> 卷九《蒲州》)

此处脱"魏"字,应为:"又与陕、郑、汴、怀、魏为六雄,十二年升为四辅。"《旧唐书·地理志》载:"开元八年……罢中都,依旧为蒲州,又与陕、郑、汴、怀、魏为六雄。"③《太平寰宇记》亦载:"又与陕、郑、汴、怀、魏为六雄,十二年升为四辅。"④

(二)山川

> 历山,在州南一百里,其西北与中条山接,即舜所耕之处,上
> 有舜庙。(洪武《平阳志》卷九《蒲州》)

《太平寰宇记》:"三山,在(河东)县南三十里,即舜耕历山处。禹贡谓'壶口、雷首至于太岳',壶口在慈州,太岳在晋州,雷首在河东界。此山有九名,谓历山、首山、薄山、襄山、甘枣山、渠猪山、独头山、陑山等之名。"⑤历山山脉包含壶口山、雷首山及太岳山,其范围之广,跨越三州界。《太平寰宇记》载此山位于河东县南三十里,与洪武

---

① 《太平寰宇记》卷四六《河东道七》,第950页。
② 《舆地广记》卷一三《陕西永兴军路》,第7页。
③ 《旧唐书》卷三九《河东道》,第1469–1470页。
④ 《太平寰宇记》卷四六《河东道七》,第950页。
⑤ 《太平寰宇记》卷四六《河东道七》,第953页。

《平阳志》所记"历山,在州南一百里"出入较大。《大明一统志》、成化《山西通志》与洪武《平阳志》记述大体一致。《大明一统志》:"历山,在蒲州南一百里。"①成化《山西通志》:"历山有三,一在州东南一百里。"②万历《平阳府志》与《太平寰宇记》记载类同,即言:"历山有二,一在蒲州南三十里。"③因历山山脉较长,测绘者选择山脉不同区域丈量出来的长度亦有差异,故推测是测绘者选择的参照物不同从而导致各志书记载有异。

(三)关隘

> 大庆关,一名蒲津关……唐德宗兴元元年,李怀光反奔河中,珲瑊、马燧讨之,怀光自缢,即其地也。(洪武《平阳志》卷九《蒲州》)

此处"珲瑊"应作"浑瑊"。《旧唐书·李怀光》:"上还京师,以侍中浑瑊为河中节度副元帅,将兵讨怀光。"④

> 风陵渡,在州南六十里。南通潼关,今置巡检司。(洪武《平阳志》卷九《蒲州》)

一说风陵渡在州南六十五里处。万历《平阳府志》:"巡检司,一在州南六十里风陵渡。"⑤

(四)古迹

> 铁人二,在按察分司衙前,每高五尺。(洪武《平阳志》卷九《蒲州》)

---

① 《大明一统志》卷二〇《平阳府》,第7页。
② 成化《山西通志》卷二《山川》,第64页。
③ 万历《平阳府志》卷一《山川》,第23页。
④ 《旧唐书》卷一二一《李怀光》,第3494页。
⑤ 万历《平阳府志》卷四《衙署》,第134页。

一说铁人各高三尺。成化《山西通志》："河东废县,在蒲州城西北隅宣化坊,今改建按察分司。其前有铁人二,东西相对,各高三尺。相传唐太宗幸此,臣民铸金人以示荣幸。"①后万历《平阳府志》沿用此说。

(五)陵墓

伯夷叔齐墓,在州西南四十五里二贤乡首阳山上。(洪武《平阳志》卷九《蒲州》)

万历《平阳府志》载:"殷伯夷叔齐墓,在州南五十里首阳山。"②又查此二志俱载首阳山在蒲州西南四十五里,可见万历《平阳府志》此条记载并不严谨,应以洪武《平阳志》为准。

(六)台榭

鹳雀楼,在州东城上。(洪武《平阳志》卷九《蒲州》)

成化《山西通志》载:"鹳雀楼,在蒲州西城上,即戍楼也。当时有鹳雀栖其上,故名。"③此说与洪武《平阳志》中鹳雀楼的方位记载有分歧。鹳雀楼始建于北周,经唐历宋仍屹立如故,于元朝初年毁于战火。后因黄河泛滥,致使楼毁景失。之后,当地民众将蒲州西城楼当作鹳雀楼。④故推测洪武《平阳志》记载有误。

(七)仙道

唐吕嵓(当为"岩"字——引者注),字洞宾,州之永乐人。敬宗宝历元年登进士第,中甲科,未及调官。时季春出游澧水,遇

---

①成化《山西通志》卷七《古迹》,第346页。

②万历《平阳府志》卷一〇《陵墓》,第483页。

③成化《山西通志》卷四《宫室》,第176页。

④汪旭:《唐诗全解》,万卷出版公司,2015,第164页。

汉隐士钟离公授以内丹、秘旨及天遁剑法,遂入庐山,与巨鹿魏子明、楚人梁伯明为方外友,后俱登仙位,尝自称回山人。或称回道□□。题岳阳楼,诗云:"朝游百越莫苍梧,袖里青蛇胆气粗。三醉岳阳人不识,朗吟飞过洞庭湖。"(洪武《平阳志》卷九《蒲州》)

吕洞宾诗句"朝游百越莫苍梧,袖里青蛇胆气粗。三醉岳阳人不识,朗吟飞过洞庭湖",各家所记版本不一。宋祝穆《事文类聚》:"朝游北粤暮苍梧,袖有青蛇胆气粗。三入洛阳人不识,朗吟飞过洞庭湖。"①隆庆《岳州府志》:"吕洞宾岳阳诗:朝游百粤暮苍梧,袖里青蛇胆气粗。三醉岳阳人不识,朗吟飞过洞庭湖。""百"又作"北","越"又作"粤","莫"又作"暮","醉"又作"入","岳阳"又作"洛阳"。

(八)人物

《北史》元魏裴骏,字仲驹。(洪武《平阳志》卷九《蒲州》)

"仲驹"应作"神驹"。《北史》:"裴骏字神驹,小名皮,河东闻喜人也。"②

薛播,伯母林氏,通经史。善属文,躬授诸子。开无天宝间兄弟七人皆擢进士,为衣冠光趫。(洪武《平阳志》卷九《蒲州》)

"开无"之"无"应为"元"字之误。"开元""天宝"均为唐玄宗年号。

郭思贞,字幹卿。以儒进,后拜监察御史、南台治书。升侍御史、西台中丞、奎章阁大学士。谥文宪。(洪武《平阳志》卷九《蒲州》)

关于元人郭思贞的谥号,一说"文宪",在洪武《平阳志》、《大明一统志》及《续文献通考》等文献中有载;一说"文献",在成化《山西

①《事文类聚》前集卷三四《仙佛部》,上海古籍出版社,1992,影印本,第558页。
②《北史》卷三八《裴骏》,中华书局,1974,第1373页。

通志》、万历《平阳府志》等中有载。《历代人物谥号封爵索引》载历代以"文宪"为谥号者共 33 人,其中就有元人郭思贞,但并未记载郭思贞谥号还作"文献"。

注释:

[1] 各史书对平阳府战国时期建置沿革的记载,仅指平阳府府治所在地的沿革,不包括其下辖区域。

[2] 田雁在《五代行政区划单位"军"的形成》一文中,统计五代时共置有二十九军,其数据来源于《旧五代史》《新五代史》《五代会要》《太平寰宇记》《元丰九域志》《宋会要辑稿》《文献通考》《十国春秋》及聂崇岐的《府州军监考》。因参考资料丰富,故其数据有一定的参考价值。然其中并未统计到定昌军、建宁军或建雄军中任意一个,可见其数据并不完整。

[3] 据《史记·赵世家》载,此"产"当为"幸"字。

[4] "朔妇"前脱"而"字。

[5] "巳"为"已"讹字,当据《史记·赵世家》正,此条中"巳"皆为"已"之讹字,后不赘述。

[6] 杵臼前脱"公孙"二字,当据《史记·赵世家》补。

[7] 杵臼前脱"公孙"二字,当据《史记·赵世家》补。

[8] "强"为"疆"之同义字。

[9] "诸将"后脱"军"字,当据《史记·赵世家》补。

[10] 当为"肖"字,当据《史记·赵世家》补。

[11] "杵臼"后脱"可也"二字,当据《史记·赵世家》补。

[12] "赵氏"后脱"真"字,当据《史记·赵世家》补。

[13] "孤"后脱"乃"字,当据《史记·赵世家》补。

[14] "思"前脱"我"字,当据《史记·赵世家》补。

［15］应为"泣"字,当据《史记·赵世家》补。

［16］"死"在此句中为"报"之同义字。

［17］"是以"后脱"我"字,当据《史记·赵世家》补。

［18］吕州,即霍邑。《太平广记》云:"霍邑,古吕州也。"

第四章　洪武《平阳志》史料价值

　　洪武《平阳志》是现存最早的山西方志刻本,其志文保存了较多明初平阳府史料,可为研究明初平阳府行政区划、坛壝体系、风俗气候及信仰文化等提供丰富的文献史料。

一、研究明初平阳府地域及行政格局

　　洪武《平阳志》保留了大量明初平阳府的文献史料。该志乡里目、公廨目、坊巷目保留了明初平阳府的地域范围、行政机构及城内分布格局,对研究平阳地区地理沿革有十分重要的史料价值。洪武《平阳志》所载乡里目、公廨目及坊巷目部分内容尽管在万历《平阳府志》中亦有记载,但依然具有一定的研究和利用价值。

　　洪武《平阳志》与万历《平阳府志》对临汾县"四至"内容记载一致,但对"八到"的记载,万历《平阳府志》缺少关于临汾县北向与东北向的记载。洪武《平阳志》记临汾县"北到洪洞县五十五里。东北到岳阳县一百二十里"[1]。在公廨目中,洪武《平阳志》与万历《平阳府

――――――――――
[1]洪武《平阳志》卷五《临汾县》,第2页。

志》记载方式有一定差异。以临汾县公署为例，前者多记某公署位于某坊巷，如"府治在城西北隅庠序坊；平阳卫在右市坊；镇抚司在崇德坊"①，后者多记该公署位于府城某方位，如"织造局，府东；养济院，府东北；宗学，在府南"②。而洪武《平阳志》与万历《平阳府志》所载临汾县坊巷数量、名称不一，前者记明初临汾县有23座坊，至万历年间仅剩14座坊，且名称有所改变。万历《平阳府志》中增有"东关厢　东口厢"，这为判断二者公署地理位置是否一致造成了一定困难。结合洪武《平阳志》所载临汾县图及万历《平阳府志》所载平阳府署图[1]，二者对临汾县公署标注细致，可作为判断临汾县公署地理位置的重要参考资料。

　　其他州县里路、公廨及坊巷的记载，洪武《平阳志》与万历《平阳府志》亦不同。洪武《平阳志》对各州县里路、公廨及坊巷的记载详细，结合各州县地图，可勾勒出洪武年间平阳地区府、州、县城内及城外的分布格局及地理区划，这对全面认识明初平阳府整体格局，研究平阳府及下辖州县行政变迁、区域变迁有着十分重要的史料价值。

二、研究明代区域坛壝体系变迁

　　坛壝，又有坛壝、坛庙、坛场之称，为古之祭祀场所。中国古代最早的祭祀建筑出现于原始社会末期。至秦汉时期，九鼎等祭祀器物已经转移到祭祀建筑上来，而类似于人庙、明堂等祭祀建筑已经逐渐规范，成为定制。汉至隋唐，祭祀系统不断完善，形成规范性的祭

①洪武《平阳志》卷五《临汾县》，第2-3页。
②万历《平阳府志》卷四《衙署》，第130页。

祀系统。"隋唐时期,在都城外的城南设圆丘祀天,城北设方丘祀地,在皇城西设社稷两坛,基本形成了完整的国家坛庙建筑制度,并形成了祭祀五岳、四镇、四渎与四海之制。"①明初,朱元璋在唐宋两代礼制基础上制定了一套更为完整的礼仪规范,其中对于坛庙建筑,制定了一套从中央到地方府、州、县等级分明的祭祀制度。

明代坛庙建筑分类详细,都城中坛庙建筑主要有天坛、日月坛、星辰坛、太岁坛、风云雷雨坛等天神坛,地坛、社稷坛、先农坛、先蚕坛等地神坛,以及设置于各地的岳镇海渎庙与城隍庙。地方上坛庙建筑主要分为两类:坛壝与祠庙。坛壝置于城外,一般包括社稷坛、风云雷雨山川坛与厉坛等;祠庙置于城内,细分为官府所祀庙和民间所祀庙,前者包括城隍庙、关王庙、八蜡庙、旗纛庙、马神庙等,后者包括真武庙、东岳庙、火神庙与三官庙。洪武《平阳志》中所记坛壝即明代地方坛庙建筑中的坛壝,即社稷坛[2]、风云雷雨山川坛[3]、无祀鬼神坛[4]。据洪武《平阳志》载,明初平阳府、州、县俱设有此三坛。然至万历年间,三坛设置发生变化。据万历《平阳府志》载:"社稷坛,洪武初建,各府州县有司岁以仲春秋上戊日祭……县附府者亦不另为坛。风云雷雨山川坛,洪武初建,各府州县岁以仲春秋上旬择日祭……县附府者亦不另为坛。厉坛,洪武初建,府州县俱设……县附府者亦不另为坛。"②按万历《平阳府志》所载,万历年间县附府者不设此三坛。万历二十三年(1595)后,平阳府下辖六州二十八县,直辖十一县,即临汾县、洪洞县、赵城县、襄陵县、太平县、浮山县、岳阳县、

①李德华:《明代地方城市的坛庙建筑制度浅析——以山东为例》,《中国建筑史论汇刊》2012年第1期,第211—241页。
②万历《平阳府志》卷四《坛壝》,第165页。

曲沃县、翼城县、汾西县、蒲县。按万历《平阳府志》所言,此十一县属于平阳府直辖县,不再另设社稷坛、风云雷雨山川坛及厉坛,其余六州十七县依旧保留明初规制。此条记载可补明代坛庙制度变迁。长期以来,学术界对坛庙建筑的研究多集中于坛庙体制、祭祀礼仪、坛庙建筑及规制等方面,学者主要关注明代坛庙系统的完整性及坛庙建筑的宏伟磅礴,对坛庙建筑制度的研究也仅限于地方坛庙建筑修建、规制等。朱元璋制定礼制,产生的影响是巨大且深远的,对地方坛庙系统亦有十分详尽的规定。然截至当前,暂未有人对明代地方坛庙建筑制度变化进行讨论或研究,一是囿于资料限制,明代坛庙建筑制度记载多集中于《明史·礼志》,后世所记也多为祭祀活动;二是清代坛庙系统与明代大体一致,康熙《平阳府志》记平阳府临汾县社稷坛、风云雷雨山川坛及厉坛规制,俱言此三坛为"明洪武初建,附郭不置,余州县如制"①。明代中后期地方坛庙建置变化有其价值,对于注重礼仪的民族而言,祭祀活动尤为重要。然而,随着明朝中后期国势日衰,地方祭祀活动也随之衰落。

三、研究明初平阳府气候环境及风俗

洪武《平阳志》风俗目内容简略,主要记载明初平阳府的气候环境及风俗民情。各州县下单列风俗目,所记内容与后世志书记载略有不同。各州县风俗目所载重民风、气候及农业。

洪武《平阳志》平阳府风俗目载:

> 本府旧为尧舜畿内之地,今犹有遗风焉。所谓君子忧深思

---

① 康熙《平阳府志》卷一〇《祠祀》,第 185 页。

远，小人俭啬者也。然世代绵远，其间所变亦各不同。绛人经晋霸之余，尚多勇敢；蒲、解人以其邻秦，乃有秦人风；隰、吉人以其居山，多质朴信实；霍人与平阳颇相类，此其大略耳。其治地狭人稠，民勤耕织，服劳商贾。其地率近山，原宜麦、豆、黍、稷，喜水忧旱，气候适中。①

平阳府下风俗目所载内容，可当作整个平阳府民风的概括：先略述平阳府下辖数州民风各异，绛州人多勇敢；蒲州、解州人因靠西邻秦，故有秦之遗风；隰州、吉州因其地多山，民诚信朴实；霍州、平阳民风相似。风俗目还具体记载了平阳府的手工业、商业、农业作物及气候。洪武《平阳志》各州县风俗目多以此种格式记载，即先述该地民风，再述该地农业、土产、气候。如：

> 其民俭啬甘粗，矻勤纺绩，力耕稼，其地硗瘠，宜谷，喜水，气候适中。（洪武《平阳志》卷五《临汾县》）

> 民尚勤俭，以耕织为业。地宜黍粟，亦宜麦，水田沃衍，原地硗瘠，喜涝恶旱，气候适中。（洪武《平阳志》卷五《洪洞县》）

纵观洪武《平阳志》现存一府一州十二县之风俗记载，可知明初平阳府民风民俗之概况。

第一，民性节俭，勤劳朴素。古以农业为本，统治者也多鼓励民众从事农业生产。明初平阳府民众亦多以农耕为业，勤劳朴素是劳动人民世代相沿的本性。洪武《平阳志》临汾县风俗目记有"其民俭啬甘粗"。洪洞县亦有"民尚勤俭"之记载。在洪武《平阳志》现存各州县风俗目中，除蒲州无此记载，曲沃县、临晋县风俗目文字脱落、内

---

① 洪武《平阳志》卷一《平阳府》，第8页。

容不全,其余十县皆记其地民众节俭,用词也多以"俭啬""勤俭"出现,可知明初平阳府民众具有节俭、勤劳的品质。

第二,民多以耕织为业,部分从事商贾活动。明初平阳府以农业为本,兼事纺织。洪武《平阳志》各州县风俗目中多有"民力农、耕织"的记载。如临汾县民"粝勤纺绩,力耕稼",洪洞县民"以耕织为业",赵城县民"勤於耕织"①,襄陵县民"勤纺织,力农田"②,太平县民"力田勤俭"③。记述部分山区县时则强调了不经商的传统。如岳阳县民"文武不通,不作商贾,勤於力农"④,蒲县人"性质而勤俭,唯力农,不事商贾"⑤。岳阳县与蒲县位于山区,交通不便,因而当地的商业活动不如平原地区活跃。成化《山西通志》即载平阳府"君子忧深思远,小人俭啬,甘辛苦薄滋味,勤于耕织,服劳商贾"⑥。综合来看,明初平阳府民众主事农业,临汾县、洪洞县、赵城县及襄陵县民众在从事农业的同时,纺织业也比较发达。结合洪武《平阳志》各州县土产目所记,可知临汾县、洪洞县、赵城县及襄陵县当地土产多为麻布、棉布,亦可知此地纺织业兴盛。

第三,土地硗瘠,气候适中。平阳府北依吕梁山脉,东邻太岳山,南接中条山,西靠黄河,境内多山地、盆地,地势崎岖不平。洪武《平阳志》各州县风俗目中记其地土地硗瘠,如浮山县不仅土瘠,还"沟

---

①洪武《平阳志》卷六《赵城县》,第4页。
②洪武《平阳志》卷六《襄陵县》,第11页。
③洪武《平阳志》卷六《太平县》,第17页。
④洪武《平阳志》卷七《岳阳县》,第10页。
⑤洪武《平阳志》卷八《蒲县》,第13页。
⑥成化《山西通志》卷二《风俗》,第40页。

壑萦回,率多坡险"①。平阳府气候属温带大陆性气候,降水主要集中在夏季与冬季。然平阳府因东有太行、西有吕梁两条山脉阻挡,夏季太平洋水汽进入此地较少,冬季又因西伯利亚冷空气影响较为干燥,故平阳府降水量相较沿海地区稀少。因此地气候适宜耕种抗旱性、耐寒性较强的农作物,故明代平阳府农作物以小麦、黍、粟为主。洪武《平阳志》洪洞县风俗目载此地"地宜黍粟,亦宜麦"②,赵城县"气候正宜粟豆稻麦"③,襄陵县"宜谷、麦"④,太平县"宜禾、黍"⑤,浮山县"宜谷,气候稍迟"⑥,岳阳县"宜黍、粟、豆"⑦,曲沃县"宜禾、黍"⑧,翼城县"多宜黍,少宜麦"⑨,汾西县"宜谷、豆"⑩,蒲县"宜禾、黍"⑪,蒲州"宜谷、麦、芝麻"⑫。粟、麦、豆及黍等农作物为明初平阳府主要种植作物。

四、研究明初平阳府信仰文化

"中国民间信仰中的神灵世界,素以庞杂繁多、缺乏统一的神系而著称,人们对每一位神祇的态度似乎也是一视同仁,杂乱无序。但

①洪武《平阳志》卷七《浮山县》,第4页。
②洪武《平阳志》卷五《洪洞县》,第14页。
③洪武《平阳志》卷六《赵城县》,第4页。
④洪武《平阳志》卷六《襄陵县》,第11页。
⑤洪武《平阳志》卷六《太平县》,第17页。
⑥洪武《平阳志》卷七《浮山县》,第4页。
⑦洪武《平阳志》卷七《岳阳县》,第10页。
⑧洪武《平阳志》卷七《曲沃县》,第15页。
⑨洪武《平阳志》卷八《翼城县》,第3页。
⑩洪武《平阳志》卷八《汾西县》,第8页。
⑪洪武《平阳志》卷八《蒲县》,第13页。
⑫洪武《平阳志》卷九《蒲州》,第5页。

是,这只是一种表面现象。实际上,在每一个地方,每一种具体的日常信仰活动中,人们对诸多神灵的崇拜,始终是以具有明显地方色彩的地方神或被予以了特殊地方化处理的某一大神为中心的。"①明初平阳府宗教文化发达,主要体现在此时宗教建筑数量繁多。据洪武《平阳志》寺观目统计,洪武年间平阳府及其所辖州县有寺观建筑240座。从洪武《平阳志》内容记载简略,主要记载当地重要人物、事迹等来看,明初平阳府宗教建筑总数较洪武《平阳志》所统计的数量只多不少。

周而仪曾在《重修桥头寺碑记》中提及:"考《汉书》摄摩腾来自西域,白马驮经初入鸿胪寺,遂取名'寺',后居浮屠者皆曰'寺'。凡祀外神者皆曰'庙'或亦曰'寺'。"②从社会史角度来看,民间宗教建筑并不能简单地以其名称定性,因为民间寺庙所祀神灵混杂,简单地以寺庙名称定性为宗教建筑是断不可取的。姚春敏教授在《清代华北乡村庙宇与社会组织》中给出了这样一个示例:"大阳镇有一座名为'阮公寺'的庙宇,既为'寺',本应属佛教范畴,而该'寺'奉祀的却是竹林七贤中的阮籍。"③明初平阳府寺观建筑类型丰富,断然不可以寺观名称区分其所属宗教类别,故笔者以庙、寺、院、观、宫、祠、庵等予以区分。据洪武《平阳志》卷四寺观目统计,明初平阳府民间寺观数目总计240座(见表1.4.1)。

---

① 安德明:《地方神,中国民间神灵信仰的核心》,《中国艺术报》,2013 年 8 月 19 日第 2 版。
② 周而仪:《重修桥头寺碑记》,见光绪《凤台县志》卷二十《艺文》,收入《中国地方志集成·安徽府县志辑》,江苏古籍出版社,1998,影印本,第 291 页上。
③ 姚春敏:《清代华北乡村庙宇与社会组织》,人民出版社,2013,第 2 页。

表 1.4.1 明初平阳府民间庙宇一览表

项目	名称	数量
庙	真武庙 中镇庙 河渎庙 西海庙 神渊庙 岱岳庙 帝尧庙 皋陶庙 师旷庙 娲皇庙 二侯庙 舜 庙 夷齐庙 二郎庙 马燧庙 白马庙 白龙庙 丰宝庙 黑龙庙 风后庙 董池庙 大禹庙 虞芮庙 鄂侯庙 刘渊庙 台骀庙 夷吾庙 韩信庙 阳城庙 汉高祖庙 介之推庙 吴太伯庙 宫之奇庙 寿亭侯庙 盐池神庙 晋文公庙 无佞侯庙 霍将军庙 太阴将军庙 宣贶真君庙 风伯雨师庙 后土庙(2) 三皇庙(35) 城隍庙(35) 旗纛庙(2) 伏羲庙(2) 禹庙(2) 汤王庙(2)	121
寺	塔 寺 兴化寺 广济寺 兴唐寺 广胜寺 圣寿寺 凉马寺 香岩寺 九脚寺 龙兴寺 广化寺 竹溪寺 普救寺 万固寺 游麟寺 丰岩寺 栖岩寺 石佛寺 延祚寺 药师寺 慈氏寺 觉城寺 妙道寺 仁寿寺 灵岩寺 龙岩寺 法云寺 槛泉寺 八龙寺 兴福寺 广慈寺 竹林寺 清凉寺 钟楼寺 正觉寺 白台寺 佛窟寺 昭远寺 天王寺 兴化寺 禅峰寺 弥陀寺 大庆寺 太平兴国寺 寿圣寺(4) 天宁寺(3) 兴国寺(2) 广教寺(2)	55
院	北禅院 观音院 永安院 福寿院 般若院 洪教院 龙泉院 普济院 清凉院 普济院 余庆院 龙颜院 董泽书院 普照禅院	14
观	天庆观 玉峰观 玉虚观 真游观 天圣观 延庆观 龙泉观 冲祐观 岱岳观 通真观 灵峰观 丹阳观 大名观 天庆观 太清观 紫清观 太徽观 洪庆观 全阳观 和贞观 太清观 崇真观	22
宫	天真宫 庆唐宫 朝元宫 寥阳宫 纯阳宫 建极宫 大宁宫 神宵宫 寿圣宫 朝元宫 景云宫 玄都宫 洞神宫	13
祠	沄泉祠 曹参祠 岱宗祠 台骀祠 程公祠 薛万彻祠 张府君祠 平水神祠 晋恭世子祠 司马温公祠 赵忠简公祠 华池神行祠 段干木祠(2)	14
庵	栖云庵	1
总计		240

注：表中数字表示此寺观在平阳府共有几座。如后土庙(2)，表示后土庙在平阳府共有 2 座；三皇庙(35)，表示三皇庙在平阳府共有 35 座。

由上可知，明初平阳府共有 240 座寺庙，分别冠以庙、寺、观、院、祠、宫、庵等名。在以"院"为名的建筑中，多数是佛教建筑。其中位于闻喜县的董泽书院为元至顺四年(1333)赵鼎六世孙赵员翁所建，是当地教育机构，内有祀者，应为孔子等儒家先贤。此院算是特

例。在以"庙"为名的建筑中,平阳府三皇庙、城隍庙就有70座。明初各府、州、县俱建三皇庙、城隍庙及坛壝类建筑,至迟于万历年间,此类建筑在平阳府大多数州县中都已废建,仅平阳府与其直辖县保留。纵观明初平阳府寺观数量与类型,呈现如下特点。

第一,儒教、佛教、道教及民间信仰相互交融。儒教,"中国历代王朝的国家宗教。因汉代以后尊奉儒家学派创始人孔子为教主,故称儒教或孔教"①。佛教于汉时传入中国,至南北朝时开始兴盛,唐宋时发展到顶峰。道教是中国土生土长的宗教,其神仙体系烦冗复杂,与民众日常希冀息息相关,在民间广受欢迎。民间信仰包含广泛,有神灵信仰、自然崇拜、祖先崇拜、杰出人物崇拜等等,其起源最早,种类丰富,数量繁多,在民间具有重大影响力。民间信仰与道教信仰在一定时期不断融合,道教不断吸纳民间信仰,使其融入自己的神仙体系。佛教、道教至唐以后与儒教相互融合,于宋元明清时进一步发展,基本形成"三教合流"的定式。明初平阳府的寺庙建筑数量繁多,洪武《平阳志》载共有240座寺庙建筑,其信仰主要是佛教、道教、儒教及民间宗教。儒家信仰主要体现于礼仪祭祀的坛壝建筑中。佛教、道教及民间信仰虽未呈现出如后世三教共祀一祠的明显交融之势,但从现有资料看,三教逐渐走向融合,主要体现在同一区域修建不同宗教性质的建筑供民众祭祀。如临汾县"天庆观在城大通坊,北禅院在城大通坊"②。天庆观为道教建筑,北禅院为佛教建筑,二者共建于临汾市大通坊,距离较近,体现出佛道共济之意。浮山县龙角山顶有华池,华池后建华池神行祠,西北峰建山神庙名曰孚祐将军庙,山

①谢谦:《国学词典》,四川辞书出版社,2018,第1页。
②洪武《平阳志》卷五《临汾县》,第7页。

北下三里建天圣观，内祀老子，即于同一区域祀有道教神灵与民间信仰神灵。蒲县有晋文公庙一座，在县南翠屏山。晋文公庙东庵为栖云庵。"栖云庵，在晋文公庙东庵，已废。上有经阁，居半山之中。"①栖云庵为藏经之所，极有可能为儒家建筑。晋文公庙所祀晋文公重耳，属于民间信仰中的人物信仰，此二者建于一处，亦为儒家文化与民间信仰融合的体现。

第二，重视山川神灵信仰。《礼记·祭法》载："山林、川谷、丘陵能出云，为风雨，见怪物，皆曰神。"山川信仰自古以来绵延不绝。杨庆堃指出："比天国众神低一等的是地上的神灵，尤其是山神与河神。就像天神一样，这群神灵也起到维护政治伦理的作用。"②明太祖朱元璋在建立明朝之初，便借祀山川神祇，巩固其正统地位。"洪武三年六月，戊口朔，先是久不雨，上谓中书省臣曰：君天下者不可一日无民，养民者不可一日无食，食之所恃在农，农之所望在岁令。仲夏不雨，实为农忧，祷祀之事礼所不废。朕已择六月朔日诣山川坛躬为祷之尔。中书各官，其代告诣祠且命。"③对山川之神去其前代所封名号，以山水本名正其名分。"朕以礼事神之意，五岳称东岳泰山之神、南岳衡山之神、中岳嵩山之神、西岳华山之神、北岳恒山之神。五镇称东镇沂山之神、南镇会稽山之神、中镇霍山之神、西镇吴山之神、北镇医无闾山之神。四海称东海之神、南海之神、西海之神、北海之神。四渎称东渎大淮之神、南渎大江之神、西渎大河之神、北渎大济

---

① 洪武《平阳志》卷八《蒲县》，第 13 页。
② 杨庆堃：《中国社会中的宗教》，范丽珠译，四川人民出版社，2016，第 123 页。
③ 《钞本明实录》卷五三，太祖洪武三年六月戊午，第一册，第 279 页。

之神。"①又令州郡县俱建坛壝,即社稷坛、风云雷雨山川坛及无祀鬼神坛,祀当地山川神灵。据《山西寺庙大全》统计,平阳府于洪武三年(1370)至洪武九年(1376)大肆修建坛壝建筑,并规定对风云雷雨山川之神"岁以仲春秋上旬择日祭"。平阳府以当地重要山川为神祀之,主要有中镇庙、华池神行祠、平水神祠、盐池神庙、沄泉祠等。霍山中镇庙"在霍山内,唐贞观四年立,元重修,今朝降御香致祭中镇于庙"②。华池神行祠"在(临汾县)城东四十里漫天岭上"③。平水神祠祀平水神,平水自平山发源,东入汾水,可溉田。平山与姑射山连阜,平水神庙位于"(临汾县)城西南二十五里姑射山下"④。沄泉祠祀沄泉之神,沄泉"自东亢村发源,可溉东亢村田一百五十余亩"⑤。至万历时该泉可溉田二百亩,且经年不减,为临汾县重要农业灌溉水源之一。沄泉祠即建于东亢村。盐池神庙在安邑县西南二十里路村盐池北岸,"唐天历间创建。元至元、皇庆、延祐间累修,学士王纬撰记历代累赐封号。大德三年加封池神东为永泽资宝王,西为广济惠康王。国朝改称盐池之神庙,左有中条风洞二神祠,池北岸有甘泉神祠,池东岸有黑龙神祠,池南一百五十里中条山阳有大郎神祠,十五里中条山阴有二郎、三郎二神祠,俱系盐池二字于上,历代亦各有封号,国朝称今名"⑥。对当地重要山川神灵的祭祀信仰,一方面体现了古人重视山川神灵信仰的传统,另一方面也表明明初平阳府山川信仰具有较强

①《钞本明实录》卷五三,太祖洪武二年六月癸亥,第一册,第279页。
②洪武《平阳志》卷六《赵城县》,第6页。
③洪武《平阳志》卷五《临汾县》,第7页。
④洪武《平阳志》卷五《临汾县》,第7页。
⑤洪武《平阳志》卷五《临汾县》,第5页。
⑥成化《山西通志》卷五《祠庙》,第193页。

的地域性特点。如上文所述,四座祠庙仅限于当地神灵信仰,所祀对象皆可为当地民众带来足够的生产资源,故而当地百姓对其多加祀之。

第三,人物信仰有强烈的地域性。人物崇拜又可称作神人崇拜。这里所说的"神人","是指民间神化了的历史人物、地方人物而言,这些人物不仅在民间传说中传诵其神异的功绩,而且还被民间供奉或祭祀,使其享受人间膜拜"①。明初平阳府的人物信仰较为普遍,有传说中的三皇五帝,如娲皇、伏羲、尧、舜、禹;有为国作出重大贡献的官员,如皋陶、师旷、台骀、宫之奇等;还有祀前赵皇帝刘渊、汉高祖等。由表1.4.2人物祠庙统计可知,平阳府的人物祠庙有很浓厚的地域特性。

表1.4.2　平阳府人物祠庙统计表

寺观名称	内祀者	所祀地点	相关记事
赵忠简公祠	赵鼎	闻喜县	《宋史》:"赵鼎,字元镇,解州闻喜人。"
司马温公祠	司马光	夏县	《宋史》:"司马光,字君实,陕州夏县人也。"《大明一统志》:"司马光墓,在夏县西北二十里鸣条冈。"
介之推祠	介之推	灵石县	应属地方祭祀
薛万彻祠	薛万彻	万泉县	据传唐初万彻据河东反叛,驻扎薛通城。成化《山西通志》:"万泉县……唐武德中即薛通故城置万泉县,属秦州。"
晋恭世子祠	申生	曲沃县	《史记》:"十二年……于是使太子申生居曲沃。"后受骊姬陷害,自缢于新城(曲沃境内)。
程公祠	程子	曲沃县	洪武《平阳志》:"程公祠,在龙头城。按《家语》云孔子之郯遭程子于涂,倾盖而语,取束帛以赠程公,死葬于此。"
台骀祠	台骀	曲沃县	成化《山西通志》:"汾水川祠,一名台骀神庙……金天氏有裔子曰昧,为玄冥师,生台骀,能业其官,宣汾洮,障大泽,以处太原,帝嘉之,封诸汾川,后人立庙祀之。"

---

① 乌丙安:《乌丙安民俗研究文集·中国民间信仰》,长春出版社,2014,第154页。

续表

寺观名称	内祀者	所祀地点	相关记事
段干木祠	段干木	安邑县 芮城县	段干木故居，一说在安邑，一说在芮城。《大清一统志》："段干木故居，有三：一在安邑县东南曰下段里，一在安邑县西南曰上段里，一在芮城县西北二十七里山麓段村。"
曹参祠	曹参	临汾县	洪武《平阳志》："曹参，二年击魏王于曲阳，尽定魏地。六年，剖符赐参爵列侯，食邑平阳万六百三十户。"
韩信庙	韩信	灵石县	《大清一统志》："汉韩信墓，在灵石县南二十里高壁岭。汉高后遣人函信首诣帝所，帝征陈豨还，驻跸于此，遂葬其首于岭上。后人即其冢立庙祀之。"
汉高祖庙	刘邦	石楼县	帝王庙祭祀
夷吾庙	晋惠公 夷吾	石楼县	《史记》："夷吾走屈。"成化《山西通志》："石楼县，古为屈产地，晋献公子夷吾封于此。"
刘渊庙	刘渊	隰州	《稽古录》卷十三："刘渊陷河东平阳，徙都蒲子。"《水经注集释订讹》卷四："蒲子县故城今在隰州。"
鄂侯庙	晋鄂侯	乡宁县	成化《山西通志》："乡宁县城，春秋时晋鄂侯故垒。"
伏羲庙	伏羲	赵城县 吉州	洪武《平阳志》："伏羲台……外有卧牛池伏跪坑，乃羲皇伏牛时，去上齿之地。"吉州待考。
虞芮庙	虞、芮 二君	平陆县	《汉书》："及文王为西伯，断虞芮讼。"文颖注曰："二国争田，见文王之德，而自和也。"颜师古曰："虞今虞州是也，芮今芮城县是也。"
宫之奇庙	宫之奇	平陆县	《孟子》："宫之奇，虞之贤臣，谏不欲令虞公受璧马假道。"
大禹庙	禹	蒲州 万泉县 平陆县	帝王庙祭祀
董池庙	董父	闻喜县	万历《平阳府志》："董父，闻喜人，舜时豢龙氏。"
汤王庙	成汤	荣河县 闻喜县	帝王庙祭祀
寿亭侯庙	关羽	解州	《太平寰宇记》："关羽，河东解人也。"解，即明初解州，今运城市盐湖区。
风后庙	风后	解州	万历《平阳府志》："风后，解州人。为有熊氏三公，与力牧等为六相，天地治神明至。"
马燧庙	马燧	猗氏县	成化《山西通志》："猗氏县城，唐兴元元年马燧所筑屯兵之垒，其后遂为县城。"
夷齐庙	伯夷 叔齐	蒲州	《史记》："而伯夷叔齐耻之，义不食周粟，隐于首阳山，采薇而食之。"一说此首阳山即蒲州首阳山。

续表

寺观名称	内祀者	所祀地点	相关记事
晋文公庙	重耳	蒲县	帝王庙祭祀
师旷庙	师旷	洪洞县	洪武《平阳志》:"师旷,讳旷,字子野,师姓,河东古羊人也。耳聪於听,度正音律,测明历。数仕晋,事平公悼公职乐太师。凡所论谏,必本仁义。"
皋陶庙	皋陶	洪洞县	万历《平阳府志》:"皋陶,洪洞人,舜臣。"
霍将军庙	霍光	临汾县	洪武《平阳志》:"霍光,字子孟,平阳人。为大将军,封博陆侯。"
帝尧庙	尧	临汾县	尧都平阳
舜庙	舜	蒲州	舜都蒲坂。蒲坂,在蒲州。

　　由表1.4.2可知,除帝王庙(尧、舜、禹、汤王、晋文公、汉高祖)于平阳府各州县分布较多外,其余寺观中所祀英雄人物皆与修建之地有深厚联系。或修建之地为其故里,如赵鼎、司马光、介之推(据文献载其为灵石县人,有争议)、段干木(故里有三说,安邑县与芮城县皆有其庙)等。或所祀人物曾于当地有过重要事迹,如曲沃县有晋恭世子庙,史书载申生曾居曲沃,并自缢于新城;临汾县筑有曹参庙,史书载汉臣曹参击败魏王豹后,被封于平阳,食邑万户,平阳为曹参封侯之地;万泉县筑有薛万彻祠,史书载唐初薛万彻于河东叛变,雄踞于万泉县薛万通城。基于表格中所列事实,可知明初平阳府所祀人物呈现出浓厚的地域特色。

注释:

[1] 明代临汾县公署与平阳府公署都位于平阳府城中。

[2] 社稷坛,多设于州县西北,祀本府(或州、县)社稷之神,有司岁以仲春秋上戊日祭。

[3] 风云雷雨山川坛,多设州县西南,部分设州县东南方,祀风云雷雨之神。

有司岁以仲春秋上旬择日祭。

[4] 无祀鬼神坛即厉坛,多设州县东北方,祀鬼神之无依者。有司岁以清明日及七月望、十月朔□时祭。

第五章　洪武《平阳志》辑补价值

　　洪武《平阳志》辑佚价值较高,现存三册九卷内容可辑出 8 种平阳府旧志,可知胡谧在纂修《山西通志》时所言"府州县故各有志"并非虚言。这些旧志在《山西古方志辑佚》和《山西文献总目提要》中未见有载,可知洪武《平阳志》所征引的旧志条目价值珍贵。另,志中载有 240 座明初平阳府寺观,其中不少未被《山西寺庙大全》收录,故将其一一辑出,补充《山西寺庙大全》。

一、辑佚旧志条目

(一)《平阳旧志》

　　约元代修。明初尚存,《文渊阁书目》旧志中有载,后佚。洪武《平阳志》卷五征引一条。

　　　　按《平阳旧志》云:临汾之见於各州者不一,今正平、太平、汾西、吉州、乡宁在汉时皆临汾县地,岳阳在隋时亦为临汾郡,大抵皆缘汾水而得名也。(洪武《平阳志》卷五《临汾县》沿革)

(二)《平阳志》

　　约元代修。明初尚存,《文渊阁书目》旧志中有载,后佚。洪武《平

阳志》卷五、卷七征引三条。

《平阳志》云：平山即《尚书》所谓壶口。高五里，盘踞一十里。（洪武《平阳志》卷五《临汾县》山川）

《平阳志》云：左传僖公二十四年杀怀公于梁郡国。《志》云即梁之墟。（洪武《平阳志》卷五《临汾县》古迹）

按《平阳志》云：尧子丹朱食邑之地。（洪武《平阳志》卷七《浮山县》沿革）

（三）临汾县《旧志》

明以前修。明初尚存，不久便佚，《文渊阁书目》中无载。洪武《平阳志》卷五征引一条。

《旧志》云：唐天宝七年敕置。（洪武《平阳志》卷五《临汾县》寺观）

（四）洪洞县《旧志》

明以前修。明初尚存，不久便佚，《文渊阁书目》中无载。洪武《平阳志》卷五征引一条。

《旧志》云：秦属河东郡。汉为杨县，属晋州。（洪武《平阳志》卷五《洪洞县》沿革）

（五）浮山县《旧志》

明以前修。明初尚存，不久便佚，《文渊阁书目》中无载。洪武《平阳志》卷七征引三条。

按《旧志》云：每天欲雨，此山飒然有声，草木不动，俗传为鸣山。（洪武《平阳志》卷七《浮山县》山川）

［故］郭城在县南一十里，按《旧志》载：神山县故郭［城］是也。（洪武《平阳志》卷七《浮山县》古迹）

［秦］王岭在县北四十里，按《旧志》：隋末秦王世民从高祖起

晋阳,南破宋老生。世民从霍山东分兵诡道潜行至柏壁,以扼前锋,即此为名。(洪武《平阳志》卷七《浮山县》古迹)

(六)浮山县《图经》

明以前修。明初尚存,不久便佚,《文渊阁书目》中无载。洪武《平阳志》卷七征引一条。

真珠洞,按《图经》云:在龙角山,深不可测,尝有珠出,因此为名。(洪武《平阳志》卷七《浮山县》古迹)

(七)岳阳县《旧志》

明以前修。明初尚存,不久便佚,《文渊阁书目》中无载。洪武《平阳志》卷七征引三条。

《旧志》:岳阳县本汉穀远县。(洪武《平阳志》卷七《岳阳县》沿革)

冀氏城,在县东南一百三十里,按《旧志》:本汉猗氏县,地属上党郡。(洪武《平阳志》卷七《岳阳县》古迹)

和川城,在县东九十里,按《旧志》:亦汉穀远县地。(洪武《平阳志》卷七《岳阳县》古迹)

(八)平阳《郡县志》

明以前修。明初尚存,《文渊阁书目》中有载,后佚。洪武《平阳志》卷九征引一条。

�沕水,《郡县志》:出河东县雷首山。(洪武《平阳志》卷九《蒲州》山川)

上述旧志条目从现存洪武《平阳志》中辑出,内容珍贵。虽仅辑得 14 条平阳府旧志内容,但所存旧志名称珍贵,对当代学者研究明代以前修志情况有着极为重要的参考价值。明代以前地方修志

情况不甚明确,而洪武《平阳志》所征引的旧志条目恰可证实明代以前山西南部平阳地区,州郡县可能都有志。

二、辑补《山西寺庙大全》

20世纪90年代,山西省政府调动全省各地市文物考古部门力量,历时四年,反复核实,最终完成了《山西寺庙大全》的编撰工作。这部工具书编撰谨慎翔实,搜集了山西省各市县历代主要祠、庙、寺、院、庵、宫、观等名胜古建11900余处,并以《三教源流搜神大全》的分类和现存寺庙、主殿或主像的情况,分成儒、佛、道三编。该书是研究山西寺庙文物的重要工具书。①然当时洪武《平阳志》刚被发现不久,还未引起研究者的关注,故而学者们在编撰《山西寺庙大全》时并未查阅洪武《平阳志》所载寺庙内容,以致漏失临汾地区及运城地区部分寺庙信息。因此,洪武《平阳志》对《山西寺庙大全》的辑补有一定价值。今按《山西寺庙大全》所分市、县名称顺序予以分类辑补,其中吕梁市石楼县与晋中市灵石县放在最后补充(见表1.5.1)。

①白清才主编《山西寺庙大全》,山西经济出版社,1995,序第1页。

表 1.5.1 补《山西寺庙大全》列表

项目	万泉县、荣河县(今万荣县)			平陆县(今平陆县)	蒲州(今永济市)						
	祠	亭	宫	庙	庙				台	寺	
名称	岱崇祠	延庆亭	大宁宫	虞舜庙	舜庙	大成庙	真武庙	黄芥庙	玩月台	广化寺	竹溪寺
始建年代				唐大中年间					宋		
公元											
干支											
地址	汾阴			平陆内城外城之界	蒲州东南二里	蒲州南一百二十里永乐镇	蒲州西北城上	蒲州西南四十五里	蒲州东古城东北城隅	蒲州城东东北	蒲州城东北
记事	洪武《平阳志》卷三《寺观》万泉县下有载。至迟于万历年间毁。	洪武《平阳志》卷三《台榭》荣河县下有载。至迟于万历年间毁。	洪武《平阳志》卷三《寺观》平陆县有载。	洪武《平阳志》卷三《寺观》平陆县有载。	洪武《平阳志》卷九《蒲州》寺观下载:"舜庙,在州东南二里,地广五亩。"至迟于万历年间毁。	洪武《平阳志》卷九《蒲州》寺观下载:"大成庙,在州南一百二十里永乐镇,旧为临河县学。"至迟于万历年间毁。	洪武《平阳志》卷九《蒲州》寺观下载:"真武庙,在西北城上。"至迟于万历年间毁。	洪武《平阳志》卷九《蒲州》寺观下载:"黄芥庙,在州西南四十五里。"至迟于万历年间毁。	洪武《平阳志》卷九《蒲州》台下载:"玩月台,基在州东北城隅,相传承金吾游息之所。"	洪武《平阳志》卷九《蒲州》寺观下载:"广化寺,在城东北门内街北。"至迟于万历年间毁。	洪武《平阳志》卷九《蒲州》寺观下载:"竹溪寺,在城东北。"至迟于万历年间毁。
现存情况	已毁	已毁	已毁	已毁	已毁	已毁	已毁	已毁	已圮	已毁	已毁

续表

项目	解州、安邑县（今运城市）						芮城县			河津县（今河津市）			闻喜县		
	庙	庙	庙	庙	庙	祠	宫	台	祠	庙	亭	宫	庙	院	寺
名称	风后庙	丰宝庙	白龙庙	寿亭侯庙	黑龙庙	段干木祠	神宵宫	降生台	段干木祠	二郎庙	冀亭	建极宫	董池庙	董泽书院	广教寺
始建年代															唐太宗时期
公元															
干支															
地址	中条山下、解州城东门外										在河津县北十五里				
记事	洪武《平阳志》卷三《寺观》解州下有载。万历《平阳府志》有载，后于何时废，不知。	洪武《平阳志》卷三《寺观》解州下有载。至万历《平阳府志》载于万历年间毁。	洪武《平阳志》卷三《寺观》安邑县下有载。至万历《平阳府志》载于万历年间毁。	洪武《平阳志》卷三《寺观》解州下有载。至万历《平阳府志》有载，至万历年间毁。	洪武《平阳志》卷三《寺观》安邑县下有载。至万历《平阳府志》有载，至万历年间同毁。	洪武《平阳志》卷三《寺观》安邑县下有载。至万历《平阳府志》有载，至万历年间同毁。	洪武《平阳志》卷三《寺观》解州下有载。至万历《平阳府志》有载，至万历年间同毁。	洪武《平阳志》卷三《台榭》芮城县下有载。至万历《平阳府志》有载，至万历年间同毁。	洪武《平阳志》卷三《寺观》芮城县下有载。至万历《平阳府志》有载，至万历年间同毁。	洪武《平阳志》卷三《寺观》河津县下有载。至万历《平阳府志》有载，至万历年间同毁。	洪武《平阳志》卷三《台榭》河津县下有载。至万历《平阳府志》有载，后于何时知，不何。	洪武《平阳志》卷三《寺观》河津县下有载。至万历《平阳府志》有载，至万历年间同毁。	洪武《平阳志》卷三《寺观》闻喜县下有载。至万历《平阳府志》有载，至万历年间同毁。	洪武《平阳志》卷三《寺观》闻喜县下有载。至万历《平阳府志》有载，至万历年间同毁。	洪武《平阳志》卷三《寺观》闻喜县有载。至万历《平阳府志》有载，后不知于何时段毁。
现存情况	已毁	已毁	已毁	已毁	已毁	已毁	已毁	已毁	已毁	已毁	已毁	已毁	已毁	已毁	已毁

续表

项目	临晋县(今临猗县)								猗氏县(今临猗县)	夏县		绛县
（类别）	观	观	寺	寺	寺	寺	寺	庙	寺	官	院	庙
名称	丹阳观	大名观	石佛寺	延祚寺	寿圣寺	药师寺	慈氏寺	神渊庙	灵岩寺	寿圣宫	余庆院	大明将军庙
始建年代	金大定三年	唐初		元至元十一年						元至元二年		
公元	1163			1274						1265		
干支	癸未			甲戌						乙丑		
地址	在县东南中条山王官谷内	在县南中条山		在县南		在县东			在李村,《山西寺庙大全》记在田村	在夏县城中		
记事	洪武《平阳志》卷三《寺观》临晋县下有载。万历《平阳府志》有载,后不知毁于何时。	洪武《平阳志》卷三《寺观》临晋县下有载。万历《平阳府志》有载,后不知毁于何时。	洪武《平阳志》卷三《寺观》临晋县下有载。后不知毁于何时。	洪武《平阳志》卷三《寺观》临晋县下有载。后不知毁于何时。	洪武《平阳志》卷三《寺观》临晋县下有载。后不知毁于何时。	洪武《平阳志》卷三《寺观》临晋县下有载。万历《平阳府志》亦有载。后不知毁于何时。	洪武《平阳志》卷三《寺观》临晋县下有载。后不知毁于何时。	洪武《平阳志》卷三《寺观》临晋县下有载。后不知毁于何时。	洪武《平阳志》卷三《寺观》猗氏县下有载。万历《平阳府志》有载。后不知毁于何时。	洪武《平阳志》卷三《寺观》夏县下有载。万历《平阳府志》有载。后不知毁于何时。	洪武《平阳志》卷三《寺观》夏县下有载。至迟毁于万历年间。	洪武《平阳志》卷三《寺观》绛县下有载。至迟毁于万历年间。
现存情况	已毁	已毁	已毁	已毁	已毁	已毁	已毁	已毁	已毁	已毁	已毁	已毁

续表

县名	绛州（今新绛县）	稷山县	乡宁县	乡宁县	乡宁县	岳阳县（今古县）	临汾县	临汾县	临汾县	汾西县	汾西县
类型	观	宫	庙	寺	寺	寺	庙	阁	台	寺	观
名称	玄都观	洞神宫	鄂侯庙	寿圣寺	游麟寺	香岩寺	旗纛庙	通明阁	七星台	九脚寺	冲祐观
始建年代										宋元符元年	
公元										1098	
干支										戊寅	
地址		在北城外					府治东德化坊	城北门外二里崇圣宫	城北门外一里会仙观	申村	县西
记事	洪武《平阳志》卷三《寺观》绛州下有载。万历《平阳府志》有载。后不知于何年间废。	洪武《平阳志》卷三《寺观》稷山县下载。万历《平阳府志》有载。后不知于何时。	洪武《平阳志》卷三《寺观》乡宁县下有载。至迟毁于万历年间。	洪武《平阳志》卷三《寺观》乡宁县下有载。至迟毁于万历年间。	洪武《平阳志》卷三《寺观》乡宁县下有载。至迟毁于万历年间。	洪武《平阳志》卷七《寺观》《岳阳县》下载："香岩寺，去县南一里许。"至迟毁于万历年间。	洪武《平阳志》卷四《临汾县》下载："旗纛庙，在治东德化坊。"万历《平阳府志》亦载。后不知毁于何时。	洪武《平阳志》卷四《临汾县》下载："通明阁，在城北门外一二里崇圣宫。"万历《平阳府志》亦载。后不知毁于何时。	洪武《平阳志》卷四《临汾县》台榭下载："□七星□台，在城北门外一里会仙观。"万历《平阳府志》亦载。后不知毁于何时。	洪武《平阳志》卷八《汾西县》寺观下载："九脚寺，在县南五十里申村。其地因形有九脚，俗名九脚，以名焉。"成化《山西通志》有载。至迟毁于万历年间。	洪武《平阳志》卷八《汾西县》寺观下载："冲祐观，在城西。"万历《平阳府志》亦载。至迟毁于万历年间。
现存情况	已废	已毁	已毁	已毁	已毁	已毁	已废	已毁	已毁	已毁	已毁

续表

县名	类型	名称	始建年代	公元	干支	地址	记事	现存情况
曲沃县	祠	台骀祠				曲沃县西三十六里力村	洪武《平阳志》卷七《曲沃县》寺观下载："台骀口[台骀]祠，在县西三十六里力村。人民岁时致祭。"《平阳府志》有"万历"载，后不知毁于何时。	已毁
曲沃县	祠	程公祠				老头城	洪武《平阳志》卷七《曲沃县》寺观下载："程公祠，在龙头城。"按《家语》云："孔子之郑，遭程子涂，倾盖而语，取束帛以赠程公，死葬此。"至万历年间。	已废
永和县	亭	瑞莲亭				灵液池上	洪武《平阳志》卷三《台榭》永和县载："瑞莲亭。"万历《平阳府志》下《衙署》下卷四《山西庙宇大全》载此亭于康熙四十一年为知县王仕仪创建，可见记载不准。	已废
永和县	观	和贞观					洪武《平阳志》卷三《寺观》永和县载："和贞观。"《平阳府志》中无存，至迟毁于万历年间。	已废
浮山县	阁	烟霞阁	金大定十七年	1177	丁酉	天圣观	洪武《平阳志》卷七《浮山县》台榭下载："烟霞阁，金大定十七年建，在天圣观。"《平阳府志》中亦有载，后不知毁于何时。	已毁
隰州（今隰县）	庙	刘渊庙					洪武《平阳志》卷三《寺观》隰州下有载，至迟毁于万历年间。	已毁
蒲县	庵	栖云庵				县南翠屏山上	洪武《平阳志》卷八《蒲县》寺观下载："栖云庵，在晋文公庙东庵，已废。"上有经阁，居半山之中。万历《平阳府志》无载，至迟毁于万历年间。	已毁
霍州	庙	宣圣真君庙					洪武《平阳志》卷三《寺观》霍州下有载，至迟毁于万历年间。	已毁
霍州	院	普济院					洪武《平阳志》卷三《寺观》霍州下有载，至迟毁于万历年间。	已毁
翼城县	轩	源公轩	宋天圣六年	1028	戊辰	县东	洪武《平阳志》卷八《翼城县》台榭下载："源公轩，在县东。"宋天圣六年进士文彦博来于，是县因其所居而名之曰源。至"万历"《平阳府志》亦有载，后不知毁于何时。	已毁

续表

县名	襄陵县、太平县（今襄汾县）				石楼县	灵石县			
类型	台	庙	宫	观	寺	寺	观	庙	庙
名称	九层台	二侯庙	天真宫	真游观	清凉院	大庆寺	崇真观	介之推庙	韩信庙
始建年代	传晋献公时期								
公元									
干支									
地址	县东南凉马寺	古晋城北	城内	县东					
记事	洪武《太平县》卷六《平阳志》台榭下载："[九]层台，按《说苑》载晋献公筑九层台，荀息曰：'臣能累十二棋子加九卵于上。'公曰：'危哉？'息曰：'公道九层台三年不成，男不耕女不织，公速危矣。'公遂止。今在县东南凉马寺，遗址尚存。"	洪武《平阳志》卷六《太平县》寺观下载："二侯庙，在故晋城北门外，是为程婴公孙杵臼智婴侯，公道不久智婴侯。"《平阳府志》无载。合《平阳府志》亦无载。后不知毁于何时。	洪武《平阳志》卷六《襄陵县》寺观下载："天真宫，在城内明礼坊。"万历《平阳府志》无载。至迟退毁于万历朝以前。	洪武《平阳志》卷六《大平县》寺观下载："真游观，在县东二十五里。"万历《平阳府志》无载。至迟退毁于万历朝以前。	洪武《平阳志》卷三《寺观》石楼县下有载，万历《平阳府志》中无载。按《山西寺庙大全》记"清凉寺成化八年建"，推测二者可能不是一寺，抑或在成化年间大修建清凉院或为清凉院佛寺。	洪武《平阳志》卷三《寺观》灵石县下有载。	洪武《平阳志》卷三《寺观》灵石县下有载。	洪武《平阳志》卷三《寺观》灵石县下有载。	洪武《平阳志》卷三《寺观》灵石县下有载。
现存情况	遗址尚存	已毁	已毁	已毁	部分建筑完整	已毁	已毁	已毁	已毁

第六章　以图示古：解读中国古代方志地图

——以洪武《平阳志》地图为例

中国古代地图研究始于民国，但系统性研究较晚。随着地理学、历史地理学及地图学等学科的建设与发展，地图及中国古地图研究受到重视，研究成果逐渐丰富。中国古代舆图类型丰富[1]，保存下来的体量也大。以往对中国古地图的研究主要出自测绘学者或科技史学者之手，以地图学史或制图史为主线。近年来，对地图相关资料的整理与编目也成为学界关注重点。[2]从研究方法上说，以现代测绘技术与科学思维解构古地图内容依然占据主流[3]，单幅地图如总图、军事图、河渠图等具有重要价值的地图成为当前古地图研究的重心。[4]但在中国古地图中，除了那些体现准确、科学的地图，还存在大量不准确、非科学的地图，而且这类地图还占据了主流位置。①这类地图内容粗疏，绘制技法多以山水形意图为主，地理要素简单，无明显比例尺与测绘技术。正因如此，这类非科学、不准确的地图对现代科学评价体系而言价值很低，相应的研究成果亦不足。有学者从科学测

---

① 王庸：《中国地图史纲》，生活·读书·新知三联书店，1958，第 16 页。

绘的角度讨论与评价方志地图[5],以此厘定方志地图的价值。同时,透过地图窥探特定时代的政治、经济与文化内涵,探讨地图的文化意义与时代观念的研究也逐渐丰富。[6]有学者指出,应当重视中国古地图的人本主义精神与人文价值,重视其所反馈的文化现象。①依笔者拙见,中国古代山水舆图反映了它的时代特点,对此类舆图价值的评判不应仅限于"科学"与"准确"两种标准,而是更应该关注地图的功能以及它所反馈的时代特征。于此而言,仅仅利用地理学、测绘学的方法研究古地图远远不够,还应结合跨学科、多视角的研究方法探讨古地图,如此才能破除中国古地图研究的窠臼。

一、山水形意:洪武《平阳志》地图规制

宋元以后是图经向方志转变的重要时期,唐以前"左图右史"的图经转变为重志轻图的方志书写体。洪武初年,中央多次颁布诏令要求地方撰修图志。永乐年间,官方两次颁布《纂修志书凡例》[7],确定了此后方志的纂修体例。可以说,宋元以后方志纂修史应以永乐朝为转折点。永乐以前方志纂修,总志已渐成体例,但地方志还受图经的影响。

平阳府是古代河东地区重要的城市之一,地处三省交界,位于山西省西南一隅,西毗陕西省,南接河南省,地理位置优越。境内河流纵横,经济文化繁荣,粮食产量富足,是古代有名的河东粮仓。明初平阳府辖六州二十九县,府治位于今临汾市,辖区包括今临汾市全区、运城市全区及吕梁市石楼县与晋中市灵石县。洪武《平阳志》

---

① 余定国:《中国地图学史》,姜道章译,北京大学出版社,2006,第45、90页。

大约于洪武十五年(1382)付梓,纂修体例不同于明清方志,当延续了图经的纂修规制。该志是山西现存最早的方志刻本。20世纪80年代,北京图书馆整理古籍时发现该志残本,三册九卷,近年收入《中华再造善本·明代编》影印出版。该志内容陈述简略,但名目保存详细丰富,具有重要的文献价值与史料价值。现存14幅方志地图均为疆域图[18],其中1幅为平阳府总图,另外13幅为平阳府下辖州县图。这些舆图正是采用山水写意的方法绘制而成。

(一)洪武《平阳志》地图基本概况

洪武《平阳志》载有14幅地图,图名注于每幅图右上角。总图以平阳府总图(见图1.6.1)命名,其余州县图皆注州县名称。平阳府总图置于洪武《平阳志》残序内,其余州县图置于各州县门类首页。各图长30.9厘米,宽39.2厘米,图注有方向,上北下南,左西右东。木刻墨印,无明显比例尺。图文并茂,地理要素丰富。平阳府总图西、南以黄河为界,东至沁河,以灵石县及灵石巡检司所在纬度为北界。各图内采用图标及注文表示特定地理要素名称。如:以双线矩形、双线圆形或半圆形表示府、州、县城,并将府、州、县名注于竖状长方形内;巡检司及河东运司仅注文于竖状长方形内表示大致地理位置;以双线波浪纹表示河流,以文字注明河流名称;以单线条表示府、州、县间的道路;以山形图案加注文表示山;以寺庙图案加注文表示寺庙;双线椭圆内以不规则线条附注文表示盐池,并注文表示大致地点。此外,还绘制大量山形图案,虽不注明山名,但能很直观地感受到平阳府的地形地貌特点。蒲州图中黄河岸边还绘制了人与耕牛的图案,表示此处农业发达。黄河上绘有两个帆船图案,表示此处为渡河口,亦可说明河运繁荣。

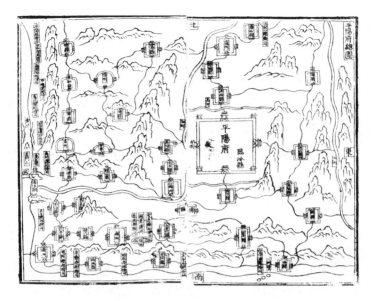

图 1.6.1 洪武《平阳志》平阳府总图

(二)洪武《平阳志》地图绘制时间

洪武《平阳志》现仅存三册九卷,细查序文与正文,均无地图绘制文字介绍。但综合序文与地图内容,也可推测出地图绘制的时间范围。志文残序落款为"洪武壬戌春三月",可知该志至迟于洪武壬戌年,即洪武十五年(1382)付梓刊行。据此,洪武《平阳志》地图的绘制时间下限即可确定。明初至洪武十五年间,明太祖多次下诏,令地方造图志。[9]其中,明初、洪武九年(1376)、洪武十一年(1378)连续三次令地方纂修图志。由此可以确定,洪武《平阳志》修志时间大概起自洪武十一年。平阳府总图共标记有16处巡检司,而巡检司之设始于五代,元朝盛行,明因其制。《明会典》:"关津,巡检司提督盘诘之

事,国初设制甚严,累朝添革不一。"①故据各巡检司设置时间即可确定洪武《平阳志》地图绘制的时间上限。查明初平阳府各巡检司大多为洪武初年设置,唯永和关巡检司设置最晚。"永和关,在永和县西北六十五里黄河岸。唐置路,通陕西绥德州。国朝洪武十三年置巡检司。"②由此可知,洪武《平阳志》所载地图绘制时间范围在洪武十三年(1380)至洪武十五年间。

(三)洪武《平阳志》地图数据来源

中国古代地方志内地图绘图者多为儒生、画工[10],方志中无绘图者姓名及地图数据来源记载实为常态;但若要考察方志地图的数据来源,钩沉史籍也可发现蛛丝马迹。洪武《平阳志》地图数据来源有三:其一,明以前旧志。洪武《平阳志》志文中多引用明代以前所修旧志[11],可知此志在纂修过程中曾以旧志作为参考。这些旧志中就存有地图,浮山县图经就是一例。又,临汾县图中县学位置与志文所载不符,应是绘图时沿袭旧图位置记载所绘。[12]其二,官方档案。洪武《平阳志》在地图绘制过程中当搜集参考了官方档案。该志纂修于元明鼎革之后,府州建置在明初有一定更改[13],绘图者在绘制过程中必然会参考官府文书,满足当政者的政治需求。其三,实地测量。结合志文所载各州县"四至八到",可知各府州间的距离是经过实地测量的。如临汾县"东至浮山县韩村界五十五里;南至襄陵县靳村界二十八里;西至蒲县张村界九十里;北至洪洞县天井村界二十五里"③。其余州县里路记载均是同样的书写模式。据此可知,地图绘制者均是

---

① 《明会典》卷一三八《兵部二十一·关津一》,中华书局,1989,第703页。
② 成化《山西通志》卷三《关塞》,第113页。
③ 洪武《平阳志》卷五《临汾县》,第2页。

以"四至八到"方位测量各州县疆界区域,且以各州县边界村庄的地界作为测距终点。不确定的是,实地测量时间是洪武年间还是明代以前,志文所载"四至八到"是各州县之间的直线距离还是人工路程距离。但可确定是里路中的"四至八到"记载经过实地测量的。同样,山川、陵墓、寺观等地理要素在志文中皆有距离记载。如此而言,实际距离必然会成为画工绘制地图时需要考虑的因素。

洪武《平阳志》地图同大部分方志地图的规制类似,采用山水形意技法绘制,图上无作图者姓名,无绘图时间,无比例尺。然而,以往研究忽视了古地图的文献性质,在评价古地图功能与实用价值时,其文献价值亦具有重要意义。

二、按图索骥:洪武《平阳志》地图文献价值

明人曾言:"夫简册有图,非徒工绘事也。盖记未备者,可按图而穷其胜;记所已备者,可因图而索其精。图为贡幽阐遂之具也。"①此言或可说明中国古代地图的真实用途,即用于补充书中未有载者,描绘书中已有载者。故方志地图的文献价值实为首要。

(一)晋南地图中现存时间最早,所存州县图稀缺

图经是方志的雏形,宋以后方志渐趋稳定,体例几于固定。元朝政府多次下令要求地方修志送呈,故明代以前,无论是总志或地方志,数量颇多。但历经兵燹、灾乱等,现所存无几。晋南地区明以前旧志见诸记载者亦不在少数[14],《文渊阁书目》旧志目下载有 3 种《平阳志》,其中一部可能就是洪武《平阳志》,其余两部均佚。在现存明代

---

①汪廷讷订《坐隐先生精订捷径奕谱》,《坐隐图》后欧阳东凤《坐隐图跋》,文物出版社,2016,影印本。

三部《山西通志》与三部平阳府地方志中[15]，洪武《平阳志》是最早的方志刻本，所载 14 幅地图也是晋南地区现存最早的疆域地图。

对比明代三部《山西通志》及现存三部平阳府地方志所载地图可知，三部省志中各存 1 幅平阳府疆域图，分别是平阳府境图（载成化《山西通志》，以下简称"成化省图"）、平阳府境图（载嘉靖《山西通志》，以下简称"嘉靖省图"）、平阳府所属图（载万历《山西通志》，以下简称"万历省图"），无平阳府下辖州县地图。洪武《平阳志》中存有 1 幅平阳府总图（以下简称"洪武府图"），13 幅平阳府下辖部分州县地图。正德《平阳志》无图[16]。万历《平阳府志》现存 22 幅地图，其中 5 幅星宿图，1 幅平阳府属总图（以下简称"万历府图"），6 幅地域图，2 幅公廨图，8 幅民间故事图，无州县图。明代平阳府所辖州县方志中载图者有：一是嘉靖《浮山县志》。存图 1 幅，名为"县城及名胜地形方位示意图"，图中多以文字标注浮山县城官署及城外里名与名胜名称，但不及洪武《平阳志》中浮山县图描绘记述详细、形象。二是嘉靖《翼乘》。存图 2 幅，其一为翼城县疆域图，图四周记有翼城县界"四至八到"，其二为翼城县官署图。两图内容记载较为丰富，但图有残缺，图中文字、图例漫漶不清，无法识别。比对可知，明代三部《山西通志》、正德《平阳志》及万历《平阳府志》，均不载平阳府下辖州县疆域图，而嘉靖《浮山县志》和嘉靖《翼乘》两部方志虽有浮山县、翼城县疆域图，但记述简略，参考价值不大。相对而言，洪武《平阳志》所存 13 幅州县疆域图是最为稀缺的明代晋南地区地图。

(二)地图方位准确

地图方位的准确性是旧方志地图不可缺少的基本要素之一。[①]
通过对比成化、嘉靖、万历《山西通志》及万历、康熙《平阳府志》中的
平阳府疆域图,可知"洪武府图"地图方位更为准确。具体而言,"成
化省图"(见图1.6.2)中万泉县与绛县的方位标注有误。成化《山西通
志》:"万泉县……东抵稷山县南长村,西抵猗氏县杨庄……南抵荣
河县杨家庄,北抵乡宁县北山。"[②]"成化省图"中万泉县东、西、北皆
与志中方位记载一致,唯独南接解州运司,而志记南抵荣河县。查成
化《山西通志》中解州、猗氏县及荣河县"四至"所载,"解州,东抵安
邑县下铺头村,西抵临晋县樊谷堰……南抵芮城县东陌社,北抵猗
氏县大范村。……猗氏县……东抵安邑县东张岳村,西抵临晋县任
尚村……南抵解州小侯村,北抵万泉县小桃村。……荣河县……东
抵万泉县北薛村,西抵黄河岸……南抵临晋县张吴村,北抵河津县
集贤村"[③],可知解州北接猗氏县,并非万泉县,猗氏县北接万泉县,
荣河县东接万泉县。换言之,万泉县应西抵荣河县界,南抵猗氏县
界,可志中却记"西抵猗氏县,南抵荣河县"。因此,万泉县西至与南
至记载错乱。绘图者应是据志文进行绘图,所以才将猗氏县置于万
泉县西侧,导致图中猗氏县标注亦出现错误。

---

①刘平平:《浙江古代方志地图文献考》,《中国地方志》2004年第11期,第52页。
②成化《山西通志》卷二《疆域》,第36页。
③成化《山西通志》卷二《疆域》,第35-36页。

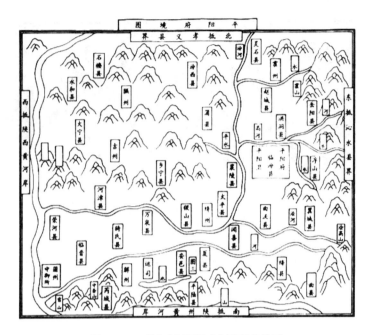

图 1.6.2　成化《山西通志》平阳府境图

　　"嘉靖省图"与"万历省图"大约是在参照"成化省图"基础上绘制而成,此二图内万泉县与绛县的地理方位标注亦有误。[17]此外,在"万历省图"(见图 1.6.3)中,除万泉县方位标注有误外,襄陵县与洪洞县标注亦出现严重错误。洪洞县"东至岳阳县偏店村界三十五里,南至临汾县韩村界三十里,西至蒲县分水岭界五十里,北至赵城县成公村界一十五里"①,襄陵县"东至浮山县高村界六十里,南至太平县故城界三十里,西至乡宁县水泉槽界一十五里,北至临汾县北陈村界二里"②,而在"万历省图"中襄陵县注于汾西县西侧,洪洞县注于霍州西侧、赵城县西北方,错误严重。

①洪武《平阳志》卷五《洪洞县》,第 12 页。
②洪武《平阳志》卷六《襄陵县》,第 9 页。

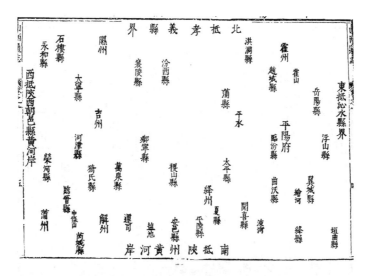

图 1.6.3 万历《山西通志》平阳府所属图

"万历府图"(见图 1.6.4)中万泉县位置标注也有误,并影响到临晋县及猗氏县的地理方位。志载万泉县东抵稷山县南长村,西邻猗氏县[1],而图中标注万泉县东为临晋县,猗氏县与万泉县疆界不相邻,讹误极大。同时,"万历府图"中吉州、大宁县、绛州、绛县标注都有误。

康熙《平阳府志》志文记载详备谨慎,并校正了万泉县的"四至"记载。但图上州县地理方位错误百出,平阳府疆域图(以下简称"康熙府图",见图 1.6.5)中万泉县、猗氏县、稷山县、蒲县、绛县等方位皆有误。以蒲县为例,"南至乡宁县武庄界,西至大宁大县界",但在"康熙府图"中蒲县西邻乡宁县,南至太平县。

_____

①万历《平阳府志》卷一《城池》,第18页。

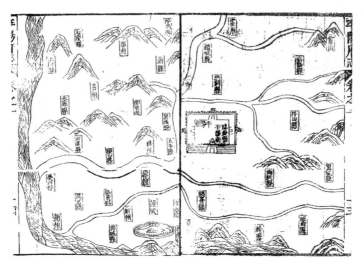

图 1.6.4　万历《平阳府志》平阳府属总图

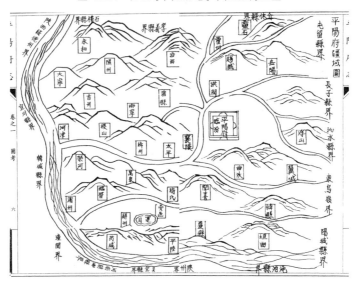

图 1.6.5　康熙《平阳府志》平阳府疆域图

相较而言,洪武《平阳志》平阳府总图(见图 1.6.6)中各州县方位基本准确,与志中所载"四至八到"皆可对应,同时与《山西省历史地

图集》中明一图对应的平阳府州县方位基本一致。

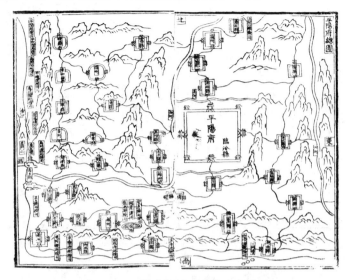

图 1.6.6　洪武《平阳志》平阳府总图

　　"洪武府图"绘图时间早,而"成化省图""嘉靖省图""万历省图""万历府图""康熙府图"绘制时间较晚,但后五者的地图方位错误百出,反而"洪武府图"绘制更为准确,其价值可见一斑。对比"洪武府图"与后五种地图的形式与所绘制的地理要素,可以发现"洪武府图"与后五种地图不尽一致。"洪武府图"图标注重细节,府、州、县之间有道路标识,平阳府各个巡检司的地理位置亦标注出,而后五种地图的图标绘制简单,仅以文字表示各州县位置。由此可见,后五种地图的摹本并非源于"洪武府图"。后五种地图以"成化省图"绘制时间最早。据前文考证,"成化省图"的讹误是由于画工绘图时参照的志文错误所致,而"嘉靖省图"与"万历省图""万历府图"大概是以"成化省图"为摹本,于是就延续了"成化省图"的错误标注。同时,又因地图是手绘,于是在绘制过程中就出现了新的讹误。"康熙府图"

参照新的摹本,虽然校正了图中万泉县的地理位置,却出现了更多州县位置标注错误的问题。由此可知,摹本错误可能是导致后五种地图错误较多的主要原因,而采用摹本绘制又不经实地测量考校也是导致后五种地图错误百出的重要原因。

(三)地理要素丰富,史料价值高

地理要素是地图的重要内容。地理要素的种类与数量丰富与否决定地图的价值高低。综合考察洪武《平阳志》14幅地图上绘制的地理要素种类与数量,大致可分为行政(包括公廨、基层机构)、山、水(河、湖、池、渠)、祭祀(祭坛)、古迹、陵墓、寺观(庙、寺、院、观、宫、祠、庵)、经济(煤炭、炭窟、炭井、铁冶、磁窑等),共8种(具体见表1.6.1)。

表 1.6.1　洪武《平阳志》地图所载地理要素统计表

	行政	山	水	祭祀	古迹	陵墓	寺观	经济	总计
平阳府疆域图	53	1	4	0	1	0	2	0	61
临汾县图	14	5	7	3	3	3	11	6	52
洪洞县图	4	2	5	3	1	3	8	2	28
赵城县图	4	2	8	3	3	4	11	2	37
襄陵县图	4	1	8	2	2	3	6	1	27
太平县图	4	0	3	3	6	2	6	0	24
浮山县图	5	5	7	3	4	3	9	1	37
岳阳县图	4	3	7	2	2	1	5	2	26
曲沃县图	4	2	6	3	2	1	5	0	23
翼城县图	4	3	4	3	3	1	5	3	26
汾西县图	5	1	3	3	0	1	5	0	18
蒲县图	2	2	1	3	0	0	5	0	13
蒲州图	8	3	5	3	9	3	18	0	49
临晋县图	3	5	3	3	5	5	14	0	38
总计	118	35	71	37	41	30	110	17	459

由表 1.6.1 可知,洪武《平阳志》地图地理要素丰富,14 幅地图上包含八类要素,共计 459 种。其展示的地理信息种类多,表达内容丰富,为地图使用者生动立体地展现了明初平阳府的生态系统与空间布局。洪武《平阳志》丰富的地理要素亦可通过地图符号表现出来,14 幅图中采用的图例多达几十种,每一类要素都有对应的图例表示。大到山脉、湖泊、城池、道路、矿产资源等,小到村、池、寺庙、桥梁等,都有标识。蒲州图(见图 1.6.7)上绘制的人牛耕田图例与帆船图例十分独特,这类符号的存在大大提高了洪武《平阳志》地图内容的承载量,视觉冲击力强,提升了地图的价值。

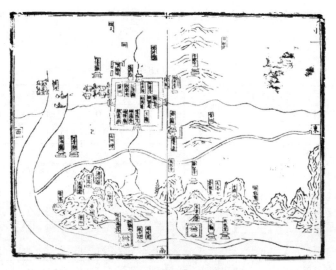

图 1.6.7　洪武《平阳志》蒲州图

同时,洪武《平阳志》14 幅地图绘制陵墓 30 座、寺观 110 座,涉及经济的地图元素有 17 处,具有较高的史料价值。其一,陵墓要素在明清平阳府州县图中标注较少,即使在康熙《平阳府志》州县图上也很少见。洪武《平阳志》州县图中标注了 30 座陵墓要素,结合志文

记载,可为当前考古研究提供重要线索。其二,地图中标注的寺观不限于志中寺观目下之记载,对于山川目、古迹目等提及的寺、庙、观等,图中亦有标注。如襄陵县图上标注有6座寺观,但志中寺观目下仅记4座,卧龙祠与大尖山塔在图中被记于洪武《平阳志》襄陵县山川目下。该志所载14幅图共标注寺观110座,而这些寺观在"万历府图"中并不多见,"康熙府图"亦鲜有记载。该志地图所标注的寺观大部分在志中有文字记载,有明确的地理方位与距离,可为当代学者研究明初平阳府信仰文化提供资料。其三,该志地图标注的涉及经济的地图元素具有重大意义。如志中鲜有磁窑、炭窑的文字记载,仅在各县土产目下略有提及;但在地图上却清晰标注了明初临汾县、洪洞县、赵城县、襄陵县、浮山县、岳阳县、翼城县的矿物开发情况,反映了明初平阳府煤炭与瓷器的生产状况。临汾、洪洞、浮山、岳阳、翼城均拥有丰富的煤炭资源,图中所示说明这些地方的煤炭开采业与加工业十分繁荣。

(四)图志对比:地图校勘与志文校补

方志地图"盖记未备者,可按图而穷其胜;记所已备者,可因图而索其精"。图志内容不符者盖早已有之,但我国校勘学多用作文本校勘,鲜有应用于古地图校勘者[18],比对图志内容以作校勘更是少之又少。

1.地图校勘。　(1)洪武《平阳志》:"府学,在崇道坊。县学,在崇道坊。行用库,在崇道坊。"[①]按志所载,府学、县学与行用库三者应在一坊。坊,"城镇中街道里巷的统称"[②],故三者在图中应以一行或一

---

①洪武《平阳志》卷五《临汾县》,第2页。
②宛志文主编《汉语大字典》(袖珍版),四川辞书出版社,1999,第187页。

列排列。在临汾县图中,城中以市楼为中心,县学在城东南角,行用库在市楼西侧,无府学记载。县学与行用库不列于一街或一巷,即不在一坊。又查《临汾县创建县学记》:"平阳临汾县旧学在治城外北坂上,毁於兵燹,无复遗基,为有司者徙置城中,即晋山书院为学。洪武丁巳秋,府侯南昌徐公铎下视其学,以元圣燕居,殿宇庳浅,学馆狭陋,乃谋诸守御官,徙於县治东墣地。议既佥同,乃命有司程工鸠材,先立正殿,位大成圣像於中,列颜、曾、思、孟於左右,而十哲亦以序东西向。……工不逾时而讫。……既落成,名士舆论,以诸公具建本末,当纪诸石以示后,乃命训导赵仪持疏来请记。"①此碑立于洪武十年(1377),碑记原平阳旧学在县治城外北坂上,因战火之故毁弃,遂将县学迁于晋山书院,即市楼西侧[19]。平阳府知府徐铎见其简陋,遂重修临汾县学,洪武十年修成,并请张昌撰文刊刻以记之。由此可知,临汾县学旧址已因战火摧毁,至迟于洪武初迁至晋山书院,洪武十年对其重修。因晋山书院在市楼西侧,行用库在临汾县图中也表示位于市楼西侧,这就与志中行用库、县学都在一坊的记载相吻合。因此,临汾县图中县学位置出现错误。结合碑刻所言,临汾县学曾因战火之故迁至晋山书院,在迁徙之前,临汾县学位置在县治城外北坂上,但因缺少洪武年间北坂具体位置的史料记载,推测临汾县图中所载县学位置可能就是旧址位置,而临汾县图之所以记载错误,很可能是参考了旧志图,沿用了旧志图中的记载。

(2)临汾县图中渠堰名称错误。志记府城北有两条渠堰:一为通利渠,"上从洪洞县杜戍村界,下流本县自羊黄村抵西孙村等,可溉

①王天然主编《三晋石刻大全·临汾市尧都区卷》,三晋出版社,2011,第434页。

田四十余顷"①;一为溇利渠,"上从洪洞县天井村界,下流本县,可溉韩村等田四百八十余亩"②。查临汾县图,府城北的两条渠堰名称分别是利泽渠与溇利渠,利泽渠位于汾水之西,溇利渠位于汾水之东。图志记载不符,当考察此渠究竟名何?

利泽渠,洪洞县图记为利泽渠,志文记为丽泽渠。"丽泽渠、通利渠俱引汾水,可溉地二百三顷有畸。其渠不知何代开浚,无碑刻可考。"③利(丽)泽渠与通利渠都引汾河之水,两渠均应在汾河岸边开浚。成化二十一年(1485),平阳府重修利泽渠,碑载"平阳府城北旧有利泽渠。……盖自元中统间始引汾水,由赵城县卫店村堰而东流,与霍、涧二水合为是渠,以溉赵城、洪洞、临汾三县田,为亩余四万,南北计为里百二十有五"④,可知利泽渠的水源来自汾水、霍泉和大涧。"霍泉,在(赵城)县东南四十里,源出霍山南脚下,泉分南北二渠,灌溉本县及洪洞县田。"⑤大涧,"在(洪洞)县南门外,其源自岳阳县安吉岭,西流入汾河"⑥。霍泉与大涧俱位于汾河之东,故利(丽)泽渠应在汾水之东。是故临汾县图中标注利泽渠在汾水之西肯定有误。

临汾县图汾水之西的渠堰应是通利渠。《洪洞县水利志补》记通利渠,一名阎张渠,此渠源"自赵城石止村河滩,上至汾西师家庄河滩,沿河取水",所经村落有"临、洪、赵三县村庄计分上三上五中五

---

①洪武《平阳志》卷五《临汾县》,第5页。
②洪武《平阳志》卷五《临汾县》,第5页。
③洪武《平阳志》卷五《洪洞县》,第14页。
④王天然主编《三晋石刻大全·临汾市尧都区卷》,三晋出版社,2011,第440页。
⑤洪武《平阳志》卷六《赵城县》,第3页。
⑥洪武《平阳志》卷五《洪洞县》,第13页。

下五共十八村"。"该渠志载系阎张创开,故原名阎张,后因与马牧村之广丰渠、辛村之受阳渠、北段村之善利渠合而为一,始更名为通利渠。共灌地二万六千余亩。迄今无甚变更。"[1]结合志中洪洞县全境渠道总图(见图1.6.8)所示,可知通利渠在汾河西侧,故临汾县图中汾河之西应为通利渠,并非利泽渠。

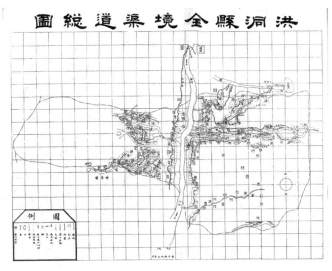

图 1.6.8　洪洞县全境渠道总图

　　(3)赵城县,志记:"中镇庙,在霍山内。唐贞观四年立,元重修,今朝降御香致祭中镇于庙。"[2]图记"霍岳庙"。"霍岳庙,唐开元八年三月封霍山中镇为应圣公。宋政和封应灵王。元加封崇德应灵王。"[3]《中镇祀香记》:"至元四年……至中镇崇德应灵王祠下,涓

①民国《洪洞县水利志补》,收入《中国方志丛书》第80册,成文出版社,1968,影印本,第27页。
②洪武《平阳志》卷六《赵城县》,第6页。
③洪武《平阳志》卷六《赵城县》,第3页。

日齐沐,有司具牲牢祝币,庙隶清神宇致斋,蠲庇涤器,岩设练仪。"①
至明洪武年间,明太祖大祀山川之神,"大明天子既以神武定天下,
载稽国典,惟祀为大。故建极之初,即遣使名山大川以受命告,又以
前代妄以封爵加于神,非敬神之初,即遣使名诏追正,复其本号"②。
约洪武八年(1375)至洪武十一年(1378)间复此庙名为中镇庙。[20]此
后文献中多称此庙为中镇庙,而被称为霍岳庙的记载在此后文献中
鲜少出现,因而推测志中所载霍岳庙的条目及赵城县图中的霍岳庙
可能是修志过程中沿用元代旧志的结果。

(4)汾西县,志记:"旧渠二道,在县东南六十里。一道自三家村,
北引汾水涉小河至乾河村,其水还入於汾。一道自乾河村南悬石崖凿
引汾水至师家庄村,南流入于赵城县北石明村。"③二渠在汾西县图
中皆有记载,前者在渠上记有"三家村",后者在渠上记有"乾河渠"。

(5)汾西县,志记:"九脚寺,在县南五十里申村。其地形有九脚,
俗因以名焉。"④汾西县图中此寺名为"九角寺"。成化《山西通志》:
"乾明寺……一在汾西县西南六十里申村里九脚岩下,又名九脚寺,
宋元符元年建。"⑤至万历以后地方志中已无此寺记载。此寺名为"九
脚寺"或是"九角寺",现已无从辨别。

(6)蒲县,志记:"第一河,自赵城县七佛峡发源,顺流而西,至大
宁县□于河。"⑥蒲县图中记此河名为"涧河",可能为当地俗称。

①成化《山西通志》卷一四《集文》,第892页。
②成化《山西通志》卷一四《集文》,第895页。
③洪武《平阳志》卷八《汾西县》,第8-9页。
④洪武《平阳志》卷八《汾西县》,第9页。
⑤成化《山西通志》卷五《寺观》,第235页。
⑥洪武《平阳志》卷八《蒲县》,第13页。

2.图志记载不符,无法考证者。

(1)浮山县,志载"税课局,在县西"①。浮山县图中税课局在县东。

(2)岳阳县,志载"按察分司,在县东宣化坊"②。岳阳县图中按察分司在县治西侧,图示在县城中心位置。

(3)临汾县,志记古迹平湖"在城西五里,遗迹尚存"③。临汾县图记"平湖波"。

(4)洪洞县,志记"兴化寺,在城内,止[上]有经阁、佛堂"④,图记"兴国寺"。

(5)岳阳县,志记"按察分司在县东"⑤,岳阳县图中载按察司在岳阳县治西侧,县城中心位置。

(6)岳阳县,志记"香岩寺,去县南一里许"⑥,图记"香炎寺"。"岩""炎"同音。

(7)曲沃县,志记"沸泉,在县东南二十五里"⑦,图记"沸水"。

(8)曲沃县,志记"龙泉,在县东北三十五里温泉村"⑧,图记"白龙泉"。

(9)曲沃县,志记"浍河,在县南三里"⑨,图记"浍水"。

3.图中有载而志中无载者。 (1)太平县图中载有乾涧两条,其

---

①洪武《平阳志》卷七《浮山县》,第2页。
②洪武《平阳志》卷七《岳阳县》,第8页。
③洪武《平阳志》卷五《临汾县》,第6页。
④洪武《平阳志》卷五《洪洞县》,第15页。
⑤洪武《平阳志》卷七《岳阳县》,第8页。
⑥洪武《平阳志》卷七《岳阳县》,第11页。
⑦洪武《平阳志》卷七《曲沃县》,第15页。
⑧洪武《平阳志》卷七《曲沃县》,第15页。
⑨洪武《平阳志》卷七《曲沃县》,第15页。

一从县西北流入，流经县北，东入于汾。志中无载。[21]万历《平阳府志》载太平县北开有两渠：一为豁都峪，"县西北，金皇统四年开渠，溉田十四村"；一为尉壁峪，"县西北，金皇统四年开渠，溉四十六村"①。查光绪《太平县志》，豁都峪与尉壁峪皆入于汾。"豁都峪，在县西北三十里侯村地界。东狼尾山，属卢户，西崔家山，属崔户。渠始开于金皇统四年，上洴灌东侯、西侯地，满峪拦闸。下洴由卢户，狼尾山自北而南，西至上洴滚堰，东与狼尾山尾齐，有康熙八年古图碑迹垂立公堂。灌东候、吉村、姚村、吴村、关村、常村、东安平、南安平、北姚、古城、邓村、董村、柴王、申村，共十四村地。其由渠而使水者，有高原洴、古城洴、老滩洴、中原洴、常村洴灌六村地。余水入汾。""尉壁峪，在县西北十五里尉村北。开自金皇统四年。上洴灌尉村地，满峪拦闸。下洴灌尉村、盘道、西北中黄、焦彭、安平、三公村、南北膏腴、程公村、良陌、南中黄、孝村、曹路、相李、站李。余入汾河。"②可知此二渠均位于太平县城北，地理方位上都有可能是乾涧。从二者距离对比来看，豁都峪距太平县三十里，尉壁峪距太平县十五里，豁都峪离太平县更远，尉壁峪是乾涧的可能性更大。洪武《平阳志》："太平关，在县北二十五里故城镇。"③而在太平县图中，乾涧位于太平关以南，这意味着乾河与太平县的距离必小于二十五里，故此乾涧应是尉壁峪。

（2）太平县图西南有乾涧一条，志中亦无载。由上条可知，此条乾涧也应是渠堰。查万历《平阳府志》，在太平县西的渠堰有大柴峪。

---

① 万历《平阳府志》卷一《津梁》，第48页。
② 光绪《太平县志》卷一《水利》，襄汾县志编纂委员会翻印，1986，第43页。
③ 洪武《平阳志》卷六《太平县》，第17页。

"大柴峪,县西,水利颇微。"①光绪《太平县志》:"大柴峪渠在县西八里膏腴村西。水微,灌地无多。然峪深山峻,值大雨时,水势奔腾,土人因名为霸王峪。"②大柴峪渠可能就是此条乾涧的名称。

（3）汾西县图中县城南部有数条河流汇成一河东注于汾河,河流上记有"乾河",然在洪武《平阳志》中并无此河记载。

（4）洪武《平阳志》所载地图可订补志文的不足。该书卷九《临晋县》下文字缺失严重,坊巷目后仅剩只字片语可以辨识。洪武《平阳志》前四卷为平阳府及各州县记载的总说,据其虽可大致推测出临晋县志文的内容,但涉及的山川、寺观、陵墓等地理方位实不可考。所幸临晋县图保存完整,绘制内容详细丰富,虽不能使我们完整了解和复原明初临晋县的公廨、山川、寺观、陵墓等信息,更无法考证其地理方位,但一定程度上可补充志中临晋县内容的缺失与不足,为后世了解明初临晋县提供一定史料。又,洪武《平阳志》太平县渠堰目下泉源一条记:"泉源,出自县东北二十五里景毛村南涧,滨济惠圣母祠下,东流至西郭村,潜入村西,复发源,东出经陈郭村入于汾,上下溉田四顷三十余亩。"③此祠在太平县图中被标注为"浮惠圣母",志文记载有误,当为"浮惠圣母祠",乾隆年间称"浮惠圣母行宫"或"浮惠庙"[22]。

4.志中有载而图中无载者。

（1）襄陵县,志记:"县治,在按察分司东北。县学,在县治西南。"④

①万历《平阳府志》卷一《津梁》,第48页。
②光绪《太平县志》卷一《水利》,第43-44页。
③洪武《平阳志》卷六《太平县》,第17页。
④洪武《平阳志》卷六《襄陵县》,第9页。

襄陵县图中无县治、县学的记载。

（2）襄陵县，志记："无祀鬼神坛，在城北。"①襄陵县图中无祀鬼神坛的记载。

（3）浮山县，志记："税课局在县西。"②浮山县图标示税课局在县东。

（4）浮山县，志记："[黑]山，在县东北四十里。"③浮山县图中无黑山记载。

（5）浮山县，志记："桑维翰冢，在县东北八十里，无碑刻。"④浮山县图中县东北角图有脱落，无文字记载，但有大墓图例存在，应为志中所载桑维翰冢。

（6）曲沃县，志记："蒙城镇，在县西北，去城四十五里。"⑤曲沃县图西北角图案脱落。

（7）曲沃县，志中载"陉庭""乐昌城""禓祈宫""桐乡城""程公祠"⑥，但在曲沃县图中皆无记载。

（8）翼城县，志记："潞公轩，在县东。宋天圣六年进士文彦博来尹，是县因其所居而名之曰潞公轩。"⑦翼城县图中无潞公轩记载。

（9）汾西县，志记："白龙泉，在县东北五里。"⑧汾西县图东北角图文脱落，无白龙泉的记载。

（10）汾西县，志记："轰轰涧，在县东一十五里王家涧……高殿，

---

① 洪武《平阳志》卷六《襄陵县》，第 10 页。
② 洪武《平阳志》卷七《浮山县》，第 2 页。
③ 洪武《平阳志》卷七《浮山县》，第 3 页。
④ 洪武《平阳志》卷七《浮山县》，第 5 页。
⑤ 洪武《平阳志》卷七《曲沃县》，第 15 页。
⑥ 洪武《平阳志》卷七《曲沃县》，第 15–16 页。
⑦ 洪武《平阳志》卷八《翼城县》，第 5 页。
⑧ 洪武《平阳志》卷八《汾西县》，第 8 页。

在县北对竹村。"①汾西县图中无轰轰涧及高殿记载。

（11）蒲县,志中蒲县寺观目下的"龙兴寺""朝元官""栖云庵"及古迹目下的"仵城郡""石城县""故蒲县城"②在蒲县图中皆无记载。

（12）蒲州,志中载:"谷口泉,在州东南十五里中条山","妫汭水,《郡县志》出河东县雷首山"。③此二水在蒲州图中皆无载。

（13）蒲州,志记:"元裴居敬墓,在州东北十五里文学村,有太子谕德,萧㰱所撰碑。"④因此墓在州东北处,蒲州图东北角图文脱落,故无此墓记载。

（14）蒲州,志中台榭目下所载"玩月台基""薰风楼""鹳雀楼"⑤在蒲州图中皆无记载。

（15）蒲州,志中载:"竹溪寺,在城东北隅","大成庙,在州南一百二十里永乐镇,旧为临河县学"。⑥蒲州图二者所处方位完整,无脱落迹象,但此二寺庙在蒲州图中皆无记载。

5.地理要素在志中记载有误者。

太平县,志记:"奇垒,在县东三十里。"⑦太平县图中记"子奇垒",万历《平阳府志》亦记为"子奇垒"⑧。据史书所载子奇事迹,此处应是洪武《平阳志》记载有误,脱"子"字。

①洪武《平阳志》卷八《汾西县》,第9页。
②洪武《平阳志》卷八《蒲县》,第13页。
③洪武《平阳志》卷九《蒲州》,第5页。
④洪武《平阳志》卷九《蒲州》,第8页。
⑤洪武《平阳志》卷九《蒲州》,第8页。
⑥洪武《平阳志》卷九《蒲州》,第9页。
⑦洪武《平阳志》卷六《太平县》,第18页。
⑧万历《平阳府志》卷十《古迹》,第469页。

（五）图、志作者并非同一批人

上文列举了数例洪武《平阳志》图文有出入的条目，值得注意的是"图中有载而志中无载"及"图中无载而志中有载"，这便说明图、志作者并非一人。"图中无载而志中有载"尚可理解为作者绘图时为免烦琐，删削了部分不太重要的图记，仅列重要而具有特点的事物进行标记，但"图中有载而志中无载"却不太能说得通。绘图时既有绘制，在纂修志文时却将其删去不记，这不太符合逻辑。最为可能的解释是，绘图作者与纂修志文的作者并非同一批人，且这两部分作者在纂修过程中交流较少，以致志成后出现"图中有载而志中无载"或"图中无载而志中有载"等现象。

洪武《平阳志》卷九临晋县下文字脱落严重，坊巷目后的内容皆不完整，无法与临晋县图进行对比。若仅观察临晋县图可以发现，此图相对其他县图来说记载内容更为丰富，详细程度甚于临汾县图（时临汾县在平阳府城内）。观察临晋县图与其他图的图例，细微之处仍有些许差别，尤其是在陵墓图例方面。在其他图中，陵墓的图例是横线上加一个下半圆；若是大墓，附近还会添加上几棵树的图案。临晋县的陵墓图例也是如此，差别之处在于，其他县图中的树图是用细笔勾勒出枝叶的模样，整棵树形象生动；但在临晋县图中树图无枝叶勾勒，且用一个点来表示树冠。如此截然不同的绘图方式，可能是因为这些图并非出自一人之手。

洪武《平阳志》地图是现存最早的晋南地区方志地图，其方位较其他明清方志中的平阳府图方位更为准确，地理要素也更为丰富。将洪武《平阳志》地图与志文互校，可校正地图讹误，补充志文不足。同时，也应重视古地图所构建的空间结构、权力交互以及文化意涵。

从洪武《平阳志》14 幅图前后图例的变化可知,撰写志文者与绘图者非同一批人,且洪武《平阳志》的绘图者应不止一人。

三、以图示古:洪武《平阳志》地图人文价值

余定国先生提出,以"数学意义上的测绘"和科学的定量方法作为标准去研究中国传统地图,可能存在严重的缺陷,必须修正中国传统地图观念,予以重新解释。他认为,应将中国传统地图放在中国的政治文化中进行考察,从人文学科视角出发,对地图中涉及的客观性、主观性和展示性元素进行综合考量[23],尤其需要对中国传统地图中"表示权力、责任和感情"的面相开展深入分析。①地图学的发展,促使学界以科学视角评判古地图[24],同时透过地图窥探特定时代的政治、经济与文化内涵,探讨地图的文化意义与时代观念。同时,隐藏在地图背后的历史、深层意涵及时代的共同记忆与想象也值得深入发掘。②

（一）空间观念与政治内涵

方志地图所描绘的地域空间,表现出了绘图者的空间观念与修志者的意图。洪武《平阳志》14 幅地图的空间格局,凸显出的是地域治所的中心地位,民众的生活空间几乎不存在。

在古代中国,治所应当算是政治和军事中心,洪武《平阳志》地图亦体现出这一内涵。以临汾县图为例,标注有鼓楼、公廨、城墙、望楼、城门、四至道路、周围河流等,说明比较注重其军事价值,突出了

①余定国:《中国地图学史》,姜道章译,北京大学出版社,2006,第 45 页。
②周功鑫:《空间的时间感》,载冯明珠、林天人主编《笔画千里——院藏古舆图特展》,台北故宫博物院,2008,第 2 页。

政治与军事的中心地位。其余州县图上,治所区域公廨机构必不可少。如对府州县治、按察司、税课司、文庙的地理标注,说明在绘图者或当时文人眼中,府州县衙署、按察司和税课司是地方政治权力机构的代表,地位重要。文庙和学校图例的存在,反映出地方官员重视教育。

缺少对民众生活空间的表达是明代方志地图普遍存在的现象[25],洪武《平阳志》地图亦是如此。如集市、街巷、居民区鲜少出现在地图上,而政府机构、宗教建筑、古迹、陵墓等公共场所却占据了地图的最大篇幅,是地图内容的主要构成要素。民众生活空间在志文中几乎没有体现,表现出绘图者及修志者对民众生活的忽视,甚至于在他们的思维体系中,民众生活空间不足以成为城市文明的代表。葛兆光先生曾言:"如果把方志地图当做一个思想史的隐喻,那么,它暗示的也许是,这个时代,在国家与政府的对照下,日常生活和私人空间在这些士人的观念世界中,已经越来越没有重要性了。"①事实上,中国古代正史所载多为王侯将相,其侧重点是社会精英群体,而对普通民众历史的考察相对较少。在这种社会背景下,方志地图绘制者必然不会将民众的生活空间视作地图的要素之一。方志地图的政治功用大于实用,其最先服务于当地最高执政官,便于他们熟悉当地人文风貌与地域空间格局,因而山、川和人文建筑就成为方志地图的绘制重点。

(二)宗教文化与政治力量

洪武《平阳志》14 幅地图中共绘有 147 座宗教建筑（见表

---

① 葛兆光:《古舆图别解——读明代方志地图的感想三则》,《中国典籍与文化》2004年第 3 期,第 6 页。

1.6.1),其中祭祀类建筑 37 座,寺观类建筑 110 座。分析这些建筑的属性,可窥知明初平阳府的宗教文化与信仰习俗。

在洪武《平阳志》地图中,147 座宗教类建筑大约可分为坛庙、城隍、佛寺、道观、民间信仰建筑等。坛庙建筑即志文所载的坛壝,即社稷坛、风云雷雨山川坛及无祀鬼神坛,此三坛各州县均有设置。据载,洪武初年明廷令各州县设社稷坛、风云雷雨山川坛及厉坛(无祀鬼神坛),并令每岁多次祭祀。[26]城隍建筑主要是州县所设的三皇庙与城隍庙。城隍庙在中国古代可谓是城市的地标性建筑,其重要性正是奠定于洪武初年。"其制高广各视官署厅堂,其几案皆同,置神主于座。旧庙可用者修改为之。"①城隍庙的规模设置比于地方官衙。明初明廷将城隍神的地位等同于民间地方官,将阳间官职能与衙署摆置对应到阴间官上,并令地方官好好祭祀,"与神合德",合谋分工。②洪武《平阳志》地图将坛庙、城隍、佛寺、道观等建筑同县衙官署共绘一图,这正是明代初期中央政府采纳阴阳官杂糅之理念以管理民间的思想体现。宗教类建筑的存在凸显出城市空间高度政治化的特征。洪武《平阳志》地图所标注的 147 座宗教性建筑,性质功能各异,既体现出儒、佛、道及民间信仰的互动与交融,又可看出王朝礼制与祀典对它们的重要影响,同时还体现出士绅阶层对教育的重视。这些场所在地图空间上占据较大篇幅,几乎与政府衙署不分伯仲,反映出官方在重视军事管控与政治强制之外,还借助"神道"力量与礼仪政治,共同实现对民众的精神管制。礼教性建筑物的存在

---

① 《明太祖实录》卷五三,洪武三年六月条,1964,第 1050 页。
② 葛兆光:《古舆图别解——读明代方志地图的感想三则》,《中国典籍与文化》2004年第 3 期,第 7 页。

事实上丰富了地图的空间结构布局,构成了城市的文化系统,成为政治机构之外,民众可以参与的由官方管控的公共空间。

(三)重视农耕

农业为中国古代立国之本,封建王朝多以"重农抑商"作为治国之要,这一思想在方志地图绘制过程中也有所体现。洪武《平阳志》地图虽未标注农田,却反映了绘图者重视农业的价值取向。其一,蒲州图州治西门外绘有四个人赶牛耕田的图例,表明蒲州西门外这片区域土地肥沃,农业发达。据载,洪武二十四年(1391)太原府所属州县有田地九万六千四百二十三顷三十七亩八分五厘四毫,而平阳府所属州县田地总量达一十六万八千一百四十四顷八十二亩二分二厘,几乎是太原府田地总量的一倍多。其中,平阳府田地总量较多的县均分布于汾河谷地周围,而蒲州的田地总量为七千九百七十一顷一十一亩四分七厘,超过平阳府治所在地临汾县的田地总量,排在洪武年间平阳府田地总量第二位。[①]临汾县图中未有农耕图例,但在蒲州图中却有绘制,可见绘图者认识到蒲州农业发达的事实并将其注于图上。其二,河流渠堰绘制详尽。洪武《平阳志》地图对境内主要河流的绘制较为普遍,对渠堰、支流也标注得相当详细。结合志文可知,这是绘图者重视农耕价值的体现。志中各州县门内渠堰目下记载了每条渠堰灌溉的村落及田地亩数,所载渠堰图上几乎都有标注。此外,图上还标注有志中无记载的河流,如太平县图中标注了两条乾涧,亦可凸显出绘图者"以农为本"的价值取向。

地理学史家王庸曾言:"中国古来地志,多由地图演变而来。其

---

① 成化《山西通志》卷四《仓场》,第 279、287 页。

先以图为主,说明为附。其后说明日增,而图不加多,或图亡而仅存说明,遂多变为有说无图,与以图为附庸之地志。"①此言一方面厘清了图经到图志的演变历程,另一方面说清了图与文在方志中的地位转变。古代方志所载地图,主要用于辅助文字之不足。地图是用于辅助文字说明,而不是取代文字说明。《广平府志》:"然事非图不显,图非说不明。"②由于方志地图的"不准确"与"非科学"性,在现代地图学史及地理学科评价体系中价值较低,导致学界对旧方志地图的研究兴趣不高。传统地图是中国传统学术的产物,具有知识的价值。"好"的地图不一定是要表示两点之间的距离,它还可以表示权力、责任和感情。③旧方志地图体量丰富,应将其纳入历史书写的研究范围之内,而不应使其蒙尘。通过解构洪武《平阳志》地图的内容及价值,以跨学科、多视角的研究方法,对中国古旧地图予以考察与研究,不仅能增加古旧地图研究的动力与活力,还能更好地探知古人眼中地图的功能及对地图空间的认知。

方志地图体量浩繁,学界缺乏对其系统性的整理与编目。虽然目前古方志与地图整理目录性书籍已有较多成果,但对方志地图研究者而言,需要的是整理出版专题性的方志地图目录,以利对方志地图的谱系研究与整体性把握。此外,学界亦缺少对方志地图研究的理论性成果,固有的地图研究模式不适用于方志舆图。当前应打破原有的地图研究路径与评价体系,加大对方志地图研究方法与理

---

① 王庸:《山海经图与职方图》,载赵中亚选编《王庸文存》,江苏人民出版社,2014,第199页。
② 《重修广平府志》凡例,清光绪二十年(1894)刻本,第1页。
③ 余定国:《中国地图学史》,姜道章译,北京大学出版社,2006,第45页。

论的构建,引进跨学科、多视角的研究模式,重视对古地图价值的评价,重视对古地图文献价值的挖掘,阐述清楚古地图所反映的文化内涵与时代特性。

注释:

[1] 李孝聪将中国古代舆图分为七类,即天下寰宇图、疆域政区图、军事图、河渠水利图、风景名胜图、交通通信图、城市图。参见中华舆图志编制及数字展示项目组《中华舆图志》,中国地图出版社,2011。席会东不将风景名胜图列入中国古代舆图的研究范畴,将中国古代舆图分为六类:一是天文图与风水图,二是舆地图,三是城市图,四是河渠图,五是边防图、海防图、江防图,六是路程图、航海图、航运图。参见席会东《中国古代地图文化史》,中国地图出版社,2013 年。

[2] 学术界对地图的整理与编目工作始自 20 世纪 30 年代起,成果卓著,主要代表人物有王庸、茅乃文、刘铎、刘季辰、任乃强、李孝聪、曹婉如、刘振伟、阎平、孙果清、喻沧等学者。同时,新中国成立后,一批图书馆与地图研究机构也参与到舆图整理工作当中,如中国国家图书馆、北京大学图书馆、首都图书馆、中国香港历史博物馆,以及一些地方性历史地图集编委会等。

[3] 以测绘学研究中国古代地图分为两类。一类是通过解构古地图,研究中国古代的地图测绘技术。相关成果有:葛剑雄《中国古代的地图测绘》,商务印书馆,1998;宋鸿德《中国古代测绘史话》,测绘出版社,1993;汪前进《现存最完整的一份唐代地理全图数据集》,《自然科学史研究》1998 年第 3 期;成一农《"非科学"的中国传统舆图——中国传统舆图绘制研究》,中国社会科学出版社,2016。另一类是以现代测绘技术解读古地图,评判古地图的科学性与准确性。相关成果参见曹婉如、辛德勇、成一农、何德宪等人对《禹迹图》的研究,汪前进、曹婉如等对《大明混一图》的研究,汪前进、韩昭庆等对《皇

舆全览图》的研究与整理。

[4] 黄时鉴、龚缨晏《利玛窦世界地图研究》,上海古籍出版社,2004;周宏伟《唐〈西洱河图〉与全新世中期以来洱海水系变迁》,《第四纪研究》2006 年第 4 期;赵现海《第一幅长城地图〈九边图说〉残卷——兼论〈九边图论〉的图版改绘与版本源流》,《史学史研究》2010 年第 3 期;李孝聪《〈中国运河志·图志·古地图卷〉综述》,《运河学研究》2018 年第 1 期。

[5] 胡邦波《景定〈建康志〉和至正〈金陵新志〉中的地图初探》,《自然科学史研究》1988 年第 1 期;《景定〈建康志〉、至正〈金陵新志〉中地图的绘制年代与方法》,《自然科学史研究》1988 年第 3 期。阙维民《中国古代志书地图绘制准则初探》,《自然科学史研究》1996 年第 4 期;丁一《"源流派分"与"河网密切"——中国古地图中江南水系的两种绘法》,《中国历史地理论丛》2011 年第 3 期。成一农《"非科学"的中国传统舆图——中国传统舆图绘制研究》,中国社会科学出版社,2016。

[6] 张安东《清代安徽方志舆图之解读》,《巢湖学院学报》2008 年第 2 期;《明清时期方志中的图学思想简述》,《中国地方志》2006 年第 1 期;史五一《简析清代方志中的舆图》,《广西地方志》2009 年第 1 期;龚缨晏《象山旧方志上的地图研究》,浙江大学出版社,2015;〔美〕范德(Edward L. Farmer)《图绘明代中国:明代地方志插图研究》,《中国社会历史评论》(第二卷),天津古籍出版社,2000,第 1-12 页;葛兆光《古舆图别解——读明代方志地图的感想三则》,《中国典籍与文化》2004 年第 3 期。

[7] 明永乐十六年(1418)颁布《纂修志书凡例》二十一条,现仅见于正德《莘县志》卷首。参见《明代纂修志书凡例》,《社会科学战线》1983 年第 2 期。

[8] 张英聘将方志地图的种类主要分为八种:一、疆域图,二、小行政区划图,三、山水图,四、城池图,五、衙署图,六、儒学图与书院图,七、八景图,八、兵防图。除此之外,他还补充了分野图、江河图、漕河图、湖图、海洋图、水道

图、水源图、河堤图、海塘图、闸坝图。参见张英聘《方志地图的历史考察与当代应用》，《上海地方志》2020年第3期。

[9] 明初国之将定，太祖为使"功业永垂"，即诏令天下编纂地方志书。洪武六年(1373)，又令"州府绘上山川险易图"。九年(1376)，诏天下州郡县纂修志书。十一年(1378)，又有旨令天下郡县纂修图志。十六年(1383)，诏天下都司"上卫所城池、地理、山川、关津、亭堠、陆路、水道、仓库"之图。十七年(1384)，编成《大明清类天文分野书》24卷，记郡县建置沿革。二十七年(1394)，又诏修《寰宇通衢书》，专载全国交通水马驿程。

[10] 潘晟早期对旧方志作者作过探讨。他考察了《天一阁明代方志选刊》中方志地图的作者情况，认为明代方志地图绘制者多非专业地理学者或地图学者，而是一般儒士和工匠。参见潘晟《谁的叙述——明代方志地图绘制人员身份初考》，《中国历史地理论丛》2004年第1期。由此可见，旧方志地图的专业性标准从最初就不存在，以"科学"与"准确"作为旧方志地图的价值标准绝非良策。

[11] 现可从该志中辑出8种旧志，即《平阳旧志》、《平阳志》、临汾县《旧志》、洪洞县《旧志》、浮山县《旧志》、浮山县《图经》、岳阳县《旧志》、平阳《郡县志》。

[12] 临汾县图中县学地理方位与志中所记位置有出入。经考，图中位置很可能就是明代以前临汾县县学，而元末县学遭遇兵燹，洪武十年(1377)临汾县重修县学，并将县学迁至晋山书院，即市楼西侧。此即证明画工在绘制临汾县图时很可能参照了明代以前的临汾县图，所以在绘图时沿袭了明代以前的县学位置。

[13] 行政变革：元代称平阳路，大德九年(1305)改为晋宁路，领河中府及绛、解、泽、潞、辽、沁、霍、隰、吉一府九州五十二县。明初改为平阳府，领绛、解、蒲、霍、隰、吉六州二十九县。同时，在平阳府重要关口增设巡检司。祭祀

信仰：洪武《平阳志》州县图中均标有社稷坛、风云雷雨山川坛及鬼祀坛的地理要素。据万历《平阳府志》载，这些均为洪武初各府州县所建。

［14］据《山西文献总目提要》载，明代以前晋南地区（今临汾市及运城市）所撰旧志（包括图经）有：《隰州图经》（北宋初年作，北宋末年佚）、《绛州图经》（北宋初年作，北宋末年佚）、《河中志》（撰人不详，约作于金元时期，毁于兵燹）、《汾西县志》（约金元之际修，元末毁于兵燹）、《平阳志》（约元代修，明中后期佚）、《河津县地图集》（元王思诚撰。《清一统志》卷一百一十五、光绪《山西通志》卷八十七均引此志。今佚），明初晋南地区还修有《解州志》、《解梁志》及《禹门图集》，现均已佚。

［15］明代现存成化、嘉靖与万历三部《山西通志》，今皆已整理出版。成化《山西通志》，中华书局，1998；万历《山西通志》，中华书局，2012。此二志均为整理简体字本。嘉靖《山西通志》，中华书局，2017，影印本。三部平阳府地方志，即洪武《平阳志》、正德《平阳志》和万历《平阳府志》。

［16］正德《平阳志》现存残本六卷，即卷十一帝系、卷十二历官、卷十五科贡、卷十六岁贡、卷十七荐辟、卷二十二艺文，10万字，无图。参见刘纬毅主编《山西文献总目提要》，山西人民出版社，1998，第254页。

［17］"嘉靖省图"与"万历省图"的山川及文字标注与"成化省图"十分相似，笔者推测"嘉靖省图"与"万历省图"应参照"成化省图"绘制而成。

［18］徐超曾对《海宁县志》舆图做过校勘。他通过注记、绘图及版式三个方面来考镜版本，进行校勘，提出对方志舆图考镜源流、加以校勘是充分发挥其史料价值的前提和基础。参见徐超《嘉靖〈海宁县志〉舆图初探——兼谈方志舆图的版本与校勘》，《杭州师范大学学报》（社会科学版）2018年第4期。徐超解读舆图的方法可谓文献学应用于地图学的先例。方志地图存在于古籍中，即表示作为古典文献的组成部分，文献学的研究方法对其理应有效。但既往学者未提出相应方法，加之明代以前方志地图稀缺，考镜源流与版本

校勘操作性不强,故明清以来方志地图无论版本还是数量,都难以梳理。地图学科体系多采用现代测绘学与地理学方法解读古代舆图,评判其价值,对古地图的研究占有垄断性的话语权。在这种体系下,方志地图"不准确"与"非科学"的特性被打上价值低劣的烙印,相关研究较少。事实上,以历史文献学角度重新审视方志地图,方能发挥其真正价值。

[19] 晋山书院旧址位于鼓楼西侧,即今临汾一中旧址。

[20]《新修中镇庙碑》:"主其事者平阳知府徐公仲声也,相之者,其邻之州邑官也。"成化《山西通志》卷十四《集文》,第 895 页。平阳知府徐公仲声,即徐铎。"徐铎,江西南昌人。洪武八年,以户部侍郎改任平阳知府。""孙仲昱,洪武十二年,任平阳知府。"(成化《山西通志》卷八《名宦》,第 423 页)故此碑文刊刻时间应在洪武八年(1375)至洪武十一年(1378)间。

[21]《水经注》:"河水又东与教水合,……《山海经》曰:孟门东南有平山,水出于其上,潜于其下,……南流历鼓钟川,分为二涧,……一水……西流注涧,与教水合,……又伏流南十余里复出,又谓之伏流水,南入于河。《山海经》曰:教山,教水出焉,又南流注于河。是水冬乾夏流,实惟乾河也。今世人犹谓之为乾涧矣。"然据杨慎考,乾涧应在陕州境内,《山海经广注》载:"杨慎曰,乾河在陕州。"成化《山西通志》:"涑水,源出绛县绛水,始自乾涧。"流经闻喜县、夏县、安邑县、猗氏县、临晋县,至蒲水,入于黄河。涑水流经的州县并不包括太平县,故两者所载乾涧并非洪武《平阳志》中太平县图所注乾涧。

[22] 王天祐于乾隆四十一年(1776)撰成《景毛小记》一则,现有抄本存世。记中祭礼下载:"正月元旦节接神,黎明祀浮惠……三月清明祀浮惠演戏……五月初五祀浮惠。"祠祀类下载,又,浮惠圣母行宫,"南截建茶房,上加戏房与戏台相连";浮惠庙,"演戏四日";"(乾隆)四十一年,合庄神头现年公议,陀郎、浮惠而庙,同演戏六天。"参见全建平《乾隆〈景毛小记〉考略》,《山西高等学校社会科学学报》2020 年第 9 期。

[23] 余定国著《中国地图学史》第 1 章"传统中国地理地图的重新解释"、第 2 章"政治文化中的中国地图"、第 4 章"人文学科中的中国地图学:客观性、主观性、展示性"。

[24] 胡邦波《景定〈建康志〉和至正〈金陵新志〉中的地图初探》,《自然科学史研究》1988 年第 1 期;《景定〈建康志〉、至正〈金陵新志〉中地图的绘制年代与方法》,《自然科学史研究》1988 年第 3 期。阙维民《中国古代志书地图绘制准则初探》,《自然科学史研究》1996 年第 4 期;丁一《"源流派分"与"河网密切"——中国古地图中江南水系的两种绘法》,《中国历史地理论丛》2011 年第 3 期。成一农《"非科学"的中国传统舆图——中国传统舆图绘制研究》,中国社会科学出版社,2016。

[25] 葛兆光说明代方志地图有三个特点:其一是"目中无人",即方志地图中缺少对民众生活空间的表达;其二是阴间官配阳间官,即指宗教性建筑与官府衙门同时存在,地位不分伯仲;其三是"精神"和"物质"两手都硬,指的是地图中标有"仓"与"学"两种要素,既重民生又重教育。参见葛兆光《古舆图别解——读明代方志地图的感想三则》,《中国典籍与文化》2004 年第 3 期。

[26] 其中社稷坛令有司岁以仲春秋上戊日祭,风云雷雨山川坛令有司以仲春秋上旬择日祭,无祀鬼神坛令有司岁以清明日及七月望、十月朔囗时祭。参见万历《平阳府志》卷四《坛壝》,第 165 页。

结　语

　　方志编纂自古即有,至宋元间,方志内容体例已基本定型,且方志数量在这一时期激增。明初延续地方修志的惯例,洪武年间,明太祖朱元璋数次下达诏书令地方纂修图、志,以方便执政者了解地方民情,便于资政。平阳府作为当时山西经济最发达的地方之一,文化底蕴丰厚,这为纂修志书提供了便利。洪武《平阳志》便于此时纂修而成。

　　洪武《平阳志》原书已有残缺,作者应为地方官员,并非世所公认的张昌。原书卷数应在二十卷左右,现仅存三册九卷。明清公私藏书目录中鲜少著录该志,20世纪80年代该志书才为世人发现。

　　洪武《平阳志》采用三级纲目体例,志文记述简洁,史料征引丰富。卷一至卷四为平阳府总说,卷五至卷九以州县为目分述平阳府一州十二县。该志史料主要来源于正史、编年体史书、杂史类,征引的史料多集中于各州县沿革目下,在引用过程中存在不以原书内容完整征引的情况。洪武《平阳志》与万历《平阳府志》皆为明代平阳府所修方志,二志均采用纲目体纂修,然前者以州县为目,再以内容分目叙述,后者是以内容分目,再按州县分述。从内容比较而言,万历

《平阳府志》内容记载更为丰富。从舆图比较而言,洪武《平阳志》所载地图包括总图 1 幅,其余 13 幅皆为现存州县地域图;万历《平阳府志》地图类型更为丰富,包括星宿图、地方故事图、公廨图、地域图等,但缺少对各州县地域图的记载。

洪武《平阳志》的价值主要体现在校勘价值、史料价值、辑补价值和地图价值四个方面。洪武《平阳志》内容记载较早,对明清地方志书有一定的校勘价值,但也有一些错误记载。洪武《平阳志》史料价值丰富,志中所载各州县乡里目、公廨目和坊巷目可为研究明初平阳府地域及行政分布格局提供重要史料参考。该志所载坛壝体系与万历《平阳府志》所载坛壝体系有差异,笔者推测平阳府坛壝体系有一定的变迁。该志所载各州县风俗目内容虽简略,但载有当地气候及风俗,是了解明初平阳府气候环境及风俗民情不可多得的史料。志中载有 240 座寺观,通过梳理发现,明初平阳府儒、佛、道及民间信仰兼济,呈现出相互交融之势。同时,各州县重视山川神灵信仰,且各地所信仰的人物呈现出强烈的地域性。洪武《平阳志》征引明代以前旧志 8 种 14 条,辑佚价值较高,且志中所载寺庙有许多在《山西寺庙大全》中都未见记载,可作补充。洪武《平阳志》地图价值较高,所载 14 幅地图除 1 幅为平阳府总图外,其余皆为明初平阳府各州县疆域图,应为现存最早的晋南地区方志地图,且通过与明清五种方志所载地图对比发现,该志所存地图方位记载更为准确,价值珍贵。该志所存地图内容价值较高,保存了丰富的陵墓史料、经济史料、寺观史料,所载地图一定程度上可补志文内容的缺失,这为勾勒明初平阳府及下辖相关州县全貌提供了资料。

据巴兆祥先生不完全统计,明洪武年间全国共修志书 284 种,

其中散佚 280 种,现存 4 种。山西现存洪武年间方志 3 种,即洪武
《太原志》、洪武《辽州志》和洪武《平阳志》,其中洪武《太原志》与洪
武《辽州志》被《永乐大典》收录,李裕民先生将两志辑录于《山西古
方志辑佚》。洪武《太原志》内容保存基本完整,洪武《辽州志》所存内
容较少。若将洪武《平阳志》与洪武《太原志》、洪武《辽州志》及现存
洪武年间所修其余 3 种志书比对,可更好地厘清洪武《平阳志》的编
纂特点,了解明代地方修志的特点。

中篇
ZHONG PIAN

现存5种民国时期山西村志研究

引　言

　　村志是地方志的一个分支，是研究乡村最重要的资料之一。与府县等志相比,我国现存旧村志较少,不被人注意,也鲜少付梓。据笔者目前所掌握的资料,现存民国时期山西村志仅有 5 种,分别是:《汾阳西陈家庄乡土志》、《阳城大宁乡小志》、《洪洞县蜀村志》、《灵石县西河底村四字联语志》和《虞乡县第三区黄旗营治村志》。5 种民国山西村志均以稿本或抄本的形式流传下来。20 世纪 90 年代,李裕民先生对 5 种村志进行了整理。1997—1998 年,《山西文史资料》刊发了 5 种村志的全文,为后续研究提供了便利。除《虞乡县第三区黄旗营治村志》外,其余 4 种村志均为私修,编纂者以教员或从事教育行业的文人为主,体现了地方文人对家乡的热爱,以及愿为家乡文化事业作贡献的事实。同时,民国时期已有官方督修村志活动存在,《虞乡县第三区黄旗营治村志》即是在官方要求之下纂成的。5 种民国山西村志的体例大体上仿照县志,但相较于体例完备的府县等志,村志在规范性上稍显不足。由于村志记述范围小,门目设置较为灵活,内容也更加细微和具体,因而在内容选择上就带有较为浓厚的作者个人色彩,体现出一种独特的人文关怀色彩。5 种村志在编纂

上均注重实地调查,行文中重视对所载事物的考证。

5种民国山西村志具有重要的文献价值。一方面,5种村志保存了丰富的史料,尤其是其中关于山川河流等自然地理风景以及人文历史古迹的记载,不仅是历史地理学研究所需的珍贵资料,也是重要的旅游资源。村志所载民国时期乡村自治的实践,是研究山西村治不可忽视的一手资料。5种村志对各村商人和商业状况也有记载,能体现出明显的地域性差异。村志对各村学校教育的记载也较为详细,有的村志作者还在志中提出诸多关于发展教育的建议,一定程度上反映了农村教育近代化的过程。另一方面,村志中存录了一些已佚碑刻,对于研究当地寺庙、宗教发展以及民间信仰有重要参考价值。村志的序、跋、凡例中还有村志编纂者对方志编纂理论的探讨,如"志乃史家支流""村志为县志基础"等,体现出村志编纂者的修志旨趣,也是民国时期方志编纂理论发展的见证。

近些年,随着区域史、社会史等领域研究的深入,越来越多的海内外学者开始关注乡村历史,而地方志作为研究地方社会、经济、文化的重要资料,也一直被学界所重视。5种民国山西村志隐藏了丰富的历史信息与文化积淀,再现了一段时间内乡村的自然、人文、历史,也见证了乡村的变迁。对5种民国山西村志进行研究,能够为当代乡村振兴提供借鉴。

目前学界对民国时期山西村志研究较少,相关文字仅见于一些地方志综合目录对其做的提要介绍,也有一些学者在地方史研究中引用到这些村志的某些条目。

对民国山西村志作提要介绍的论著。《中国地方志联合目录》收录了1种民国时期山西的村志——《汾阳西陈家庄乡土志》,其以简

要的文字介绍了该村志的卷数、纂修人、版本、藏书单位等。《中国地
方志总目提要》收录有4种民国时期的山西村志，分别是《汾阳西陈
家庄乡土志》《灵石县西河底村四字联语志》《洪洞县蜀村志》《虞乡
县第三区黄旗营治村志》，并对这4种志书的卷数、作者、成书时间
等作了简要介绍。祁明编著的《山西地方志综录》载有4种民国时期
山西村志，即《汾阳西陈家庄乡土志》《阳城大宁乡小志》《洪洞县蜀
村志》《虞乡县第三区黄旗营治村志》，介绍极为简略，仅用寥寥几字
便说明了志书的作者、版本为何，存于何处。此外，《山西方志要览》
和《山西文献总目提要》将5种村志全部收录，并对村志的书名、纂
修者、编纂时间、卷数、内容、收藏地点等作了比较系统的提要说明。

较之上述几种综合目录，《山西文献总目提要》对5种志书的介
绍最为详细，不仅介绍了志书的作者、成书时间、版本、藏书单位等，
还对志书的内容和价值作了简要的分析与说明。李晋林、畅引婷所
著《山西古籍印刷出版史志》载有2种民国时期山西村志，即《阳城
大宁乡小志》《洪洞县蜀村志》，并介绍了两志的作者及版本。

《山西文史资料》于1997—1998年将现存5种民国山西村志的
全文进行了标点与刊载。李裕民先生发表的《〈民国山西乡村志五
种〉前言》一文，首先对5种村志的整体情况作了说明，简明扼要地
介绍了村志的体例、内容与版本流传状况，强调了它们重要且独特
的研究价值。①

对民国山西村志的文献学研究。马甫平对《大宁村小志》及其作
者王璧作了一个较为全面的介绍，认为《大宁村小志》具有"门类齐

---

① 李裕民：《〈民国山西乡村志五种〉前言》，《山西文史资料》1997年第4期，第140–142页。

全、体例严谨""取材广泛、资料丰富""注重经济、讲求实用"的特点，是一部"不可多得的佳志"①。李嘎、边疆从文献学角度对《汾阳西陈家庄乡土志》进行了细致解读，认为该志具有体例完备、内容翔实、富于考证等特点，并从物产生活和时代变迁角度论述了《汾阳西陈家庄乡土志》的史料价值。张慧婷的硕士学位论文将《汾阳西陈家庄乡土志》作为山西的一种乡土志来分析，认为它保存了传统志书以外的文献史料。

引用民国山西村志中某些条目的研究。在历史地理学、社会史等领域中，一些研究成果引用了民国山西村志的某些条目。张慧芝的博士学位论文《明清时期汾河流域经济发展与环境变迁研究》引用了《洪洞县蜀村志》中关于河渠等的记载，以说明当地水资源与产业结构之间的关系。齐大英的硕士学位论文《明清时期山西中南部乡村聚落的规模和形态结构》引用了《阳城大宁乡小志》"道路桥梁略"的内容，用以说明民国时期乡村聚落中所谓"大村"之交通较为完善；还引用《汾阳西陈家庄乡土志》卷一"村图""物产"、卷二"户口"和《灵石县西河底村四字联语志》《虞乡县第三区黄旗营治村志》中描写本村地理环境及人口的部分，以说明位于黄土丘陵区以及山区的聚落规模不大，而位于平原区的聚落规模很大且扩展速度快。边疆的硕士学位论文《民国时期汾阳县乡村聚落地理研究》引用《汾阳西陈家庄乡土志》卷二户口生计目的相关内容，用以说明当时的汾阳乡村以普通的聚居型村庄为主，不同职业的人聚居在一起为日常生活提供了便利。同时，这篇硕士论文以《汾阳西陈家庄乡土志》

---

① 马甫平:《王璧与〈大宁村小志〉》,《山西地方志》1988 年第 2 期,第 73 页。

为基础史料,再结合田野调查,对西陈家庄作了聚落地理研究的个案分析,其引用的内容有卷一村图、疆界、街市、庙宇、古迹和卷四艺文,论述了民国至今西陈家庄聚落的变迁,说明了西陈家庄村庄规模和范围的拓展与当地水质、交通等因素密切相关。安宝的《地权流转与乡村社会变迁——以 20 世纪前期的华北地区为例》引用了《虞乡县第三区黄旗营治村志》沿革中民国时期黄旗营治村社会经济及农民生活的记载。周子良的《民初山西村自治机关运行的法制化》一文引用《汾阳西陈家庄乡土志》卷三村制中"村民会议"的内容,作为民国时期山西村自治机关设立的例证。

综上,目前学界对民国山西村志有一定的利用,但从整体上看,民国山西村志的价值还远远没有得到挖掘。由于民国山西村志成书以来大都长期封存,流传不广,因此目前学界研究较少,也鲜少有人对 5 种民国山西村志本身内容作一分析。因此,对 5 种民国山西村志进行较为系统的整理与研究很有必要。

第一章 5种村志编纂概况

现存民国时期山西村志有5种,即1927年刘天成续修《汾阳县西陈家庄乡土志》(简称《西陈家庄乡土志》)四卷、1931年王璧纂《阳城大宁乡小志》(简称《大宁乡小志》)、1932年杨恩浚纂《洪洞县蜀村志》(简称《蜀村志》)、1941年李贵申纂《灵石县西河底村四字联语志》(简称《西河底村四字联语志》)、1945年苏俊杰等人纂修的《虞乡县第三区黄旗营治村志》(简称《黄旗营治村志》)。1997—1998年《山西文史资料》将这5种村志全文作了刊载。

一、村志编纂概述

村志是地方志的一个重要种类,它脱胎于地方志,吸收了方志的撰述特点,凡一村之地理沿革、风土人情,皆囊括其中。黄苇先生认为:"'村志'历来不修,但却有,如上海县就修过一部《紫隄村志》。"①与省府州县志等官修志书相比,我国现存旧村志较少且大都为私修,不被人注意也鲜少付梓,因而流传下来的很少。有学者统

---

① 黄苇:《方志基本知识及城市志编纂问题》,《编辑学刊》1988年第4期,第59页。

计,我国现存"清代村志9种,民国村志14种"①。据笔者目前掌握的资料,清代村志至少应补充3种(《景毛小记》《湾里庄志》《湾里庄续志》),民国村志至少应补充1种(《大宁乡小志》)。

(一)我国最早的村志

学界大多认为,清康熙二十四年(1685)的安徽贵池(今安徽池州)《杏花村志》是"修村志之起端"。该志是第一部也是唯一一部被收录于《四库全书》的村志。该志十二卷,以村中方位为纲,记述村中胜迹、胜事、艺文、人物等,资料翔实,考证精准,称得上是迄今流传下来的村志中一本难得的善志。黄苇也说:"清人为村立志,颇为新奇,是修村志的起端。"②这里指的就是康熙《杏花村志》。

据现有资料,康熙《杏花村志》并不是最早的村志。明中期徐光润所作《砚山志》(已佚)乃是中国最早的村志,明人杨守陈曾为其作序。砚山村(今江西乐平塔前镇下徐村)位于江西省乐平市北三十里,村民以徐姓居多,作者徐光润即为砚山村人。虽《砚山志》已佚,但仍能从杨守陈《砚山志序》中得到一些信息。

> 然而志一郡与志天下者恒多,志一乡者恒少,岂以一乡之内狭隘空间而无可书哉?……夫天下者,一乡之积也,举众乡而书之,则为郡志,举众郡而书之则为天下志。故天下志本于郡志,郡志本于乡志也。
>
> ……今宣平教谕光润先生乃述其里社之称、山川风俗之美、人物之贤、屋室丘陇之筑,旁及于古今文词之有关乎此者,汇书

---

① 毛曦、董振华:《城市化进程中系统开展村志编纂的意义与建议》,《中国地方志》2016年第6期,第34页。
② 黄苇主编《中国地方志词典》,黄山书社,1986,第112—113页。

而备录之总若干卷,名曰《砚山志》,寓书守陈偉为之序。①

显然,杨守陈是将《砚山志》作为地方志来看待的。虽然《砚山志》已佚,但从序中仍能看出该志有村之沿革、山川、风俗、人物、古迹、艺文等相关内容。《砚山志序》被收于《杨文懿公文集》之卷六《东观稿》,该卷内容写于明天顺三年(1459)至成化三年(1467),因此徐光润至迟在成化三年即已完成《砚山志》的编写,故而可以判断《砚山志》是中国最早的村志。

另外,有人认为成书于清顺治十八年(1661)的《苫羊山志》是中国现存最早的村志。《苫羊山志》现存清代抄本、民国二十三年(1934)排印本,虽名为"山志",但它"不唯山乘,实亦'里志'"②。《苫羊山志》全书分十二类目,体例上图、志、传兼用,内容极为丰富,展现了山东东阿苫山村地灵人杰的情况。

《苫羊山志》无疑是一部较早的村志,但据笔者查阅资料可知,中国现存最早的村志应是清顺治初年曹锡鑽编写的江苏吴江《庉村志》,《中国地方志总目提要》著录有该志。《庉村志》中同时使用"弘光""顺治"两个年号,分沿革、形胜、村舍、桥梁、物产、风俗、公署、寺庙、园第、墓域、仕籍、隐逸、卓行、贞节、异纪、杂述等十六目。其中仕籍、隐逸、卓行等内容均记至明末,异纪记事最晚,截至清顺治三年(1646)。《庉村志》当成于顺治初年,较《苫羊山志》略早,因此《庉村志》应是目前所知中国现存最早的村志。《庉村志》现存有清代抄本、

①杨守陈:《砚山志序》,收入《杨文懿公文集》卷六,《四明丛书》,广陵书局,2006,第16074 页。
②王传明:《志林重现一株新——新发现的〈苫羊山志〉评介》,《山东图书馆季刊》2002年第1 期,第64 页。

民国二十三年(1934)《甲戌丛编》铅印本。

(二)山西旧村志概况

山西在清代亦编有数种村志,如太平《景毛小记》、曲沃《湾里庄志》《湾里庄续志》等。据现有资料看,成于清乾隆四十一年(1776)的山西太平（今山西襄汾县)《景毛小记》乃是现存最早的山西村志。《景毛小记》现存抄本,该志共分山川、水利、村居、土产、里俗、祥异、祠祀、古迹、绅士、老人、善行、节烈、方技、艺文等十四目,内容丰富,对于研究当地乡村社会具有重要价值。

民国时期的方志理论更加丰富和完善,在当时复杂的社会背景下,亦有不少有识之士纂修村志,保存下来的村志较清代更多。现存 5 种民国时期山西村志,分别是《汾阳西陈家庄乡土志》《灵石县西河底村四字联语志》《洪洞县蜀村志》《虞乡县第三区黄旗营治村志》和《阳城大宁乡小志》。民国山西村志体例各异、内容丰富,在编写时广为搜罗,使用了诸多地方民间文献和调查资料,其中许多内容可补邑志之不足。5 种村志涉及晋中、晋南、晋东南三个地理区域,是研究民国时期山西乡村社会的重要史料。

二、5 种村志的成书与流传

(一)村志之命名

民国山西村志的命名方式各异,5 种志书就有"村志""小志""联语志""乡土志"4 种名称之别。

从村志整体发展来看,以"村志"来命名显然是最常见的。《洪洞县蜀村志》和《虞乡县第三区黄旗营治村志》皆是如此。《黄旗营治村志》的名称还体现了民国时期山西村制的变化[1]。称"小志"者亦不难

理解,村志所记录的内容较之府州县志范围较小、事实较少,因此在
"志"前冠以"小"字亦恰到好处,如《阳城大宁乡小志》。《西河底村四
字联语志》较为特殊,作者在写作时不立标示、不分节目,全志均用
联语(韵语)写成,读起来朗朗上口,也便于人们记诵,故作者以"联
语志"命名,突出了该志的语言特点。

乡土志则与村志不同。乡土志是清末民初各地编纂的乡土教
材,目的是培养儿童的爱乡爱国之情。乡土志是特定时期教材的一
种过渡性产物,其与村志的编纂背景、体例、宗旨是有一定区别
的[1]。《汾阳西陈家庄乡土志》虽以"乡土志"为名,但它并未被作为乡
土教材使用。从体例、内容及语言风格上看,该志俨然是一种地方志
而非乡土志。《汾阳西陈家庄乡土志》是刘天成于光绪二十三年
(1897)在家塾藏书中发现并整理增补而成的一部标准的三宝体志
书,以土地、人民、政事和艺文为纲统领全书。刘天成在《汾阳西陈家
庄乡土志》自序中提及,读者能从原志书凡例中看出作者的修志旨
趣——"利于民则志、益于众则志、资考证则志",且刘天成是怀着
"为县志之村科,运以备国史之采择"的目的而增修此志。作者修志
是为造福人民,以资考证,刘天成认为志可录为史之资,可为办理村
政提供参考,这与乡土志作为小学教材培养儿童爱乡爱国之情的目
的不同。另外,在《西陈家庄乡土志》中,标题"汾阳西陈家庄乡土卷
一"置于卷一目录之前,此处没有称"乡土志"而称"乡土",由此可以
推测:第一,原书之名为"汾阳西陈家庄乡土",其内容与志书相似,
于是刘天成在续修时加上了"志"字;第二,原书本身即冠以"乡土

---

[1]朱娇娇:《晚清民国山西乡土志研究》,硕士学位论文,山西师范大学,2021,第12页。

志"之名,这与清代其他以"风土志""乡土志"等命名的志书类似,只是为了突出当地的"乡土(风土)"状况,这与 1905 年颁布《乡土志例目》后各地所编写的乡土志有着本质不同。

(二)村志的成书时间及版本

《汾阳西陈家庄乡土志》,原作者不详,刘天成(1876—1940)于光绪二十三年(1897)在家塾藏书中发现此志。民国时期山西厉行村政,对农村产生了较大影响,刘天成开始增修此志,并于民国十五年(1926)完成,记事略向后延伸。现存版本为民国十五年(1926)刘天成增修本,共四卷,北京大学图书馆藏稿本,汾阳县志办藏一抄本。20 世纪末,山西省政协文史资料委员会对《汾阳西陈家庄乡土志》进行整理,并刊载于《山西文史资料》1997 年第 6 期(第一、二卷)、1998 年第 1 期(第三卷)、1998 年第 2 期(第四卷)。

《阳城大宁乡小志》,王璧(1892—1968,大宁村人)纂,原名《大宁村小志初稿》,因民国二十年(1931)大宁村改村为乡而更名。因此,其初稿当成于 1931 年之前,后又进行了增补。据《大宁乡小志·著述考》记载,自小志纂成后,作者对其进行了修改,有读修本,但被老鼠损毁殆尽,仅存初稿。稿本藏于方志学专家刘伯伦处,山西省地方志办公室藏一复印本。另有《山西文史资料》1997 年第 5 期标点本。

《洪洞县蜀村志》,杨恩浚(1902—1970,蜀村人)纂,初稿成于民国二十一年（1932 年）,之后陆续增补,最晚记至民国三十三年（1944）。洪洞县档案馆藏稿本(今不存),洪洞县史志办藏一抄本,山西大学社会史研究中心藏一复印本。另有《山西文史资料》1997 年第 4 期标点本。

《灵石县西河底村四字联语志》,李贵申(西河底村人)纂。全志用四字韵语写成,下方加注释,初稿纂于民国二十三年(1934)后、民国三十年(1941)前。原稿无注释,村人在抄录阅读中请作者对每一联语加以解释,于是作者在原文下方加以注解,同时参以评论。有民国三十年天津久大印刷厂铅印本,灵石县政协藏。另有《山西文史资料》1997年第5期标点本。

《虞乡县第三区黄旗营治村志》,苏俊杰等纂,成于民国三十四年(1945)十二月。此志为5种村志中唯一一部官方督修的村志,从编纂到成书仅用了两周时间。永济市志办藏稿本。另有《山西文史资料》1997年第4期标点本。

在现存5种民国山西村志中,仅《灵石县西河底村四字联语志》曾付梓,有铅印本,其余均以手稿或抄本藏于私人之手。幸得李裕民先生在搜集、研究相关资料时发现,并将其整理后刊载于《山西文史资料》,为今日之研究保存了珍贵史料。值得注意的是,《山西文史资料》编辑部曾于2000年整理出版了《山西文史资料全编》10卷本,其中第10卷收录有这5种村志,其整体内容与《山西文史资料》1997年第4期至1998年第2期刊载内容一致,但文字、排版错误颇多。本文所参考的村志版本为《山西文史资料》1997年第4期至1998年第2期标点本。

(三)村志编纂者

"志书越是向下,受编纂人员之身份影响的可能性就越大,甚而可能成为一些拥有文化优势、掌握书写权力的地方乡绅表达个人

意愿之工具。"①在 5 种村志中，除《黄旗营治村志》外，其余 4 种均为地方文人私修，可以说编纂村志完全是个人行为。志书的采访、编写、校订多由一人完成，因而编纂者的自身素质或是个人履历对村志编写影响很大。表 2.1.1 是现存 5 种民国山西村志编纂者及其身份介绍。

　　民国山西村志的编纂者可分为两类：一类是类似府州县志一般，由当地官员士绅带头，再召集当地文人共同编纂；另一类则是私人出于个人愿望而独立编纂。村志编纂者大多属第二类，但也有第一类情况存在。如《虞乡县黄旗营治村志》，即由村长召集村中有识之士共同编成，参与人数较多，分纂修、编辑、采访、绘图、校正、缮写等六类共 12 人，并且在署名方式上也参照了传统方志，以"原修姓氏"的方式将这 12 人的姓名列于目录之后、正文之前，这也能体现出官修志书的规范性。《西河底村四字联语志》的编纂人员分编著者和校订者，共 3 人，全文由李贵申个人编写完成，后由程文根、李春元 2 人校订，编著者和校订者姓名都位于志书末尾。《西陈家庄乡土志》《大宁乡小志》和《蜀村志》均由个人独立编纂而成，有的仅存初稿，因此 3 种村志并未在志中以较为正式的形式注明编纂者姓名，仅《蜀村志》末尾有"民国二十一年八月五日述讫浚识"字样，类似日常随笔记录。

---

①曾文杰：《清代民国时期苏州乡镇志研究》，硕士学位论文，苏州大学，2017，第 45 页。

表 2.1.1　现存 5 种民国山西村志编纂者及其身份介绍

村志名称	分工、人数	编纂者或参与者	身份
《汾阳西陈家庄乡土志》	个人增修	刘天成	中小学教员、校长,汾阳县教育局督学,平遥县教育局局长
《阳城大宁乡小志》	个人编纂	王璧	中学及专科教员,县人大代表,县文史馆工作人员
《洪洞县蜀村志》	个人编纂	杨恩浚	县视学、村文化主任、村长
《灵石县西河底村四字联语志》	编著 1 人	李贵申	高小教员
	校订 2 人	程文根	高小教员,北京中华国家银行总行业务部文书科主任
		李春元	高小毕业,曾任教员
《虞乡县第三区黄旗营治村志》	纂修 1 人	苏俊杰	村主委
	编辑 2 人	胡郁斋	高小教员、校长,榆林道尹署员,民国《虞乡县新志》分编
		晋耐霜	—
《虞乡县第三区黄旗营治村志》	采访 3 人	冯明斋 李在银 李西亭	— — —
	绘图 2 人	孙润之 薛洁生	— —
	校正 2 人	杨金生 许定一	
	缮写 2 人	杨镇峰 周向温	村小学教员 村小学教员

　　整体来看,5 种村志的编纂者以教员或从事教育行业的文人为主,且在当地都有一定声望。具体而言,《黄旗营治村志》的编辑胡郁斋当过高小教员、校长,还担任过民国《虞乡县新志》分编。《西河底村四字联语志》作者李贵申是小学教员,曾被登报褒奖;校订者程文根也曾当过小学教员。《西陈家庄乡土志》编纂者刘天成亦当过教员,后担任汾阳县教育局督学、平遥县教育局局长,一生从事教育工

作。《大宁乡小志》编纂者王璧当过教员,后专门从事文史工作。《蜀村志》作者杨恩浚担任过县视学、教员、村长等职,既从事过教育工作,又参加过抗日民主村政工作。在这 5 种村志中,除《黄旗营治村志》为官方督修外,其余 4 种均为个人自愿编写。他们在从事本职工作的同时编写村志,体现了对家乡的热爱,以及愿为家乡教育和文化事业发展作贡献的态度。

(四)村志之传播

据统计,在民国时期山西实行编村后,全省主村、附村有四万四千余个①,但是能够编修村志并且流传至今的可谓凤毛麟角。由于多数村志为个人私修,囿于经费和人力限制,并非所有村志编成后都能付梓,而是以手稿形式流传,这大大限制了村志的传播范围,也使村志随着原稿散佚而逐渐不存,增大了亡佚的概率。在 5 种民国山西村志中,除《灵石县西河底村四字联语志》付梓刊印外,其余 4 种均以手稿形式流传,多在朋友、同好以及本村人中传阅。

《虞乡县第三区黄旗营治村志》为官方督修。抗战胜利后,当政者急需了解各村情况,于是要求各村编修村志,为施政提供最详细的资料。志书内容多为调查、统计之类,编纂完成后立即送往县里,因而其流传范围不广。《阳城大宁乡小志》和《汾阳西陈家庄乡土志》有作者好友或同乡所撰序文,证明其有一定的传播度。而《洪洞县蜀村志》无序无跋,无法知晓其流传情况。

在 5 种村志中,流传较广的是《灵石县西河底村四字联语志》。该志铅印出版,"不立标示、不分节目",人们可以随意抄录和阅读;

---

①山西省政协文史资料研究委员会编《阎锡山统治山西史实》,山西人民出版社,1981,第 84 页。

同时又因为在语言上使用韵语，便于人们传诵和记忆。程文根在序中提及《四字联语志》刊印之原因："村人迭邀付梓，遂命其侄和清回籍之余，详抄原稿。和清学兄，北上天津，出稿传观，并问序焉。"①《四字联语志》最初没有注解，仅以联语编排，后在村民强烈要求下作者才加了注释，可见其在村中流传较广。编纂者编写村志的目的是保存历史、以资考证、教化民众，最为切实的作用是关心桑梓、教化乡里，因而村志能在村中广泛流传，受到村民肯定，这在当时难能可贵。

总体来说，5 种民国山西村志的流传仅限于本村及编纂者的朋友范围，但随着时间推移，村志逐渐被人们遗忘，直至 20 世纪末山西省政协文史资料委员会对其整理刊载，它们才重新进入人们的视野。如今新修村志浩如烟海，5 种旧村志却依然鲜有人问津，对其研究和利用也完全不够。

注释：

[1] 民国时期山西村制变化复杂。民国六年(1917)，阎锡山开始在山西实行村治，在农村实行编村制，规定满 100 户或 300 户之村庄为一编村；不满100 户的村则几村联合为一村(编村)，从中择一位置适中、人口较多的村作为主村，其余联合起来的小村则为附村，由主村管辖；后在县与村之间又设区一级行政单位。抗战胜利后，改编村与联合村为治村，各附村为居村。此时黄旗营被编为治村，属虞乡县第三区管辖，下辖七个居村。

①李贵申：《灵石县西河底村四字联语志》，《山西文史资料》1997 年第 5 期，第 100 页。

第二章　5 种村志的编纂动因

　　府州县等志的纂修大多是由于政府要求或提倡，编纂经费及质量都有一定的保障，而村志由于涉及地域范围小、工程量小，因而纂修人员相较府州县志要少得多，并且多为一人独立完成，所以村志也被视为一种地方私修志书。因此，村志的编写更多是编纂者自身而非外在因素使然。村志虽多为私人纂写，但在民国时期山西亦有官方督修村志的现象存在。村志编纂往往会参考县志的体例和内容，因而县志的纂修也直接影响到村志的编纂。另外，民国时期山西省轰轰烈烈的村治运动在农村社会也产生了不小影响，对于一些文人志士编纂村志也有促进作用。

一、村志编纂者的卓识

（一）编纂者的个人素质

　　村志编纂者的个人素质及阅历直接影响到村志的编纂，此处以《洪洞县蜀村志》的作者杨恩浚为例说明。

　　据《洪洞县志》记载，洪洞县苏堡镇蜀村为杨姓一主要分布区，《蜀村志》作者杨恩浚就生于斯长于斯。杨恩浚（1902—1970），字滋

泉(芝泉、芷泉),著有《洪洞县蜀村志》《顾斋简谱》《顾斋遗集》等。杨恩浚的父亲杨叔旌是清末秀才,后在村中小学任教员,杨恩浚幼时即跟随父亲读书。1926年杨恩浚毕业于太原第一师范,之后十数年间历任襄陵县(今襄汾县)视学、襄陵县科员、定襄县科员、浮山县东要区(今东要乡)区长,代理临晋县(今临猗县)第三区区长等职。杨恩浚在1957年的自述——《写给组织的自传》中提及,在襄陵和定襄任职期间是他看书写作较多的时期,《顾斋简谱》、《顾斋遗集》以及《洪洞县蜀村志》均是他在襄陵县任职时完成的[①]。1939年,杨恩浚回到蜀村,在村务农并任村文化主任,后又被推选为书记、村长。在蜀村担任公职的十年间,杨恩浚带领村中百姓参加支援对日斗争,并且对蜀村的治理有所作为。《蜀村志》的"韩居士墓"末尾处有:"民国三十二年,浚惠民濠经过墓前……"[②]1943年,杨恩浚曾治理过蜀村水渠,且对蜀村的人文历史有一定的关注。1948年,杨恩浚到洪洞中学任教,1958年调任冯张中学副校长,1966年退休。杨恩浚一生既从事过教育工作,又参加过抗日民主村政工作,有一定的学术钻研能力,同时又对自己的家乡非常了解,因此,由他纂写一本小志来记录自己家乡的历史是合情合理的。

民国山西村志的编纂者大都是类似杨恩浚这样受过良好教育的知识分子,他们出于传承地方文化的责任,能够有意识地为保存历史作出自己的努力。《阳城大宁乡小志》作者王璧先后就读于长治省立第三师范和山西法政专门学校,也参与过民国《阳城县志》的编修,但由于战争而中辍。《汾阳西陈家庄乡土志》作者刘天成曾留学

---

① 杨恩浚:《写给组织的自传》,载杨士毅《家之志》,内部印刷版,2002。
② 杨恩浚:《洪洞县蜀村志》,《山西文史资料》1997年第4期,第165页。

日本。《灵石县西河底村四字联语志》作者李贵申毕业于灵石县师范讲习所。《虞乡县第三区黄旗营治村志》的编辑胡郁斋是民国《虞乡县新志》的分编。他们的文化水平在当时也可称得上出类拔萃。另外,他们都曾担任过教员,有的甚至一生都在从事与教育相关的工作,对当地的历史也有着自己的关注和体会。

(二)保存史料的自觉

《汾阳西陈家庄乡土志》作者刘天成在自序中引孔子"十室之邑,必有忠信"之言,来说明"天下之大,未始非由一乡一邑,推而广之"①。如果都认为乡村太小而"不足志",那么在时间经久后,一县之文化历史必然会茫然无稽,一代之史也就无法传信于后世。同时,刘天成在序言中还提到他增修村志"以备国史之采择"②的目的,直言"方志为史家支流,乡土志为县志基础",如若每村都修村志,那么对于县志编纂则大有益处。显然,他认为编纂村志可以为县志甚至国史编纂提供资料,也体现出他对于史志关系认识的态度。因此,记载历史、保存史料,为县志编纂提供资料是刘天成增修《西陈家庄乡土志》的主要目的之一。

李贵申在《灵石县西河底村四字联语志》弁言中表达了他对于编写志书的看法:"不有现在事实的记载,何有将来稽古的继续?"③从历史的延续与传承入手,他又进一步说明口耳相传之法的缺陷——不详明、不真实,进而证明将历史书写下来的必要性。李贵申

①刘天成:《汾阳西陈家庄乡土志》,《山西文史资料》1997年第6期,第133页。
②刘天成:《汾阳西陈家庄乡土志》,《山西文史资料》1997年第6期,第133页。
③李贵申:《灵石县西河底村四字联语志》,《山西文史资料》1997年第5期,第100页。

还表示,书成后"可作将来稽考之一助也"①,从中能看出他编纂《四字联语志》主要是为尽可能准确地记载历史,为将来研究提供助益,也体现了其存史之目的。

另外值得注意的是,民国时期战争频繁,而有识之士明白战争对历史赓续传承和人民生活的破坏,故而《虞乡县第三区黄旗营治村志》作者在序言中说,地方志之编修大多是在大的动乱之后。"兵燹之余,大祲之后,事变非常,纪纲崩颓,惧火将尽,薪未有传,玉已沉没,珠终隐埋,箕裘谁绍,斯为至大之忧矣。"②《黄旗营治村志》编纂之时正值抗日战争刚刚结束,社会秩序一片混乱,为政者急需了解各地民生以便更好地施政;而村志编纂者也担心文史传承受阻,于是编修村志以达到存史之目的,同时也表明了村志能为省县志编纂提供材料的观点。

(三)编纂者的桑梓之情

村志编纂多是地方士人自发的举动,他们编纂村志一方面是为保存当地历史以供县志取材和征考,另一方面也蕴含着一种地方文人的桑梓之情。一地之文人学士并非个别,为村修志者却寥寥无几,若非是对自己家乡有着深厚的感情,以及对于历史和百姓生活有着非常的关注和体会,绝不会在没有官方支持和经费支撑的情况下进行这一费时费力的工作。

李贵申在《灵石县西河底村四字联语志》弁言中说,前人为今人留下了诸多宝贵的历史,而今人在将来都会成为"前人",于是有了

---

① 李贵申:《灵石县西河底村四字联语志》,《山西文史资料》1997年第5期,第100-101页。

② 苏俊杰等:《虞乡县第三区黄旗营治村志》,《山西文史资料》1997年第4期,第143页。

"不有所志，心起焉不安"①的感慨。作为一个知识分子，他有着传承历史和为家乡发展作贡献的自觉，于是将西河底村的人文历史风貌用文字的形式记录下来，以供后人观瞻，同时也寄托着"将来将盛吾颂吾村"的美好愿景。

在《虞乡县第三区黄旗营治村志》引言中，编者痛陈七七事变以来日军和汉奸对当地的掠夺和人民生活的疾苦，而今何以"安抚之、生养之、繁荣之"成为为政者应当考虑的问题，进而表明了如今编修村志乃是"复员政令、整我河山"②的开端。显然，村志寄托着作者热爱桑梓、关心百姓疾苦的赤子之心。

此外，与方志学主张的"述而不论"原则不同，村志在文本书写上往往带有作者的感情色彩，体现了一种独特的人文关怀，也能体现出村志编纂者对家乡的深厚感情。

二、官方督修村志

民国三十四年(1945)12 月，山西虞乡县(今运城永济市辖)政府致电下辖各治村，令其纂修"治村志"，《虞乡县第三区黄旗营治村志》的末尾附有电报原文。该公令要求各治村召集村中教员及有识之士纂修村志，规定了村志的目录，并且要求必须画图。此外，对于村志的装订和纸张也有规定。最后，还说明限两星期完成此项工作。虞乡县下令各治村造送村志，主要是由于战争刚刚结束，需要尽快了解各治村的具体情况从而更好地施政，因而此公令也明确要求："事实务必详细，数目务必正确。"《黄旗营治村志》即在此官方要求

①李贵申：《灵石县西河底村四字联语志》，《山西文史资料》1997 年第 5 期，第 100 页。
②苏俊杰等：《虞乡县第三区黄旗营治村志》，《山西文史资料》1997 年第 4 期，第 143 页。

下纂修而成。

虞乡县下令各村修志是山西在民国时期第一次，也是唯一一次官方督修村志的记载。照此情况来看，除黄旗营外，其他治村也当修有村志，但目前所见到的仅有《黄旗营治村志》一种，属实可贵。

三、官修县志促进村志编纂

村志的编纂体例往往仿照县志，县志的纂修必然会影响到村志的编纂。中华民国建立后，军阀混战，再加上抗日战争影响，传统修志活动受到一定干扰，然而这段时期仍有官方主导的修志活动存在，并且取得了一些成果。

民国六年（1917）山西省公署下令各县修志，并颁布了由郭象升（1881—1941，山西泽州人）拟定的《山西各县志书凡例》[1]。郭象升等人从民国初期山西社会发展的实际出发，提出纂修县志要"因时制宜"，对以往县志进行续修或重修，"舍其短而集其长"[2]，最终拟定了由图、略、传、表、考五部分构成的方志编撰新体例。之后一段时间山西撰成的新志，如《曲沃县志》《虞乡县新志》《灵石县志》等，在延续传统志书体例的同时，均受到了郭象升《山西各县志书凡例》的影响。尤其是《虞乡县新志》，编纂者在凡例中明确表示遵循新例，其体例与郭氏所主张的修志体例完全一致。山西省下达的修志训令对一些地方文人也产生了影响，使他们萌生了为村作志的想法。如《阳城

---

①郭象升：《山西各县志书凡例》，载祁明编《山西方志要览》，山西省新闻出版局，1997，第 273 页。
②郭象升：《山西各县志书凡例》，载祁明编《山西方志要览》，山西省新闻出版局，1997，第 273 页。

大宁乡小志》以图、略、传、表、考统领三十六门,体例与民国六年山西省公署颁布的志书凡例几乎一致,显然是受到了官方修志活动的影响。另外,在《灵石县西河底村四字联语志》的"弁言"中,作者李贵申提及"因本邑续修县志之感触,偶就本村事实,作四字联语"[①],亦可证明县志纂修推动了地方文人编修村志,且村志中处处可见征引县志之处。

四、民国山西村治的影响

中华民国建立后,山西省内政局相对稳定且较为独立,为解决农村衰败、经济凋敝等问题,当政者提出实行乡村自治,即"将政治放在民间,任村人自了村事"。民国六年(1917),阎锡山开始在山西进行村制改革,颁布了一系列规章制度。最初推行"六政三事",继而实行编村制,逐步在农村设立自治机关,推行村自治。自此,"村"一级行政单位正式被官方承认,这也是推动地方文人纂修村志的一个重要因素。

山西村治对农村产生了重要影响,最初开展的"六政三事"与人民的日常生活息息相关,一些举措也得到了百姓的支持。编村制的实行使山西的村制得到了规范,也在一定程度上实现了对基层社会的整合。在农村设立自治机关,如村民会议、息讼会、保卫团、村监察委员会[②]等,具有民主实践性质,使得村民第一次有权直接参与到村干部的选举中。尽管这当中存在着许多问题,但"(山西村治)在乡村

---

①李贵申:《灵石县西河底村四字联语志》,《山西文史资料》1997 年第 5 期,第 100 页。
②周子良:《民初山西村自治机关运行的法制化》,《山西大学学报》(哲学社会科学版)2017 年第 3 期,第 218 页。

建立了民主制度……在客观上都有利于山西近代化的进程"①。

村政建设让知识分子感触颇深。刘天成完成《汾阳西陈家庄乡土志》是在民国十五年(1926),其增修志书时山西村政建设正如火如荼地进行着。作为一个从日本游学归来的新式知识分子,刘天成对地方自治有着自己的看法。从《西陈家庄乡土志》的自序中可窥见刘天成对乡村自治的理解。

> 尝读《周礼》,有乡师、乡大夫职,以及州长、觉(党)正、族师,各掌其所属之教治政令,使民涣诘;而书其德行道艺,凡以示勉励、侯宾兴也。下逮闾胥比长,皆各有长帅,相受相及。故能至风俗敦庞,百姓亲睦。三代而下,汉有乡老,魏有乡官,悉由吏部选授;唐之里正村正,犹皆以勋□推举;至宋竟以胥徒为之。然后贤者不乐为,而乡治坏矣。清代未立乡官,第择里中之贤者,充膺社首,治一乡之事。吾晋尤有古唐遗风,各里乡村,向已略具自治规模……②

刘天成认为周代风俗敦庞,百姓亲睦,很大程度上是因为有"乡师""乡大夫""州长""党正"等各种掌管地方政令的官员;而汉代的"乡老"、魏晋时期的"乡官"、唐代的"里正""村正"等基层官员对于地方稳定也作出了贡献。显然,刘天成对地方自治持肯定态度,对民国时期山西的村政建设抱有很大信心。他在序言中说道:"迨共和肇造,村政厉行。乃与同人谈及,咸欲继续增修……"③民国时期山西村政建设对当时的农村社会产生了不小影响,而刘大成认为有必要增

---

① 杜艳刚:《民国时期山西村治探析》,硕士学位论文,西北大学,2012,第42页。
② 刘天成:《汾阳西陈家庄乡土志》,《山西文史资料》1997年第6期,第133页。
③ 刘天成:《汾阳西陈家庄乡土志》,《山西文史资料》1997年第6期,第133页。

修《汾阳西陈家庄乡土志》以记录村政建设状况。《西陈家庄乡土志》卷三有"村制"一门，记录了 20 世纪 20 年代西陈家庄的村治情形，可见作者对其重视程度非同一般。

另外，《灵石县西河底村四字联语志》中提到关于"整理村范"的内容。"整理村范"是山西村政建设的一项重要内容。民国十年(1921)山西省署颁布《整理村范规则》，以消除村中不良之民、无失学儿童为主要入手点，旨在让所有不良之人成为范例而警示他人，从而达到改良乡村社会风气的效果。20 世纪 20-30 年代，在官方与乡村的共同治理下，整理村范及其他改革措施在乡村产生了良好影响，当时山西有"模范省"之誉。1929 年，梁漱溟在山西考察时也曾说："山西在这方面……有一种维持治安的功劳。"[1]但这些都是山西村治实施早期的状况。《灵石县西河底村四字联语志》成书于民国三十年(1941)，此时由于国内战乱和抗战时期行政混乱，山西村治已经处于萎缩状态，官方行政力量已更强地渗透到乡村，乡村自治程度较之前削弱很多，农民生活困苦，农村经济凋敝，因而有学者认为山西村治"并没有给山西乡村社会带来明显的变化，山西社会封闭、落后的状况也没有较大的改变"，"甚至到 20 世纪 30 年代中期，整个山西乡村社会陷入了普遍的贫困化"。[2]《西河底村四字联语志》纂于 20 世纪 30 年代后期，40 年代初刊行，程文根在为《西河底村四字联语志》所作的序文中提及，作者李贵申"感时事之多故，惜村范

---

[1]梁漱溟:《如何奠定现在的国家》，载《梁漱溟全集》第 4 卷，山东人民出版社，2005，第 673 页。
[2]张启耀、冯婉婷:《"村政建设"与近代山西乡村社会变迁——兼论"村政建设"的失败原因》，《运城学院学报》2020 年第 4 期，第 4 页。

之沦亡"①,于是将自己在西河底村数十年的亲身经历汇编成此志。作者"惜村范之沦亡"的感慨也可印证山西村治在此时已经走入困境,"时事多故""村范沦亡"也是促使作者纂修村志的另一个原因。

20 世纪 20 年代中期,山西村治正处于开展最为激烈的时期,也是反响最大的时期,因此刘天成在《西陈家庄乡土志》中表达了他对乡村自治的信心;但到了 30 年代末,当李贵申开始纂写《西河底村四字联语志》时,山西村治已经逐渐走向衰亡。

---

①李贵申:《灵石县西河底村四字联语志》,《山西文史资料》1997 年第 5 期,第 100 页。

第三章　5种村志的内容与特点

一、5种村志的体例与内容

明清以来,官方多次颁布修志凡例,规定修志的体例与内容,中国地方志编纂逐渐形成一套成熟的体例。5种民国山西村志多仿照县志体例,有平目体、纲目体、三宝体,以及民国六年山西省公署颁布的由郭象升拟定的"凡例"体等。相较于体例完备的府州县志,村志在规范性上稍显不足;同时由于村志记述范围小,其门目设置和内容更加微观具体,地方特色鲜明。

(一)《汾阳西陈家庄乡土志》

《汾阳西陈家庄乡土志》的例言部分清楚地说明了本书的体例结构及类目编排理由:

> 第一卷凡志以土地人民政事为主,而乡村尤以土地为本……
>
> 第二卷有土而后有人。属于人民事项……
>
> 第三卷有工有人,非政事弗克安居乐业……

第四卷附载艺文……①

《汾阳西陈家庄乡土志》采用三宝体的体例结构,用土地、人民、政事统领十七门,最后加上艺文部分。三宝体指志书的内容分土地、人民、政事三类,按《孟子·尽心下》"诸侯之宝:土地、人民、政事"②而设立,有时也会加上艺文部分构成四类。

《汾阳西陈家庄乡土志》共四卷,十八门,志首有三篇序文和四则例言。三篇序文分别由时任太谷县知事王育(堉)昌[1]、邑人田雨时以及作者刘天成所作。

卷一以土地为纲,总括村图、疆界、物产、街市、庙宇、古迹六门。村图包括村落全图及村四周与邻村接壤图,其后附有汾阳全县简明地图;疆界一门列入民国十六年(1927)本村的地亩原册,将本村田地分为大小共68块地境,并详细记载了每块地境的位置及面积;在物产门中,作者首先用大量的笔墨描述了农民所必备的农业知识,如区别土壤、研究肥料、察度气候、储藏粮粟等等,继而分谷类、蔬菜、瓜类、果类、木类、花类、草类、畜类、禽类共九种记述本村物产,既记载了各类物产的具体名称,又详细介绍了其在本村的具体位置分布及产量多寡;在街市中,记载了西陈家庄的16条街、11条里巷、10个闾门以及2个市集;庙宇一门记载了22座寺庙祠观;古迹则记载了本村年代久远的遗迹及古井,侧重记述其现状。

卷二以人民为纲,设户籍、生计、乡约、善行、节孝、选举六门。户籍中列入西陈家庄民国十五年(1926)的户籍册,详细记载了本村11闾66邻355户的户主姓名,并将其职业划分为士、农、工、商、军、堪

---

① 刘天成:《汾阳西陈家庄乡土志》,《山西文史资料》1997年第6期,第134页。

② 焦循:《孟子正义》,中华书局,2011,第1001页。

舆、优伶等类；生计一门对本村人谋生之具体职业及生活奢俭状况作了分析论述，从而说明本村农商户多且生活宽裕；乡约一门引用了陕西蓝田《吕氏乡约》，继而记录了本村旧有禁令及遗俗，同时将民国十二年(1923)由本村村民会议拟定的《不动产典赎规则》和《改良社会习惯简章》附于后；善行、节孝和选举则专记人物。

卷三以政事为纲，统领村制、水利、教育、灾异、杂识五门。村制下分村政大纲、整理村范、村民会议、村禁约、息讼会、保卫团、监察委员会、村公所办事简章等八条，是当时山西村政建设运动在西陈家庄的具体表现；水利一门记载了清代民国时期西陈家庄的水利状况，以及与周边村庄的用水争端等，展现了西陈家庄丰富的水利资源、便利的灌溉条件；教育一门记载了自清末至民国间西陈家庄的教育及学校沿革状况；灾异一目分为旱灾、水灾、虫灾、震灾，记载了西陈家庄所经历的较为严重的自然灾害，其中一部分摘自邑县志，但绝大部分有关民国时期的灾害及赈灾措施记载都是作者亲身经历，记述极为详细；杂识一门记录的是不能归属以上各类，但对西陈家庄发展有一定意义的内容。

卷四仅艺文一门，内容以寺庙碑记、墓志，以及咏怀西陈家庄名胜古迹的杂体诗文为主，全面展现了西陈家庄的历史人文底蕴。

由上可知，《汾阳西陈家庄乡土志》是一部典型的三宝体志书。作者在编排具体内容时，一方面继承了以往县志的传统，另一方面又对入志内容有所取舍。如取消了沿革、建置等县志中必备的门类，进而将本村的历史沿革放入杂识中进行简要叙述。又如以往县志往往将街市、庙宇置于建置或古迹等目之下，而《西陈家庄乡土志》则将街市、庙宇、古迹单独设门，记述更为详细具体，同时还增加了生

计、乡约、村制等以往府州县志中几乎不载的内容。

(二)《阳城大宁乡小志》

《阳城大宁乡小志》不分卷,志首有 2 篇序文,分别由时任山西榆社中学校长的卫树模以及作者的同乡兼好友赵育英所作。全志以图、略、传、表、考五大类为纲,下设细目。

"图"下有村图一幅。

"略"下设疆域、经纬度、山脉、河流、田地、水利、森林、生业、物产、户口丁役、田赋仓储、学校教育、道路桥梁、团防等十四门。疆域和经纬度较为准确地记述了大宁村的地理位置;山脉、河流、田地、水利、森林分别记载了大宁村的自然资源,同时还记载了作者对于资源利用的看法;学校教育则从民国大宁村设立近代学校开始记述,内容涉及学校校址变迁、经费来源以及教员薪水等。"略"这一类目涉及乡村生活的方方面面,几乎可谓无所不包,并且作者在多个条目中都有自己的看法和建议,文笔精练,语言通俗易懂,能看出作者对家乡历史以及发展的深切关注,带有一种强烈的人文关怀。

"传"分明、清两门,共 12 篇人物传(有附传),涉及 15 位名人乡贤,每篇传后附撰写者姓名,其中 9 篇为王璧自己所作,为前邑志所无。

"表"下设科贡、教职员、选举三目,各目下又有不同小目。科贡分文、武,按时间由远及近排列,共列 25 人,其中还记录了民国时期大宁村取得中学及以上学历者 10 人;教职员表记民国大宁村中小学教员 18 人,学董 12 人;选举表分清代、民国两目,清代又分为里董和北区乡议会议员,民国下列举了村长和村副的人员更替。

"考"的内容最为丰富,也能看出作者在此用力最多,下分沿革、

古迹、金石、著述、旧闻、丛考六目。古迹考记大宁村寺庙、古井、遗址等共9处。金石考共记录大宁村所存碑目34种，其中宋金元5种、明代8种、清代13种、民国7种，另有一造像年代不明，据作者考证应属北朝时期。著述考记26种著述，包括家谱、日记、名人诗文集、年谱、剧本等，并对其存于何处何人之手作了说明。旧闻考记录村中旧闻16条，除水旱、饥荒等自然灾害外，还记载了民国时期社会动荡情况下军匪对百姓的大肆掠夺和骚扰，以及人民苦不堪言的境况。丛考收录了57首诗作，其中26首为王璧所作，大多描写了大宁村及崦山的自然风景。

《阳城大宁乡小志》完全按照民国六年(1917)《山西各县志书凡例》建议编写，是将纪传体史书编写方法以及方志学和清代考据学理论相结合的范例。

(三)《洪洞县蜀村志》

《洪洞县蜀村志》和《黄旗营治村志》均为平目体志书。平目体是将志书内容分为若干类，其下不再分类，且各大类之间平行排列、相互独立的分类方式。

《洪洞县蜀村志》不分卷，无序无跋，开篇即为目录，体例简洁明了。蜀村多山泉、古迹，作者在编写《蜀村志》时即按此特点将全志分为寺庙祠墓志、山泉河渠志、人物志、金石志，书后附有"碑目补遗"4篇。寺庙祠墓志共记遗址9处(包括会胜寺、韩君祠、韩君墓、韩君碑亭、关帝庙、老子庵、韩御史恭墓、卫总兵圣畴墓、诗人李敏墓)。山泉河渠志记二山(九箕山、狐突山)、二泉(弃瓢池、申老泉)、二渠(润源渠、长润渠)。人物志遵循史家生不立传的传统，记金元至民国时期13人(包括董威、韩世荣、韩恭、张守大、王者果、杨铺荫、杨作嘉、杨

志恂、郑永芳、郝云鹤、李敏、杨清喆、韩世贞），且有附传。郑永芳后附其子郑师罩，郝云鹤后附其子郝允褒。金石志收录唐、宋、金、元碑文共 8 篇，每篇下附有作者按语，介绍碑碣所处位置、大小形状及现状，并考证了一些字迹漫漶不清的碑文。志书末尾"碑目补遗"记述了 2 通宋代碑刻和 2 通金代碑刻的情况，但由于"字迹漫漶""残落颇多""被毁难识"，没能将这 4 通碑刻文字记录下来。

从《蜀村志》的门目设置及内容来看，寺庙祠墓、山泉河渠、人物、金石等均记述的是本村的自然、人文历史情况，而反映人民日常生活的户口、物产、风俗等丝毫未提及，由此可以看出作者在编纂时重人文轻经济的取向。另外，《蜀村志》未设艺文志，而是将诗文直接附在相关事物、人物之后。此举使得行文略显臃肿，未能凸显出艺文部分保存地方文献资料的功能。《蜀村志》共收录 26 篇诗文和 8 篇碑文，完全可以单设艺文志，使体例和内容更加清晰明了。

（四）《灵石县西河底村四字联语志》

《灵石县西河底村四字联语志》未采用或借鉴以往方志体例，而是将所记述内容编成押韵的四言联语，并在每一联下加上注释，使人易于记诵。此种写法更类似于诗歌体。《四字联语志》志首有序文 2 篇，弁言 1 篇；全志共 69 联，138 句，内容涉及地理沿革、山川古迹、道路桥梁、风俗物产、人物事迹等各个方面。志书末尾附有七言诗四则，出版时还增刊村人张谱薰遗作 2 篇作为附录，书后有跋语 1 篇，并且标明了刊刻日期。志首 2 篇序文分别由邑人蒋乾（字建甫）和村人程文根撰写。程文根在序中介绍了作者李贵申编写村志的背景，还记述了志书编写直至付梓的过程。志末跋语是程文根在《四字联语志》出版时所作，还记载了增刊村人遗作的缘故，表达了作者期

待日后资料搜集更加完善时重刊此志的愿望。

《四字联语志》按照作者思路,采用诗歌加注释的形式记述,起到了文省而事增的效果,也便于人们抄录和记诵。但这种记述方式不立标示、不分节目,使得分类不够清晰,参阅查找时多有不便。

(五)《虞乡县第三区黄旗营治村志》

《虞乡县第三区黄旗营治村志》不分卷,志首有题诗 1 首,引言 1 篇,凡例 6 则。全志共分十四门,包括:治村境界及范围、沿革、先贤、名胜古迹、地亩粮色、物产特产、户口、教育、在外作事人物及职务、工商业、牲畜、家庭副业、宗教信仰、车辆。志书末尾附有一封虞乡县下令各治村修志的电报。从门目设置来看,《黄旗营治村志》在遵守官方要求的同时,还根据本村实际情况增加了一些内容,如在外作事人物及职务。由于黄旗营治村外出谋生人员较多,于是编者对此进行了调查,将本村在外人员姓名、职业及所在地点一一列出。因受战争影响,黄旗营治村民生凋敝,工商业破产,人民生活困苦,编者为说明发展经济及改善人民生活的重要性和紧迫性,于是结合本村现实增加了"本治村工商业概况""本治村家庭副业"等一些官方拟定目录中未有的内容。

村志开头有一首名为《村志题首》的七言诗,体现了编者对编纂村志的看法。

村志题首

村志虽然非大雅,导窍差可一线通。

花花絮絮扯不尽,化成俗美咏魏风。①

---

① 苏俊杰等:《虞乡县第三区黄旗营治村志》,《山西文史资料》1997 年第 4 期,第 143 页。

　　《黄旗营治村志》从开始编写到校正、缮写全部完成仅用了两周时间，其中多是对现状的调查和分析，主要是为完成上级下达的任务而作；但从上述题首诗中亦能看出编者是将此志作为一种能够承载本村历史发展的有效载体，希望其能流传于世、造福后人。

　　《黄旗营治村志》在编写中使用了8个统计表，这些表与以往地方志所用表体例不同。以往方志将表用于诸如职官、科贡等内容，以表格的形式列出各个时期人物的姓名及大致情况；而《黄旗营治村志》中的表均为近代统计学意义上的调查表，主要内容是经调查走访得到的数据。这些表格放在每一目下的文字叙述之后，使文字叙述更加可信。如在记载本村家庭副业情况时就配有表2.3.1。

表2.3.1　黄旗营治村家庭副业调查表[1]

居村别	养蜂	养鸡	养鸭	养猪	养羊	养蚕	备考
永盛庄		四二		一一			
常旗营		二〇〇		一〇	五		
郭家庄		二六		一			
枣圪塔	四箱	二二〇		三	一四		
黄旗营		一五一		一六	三		
杨　村		五一		一一			
普乐村		四四		五			
合　计	四箱	七三四		五七	二二		

　　从表2.3.1能够看出，黄旗营没有养鸭和养蚕的家庭，作者在最后汇总时完全可以将这两项删去，但村志依然予以保留，说明原先应当是有此产业的。作者也专门对表格中养蚕业为零的情形作出解释：

---

[1]苏俊杰等：《虞乡县第三区黄旗营治村志》，《山西文史资料》1997年第4期，第159页。

> 虞乡号为蚕桑之区,数年以来,民生凋敝,尤其木柴,实感惶
> 恐,凡桑树十九被其斩伐刨根,所余者无非细小,无任养蚕,故蚕
> 业已一败涂地矣。[①]

虞乡本为蚕桑之区,但由于战乱影响,民生凋敝,百姓为了生存只能将桑树当作木柴砍伐,以致养蚕业绝迹,丝业收益全无。因此,作者在村志中提出,希望日后"积极提倡务桑养蚕,恢复原业",以泽被后世。

《黄旗营治村志》是5种民国山西村志中唯一一本由官方督修的村志,仅用两周时间纂成,能做到调查统计如此翔实,实属不易。

二、5种村志的体例特点

通过对现存5种民国山西村志体例的分析可以看出,其有区别于以往府县等志的特点。为便于分析和比较,现将5种村志体例及类目设置情况汇总如下(见表2.3.2)。

表2.3.2 5种民国山西村志体例及类目设置情况表

村志名称	卷数	序（引言）	凡例（例言）	图	门目	跋	备注
《汾阳西陈家庄乡土志》	4卷	3篇	4则	有	卷一村图、疆界、物产、街市、庙宇、古迹,卷二户籍、生计、乡约、善行、节孝、选举,卷三村制、水利、教育、灾异、杂识,卷四艺文。	无	

[①]苏俊杰等:《虞乡县第三区黄旗营治村志》,《山西文史资料》1997年第4期,第159页。

续表

村志名称	卷数	序（引言）	凡例（例言）	图	门目	跋	备注
《阳城大宁乡小志》	不分卷	2篇	无	有	疆域略、经纬度略、山脉略、河流略、田地略、水利略、森林略、生业略、物产略、户口丁役略、田赋仓储略、学校教育略、道路桥梁略、团防略、传，科贡表、教职员表、选举表、沿革考、古迹考、金石考、著述考、旧闻考、丛考。	无	
《洪洞县蜀村志》	不分卷	无	无	无	寺庙祠墓志、山泉河渠志、人物志、金石志，碑目补遗。	无	
《灵石县西河底村四字联语志》	不分卷	3篇	无	无	不分卷目，内容涉及境域、沿革、人物、古迹、道路、风俗、物产、风景名胜、文化。	1篇	
《虞乡县第三区黄旗营治村志》	不分卷	1篇	6则	有	全志共十四门,包括:各居村四面之距离、沿革、先贤事略、名胜古迹、地亩粮色及粮银总数、物产、户口、教育、在外作事人物、工商业概况、牲畜、家庭副业、宗教信仰、车辆。	无	志首有题诗1首

首先，村志编纂者在体例选用上具有主观性。编纂者在确定体例时一方面会受到以往府州县志体例的影响,如"故其节目,应仿县志""估仿县志之采"①,故而常常仿照以往志书常用的平目体、纲目体、三宝体等体例;但另一方面,由于村志记述范围较小,编纂者可以充分发挥主观能动性,根据需要和具体实际对已有休例进行一些调整。如《洪洞县蜀村志》虽采用平目体,但没有以往县志中必不可少的沿革、建置、风俗、物产等目,而是以寺庙祠墓、山泉河渠、人物、金石统领全志,更能凸显乡村的人文地理风貌。《虞乡县第三区黄旗

①苏俊杰等:《虞乡县第三区黄旗营治村志》,《山西文史资料》1997年第4期,第143页。

营治村志》也采用平目体,但在具体行文过程中使用了大量统计表格,如"地亩粮色及粮银总数调查表""间数、户口数及男女数共计数调查表""教育概况一览表""牲畜调查表"等,突出了此志富于搜集、统计和调查的特点。《灵石县西河底村四字联语志》更是开创了一种村志体例,其行文大致延续以往方志先沿革、地理,而后人物、山川古迹、风俗物产的内容次序,但在叙述手法上采用了四言韵语加注释的方式,韵语简洁,注释详尽,起到了文省而事增的效果。

其次,5种村志的体例结构不规范,有的无序无跋,无凡例,甚至无目录。对于一部体例完整的地方志而言,其构成大致包括序言、凡例、目录、地图以及志后跋语等,但由于村志多为私人编纂,在体例上大多不如府州县志那样完备而规范。在民国山西村志中,除《洪洞县蜀村志》外,其余志书均有序言(也有称引言、弁言)。村志序言的篇数从1篇到3篇不等。跋语在村志中极为少见,仅《西河底村四字联语志》有跋语,记载了该书付梓的过程。凡例通常是用来说明志书主要内容和编纂体例的,有"发凡起例"、提纲挈领的作用,但在5种村志中仅《西陈家庄乡土志》和《黄旗营治村志》有凡例。《西陈家庄乡土志》的4则凡例详细地说明了志书的体例及类目设置情况,有总揽全志的作用。但《黄旗营治村志》的凡例并未起到"发凡起例"的作用。原文如下:

一、位置——位于县城西北隅。

二、境界——东与高淮治村相接,南越姚痀渠与罗村、平壕、孙常各治村相毗连,西北依涑水与临境相壤。

三、面积——本治村南北纵长约八公里,东西横阔约六公里,截长补短约四十八平方公里。

四、行政区划——本治村所属大小居村七个单位。

五、本治村距县城约二十华里,距区公所约二十华里。

六、每一方格以一公里计之。①

《黄旗营治村志》虽有以上 6 则凡例,但其主要介绍了黄旗营治村的位置、面积、行政区划等情况,而关于本村志所秉持的修志原则及类目设置等均未提及,因此可以说,其虽有凡例之名而无凡例之实。

再次,5 种村志在门目设置上体现了新的时代特点。如《阳城大宁乡小志》设有经纬度略、学校教育略、教职员表,《虞乡县第三区黄旗营治村志》中有教育概况、工商业概况、车辆数目,《灵石县西河底村四字联语志》记载了"中学以上毕业者""总统褒奖""整理村范"等内容,《汾阳西陈家庄乡土志》有村制、村政、村禁约、村民会议等内容,有的是具有近代特色的概念,有的则是新出现的事物,具有鲜明的时代特点。

三、5 种村志的文本特点

5 种村志在入志内容选择上带有较多特点。村志记载范围较小,内容更加微观具体。民国时期是传统方志向近代化转型的阶段,此时村志编纂也带有明显的时代特点。同时,作为一种私人编纂的地方文献,村志在文本书写与表达上带有较为浓厚的作者个人色彩。

(一)记载内容的微观性强

从对现存 5 种民国山西村志体例和内容的分析可以看出,5 种

---

①苏俊杰等:《虞乡县第三区黄旗营治村志》,《山西文史资料》1997 年第 4 期,第 145 页。

村志内容丰富翔实,涉及乡村社会的诸多方面。村志在体例上大体仿照县志,但在具体内容记载上又与县志有所不同。由于县志所载地域较广,为求各项兼包,便不能逐处求详;而村志记述范围较小,因此在记载事物时更加深入和周详。再加上村志作者多为本村人,他们眼光向下,给予了本村人日常生活更多的关注,记录更加微观具体。另外,因为村志编纂者往往有编写村志以备府州县志或国史采择之目的,所以作者在行文时会将相关内容尽可能地搜集完备,这也体现出村志记述的微观性。

从篇目设置来看,以往县志往往将街市、庙宇等置于建置或古迹目下,将物产、户口等置于田赋或赋税之下,而村志大多将其单独列目,记述更为详细具体。另外,村志还增加了诸多县志通常不载的内容。如《西陈家庄乡土志》有生计、乡约、村制,《大宁乡小志》有生业略、道路桥梁略,《黄旗营治村志》有本治村家庭副业、宗教信仰、牲畜调查等内容,这些均零散琐碎,与百姓日常生活息息相关,以往县志大多不载。

"使以乡村为不足志,则县邑之文物制度,异世必茫然无羁。"①编写村志的目的之一是保存史料,以备县志、国史之采择,因此会尽可能多地搜集相关资料,力求做到"博采以详说",故而在内容记载上也更加详细全面。如《大宁乡小志》所记户口能够具体到几户,男女分别是多少,男女学童数几何;《黄旗营治村志》记载了黄旗营治村的间数;《西陈家庄乡土志》不仅记载了间数、邻数,还统计了从事不同生业的户数;《西河底村四字联语志》甚至注意到本村双生孩子

---

①刘天成:《汾阳西陈家庄乡土志》,《山西文史资料》1997年第6期,第133页。

的情况。以往县志记人口时最多记至几户、几口，或与丁役相结合记述，而不会专门记载男女、儿童数，更遑论其职业为何。《西陈家庄乡土志》记述生计时，将村民按士农工商及杂人分类，分述了本村人的谋生手段和生活奢俭状况。关于本村士民，志中提到"有充学校教员及任机关职务者，大抵终年作事，仅能衣食自给，有余者颇少"[1]；对于农民谋生，志中提到"有顶活替活者（地主备马牛、农器、肥料，给以口粮；只以人力顶替主人做活，收获主七力三或主八力二分食）"[2]；记录本村商民时更为详细，介绍了他们在何处经商，大致几岁离家、什么时候成婚，以及多久归家一次等。

(二)新旧事物并存

从5种村志的内容可以看到新旧事物并存的现象，展现了当地农村近代化的过程，体现出较为明显的时代特色。

在记述有关选举内容时，村志往往新旧兼有。如《阳城大宁乡小志》在科贡表中既记载本村宋元明清时期科考中榜之人，又列出了中华民国时期有中学及以上学历之人。《汾阳西陈家庄乡土志》卷二选举部分亦有此种情况。

李耀庭：字斗垣。邑庠廪膳生员。本省大学西斋毕业。民国二年忻县帮审员。

董忠弼：字子良。邑庠附贡生。汾宁中学堂毕业。[3]

从清代的生员、贡生到近代的大学、中学堂毕业生，出现一人身兼新旧两种身份的现象。《西陈家庄乡土志》卷二教育目中，既载有

①刘天成：《汾阳西陈家庄乡土志》，《山西文史资料》1997年第6期，第169页。
②刘天成：《汾阳西陈家庄乡土志》，《山西文史资料》1997年第6期，第169页。
③刘天成：《汾阳西陈家庄乡土志》，《山西文史资料》1997年第6期，第178页。

清代里人办的私塾,又记载了清末民国时期兴办的学堂和国民学校等,体现出民国时期教育的近代化。

《大宁乡小志》田赋仓储略提到民国十四年征收田赋的情况:

> 大宁里地丁正银二百九十五两四钱三分八厘,历年稍稍增减,无大变动。每正银一两,征国币银圆二元五角,附加在外。①

田赋从征银两到征银元,也体现出使用货币的时代特点。此外,在书写方式上,《大宁乡小志》在记载本村地理位置时,不仅使用了传统的"四至"方式,还使用了近代地理学上的经纬度之法,体现出西方科技传入对村志编纂的影响。

《西陈家庄乡土志》卷三杂识,不仅记载了我国传统书信的往来路线,还从记述近代邮政、电信杆、电话杆等方面展现了当地通信的变迁。

(三)注重实地调查

实地调查是编修方志的重要手段,明清官修志书在记录纂修人姓氏时往往有标明"采访"人员姓名的惯例。所谓"采",即查找传世文献资料,而"访"则侧重于实地访问、调查。在编纂府州县志时,由于一州一县地域较广,资料搜集十分不易,因此在采访形式上往往会事先拟定采访条例,再分派采访员到各地进行采访。与传统志书编纂类似,民国山西村志中有相当一部分内容是通过实地调查而来,大都信而可征。如村志中的疆界、山水、户口、物产、古迹、金石等,都是通过实地走访得来的,资料真实可靠。《黄旗营治村志》在这一点上表现得尤为明显。其引言特意说明:"于此种重要项目,首先

---

①王璧:《阳城大宁乡小志》,《山西文史资料》1997年第5期,第122页。

调查,继则填表,最后叙文。"①《黄旗营治村志》载有 8 个统计表,如"闾数户口数及男女数共计数调查表""教育概况一览表""家庭副业调查表""人民宗教信仰调查表"等,说明这些记录当时村内实际状况的表非实地调查不能得来。

村志在记录本村物产、古迹、碑刻时还详细说明其在村中具体分布、现状如何。如《西河底村四字联语志》:"皂角树,小干嫩枝上,多长棘刺,在本邑不可多得,而本村则有二株,一在河漕,一在宅子院花园。"②再如《蜀村志》金石志收录的 8 篇碑文均由作者到原址亲自抄录,碑文后附有按语,不仅记载了石碑的形状、大小,甚至还记录了作者录碑时的情景。如《大唐故居士韩君碑》:"胜暑持纸笔蹲录不获,长期鉴别,误漏在所不免耳。壬申七月二十二日。"③实地调查确保了资料的可靠性,也体现了村志宝贵的价值。

(四)征引材料注明出处

民国山西村志在征引材料时往往将出处直接标注在引文前后。如《洪洞县蜀村志》山泉河渠志载:

> 润源渠,县东二十五里苏堡村。创始莫考,旧志云:宋天圣四年渠册内载,……。《县志》。④

经查,此处"《县志》"指民国《洪洞县志》,所引为建置志⑤中沟渠的相关记载。

《西河底村四字联语志》有:

---

①苏俊杰等:《虞乡县第三区黄旗营治村志》,《山西文史资料》1997 年第 4 期,第 144 页。
②李贵申:《灵石县西河底村四字联语志》,《山西文史资料》1997 年第 5 期,第 113 页。
③杨恩浚:《洪洞县蜀村志》,《山西文史资料》1997 年第 4 期,第 181 页。
④杨恩浚:《洪洞县蜀村志》,《山西文史资料》1997 年第 4 期,第 175 页。
⑤民国《洪洞县志》卷八《建置志》,第 492 页。

本省《小学教育》报端之特栏,载有四个良好小学教师题目,……①

本邑《县志》书中科第栏有:恩贡生李森、李有谟、程汝箴,……②

与上述"《县志》""本邑《县志》"类似,村志在标注引文出处时仅简单注明书名,如"邑旧志""《山西通志·沿革图》""县志载""以上本县志"等,极少会注明其版本、作者等详细信息,使得读者查考不便。另外,由于多数村志没有经过校订,甚至有的仅存初稿,因而在征引文献时也有错误。如《黄旗营治村志》名胜古迹目:"县志所志'明陕西省参政胡希舜墓在普乐村北'(县志古迹考二十六页)即是冢也。"③查民国《虞乡县新志》古迹考④,能发现志中引文与县志原文有出入,并且标注页码也有错误。

(五)间有考证

村志编纂者注意到了考证的重要性,有的用按语单独附在记叙事物之后,有的则与所载事物相结合,直接叙述。在对事物的考证上,亦能体现出作者的史学功底。如《洪洞县蜀村志》中附有大量按语,作者在记述九箕山时,考证了许由栖隐的"箕山"究竟位于何处。

浚按:箕山有五,山东滕县、费县、沂水县、益都县各一,河南登封县一,亦云许由栖隐处。浚视学襄陵,县东南三十里荆村亦

---

① 李贵申:《灵石县西河底村四字联语志》,《山西文史资料》1997 年第 5 期,第 104 页。
② 李贵申:《灵石县西河底村四字联语志》,《山西文史资料》1997 年第 5 期,第 104 页。
③ 苏俊杰等:《虞乡县第三黄旗营治村志》,《山西文史资料》1997 年第 4 期,第 149 页。
④ 民国《虞乡县新志》卷八《古迹考》,第 858 页。

名箕山，有许由冢、许由、巢父祠，水名巢溪。再按《高士传》：尧让天下于许由，由遁耕于中岳颍（颖）水之阳、箕山之阴，则登封之说为近。附记于此，以俟再考。①

历史经久弥远，许由隐居之地众说纷纭，现代史家往往将其视为一种隐士文化或是隐逸观来进行解读。作者杨恩浚虽然只是列出了自己的一些看法，没有得出结论，但这里也可看出他对于家乡历史有着自己的关注。《蜀村志》金石志每篇志文下均附有作者按语，且注明立碑时间、碑碣形状和大小等，具有考证的性质，类似于读史札记。如在"大唐故居士韩君碑"后，作者提及由于此碑后两行全蚀，无法识别出刻者姓氏及立碑年月，于是进行了相关考证："家严抄本第一行有'龙朔元年四月八日造'九字"②之说，而邑人王轩的诗稿中记此碑立于"龙朔二年"。考证之后，杨恩浚认为龙朔元年（661）更合理。此外他还纠正了当时山西省政府委员考证此碑立于贞观年间的错误结论。

另外，《灵石县西河底村四字联语志》亦有不少考证内容。如第二十七联对本村龙王庙中供奉的"龙王"考证如下：

有龙王庙称可汗神（注释：）

西四五里许，突起一最大高岗。上建一庙，乡人沿称龙王庙。院中有《碑记》，以行雨龙王序文为志，噫嘻，误矣。以讹传讹之，历有多年矣。殿中正面，塑像两尊，一男一女，男像面深黑，两耳带以大环，窃思果是雨神，何以女像配之，义何有耳环之装饰？况庙中燎盆石柱上，刻有大金国年号，安知非宋朝金人在中国称

---

① 杨恩浚：《洪洞县蜀村志》，《山西文史资料》1997年第4期，第170页。
② 杨恩浚：《洪洞县蜀村志》，《山西文史资料》1997年第4期，第181页。

帝时,有镇守此方之诸王?遗爱犹存,土人感荷不忘,而香烟祀之。王即金人之诸王,龙即尊王之盛意欤,又可汗为金人元首尊称,斯庙附近,田地之名,土人都呼为可汗神,至今仍之。即此说亦可证明此龙王之非雨神也。姑叙及之,以待后之再为考究。①

作者从"龙王"的塑像形态、庙内石柱的刻文、庙周围百姓的称呼以及时代背景分析,认为庙中"行雨龙王序文"的碑记乃讹误,进而得出此"龙王"非行雨之"龙王",而是当时百姓纪念的镇守此地的诸王。

《阳城大宁乡小志》沿革考从阳城县的行政变迁论述了大宁村的归属变化,同时对村落的由来也进行了考证。村内佛堂有一通金泰和元年(1201)石碑,记载了本村修建释老堂的经过。同时佛堂内有一北朝时期的造像,作者据此推测"大宁"之名由来已久。另外,作者查阅《读史方舆纪要》得知,北魏孝昌年间沁水县改为泰宁郡,而大宁村人通常读"大"为"泰",大宁与沁水距离非常近,因此推测"大宁"昔日可能为泰宁郡之直辖地。②现在看来,作者的考证虽然不够严密甚至还有错误的地方,如志中说"北魏北齐造像,至今一千九百年",实际上北魏、北齐至作者编写村志时最多1600年。即使如此,仍能够看出作者有意识地利用碑刻资料以及传世文献进行考证的过程。

《汾阳西陈家庄乡土志》卷四艺文志收录了一则村耆赵星涛所写的《王壮桥正疑》③。王壮桥是西陈家庄通向外地的必经之路,县

①李贵申:《灵石县西河底村四字联语志》,《山西文史资料》1997年第5期,第106页。
②王璧:《阳城大宁乡小志》,《山西文史资料》1997年第5期,第131页。
③刘天成:《汾阳西陈家庄乡土志》,《山西文史资料》1998年第2期,第162-163页。

志记载宋初里人王壮(号拦街虎)素行暴戾,后被狄武襄公所除。《王壮桥正疑》一文考证王壮桥与王壮、狄武襄公(狄青)之联系,反驳了以往县志的记载,认为王壮乃捐资修桥之善人而非恶人,若狄武襄公除王壮,桥名应为"狄公桥"而非"王壮桥"。而《西陈家庄乡土志》作者刘天成在后附按语中又推翻了赵星涛的观点,认为桥名之由来是因为昔日王壮横行霸道,以桥索贿,且王壮桥所处通衢,名传遐迩,众人厌恶王壮进而推及此桥,于是"王壮桥"之名就沿用下来。最后刘天成还作了一首诗纪念狄武襄公,并且提出"王壮桥"应更名为"狄公桥"。

(六)具有人文关怀的精神

通常来说,志书在纂写时往往遵循述而不论的原则,突出资料性特征。与通常志书所遵循的叙而不论原则不同,大多数村志作者的观点随处可见,原因很大程度上在于村志多为私人纂修,在内容记载上注重一村之社会生活面貌,突出百姓的现实生活,继而发表一些自己的见解。同时,村志作者均为当地人,对于自己的家乡有着深厚感情,因而字里行间便常带有一种独特的人文关怀精神。有学者认为:"传统方志是记录性的,具有档案价值,村志则是主动介入的,在知识层面具有乡土教育的意义,在情感层面,村志具有文学的感化作用。"[1]村志作者在有意或无意之中传达给读者的内容就带有这种"文学的感化作用"。

1.民生

民国山西村志对百姓生活状况多有记述,并且作者往往会提

---

①张宗帅:《关于时间视域下村志写作的思考》,《史志学刊》2019 年第 6 期,第 36 页。

出自己的见解来劝诫、勉励乡人,体现出作者的民本思想。在记载一地赋税时,往往涉及民生。如《大宁乡小志》户口丁役略,作者记载了民国时期军阀混战、加赋加捐、大肆搜刮以致百姓生活极为艰难的状况。

> 自民国十三年后,军阀跋扈,内战叠起,军饷奇绌,除豫征一年钱粮外,每正银一两,又带征军饷洋三五元、七八元不等。……省府苦于应付,征敛尤苛,各县驻军,又任意搜刮抢掠,或架票勒赎,尤以岳军为最甚,土劣乘机罗掘,于是十室九空,民不堪命矣。[①]

再如《黄旗营治村志》关于工商业的记载,作者提及长达九年的战争使人民受到压迫,"生计将绝,农业生产衰落",本村工商业经济遭受严重打击,百姓生活苦不堪言。

此外,村志中还有对村中百姓日常生活的记载。如《西陈家庄乡土志》中记述了本村人的生活习惯和整体生活水平状况。

> 大致农工之家多勤俭,商之家稍奢华。综计阖村人情,均属和平,向少健讼斗殴之举。贫富不甚悬殊。衣服多用大布,少用丝绸;食物多用谷豆、高粱,少用麦黍,以面为主,以米为辅。住户多用砖瓦,间用土垒;木架杂用松、榆、杨、柳。屋内素好陈设,注意清洁整齐。生活程度较城为低。所可取者,乡里间相支相助,一向亲睦,故能安居乐业。[②]

先介绍了本村从事各业人员的贫富状况,再从衣、食、住方面介绍本村百姓的生活习惯,最后说明本村百姓相处和睦、安居乐业的

---

①王璧:《阳城大宁乡小志》,《山西文史资料》1997年第5期,第122页。
②刘天成:《汾阳西陈家庄乡土志》,《山西文史资料》1997年第6期,第169页。

民风。在物产目中,作者还对本村土地以及一些农业生产知识作了
详细记述。如对西陈家庄的土地种类作了分析,列出了 8 种与农民
耕作、生活紧密相关的技巧,包括如何区分土壤、研究肥料、察度气
候、储藏粮粟等。这些内容大多是作者对农业常年观察、学习和研究
所积累的经验之谈,体现了作者对农民、农业的深切关注和体悟。另
外,《西陈家庄乡土志》中专设乡约一目,引用了陕西蓝田《吕氏乡
约》全文,并且附上了本村旧有之禁令与遗风遗俗。显然,作者非常
重视乡村民风民俗,希望村民学习乡约乡俗,将本村安定和睦的民
风更好地传承下去。

值得注意的是,村志还记述了一些当地百姓的日常生活习惯或场
景。如《西河底村四字联语志》讲述了杨芽的食用方法和艾蒿的作用。

杨芽好吃蒿□痛与(注释:)

立夏节前,摘取杨芽,煮熟,用冷水漂过,当时菜食之。

有种野草,似艾非艾,土人呼为艾蒿,盛夏之际,采其嫩者,凭
指力分股扭合,制为形,燃之不熄,其味极清雅,专可驱蚊……①

《大宁乡小志》有关于大宁村百姓制作渗菜的记载。

吾乡风俗,每秋月摘豆叶,携向清溪淘净,名曰渗菜,缕切贮
瓮,压以石,久之其酸震齿,所以储冬食也,作《渗菜词》。②

至今,晋城地区仍然延续着食用渗菜的传统,渗菜的制作方法
也完全如上述引文所说。

正是由于村志编纂者大都生于斯长于斯,对百姓的日常生活非
常关注和了解,因此在这方面的记载就较为详细,也体现出这些村

---

①李贵申:《灵石县西河底村四字联语志》,《山西文史资料》1997 年第 5 期,第 112 页。
②王璧:《阳城大宁乡小志》,《山西文史资料》1997 年第 5 期,第 139 页。

志编纂者的民本思想。

2.改良陋俗

"五里不同风,十里不同俗。"村志中关于当地风俗的记载较为详细且各有特色。值得注意的是,村志中还记载了一些当地的陋俗或陋习,产生了不好的社会影响,甚至形成了一种社会问题。村志编纂者将这些习俗记载下来用以警示村民。

如《西河底村四字联语志》有关于"水送鬼祟"之俗的记载。

习俗男女偶遇疾病发作,或以为有鬼祟缠身,又名为得坐客,即以水满碗内,置油茶纸泊少许,发送之。本乃本地各村通有之迷信,本村文明开化,主张破除者颇多。①

从记述能明显看出作者反对这种迷信思想,同时也反映出近代西方先进科技思想的传入对农村的封建迷信产生了影响。

再如《西陈家庄乡土志》卷二乡约目载有《改良本村社会习惯简章》(共九条),第一条就说明制定该简章的目的:"破除村众迷信,戒奢崇俭,利于民生。"②其中列举了数种改良不良习俗的办法,并且表明由本村耆老、村闾邻长带头遵守,以期转移社会风俗。如:

第三条:演剧,通年只可一次。秧歌等戏,一概禁绝。

第四条:丧事应禁延僧道诵经,糊用种种纸扎及各项浪费。③

显然此简章的推行有利于改变村民在神事上迷信、铺张的做法和风气。不论此简章在西陈家庄的实施情况如何,作者能将其列入村志就体现出对不良风俗转移的期待。

---

①李贵申:《灵石县西河底村四字联语志》,《山西文史资料》1997年第5期,第107页。

②刘天成:《汾阳西陈家庄乡土志》,《山西文史资料》1997年第6期,第170页。

③刘天成:《汾阳西陈家庄乡土志》,《山西文史资料》1997年第6期,第172页。

一些陋俗在农村社会产生了诸多不良影响，比如奢靡浪费、互相攀比。《大宁乡小志》记载本村村民由于沉迷于迎神赛社等，导致生活困苦，甚至出现荡产卖儿的现象。

> 卖儿贴妇礼空王，只羡浮图百尺强。辛苦比邻共社事，田园已鬻典衣裳。(邑人竞社事，或至荡产，最为结习)①

村志作者通过记载本村陋俗陋习，希望劝诫乡里、匡正风气，同时这也体现了村志编纂者关心桑梓的人文情怀。

3.自然灾害

灾害记载一直是方志不可忽视的一部分内容。水旱、地震等灾害的最直接后果就是粮食歉收、绝收，进而可能引发饥荒、流民以及疫病等严重的社会问题，对人们的生产生活甚至生命造成极大威胁。《大宁乡小志》旧闻考载有民国五年（1916）和民国二十一年（1932）两次水灾对当地的破坏情况。

> 中华民国五年夏，芦河暴涨，沿岸园田被水冲沙压者甚多，父老谓较同治三年之水为大云。又自是年大水，村东南芦河北岸水田被冲甚多，上流田园之被沙压者尤多，钱粮尚未免除。民国二十一年夏，大雨频降，芦河侵及村境大道，田禾多淤坏，上黄崖村前田园场圃冲浣殆尽，大宁水冲毙牧童云。②

大雨导致芦河暴涨，致使村内许多田园、庄稼被冲毁，粮食歉收，甚至有牧童被溺死的现象。同时，作者还提及受灾后政府并未减免税粮，当地百姓生活艰难可想而知。

除了记载灾害事实，村志作者也时常表达出对受灾百姓的同

---

① 王璧:《阳城大宁乡小志》,《山西文史资料》1997 年第 5 期,第 139 页。
② 王璧:《阳城大宁乡小志》,《山西文史资料》1997 年第 5 期,第 137 页。

情。如在《西陈家庄乡土志》灾异目中,当西陈家庄百姓遭受水灾时,作者发出"哀哉小民,何辜于天"的哀叹;而通过当地士绅及百姓共同努力战胜灾害后,作者又记载道:"是役也,固属天不降祸,亦缘人之措置咸宜,故共庆安澜,同归奠定。实即吾乡及宣紫、义安等村之无量幸福。"①

综上,5 种村志在记载百姓生活、陋习以及自然灾害等内容时,编纂者往往会表达看法或抒发感情,尤其对百姓生活状况和社会风气的关注,体现出与以往官修志书所不同的人文关怀特点。

四、5 种村志的史料来源

现存 5 种民国山西村志的史料来源大致可分为三类: 第一,参考最多的是当地县志;第二,除方志外的其他地方民间文献,以及实地调查、搜集所得官方和非官方资料;第三,历代史书和儒家著作。

方志是村志编纂者所能接触到的最直接、最系统的资料,5 种村志均参考并引用了当地县志。如《汾阳西陈家庄乡土志》灾异目征引了光绪《汾阳县志》事考中诸多有关水旱灾害的记载,《洪洞县蜀村志》引用了民国《洪洞县志》人物志、建置志、艺文志以及光绪《山西通志》沿革谱、金石记等内容,《灵石县西河底村四字联语志》参考和引用了万历《灵石县志》、民国《灵石县志》选举志、人物志、仙释等内容,《大宁乡小志》参考了同治《阳城县志》人物志、杂志等内容,《黄旗营治村志》参考了光绪《虞乡县志》拾遗、民国《虞乡县新志》丁役略、古迹考等内容。

---

① 刘天成:《汾阳西陈家庄乡土志》,《山西文史资料》1998 年第 1 期,第 176 页。

除地方志外，村志中还引用了大量地方民间文献及官方调查资料。如《洪洞县蜀村志》收录有洪洞人王轩的 10 首诗，出现四次"王顾斋曰"。这些诗文只有少数见于县志，其他几篇应当是引自民国时期行于世的《顾斋诗录》《耨经庐诗集续编》以及王轩的诗文手稿（后被杨恩浚整理为《顾斋遗集》）。还引用了洪洞东张村人李时升所著《古杨画家录》（已佚）。另外，《蜀村志》作者杨恩浚在考证村志所收录的一通碑的立碑年月时，提及"家严抄本第一行有'龙朔元年四月八日造'九字"[1]，说明作者参考了其父亲的某种日记或笔记。《大宁乡小志》参考了山西省公署于 1920 年编纂的《山西省政治统计》，在记载本村户口时，明确提到根据本村户口册所载记录。同时，《大宁乡小志》人物志内容多为邑志所无，应参考了不少本村家谱，如桃源《王氏族谱》、下黄崖《白氏族谱》，另外还有一些村人著述等。《西陈家庄乡土志》疆界中附有民国十六年（1927）调查测量编成的村地亩原册，户籍中附上了民国十五年本村新编之户籍册。这些均是村内调查资料，数据较为可靠。乡约目中引用了《吕氏乡约》的内容。村制所载内容则是西陈家庄村实行的各类改进村制的办法和规章制度等官方文件。艺文志除录有碑文墓志外，还引用了本村人赵星涛的遗著以及《赵氏家乘》等村耆遗著遗文。《西河底村四字联语志》引用了当时的报刊资料《本省小学教育》特栏中记载的模范教师文字。此外，村志艺文部分还收录了诸多村人著作或与本村相关的诗文、碑文，其中大多是作者自己收藏或走访调查、实地抄录所得。

村志中还引用了不少儒家经典或史书内容。如《西陈家庄乡土

---

[1] 杨恩浚：《洪洞县蜀村志》，《山西文史资料》1997 年第 4 期，第 181 页。

志》引用了《孟子·万章》《论语·公冶长》《周礼·地官》《书狄武襄事》《宋史·狄武襄公传》的内容,《蜀村志》引用了《高士传》中许由的内容,《大宁乡小志》引用了《水经注》《读史方舆纪要》《穆天子传》等的相关内容。

五、5 种村志存在的问题

　　5 种村志的文本内容存在一些问题,主要包括引用史料不准确、文字讹误等。导致这些问题的原因主要有两方面:一是村志大都为私修,少有审阅或校订,唯一官修的《虞乡县第三区黄旗营治村志》也仅用了两周时间编纂完成,因此难免会出现差错;二是村志多以手稿形式流传,在标点、排印过程中也会出现诸多错误。2000 年《山西文史资料全编》中收录的村志内容错误较 1997 年、1998 年标点本多,系扫描、转换以及排版所致,故笔者选择《山西文史资料》1997 年第 4 期至 1998 年第 2 期标点本村志,对其内容作一校订。

　　《山西文史资料》在整理刊载 5 种民国山西村志时,除对内容进行标点外,在文中还有"(按:……)""(民按:……)"之类的考证校订之语。如《黄旗营治村志》在教育概况中共列出了 11 条本村小学校的缺点,但村志中却称有 12 条。《山西文史资料》:"按当作'十一',或上面缺列一条。"①只是这样的校订内容很少,从中也能看出李裕民先生对村志加以整理的过程。《山西文史资料》在刊载时对村志内容所作的校订均已在村志中注明。

---

① 苏俊杰等:《虞乡县第三区黄旗营治村志》,《山西文史资料》1997 年第 4 期,第 155 页。

(一)引书存在问题

5种村志在征引时对所引书籍或资料名称标注不准确,容易使人混淆。另外,有的书籍可能已佚失,也会导致引文与书名对应不上。同时,村志在引书时往往没有统一的体例,不仅5种村志不一,而且1种村志中也存在明显不同之处。

1.《汾阳西陈家庄乡土志》

卷四"修王壮桥碑记"后按语:"宋苏轼书《狄武襄事》:狄武襄公者,本农家子。"①"《狄武襄事》"应作"《书狄武襄事》",此乃标点错误所致。

卷四"修王壮桥碑记"后按语所引内容注明引自《摭言》。《摭言》通常指五代时期王定保所撰笔记小说体文集《唐摭言》,其所记唐代科举制度及科举士人言行极为丰富,而《西陈家庄乡土志》所引内容与《唐摭言》完全无关。引文记载了狄武襄公(狄青)的生平,其乃宋朝人,但查阅相关资料,此处引文出自宋人张舜民所著《画墁录》②,今本《画墁录》乃是从《永乐大典》中辑出。至于作者所注之《摭言》,极有可能是作者从某些书籍中摘录出来的文字,继而取名为《摭言》,绝不是《唐摭言》。

2.《阳城大宁乡小志》

经纬度略引《山西政治统计》③,原文脱"省"字,此书名应为《山西省政治统计》。经查阅资料,山西省政府在1922—1929年共进行过8次有关政治、经济、法律等方面的调查统计,编成《山西省政治统计》。

---

①刘天成:《汾阳西陈家庄乡土志》,《山西文史资料》1998年第2期,第154页。

②张舜民:《画墁录》,《丛书集成初编》第577册,中华书局,2013,第297页。

③王璧:《阳城大宁乡小志》,《山西文史资料》1997年第5期,第119页。

3.《洪洞县蜀村志》

山川河渠志中记载九箕山的位置，引用了《山西通志·沿革图》①，但查明清 6 种山西通志，虽各志均有舆图，却无沿革图之说。翻阅 6 种通志地图，其中仅光绪《山西通志》卷二府州厅县图上平阳府洪洞县有"九箕山"字样。光绪《山西通志》刻印后曾出版过两个单行本，一为著名的《山右金石记》，另一为《山西疆域沿革图谱》，乃是将光绪《山西通志》卷一至卷五的疆域图、府州厅县图上下、沿革谱上下合订出版。因此，《蜀村志》此处参考的应当是《山西疆域沿革图谱》或光绪《山西通志》地图。无论参考哪种书，使用《山西通志·沿革图》的书写方式不准确。

金石志对碑碣进行考证时，作者引用《通志·金石记》以及《通志·金石录》②，但查光绪《山西通志》，有《金石记》而无《金石录》。根据文中所引内容，此二处所引应出自光绪《山西通志·金石记》③。

4.《灵石县西河底村四字联语志》

第十六联引报刊本省《小学教育》的内容，但笔者并未查到有关此报刊的信息。民国时期山西出版发行了不计其数的教育类刊物，由此推测本省《小学教育》很可能是其中 1 种。

5.《虞乡县第三区黄旗营治村志》

名胜古迹中有"明陕西省参政胡希舜墓在普乐村北（县志古迹考二十六页）"④的记述，但查阅相关资料，此处"县志"应指民国《虞

①杨恩浚：《洪洞县蜀村志》，《山西文史资料》1997 年第 4 期，第 169 页。

②杨恩浚：《洪洞县蜀村志》，《山西文史资料》1997 年第 4 期，第 181 页。

③光绪《山西通志》卷九八《金石记一〇》，第 6960 页。

④苏俊杰等：《虞乡县第三区黄旗营治村志》，《山西文史资料》1997 年第 4 期，第 149 页。

乡县新志》，且文中所引部分在《虞乡县新志·古迹考》的第三十六页①，而非二十六页，此处页码标注有误。

名胜古迹中有"县志丛书(四十五页)载有'胡希舜八九岁时随父任之武原'"②的记述，但查阅资料，无"县志丛书"。根据引文内容查找，此处应为《虞乡县新志·丛考》的四十五页③，此处书名不准确。

（二）存在文字错误

1.《汾阳西陈家庄乡土志》

序第一："而地官乡大史，掌其乡之政教。"④"乡大史"应作"乡大夫"。查《周礼·地官司徒·乡大夫》："乡大夫之职，各掌其乡之政教禁令。"⑤乡大夫乃地官司徒所属之官职。

序第三(作者自序)标题为："汾阳西陈家庄乡土民序。"⑥疑衍"民"字。此序为作者刘天成所作，《西陈家庄乡土志》也称此志为"汾阳西陈家庄乡土"，因此这里标题名称可能为"汾阳西陈家庄乡土序"。

序第三："尝读《周礼》，有乡师、乡大夫职，以及州长、觉正、族师。"⑦"觉正"应作"党正"。据《周礼·地官司徒》，乡以下的行政单位依次为州、党、族、闾、比，党有党正，为一党之长。

卷二乡约："能解斗争，能解决是非，能兴利除害。"⑧查《吕氏乡

①民国《虞乡县新志》卷八《古迹考》，第858页。
②苏俊杰等：《虞乡县第三区黄旗营治村志》，《山西文史资料》1997年第4期，第149页。
③民国《虞乡县新志》卷一〇《丛考》，第1119页。
④刘天成：《汾阳西陈家庄乡土志》，《山西文史资料》1997年第6期，第132页。
⑤孙怡让：《周礼正义》，中华书局，1987，第839页。
⑥刘天成：《汾阳西陈家庄乡土志》，《山西文史资料》1997年第6期，第133页。
⑦刘天成：《汾阳西陈家庄乡土志》，《山西文史资料》1997年第6期，第133页。
⑧刘天成：《汾阳西陈家庄乡土志》，《山西文史资料》1997年第6期，第133、170页。

约》,第二句衍"解"字,应作"能决是非"。

卷二乡约:"过失相规(本注:犯七之过穴:一、讼博斗讼,二、行止逾违,三、行不恭逊,四、言不忠信,五、迭言诬毁,六、营私太甚。不修之过五:交非其人,游戏怠情……)"[①]"犯七之过穴"应作"犯义之过六",指违反道义的六种错误。"讼博斗讼"应作"酗博斗讼","酗"指纵酒喧闹,"博"指以财物赌博,"斗"指斗殴谩骂,"讼"指出于害人的目的举报别人。"游戏怠情"应作"游戏怠惰"。

卷二善行,云樵李先生:"咸丰十年庚中成进士。"[②]"庚中"应作"庚申",咸丰十年为庚申年;衍"成"字,应作"咸丰十年庚申进士"。据光绪《汾阳县志·仕实》之李大观传改[③]。

卷三之目录:"广洛渠志略"[④],根据文中内容,应作"广济渠志略"。广济渠乃西陈家庄重要的水渠之一。

卷三灾异之旱灾:"历年昊灾,谨按县志列入。"[⑤]"昊"应作"旱"。

卷三灾异之旱灾:"十三年甲子,大旱。……小斗斗米钱二千四百文。"[⑥]衍"斗"字,应作"小斗米钱二千四百文"。

卷三灾异之水灾:"禾稼伤,房屋圮。"[⑦]"圮"应作"圮","圯"指桥,"圮"乃塌坏、坍塌的意思,这里指房屋倒塌。

卷三杂识:"本庄速来交通甚使,村公所代办邮政,逐日邮差由

[①]刘天成:《汾阳西陈家庄乡土志》,《山西文史资料》1997年第6期,第170页。
[②]刘天成:《汾阳西陈家庄乡土志》,《山西文史资料》1997年第6期,第173页。
[③]光绪《汾阳县志》卷八《仕实》,第199页。
[④]刘天成:《汾阳西陈家庄乡土志》,《山西文史资料》1998年第1期,第149页。
[⑤]刘天成:《汾阳西陈家庄乡土志》,《山西文史资料》1998年第1期,第173页。
[⑥]刘天成:《汾阳西陈家庄乡土志》,《山西文史资料》1998年第1期,第174页。
[⑦]刘天成:《汾阳西陈家庄乡土志》,《山西文史资料》1998年第1期,第174页。

汾递文,交收邮件。"①"速来"应作"素来","使"应作"便",这里指西陈
家庄交通十分便利。

卷四引苏轼《书狄武襄事》:"狄武襄公者,本农家子。年十六时,
其兄素以里人失其姓名,号铁罗汉者,斗于水滨,救[杀]之。保任方
缚素,公适饷田见之,曰:杀罗汉者我也。人皆释素而缚公,公曰:我
不逃死,待我救罗汉,庶几复活。若决死,缚我未晚。众从之。公默视
曰:我若贵,罗汉当苏。乃举其尸,出水数斗而活。其后人无知者。公
薨,其子咏谥,护丧归葬西河,父老为此言。元祐元年十二月五日,与
同馆北馆夜话见之,眉山苏轼记。"②根据《苏轼全集》卷九十三《书狄
武襄事》,"保任"应作"保伍","其子咏谥"应作"其子谥、咏","父老
为此言"应作"父老为言此","北馆"应作"北客","见"应作"及"。

卷四"修王壮桥碑记"后按语引《宋史·狄武襄公传》:"以青为三
班差使,殿使延州指使。"③查《宋史》卷二九〇列传第四十九,"殿使"
应作"殿侍",北宋官名。

卷四"重修文昌帝君庙碑记":"嘉靖九年甲子孟夏乙卯举人美
玉贾尔瑶撰。"④"嘉靖九年"应作"嘉庆九年"。碑文中有"自雍正八年
建庙,迄今七十余年"⑤之说,因此立碑时间应在雍正八年后,且嘉靖
九年(1530)为庚寅年,嘉庆九年(1804)才为甲子年。

卷四"重修圣母庙碑记":"里人李廷柏书丹,嘉靖二十一年孟秋

①刘天成:《汾阳西陈家庄乡土志》,《山西文史资料》1998年第1期,第180页。
②刘天成:《汾阳西陈家庄乡土志》,《山西文史资料》1998年第2期,第154页。
③刘天成:《汾阳西陈家庄乡土志》,《山西文史资料》1998年第2期,第155页。
④刘天成:《汾阳西陈家庄乡土志》,《山西文史资料》1998年第2期,第160页。
⑤刘天成:《汾阳西陈家庄乡土志》,《山西文史资料》1998年第2期,第160页。

立。"①"嘉靖二十一年"应作"嘉庆二十一年"。碑文中有"国朝雍正三年,又于庙东建圣母庙正殿三楹,西庑三楹,乐楼一座。乾隆二十年,添建东庑"②之说,因而立碑时间应晚于乾隆二十年,由此可见"嘉靖"必然错误。

以上两处年号在村志原稿中应当无误,《汾阳西陈家庄乡土志》艺文中收录的碑刻均按照刊刻时间由远及近排列,"重修文昌帝君庙碑记"与"重修圣母庙碑记"相继排列,"重修文昌帝君庙碑记"之前 2 通"关帝庙重修碑记""重修翊元庵碑记"分别刊于清乾隆三十二年(1767)、乾隆五十八年(1793),"重修圣母庙碑记"后 2 通"重修上帝雷公庙碑记""重修茶房碑记"分别刊于清道光五年(1825)、道光十二年(1832)。而"重修文昌帝君庙碑记"和"重修圣母庙碑记"立碑时间——嘉庆九年、嘉庆二十一年在乾隆与道光之间,因此这两处年号错误应当是整理排印时所致。

卷四"重修上帝雷公庙碑记":"嘉庆戌辰举人、邑人刘仕望撰文。"③"戌辰"应作"戊辰"。

2.《阳城大宁乡小志》

疆域略:"西到山坪岑,与阳邑村之前山坪庄为界。"④根据上下文对大宁村方位的描述,分别有"西至""东至""南至""北至""东南到""西北到""东南到"之说,因此,"西到"二字之间脱一"南"字,应作"西南到山坪岑"。

---

①刘天成:《汾阳西陈家庄乡土志》,《山西文史资料》1998 年第 2 期,第 161 页。
②刘天成:《汾阳西陈家庄乡土志》,《山西文史资料》1998 年第 2 期,第 160 页。
③刘天成:《汾阳西陈家庄乡土志》,《山西文史资料》1998 年第 2 期,第 162 页。
④王璧:《阳城大宁乡小志》,《山西文史资料》1997 年第 5 期,第 118 页。

传,释祖汤列传:"静坐石龛,参惮悟道。"①"惮"应作"禅"。

传,王进金列传:"王进金,字久恒,国准之裔也。"②"王进金"之名有误,应作"王进全"。据《大宁乡小志》丛考中作者王璧所作《大宁村十甲王氏族谱题辞》其三"问道儒医号之恒(讳进全),晚年高隐气□□"③,以及"著作考",亦称"王进全"。

传,清处士王志成列传:"祖克己,远戍关外,殁于卜奎。"④"戌"应作"戍"。

传,王瑁列传:"王瑁,字信之,奉父庭训,为学从识字入手,日沉潜于《说文》《尔雅》诸书,于邑名儒成端人所著《四书五经学学考》,尤为致力。"⑤第二句的"于"应作"与",《四书五经学学考》"一书已佚,疑衍一"学"字。

沿革考:"在唐、虞、夏、商为冀州之城,周为□泽,春秋、战国因之。《穆天子传》'天子四日休于□泽'是也。"⑥查阅资料,文中"□泽"所缺字为"濩","濩泽"乃阳城县古称。沿革考中多处"濩泽"之"濩"为"□",应是排印时"濩"字未能识别。

沿革考:"唐未昭宣帝天□二年,复改阳城为□泽。"⑦"未"应作"末";查同治《阳城县志》,"天□"应作"天祐"。

沿革考:"金阳城属河东南路,泽州领之,寻升县为□州,属忠昌

---

①王璧:《阳城大宁乡小志》,《山西文史资料》1997年第5期,第124页。

②王璧:《阳城大宁乡小志》,《山西文史资料》1997年第5期,第126页。

③王璧:《阳城大宁乡小志》,《山西文史资料》1997年第5期,第144页。

④王璧:《阳城大宁乡小志》,《山西文史资料》1997年第5期,第126页。

⑤王璧:《阳城大宁乡小志》,《山西文史资料》1997年第5期,第127页。

⑥王璧:《阳城大宁乡小志》,《山西文史资料》1997年第5期,第130页。

⑦王璧:《阳城大宁乡小志》,《山西文史资料》1997年第5期,第130页。

军,村又属□州。"①查同治《阳城县志》②,"□"为"勋"。金元光二年(1223)阳城县升为勋州,元代废除。

古迹考:"顾祖禹《读史方与纪要》:'崦山在阳城城北三十里,其东有白龙潭。'"③"《读史方与纪要》"应作"《读史方舆纪要》"(沿革考中亦有此错误)。考《读史方舆纪要》④,"阳城城北三十里"应作"县北三十里";衍"其"字,应作"东有白龙潭"。

古迹考:"肇于唐武后壬成岁。"⑤"壬成"应作"壬戌"。

古迹考:"景物幽雅,为夏日避署之佳所。"⑥"署"应作"暑"。

金石考:"建于元统甲成年";"建于金泰和壬成岁";"建于康熙庚成岁"。⑦此三处"成"应作"戌"。

金石考:"峪村仪宾原活心墓碑,贵州新贵知县白几撰。几,胤谦孙,方鸿子。"⑧"白几"应作"白畿"。据文中白畿所作《郡马原活心列传》:"司寇之孙贵州新贵知县白畿"⑨,又同治《阳城县志·选举》:"白畿,贵州新贵知县","胤谦孙"。

旧闻考:"万历十四、五两年,大旱,且疫,道□相望。"⑩查同治《阳城县志·灾祥》,所缺字为"殣",意为饿死。

---

①王璧:《阳城大宁乡小志》,《山西文史资料》1997年第5期,第130页。

②同治《阳城县志》卷二《建置沿革》,第64页。

③王璧:《阳城大宁乡小志》,《山西文史资料》1997年第5期,第131页。

④顾祖禹:《读史方舆纪要》卷四三《山西五泽州》,中华书局,2005,第542页。

⑤王璧:《阳城大宁乡小志》,《山西文史资料》1997年第5期,第131页。

⑥王璧:《阳城大宁乡小志》,《山西文史资料》1997年第5期,第132页。

⑦王璧:《阳城大宁乡小志》,《山西文史资料》1997年第5期,第133页。

⑧王璧:《阳城大宁乡小志》,《山西文史资料》1997年第5期,第133页。

⑨王璧:《阳城大宁乡小志》,《山西文史资料》1997年第5期,第124页。

⑩王璧:《阳城大宁乡小志》,《山西文史资料》1997年第5期,第139页。

丛考:"□泽侯""□泽公"①,"□"均应作"濩"。

丛考:"卞诉汉封阳阿侯,高帝七年封。"查《阳城县志·选举》,"卞诉"应作"卞訢"②。

丛考:收录明邑人杨继宗《读书龙岩山》:"松巢古鹤风随舞,茅塞新谷客断行……缅思□哲何能继,惟听溪源流水声。"③查同治《阳城县志·艺文》,"谷"应作"豀(溪)","□"所缺字为"曩"。

丛考:"邑令徐樗亭,名□字六衮。"④此处"□"应作"璈","六衮"应作"六裹(骧)"。据《析城山诗集》:"徐璈,字六裹,号樗亭。安徽桐城人。进士出身,道光十五年(1835)任阳城知县。"⑤《安徽历史名人词典》中称徐璈,字"六骧"。⑥

3.《洪洞县蜀村志》

山泉河渠志:九箕山目下引《高士传》:"尧让天下于许由,由遁耕于中岳颍水之阳、箕山之阴。"⑦查《高士传》:"遁耕于中岳颍水之阳,箕山之下,终身无经天下色。"⑧原文"颍水"应作"颍水","箕山之阴"应作"箕山之下"。

山泉河渠志:《修复润源渠水利记》载"(润源渠)创自宋皇庆年间"。"皇庆"年号错误。皇庆(1312—1313)乃元朝仁宗年号,非宋代。《洪洞县水利志补》载,润源渠不知创自何时,重建于宋天圣四年

---

①王壁:《阳城大宁乡小志》,《山西文史资料》1997年第5期,第137页。

②同治《阳城县志》卷九《选举》,第440页。

③王壁:《阳城大宁乡小志》,《山西文史资料》1997年第5期,第138页。

④王壁:《阳城大宁乡小志》,《山西文史资料》1997年第5期,第139页。

⑤孟社旗:《析城山诗集》,山西人民出版社,2014,第107页。

⑥《安徽历史名人词典》(下),安徽教育出版社,2008,第719页。

⑦杨恩浚:《洪洞县蜀村志》,《山西文史资料》1997年第4期,第170页。

⑧皇甫谧:《高士传·卷上》,上海古籍出版社,2014,第43页。

（1026）①，且志中有重录天圣四年之渠册，因此润源渠创建应当在宋天圣四年前。由于未找到其他收录《修复润源渠水利记》的书籍，因此不能确定是原文年号有误，还是《蜀村志》作者收录时出错。

金石志：《大唐故居士韩君碑》后按语："浚按，《通志·金石录》有唐韩君墓碑，注云：'今在洪洞县东二十里蜀村'，见碑目补遗。龙朔二年□□……"②查《洪洞县蜀村志》末尾之"碑目补遗"，未见有与此相关内容。查光绪《山西通志·金石记》，可知文中"见碑目补遗"五字乃是《山西通志·金石记》③的内容，"碑目补遗"应当指的是清代洪洞人董文灿的《山右碑目》。因此，该处标点有误，后引号应放在"碑目补遗"之后，否则易使人误为《蜀村志》末尾之"碑目补遗"。

4.《灵石县西河底村四字联语志》

序："楚郢蒋乾子建甫谨识。"④"子"应作"字"，建甫乃是蒋乾的字。

第七联：注释中有"薛姓原发瓦窑□村人"，"（屈姓）原籍皆碾则□村人"。⑤据《灵石县志》，第一个"□"应作"汕"，瓦窑汕村，今属灵石县夏门镇安家庄村辖；第二个"□"应作"墕"，碾则墕村，今属灵石县夏门镇辖。瓦窑汕与碾则墕相邻，均位于西河底村以西。此二处应是排版时未能识别。

第十一联："创始建筑，在明未清初。"⑥"未"应作"末"。

①民国《洪洞县水利志补》上卷《润源渠》，第 117 页。
②杨恩浚：《洪洞县蜀村志》，《山西文史资料》1997 年第 4 期，第 181–182 页。
③光绪《山西通志》卷九八《金石记一〇》，第 6960 页。
④李贵申：《灵石县西河底村四字联语志》，《山西文史资料》1997 年第 5 期，第 99 页。
⑤李贵申：《灵石县西河底村四字联语志》，《山西文史资料》1997 年第 5 期，第 102 页。
⑥李贵申：《灵石县西河底村四字联语志》，《山西文史资料》1997 年第 5 期，第 102 页。

第十八联:"堪与家称为天然墓库。"[①]"堪与"应作"堪舆"。

第十九联:"大有拱报情趣。"[②]"报"应作"抱","拱抱"意为两臂合抱,这里指环绕。

第三十八联:"道东一带,地名都叫胡平里,成平立。"[③]"立"应作"里","成平里"为西河底村地名。

跋语:"李公篆稿,楹联散文居多。"[④]"篆"应作"纂"。

5.《虞乡县第三区黄旗营治村志》

名胜古迹:"明陕西省参政胡希舜墓在普乐村北。"[⑤]考《虞乡县新志》,此处衍"省"字,脱"县北"二字,"普乐村"应为"普乐头村",原文应作"明陕西参政胡希舜墓在县北普乐头村北"。

名胜古迹:"谒学师,遇希舜,适与梦附,心甚喜。"[⑥]考《虞乡县新志》,"附"应作"符"。

(三)内容存疑或有误

《阳城大宁乡小志》沿革考载:"村西佛堂有北魏北齐造像,至今一千九百年。"[⑦]北魏于公元 4 世纪末建立,至作者编纂村志时 1600 余年,此处表述有误或排印有误。

《洪洞县蜀村志》收录了多篇王轩诗作,其中韩君碑亭目下收入王轩的一首古体诗《韩仙墓碑歌》,其内容与民国《洪洞县志·艺文

①李贵申:《灵石县西河底村四字联语志》,《山西文史资料》1997 年第 5 期,第 104 页。
②李贵申:《灵石县西河底村四字联语志》,《山西文史资料》1997 年第 5 期,第 104 页。
③李贵申:《灵石县西河底村四字联语志》,《山西文史资料》1997 年第 5 期,第 109 页。
④李贵申:《灵石县西河底村四字联语志》,《山西文史资料》1997 年第 5 期,第 116 页。
⑤苏俊杰等:《虞乡县第三区黄旗营治村志》,《山西文史资料》1997 年第 4 期,第 149 页。
⑥苏俊杰等:《虞乡县第三区黄旗营治村志》,《山西文史资料》1997 年第 4 期,第 149 页。
⑦王璧:《阳城大宁乡小志》,《山西文史资料》1997 年第 5 期,第 131 页。

志》所收《韩仙墓碑歌》基本相似，但作者署名不同。

《韩仙墓碑歌》以诗的形式记述了作者发现"大唐故居士韩君碑"的情况，主要描述了此碑被蚀严重而努力拓碑、识读的情景。此诗民国《洪洞县志》亦收，二者内容几乎相同，但《洪洞县志》注其作者为李敏（勉亭）。《山右丛书初编》所收《顾斋遗集》中亦有此篇，内容与上述二者有出入，名为《唐韩君墓碑歌》，诗前引言云：

> 韩仙墓在九箕之麓，墓前唐碑甚佳，惜剥蚀矣。余与勉亭二兄别鲜出之，各榻数纸，因作长句纪之，以志余辈探奇之一快云。①

王轩与李敏是挚友，李敏故去后王轩还为其写墓表，从引言中也能看到王轩与李敏一同去拓《大唐故居士韩君碑》的情景。杨恩浚在《顾斋遗集》叙言中称："辛未于友人处得见先生手书《耨经庐诗集》四卷，小楷遒丽，恍如《兰亭》《乐毅》……借册亟录之，共文厘为上下二卷。"②杨恩浚编撰《顾斋遗集》卷上所参考的是王轩的手写本，较为可信，《顾斋遗集》中的《唐韩君墓碑歌》诗前所附引言当是王轩在完成这首诗后写的小序，因此这首《韩仙墓碑歌》（《唐韩君墓碑歌》）是王轩所作无疑。《洪洞县志》应是误写。

《蜀村志》收《韩仙墓碑歌》与《洪洞县志》《顾斋遗集》所收《唐韩君墓碑歌》内容大致相同，但其中六句有较大出入。

第四联第一句，《蜀村志》与《洪洞县志》作"鼫鼠夜啸风凄林"，

---

① 王轩：《顾斋遗集》，收入民国山西省文献委员会编《山右丛书初编》（十二），山西人民出版社，1986，第20页。
② 王轩：《顾斋遗集》，收入民国山西省文献委员会编《山右丛书初编》（十二），山西人民出版社，1986，第1页。

《顾斋遗集》作"狐兔夜鸣风卷林"。第六联第二句，《蜀村志》与《洪洞县志》作"半偈已蚀译前字"，《顾斋遗集》作"半偈已蚀千年字"。第九、十联，《蜀村志》与《洪洞县志》作"偏旁凭臆憎波磔，缺笔讳字留点画。瘦劲已近虞褚体，骈俪犹是齐梁格"。《顾斋遗集》作"终朝摩挲认波磔，即句觑缕那耐核。犹仿当时欧褚体，尚严前朝齐梁格"。相较前者，后者语句更为婉转，应是作者或旁人修改后的面貌。民国《洪洞县志》成于民国六年（1917），其收《九箕山韩君墓碑歌》当是王轩写作该诗的初稿。《蜀村志》初稿成于民国二十一年（1932），杨恩浚于1931年得到王轩手书时，应是将王轩原诗附在了《蜀村志》中。《顾斋遗集》整理编撰始于辛未（1931）年，成于1935年。杨恩浚从友人处得到王轩手书，此手书经过王轩自己和朋友的修改、删减，并附有诸多名人跋语。编撰《顾斋遗集》时，杨恩浚遵循已删改的版本，应是将改过的《韩仙墓碑歌》编入了遗集。

《灵石县西河底村四字联语志》第16联记："张象南、李贵申任教职时……本省《小学教育》报端之特栏，载有四个良好小学教师题目，（二）灵石县西河底村小学教员张象南如何良好云云。（一）灵石县南村教员李贵申如何良好云云（其二皆是徐沟县人）。"[1]此处"（二）""（一）"的顺序标注混乱。根据上述本省《小学教育》记载，《西河底村四字联语志》的作者李贵申和文中提到的张象南二人皆是徐沟县人，徐沟即今山西清徐县，但是从《四字联语志》有关人物记载来看，这二人却为西河底村本村人。志首序言中记：

> 灵石李君与富（"与富"乃李贵申的字），晋之硕彦，高年耆

①李贵申：《灵石县西河底村四字联语志》，《山西文史资料》1997年第5期，第104页。

德,谙于掌故,端居之暇,拳拳桑梓,特将其珂里西底村,地理沿革,风土人物……①

第13联记：

> 本村可考而知者，文秀才有李森……张象南……李贵申……②

显然,作序者蒋乾认为作者李贵申为西河底村人。李贵申在文中也将自己与张象南当作西河底村人来记载,而"本省《小学教育》"却将二人记为"徐沟人"。关于李贵申与张象南的生平,皆未找到详细资料。据《山西文献总目提要》记载："贵申,原籍徐沟县(清徐),后入籍灵石县西河底村。"③据此推测,李贵申与张象南原本为徐沟人,后分别到灵石县南村、西河底村担任教员,之后入籍西河底村,且在二人受到表彰之时还未改籍。而李贵申在作《四字联语志》时摘录本省《小学教育》的原文,因此出现了前后矛盾之处。

注释：

[1] 王育昌,育应作"堉"。王堉昌(1876—1938),字养斋,号迂叟,山西稷山县人,近代金石学家。历任榆社、孟县、太谷、汾阳等县县长,著有《孟县金石志》《汾阳金石类编》《稷山金石类编》等。

①李贵申：《灵石县西河底村四字联语志》,《山西文史资料》1997年第5期,第99页。
②李贵申：《灵石县西河底村四字联语志》,《山西文史资料》1997年第5期,第103页。
③刘纬毅主编《山西文献总目提要》,山西人民出版社,1998,第184页。

第四章 5 种村志的文献价值

村志是乡村的百科全书,记载内容涵盖乡村的诸多方面。首先,现存 5 种民国山西村志门类丰富、内容详细,记载了一些旧邑志所未载的内容,对于研究区域社会历史有着无可替代的史料价值。其次,5 种村志收录了丰富的碑刻资料,这些碑刻如今大多不存,其价值不容忽视。最后,5 种村志在编写过程中参考了诸多民间文献,从中能辑出一些已佚著述的内容。

一、研究区域历史的重要史料

沈松平对村志的"存史"功能给予了肯定,认为"乡镇村志在国家并不提倡的情况下仍有其编修的现实意义,并在方志大家族中拥有一席之地,完全在于它具有市、县志所不可替代的保存重要史料的功能"①。

(一)全面展示区域地理状况

关于区域地理的记载是村志的重要内容,这部分内容也是后人

①沈松平:《关于新中国乡镇村志编修历史的考察》,载《2018 年地方志与地方史理论研讨会论文汇编》,上海地方志办公室、复旦大学,2018,第 162 页。

了解这一区域最直接的材料，主要包括本村的疆域、风景名胜、水利、道路桥梁和灾异等内容。

1.疆域及沿革

地方志纂写首先要限定区域或范围，然后才能展开其他内容。如《汾阳西陈家庄乡土志》的村图、疆界，《阳城大宁乡小志》的图、疆域略、经纬度略，《虞乡县第三区黄旗营治村志》的境界图、"本治村所属各居村四面之距离"，以及《西河底村四字联语志》的第二联均是对本村境域的记述。村志在具体描述本村疆域时一般包括四至、面积，本村相对县城或省城的方位、地形及下辖区域等，甚至有的村志还使用了较为精确的经纬度。如《大宁乡小志》："主村位于经度偏西三度五十一分，纬度偏北三十五度三十四分。"①使用近代地理学中的经纬度来说明本村的方位，此种方式无疑比古法表述更加精确；同时作者还说明参考了《山西省政治统计》的数据，这使其表述更加科学规范。此外，作者并未抛弃以往方志中对地理位置的记载方式。《大宁乡小志》疆域略记："村居县城正北，省城正南。鹰架（山名，一名营匠）峙于前，白岩倚于后，方山踞其左，芦河涌于右。东至芦河大王庙……"②此乃方志记载一地之地理位置最常采用的表述方式，较经纬度的方法更具空间感，也更能体现出村落与村落之间的联系。

村落的沿革也是村志记载的必要内容。民国以前，乡村一级不属于地方行政单位，通常直隶于县，而隶属的县又常有变迁，这就要求村志编纂者在记载村落沿革时需对村落的由来及行政归属变化

①王璧：《阳城大宁乡小志》，《山西文史资料》1997 年第 5 期，第 119 页。
②王璧：《阳城大宁乡小志》，《山西文史资料》1997 年第 5 期，第 118 页。

作一考证和了解。《大宁乡小志》的沿革考,《西河底村四字联语志》的第一、二联,《黄旗营治村志》的"本治村之沿革",《西陈家庄乡土志》卷三杂识,都对本村的沿革作了或详细或简略的考证和记述。如《西河底村四字联语志》一开始就对本村名字的由来作了简单分析。

> 文殊原界西河底村(注释:)
>
>> 按《县志》为文殊菩萨设化之地,因有此村名。按明朝旧《县志》有为先贤卜子夏设教西河游历之地,遂名之。后志因无可稽,而删去其说。盖附近诸村,皆以文殊原为中心点,如南有南村,北有北庄,东有沟东,本村在文殊原之西,而低下有小河,故定名为西河底。①

关于本村之由来作者参考了旧县志"文殊菩萨设化之地"的说法。由于明代县志"卜子夏设教西河游历"的说法无可稽考,后世志书在纂写时将其删去,作者在翻阅多种县志时发现又将其记录下来。

《大宁乡小志》沿革考用千余字叙述了大宁村以及阳城县的历史沿革,并对大宁村的名称由来作了考证。其参考的村佛堂内《泽州阳城大宁村移修释老堂碑记》以及造像,如今均不存,这对研究大宁村历史具有重要价值。同时,由于乡村资料十分有限,编者又难从别处获取更多信息,因而村志编纂者在记载此项内容时往往详今略古。"溯古"的同时更重要的是"存今"。村志在记载村落由来时多一笔带过,但对清末或民国的发展变化则记述详细。如《黄旗营治村志》据乡里老人说法,记载本村"大抵肇基于明代洪武年间",而对于清末尤其是民国山西实行村治以来的变化则记载极为详细。

---

①李贵中:《灵石县西河底村四字联语志》,《山西文史资料》1997 年第 5 期,第 101 页。

2.风景名胜

5种村志中均载有当地名胜,如名胜古迹、山泉河渠、古迹等目。这些本属于自然地理的内容,由于被赋予了更多人文风采便成为名胜。同时,村志收录的诗文中有不少描绘当地自然风景的咏怀之作,也起到了存诗留景的效果。如《洪洞县蜀村志》收录诗、序、文共 26首(篇),分别是:张守大咏韩君祠七律 1 首;邢万秀咏韩仙祠七律 1首、韩居士墓七律 1 首;王楷苏咏九箕山古体诗 1 首;胡曾咏九箕山七绝 1 首;王楷欧咏韩居士墓七绝 1 首、咏弃瓢池(洗耳泉)七绝 2首;王轩咏韩居士墓七绝 3 首、咏韩居士墓碑古体诗 1 首、咏普济寺弃瓢池古体诗 3 首、咏九箕山申老泉古体诗 3 首;郑埙咏普济寺弃瓢池五律 2 首;罗绕典咏洗耳泉古体诗 1 首;刘大智咏洗耳泉五绝 1首;范仲虎《创建关帝庙碑记》1 篇;许翔凤《修复润源渠水利记》1篇;李际春《润源渠例叙》1 篇;王轩《李勉亭君墓表》。这些诗文全部在寺庙祠墓志和山泉河渠志中,直接附于所描写的事物之后,一方面再现了蜀村九箕山、弃瓢池、申老泉等优美的自然风景与丰厚的历史文化,另一方面起到了保存和收录诗文作品的作用,为后人研究提供了便利。《大宁乡小志》丛考和《西陈家庄乡土志》卷四艺文部分均有对本村自然风光与历史古迹的吟咏抒怀之作,反映了当地独特的自然、人文风景,不仅丰富了当地的旅游资源,还为地理学研究提供了不可缺少的史料。

3.水利及纠纷

在乡村,农业地位举足轻重,因此水利建设的重要性不言而喻。《西陈家庄乡土志》和《大宁乡小志》都设有水利目,专门记载本村水利状况。《蜀村志》未专设水利目,但在山泉河渠志中记述了与本村

有关的两条水渠——润源渠、长润渠,且附有 2 篇明代的渠例,内容为当时洪洞县修复润源渠以及制定渠例的过程,对于研究洪洞地区地理水系、水利建设及发展具有参考价值。

在《大宁乡小志》水利略中,作者记载了本村水渠时常被冲毁而导致劳民费力的现象,进而提出了关于水利建设的建议:"宜于上黄崖村东开渠,经峪沟口东坪上开洞一道。由下黄崖坪上经下黄崖村后、主村之前,引芦河及峪沟水于渠中。"①同时提出应多打井,解决村民吃水问题。这些建议也体现了方志不为观美、重在致用的思想。

《西陈家庄乡土志》卷三水利目,记载了与西陈家庄密切相关的三条水渠的渠志,分别是《丰润渠志略》(作于明嘉靖三十四年,1555年)、《永泽渠志略》(作于清光绪十一年,1885 年)、《广济渠志略》(作于清光绪九年,1883 年)。此外,还记载了西陈家庄修建河堤以及官府发布的与河流、用水等相关的章程,如《重修马跑河堤记》(作于清光绪三十年,1904 年)、《马跑泉分水入城暨上下游引溉图考》(作于光绪三十一年,1905 年)、《汾阳县署谕草》(作于民国十年,1921 年,记西陈家庄村长王镛控告峪道河水头赵庆观卖水渔利,致使村内庄稼被淹之事,县署派专员进行调查,最后决定补偿西陈家庄部分麦籽,并规定每年冬天放水提早,春天截水稍晚,使西陈家庄得以多分水以作补偿)、《太汾文峪新河善后章程摘要》(作于光绪十一年,1885 年)、《西陈庄新建广济渠闸记》(作于光绪十一年,1885 年)。另外值得注意的是,《西陈家庄乡土志》述载有西马寨乡与西陈家庄因争水而引发械斗的情况。

---

①王璧:《阳城大宁乡小志》,《山西文史资料》1997 年第 5 期,第 120 页。

宣统元年六月中旬,开渠灌田,因水小编柳稍于河心,无故,西马寨乡地率领枪手,弹饬本庄社首李继华,头背肘腿百三十缮外,割文峪河西岸土地,南至东雷堡界,东尽河心,全归本庄经理,建闸筑堰,皆准自由。另有合约明后:

立合约执照:西马寨、西陈庄社首魏联级,刘庆祥等情因两村对宇连衡,凡河界境界,无论开初挑竣,嗣后接管,其有案牍炳存……

同中处事人:李国正、孙履泰、李锦芳、王郡林、王鸿毅。①

上述记载描述了两村因争水,导致西陈家庄社首李继华、花户霍开林等人受伤的情况,进而说明双方如何调解以及此事的处理结果。类似两村间因争水发生械斗的现象在古代山西农村屡见不鲜,但能如此完整地记载事情经过和处理结果的文本资料却较为少见,这对于研究当时的乡村社会有一定的参考价值。在水利目的末尾,作者刘天成专门写了一篇灌溉志略,具体阐述了他关于农业及水利灌溉的看法:"农业有关于天者,有系于人者,惟能竭人力以补天之缺憾,方可免农民之生困,不至虑水溢而忧旱干。"②其中还论及诸多治水、用水措施,这些对研究当时汾阳乃至山西乡村水利建设具有重要价值。《西陈家庄乡土志》水利目详细记载了西陈家庄河渠、水利兴建的来龙去脉,其内容多来源于当地水利碑记、县署下发的公文以及本村人的记述,史料价值较高。

4.道路交通

以往方志中少有关于境域内交通状况的记载,而多是一些与军

---

① 刘天成:《汾阳西陈家庄乡土志》,《山西文史资料》1998 年第 1 期,第 169–170 页。
② 刘天成:《汾阳西陈家庄乡土志》,《山西文史资料》1998 年第 1 期,第 171 页。

事防御相关的较为重要的津梁、关口等。交通关乎人们的日常出行以及贸易往来,这在5种民国村志中多有详载。

《灵石县西河底村四字联语志》有非常多关于村内道路的记载。如:

> 村东小沟,其出水口处,乃村人担水必经之路。

> 村之西北头,名曰□口,乃通西大路,有天然关锁势,其他东西两路,皆较高,南则近沟,北则临坡,空气交换流通,故靡有不风。夏秋之季,行人过往,农人休憩,咸愿集中于此。

> 出村顶之附近处,上文殊原道旁……其道在村西,上接橐原畔,下是西沟平,乃最古之通行道路。

> 村东外边,有文殊原担水路一条,其势陡立,直而少曲,自巅至底,以丈步计,一里有余。山从人面起崎岖焉,俨如蜀道之难行,相沿呼为关家坡。[①]

以上是《四字联语志》关于道路的记载,多是人们日常通行所走之路。作者行文时没有按照某种顺序来专门记载这些道路,而是与每条街道上所存之古迹相结合来记述,使人读后更易了解西河底村的整体布局与历史文化风貌。

《汾阳西陈家庄乡土志》专门设街市目,记录了本村的街道里巷、市集以及闾门的位置和概况。如:

> 陈家街,极西南隅。

> 赵家街。

> 董家街。

---

① 李贵申:《灵石县西河底村四字联语志》,《山西文史资料》1997年第5期,第105-108页。

前张家街,极东南隅。

后张家街,颇整齐。

徐家街,一名徐家巷。

高家街,居村之中,甚整齐。

…………

神武集,今名桥桥,极西北隅。

骡马市,今名神武集,统名桥南街。

以上街市。

黄巷,西街西北。

当铺巷,高家街东南。

…………

以上里巷。

东门,后张家街东,上迤魁星阁。

西门,骡马市街西,上迤孔子阁。

…………

以上闾门。①

　　《西陈家庄乡土志》用简洁的语言将本村16条街、11条里巷、2个市集以及10道闾门一一列出,较为直接地描述了当时西陈家庄的村落格局。此外,《西陈家庄乡土志》卷三杂识之末条载有西陈家庄的对外交通情况。

　　本庄速来交通甚使(便),村公所代办邮政,逐日邮差由汾递文,交收邮件。国内外皆可由兹直达。村西界内,电信杆,电话

---

①刘天成:《汾阳西陈家庄乡土志》,《山西文史资料》1997年第6期,第150-151页。

杆,双行对峙,纵贯南北。惟汽车路距村稍远,西北方有晋汾路经过太平村。东南方有汾平路经过古贤村,至大车路则四通八达,毫无阻碍。①

《大宁乡小志》道路桥梁略专记本村与外界的交通状况,并且提出了诸多建议。如:"主村通芦大道,有圆沟、东坪、西坪三支,历年补修,交通尚便,惟路身太狭,不利行车,急宜加宽路身,改为坦途。""境内芦河旧有木桥两架,桥身过狭,行旅不便……"②同时,还提及当时阳城县县长戴忠骏修建阳城东西车路的情形。该路东接晋城,西至沁水、翼城,但因阳城县城一段绕行甚远,故而晋城前往翼城、运城等地的车户多取道芦河沿岸,于是作者提出修缮芦河沿岸道路,改善人民生活。

5.自然灾害

对灾害的记载一直是方志不可或缺的内容,水旱、地震等灾害往往会导致粮食歉收、绝收,进而引发饥荒、流民以及疫病等社会问题,对人们的生产生活甚至生命造成了极大威胁。5种村志亦重视对灾害的记载。有的村志会对灾害进行分类,如《汾阳西陈家庄乡土志》灾异目下分旱灾、水灾、虫灾、震灾,有的则按照时间顺序,不分类型直接记载。有关灾害的史料,有的来源于邑志,更多的则是作者的亲历或本村耆老的日记遗文,所载事实较为可靠。

5种村志对当地受灾状况的记载较多。如《阳城大宁乡小志》旧闻考记:"光绪丁丑大(祲),每小米一旧斗(约合今斗三斗弱)价钱四

---

① 刘天成:《汾阳西陈家庄乡土志》,《山西文史资料》1998年第1期,第180页。
② 王璧:《阳城大宁乡小志》,《山西文史资料》1997年第5期,第123页。

千文。"①"民国十八年,旱灾区域较大,小米每新斗(合旧斗三升六合)价钱七千六百文。"②用上涨的粮价来反映旱灾对农作物和百姓生活的影响,体现了百姓生活的艰难。除此之外,《大宁乡小志》还有关于雪灾、震灾、水灾和冰雹的记载。如:"(道光)十四年七月,全国地震,飒飒有声,山崩地裂,院中鱼缸水扬满地……十九年四月十九日,冰雹如鸡子大,兼下冰片,沁水至晋城长二百里、宽四十里,麦苗树枝打毁一空。"③

灾害发生后,自然要有相关的赈灾措施,最先作出反应的往往是当地士绅。如《汾阳西陈家庄乡土志》卷三灾异记:

十三年甲子,大旱。夏秋全无收成,小斗斗米钱二千四百文。冬日官绅筹赈,一面招集富户捐款,一面下乡调查饥民,时官仓无粟,购粮匪易,因先将各村庄仓散发。复分别老小,散给钱文两次。

十四年乙丑,春大旱。粮票价愈腾涨,饥民数益增加,复散给钱文三次。……此次灾祲,由省拨发,各埠及本邑商号,富户募捐,共得赈款银三万余元,结束后,余款补积官仓,更补修城门、城垣及县文庙、大成殿、两马道、新南北门等处,以工代赈。④

以上记载反映了民国十三年、十四年由于受旱灾影响,当地粮价飞速上涨、饥民不断增加的现象。同时,村志对赈灾的过程也进行了详细叙述。先是官绅倡导富户捐款,同时调查乡里的饥民,并开放

---

①王璧:《阳城大宁乡小志》,《山西文史资料》1997年第5期,第123页。
②王璧:《阳城大宁乡小志》,《山西文史资料》1997年第5期,第135页。
③王璧:《阳城大宁乡小志》,《山西文史资料》1997年第5期,第137页。
④刘天成:《汾阳西陈家庄乡土志》,《山西文史资料》1998年第1期,第174页。

粮仓赈济灾民;后由于旱灾严重,省里拨发一部分钱粮,富户也积极募捐;旱灾结束后又实行以工代赈,大致保障了当地百姓的最低生计。这不仅是有关自然灾害的史料,也是重要的社会救济资料。

(二)记载民国山西村治的实践情况

中华民国建立后,山西省内政局相对稳定且较为独立,但由于农村经济凋敝、盗贼猖獗,社会秩序混乱。为提振农村经济,加强行政管控,以阎锡山为省长的山西省政府开始在山西实行新政。阎锡山认为,行政之本在于村,"村者,人民聚集之所也。为政不达诸村则政乃粉饰,自治不本于村,则治无根蒂。舍村而言政治,终非彻底之治也"①。从民国初年开始,山西开展了轰轰烈烈的村治运动。有关山西村治的史料很多,包括民国山西省政府对村政的宣传,留下了许多报纸杂志和资料汇编等材料,但其中大多为官方资料,更加偏重于村治制度层面,其资料价值重于学术价值。而现存5种民国山西村志的编纂正处于山西村政建设期间,村志编纂者对山西村治在当地乡村的实施有着直观感受,因此他们在村志中记载的有关内容是研究民国山西村政建设不可忽视的史料。

1.编村制的实行

民国六年(1917),阎锡山开始在山西进行村制改革,陆续颁布了《各县村制简章》《县属村制通行简章》等,要求在原有自然村的基础上实行编村。最初规定100户以上者为一编村,不满100户则几村联合组成联合村,择距离适中、人户最多的村为主村,其余联合村为附村,附村由主村管辖。主村设村长、村副各一人,附村酌量设村

---

①阎锡山:《阎锡山早年回忆录》,台湾传记文学出版社,1968,第29页。

副。若有特殊情形,不便联合他村者,可独立编为一村。1918年,山西省长公署颁布《山西县地方设区暂行条例》和《村编制现行条例》,规定每县设立3—6个区,每区在经济条件好、交通便利的村设立区公所。同时,在村内设置闾,每二十五家为一闾,设一闾长。至此,山西县以下的基层社会就形成了区、村、闾三级管理体制。之后村制又有调整,但这三级管理体制基本保持不变。1922年,山西省长公署通电全省各县所属村庄,试行邻长制,五家为一邻,即在闾之下增加了邻一级管理单位。

5种村志中有关本村行政结构的变化,是编村制在乡村实施的具体表现。如《虞乡县第三区黄旗营治村志》对民初以来村落沿革情况的记载十分详细。

> 民国初年,尚仍其旧。沿至民六,奉令联合数村为一村,选举村长、副各一人,总理村政,全县联合主村,共划为十六,黄旗营其一也。民七始改公直为闾长,按户之多寡编闾,每闾约以二十五户为率,闾各一长……民八增设区长,全县共划为三区,北乡关家庄即第三区所在地,本治村之各居村均属之。至民二十七年复改联合村为编村,未几倭寇压境,人心惶惶,迨伪县属(署)成立,政令烦杂,颇难应付。[1]

由上述记载可知,民国六年实行编村之初,虞乡县共编有16个主村,黄旗营即其一;民国七年村内编闾;民国八年增设区,虞乡县划为三区,黄旗营属第三区。全面抗战开始后,山西省公署颁布《抗战时期山西省编村组织规程》,规定凡满500户或联合几村满500

---

[1]苏俊杰等:《虞乡县第三区黄旗营治村志》,《山西文史资料》1997年第4期,第147页。

户者编为一村,然后指定一适中村作为主村,其余为附村,村长则派人担任。但由于战争影响,再加上伪县署成立,此时改进村制并未收到良好效果。抗战胜利后,为进一步强化基层统治,1945 年 11 月,山西省政府制定《改进村制试行办法》,规定县以下设治村、居村:"治村的划分以一千户上下为宜,至多不超过一千五百户,至少不少于七百户,每一治村设乡长一人"①;凡满三间以上、六间以下设一居村,村民选村长一人。此时黄旗营治村成立,下辖黄旗营、常旗营、枣屹塔、普乐村、永盛庄、杨村、郭家庄 7 个居村。从《黄旗营治村志》所载户口数来看,黄旗营治村共 583 户,并没有达到 700 户的标准,可依然设立为治村,说明治村、居村的设立对户数虽有严格要求,但也可根据实际情况灵活调整。

《汾阳西陈家庄乡土志》卷三村制载:"西陈家庄为汾阳县第一区之编村,一切村政,悉依本省省政府颁发改进村制办法规定之。"②杂识载:"民国六年九月二十九日, 省长公布县属村制通行简章,本庄奉令后,始改社首为村长、副。"③《灵石县西河底村四字联语志》末尾第六十七联亦述及:"自经民国成立,国体变而政体亦易,又兼本省各县村制实行,将旧时在村办公之香老、纠首、小甲各职名,都改称为村、副、闾长、邻长,本村整理村范,特著维新。"④作者述及旧时在村办公职名由昔日之"香老、纠首、小甲"变为"村、副、闾长、邻长"等,可见实行编村后,村正式成为省政府承认的一级行政机构,原先

---

①山西省地方志办公室编《民国山西政权组织机构》,山西人民出版社,2014,第97 页。

②刘天成:《汾阳西陈家庄乡土志》,《山西文史资料》1997 年第 6 期,第 150 页。

③刘天成:《汾阳西陈家庄乡土志》,《山西文史资料》1997 年第 6 期,第 179-180 页。

④李贵申:《灵石县西河底村四字联语志》,《山西文史资料》1997 年第 5 期,第 113 页。

农村的"社首""保""甲""里"不复存在,代替其职能的村长、村副、闾长等出现并在乡村管理中发挥作用。

民国二十六年(1937),山西省政府为适应抗战需要,进一步整理村制,规定满 500 户为一编村,汾阳西陈家庄不足 400 户,但由于地理位置较为重要,设为独立编村。

> 二十六年春,奉省令重行改编主附村庄,本庄因系文峪、马跑两河汇归之点,地势冲要,特设为独立编村。①

《阳城大宁乡小志》沿革考载:

> 民国八年,山西实施区村制,移第五区治于刘村镇,村属阳城第五区。②

> 民国八年推行村制,除刘家庄一处划入马寨外,其大宁、下黄崖……老师傅沟、东庄等处均旧日辖境,以大宁村为主村,全村分十三间。③

由此能看到实行编村后大宁村行政结构的变化。大宁村属阳城第五区,以大宁村为主村,下辖 36 附村。

以上体现了民国山西村制在农村的建立与改进过程。自民国六年编村制在山西农村实行后,村一级行政单位就被官方正式承认,村内也形成了村、闾、邻制度,这为同时开展的村自治运动奠定了基础。

2.村自治组织的设立与运行

阎锡山在《呈大总统文》中讲道,实行编村只是"村本政治"的初

---

① 刘天成:《汾阳西陈家庄乡土志》,《山西文史资料》1997 年第 6 期,第 155 页。
② 王璧:《阳城大宁乡小志》,《山西文史资料》1997 年第 5 期,第 130 页。
③ 王璧:《阳城大宁乡小志》,《山西文史资料》1997 年第 5 期,第 131 页。

步,乃是"官治提倡村制之时代",尚非"村民自办村政之时代"①,于是提出村治第二步需办理五件事,即整理村范、开村民会议、定村禁约、立息讼会、设保卫团,以实现村自治。从 1922 年开始,山西着手在编村设立自治组织,包括村民会议、村公所、村监察委员会、息讼会、保卫团等,这些组织具备不同的组织程序,承担不同的职责。1922 年 7 月,山西省署颁发改进村制办法,共四项:整理村范、设村禁约、设息讼会、设保卫团。该办法虽未提及办村民会议,但 1922 年9 月 1 日阎锡山发布的《告谕各县街村长副闾邻长及人民举办村民会议文》②,确定了要设立村民会议。1927 年 8 月,山西省署颁布改进村制条例,规定各编村内按事务性质设立村民会议、村公所、息讼会和村监察委员。"村民会议的职权在于规定全村一年中一切重要事务,及选举办理村务各项人员;村公所负责办理全村执行事务;息讼会负责调理村民争执事件;监察委员会专司监察事务。"③ 5 种民国村志中涉及村内自治组织设立及其运转状况的记载,主要集中在村民会议和保卫团上。

(1)村民会议

《汾阳西陈家庄乡土志》中有村制一门,下设村政大纲、整理村范、村民会议、村禁约、息讼会、保卫团、监察委员会、村公所办事简章等八项,专门记载西陈家庄实行乡村自治的各项举措。其中记载西陈家庄于民国十二年(1923)一月十六日首次召开村民会议,并且制定了本村村民会议简章,后附有在村民会议上订立的村禁约、息

---

①山西省地方志办公室编《民国山西村政建设》,山西人民出版社,2014,第 46 页。
②山西省地方志办公室编《民国山西村政建设》,山西人民出版社,2014,第 621 页。
③山西省地方志办公室编《民国山西村政建设》,山西人民出版社,2014,第 249 页。

讼会简章、保卫团简章，还载有民国十六年拟定的监察委员会简章、十七年冬拟定的村公所办事简章。这些简章内容与山西省公署颁布的各项章程内容大体一致。

在乡约目中，载有民国十二年七月村民会议上议定的不动产典赎规则和改良本村社会习惯暂行简章。此前制定的村民会议简章规定，村民会议分别于每年二月八日和九月八日召开，若有必要可召开临时村民会议，参会人员一般是一家出一成年男性或女性作为代表，所讨论事项如果得到到场人数过半同意，则该事项通过。显然，西陈家庄七月召开的即为临时会议。从其议定施行的文件来看，村民会议确实在一定程度上起到了村民议事、村民自治的效果，并未流于形式。此外，《西陈家庄乡土志》杂识载："十二年一月十六日，本庄整理村范，县知事牛公亲临社庙，开会演讲，当即酌定村民会议、村禁约、息讼会、保卫团各项办法。"[①]西陈家庄此次召开的村民会议是在上级督导下进行的，这种情况不是个例。民国十二年(1923)七月和顺县制定《和顺县指导开村民会议办法》，规定开会时"知事临场，按村情演说一段，退入参观席"[②]。这也能说明，在 1927 年山西省公署颁布村民会议简章之前，官方对村民会议并没有严格规定，往往由各村自行讨论，且村民会议在召开之时也通常需要有上级指导方能顺利举行。

（2）保卫团

民国初期山西省乡村治安状况相当不好，盗匪猖獗。为扭转农村社会民散力弱的现状，山西省公署要求在村中建立村民保卫组

---

① 刘天成：《汾阳西陈家庄乡土志》，《山西文史资料》1997 年第 6 期，第 180 页。
② 山西省地方志办公室编《民国山西村政建设》，山西人民出版社，2014，第 620 页。

织——保卫团。1922 年,山西省署颁布《改订地方保卫团施行细则》,规定各村办保卫团,还说明了保卫团主要负责三件事:"稽查本村窝藏匪人,捕拿强盗土匪,查禁贩卖烟土金丹。"保卫团的训练主要分为常操和会操两种。常操是在农暇时举行,会操是在每年春节后一个月内,由保卫团总团长(县长)召集举办。从《保卫团练习长矛八法手掷弹奖励章程》[1]可知, 长矛八法和手掷弹是两种主要的操练内容,同时单刀和拳术也较为常见。《阳城大宁乡小志》团防略中有关于本村保卫团的相关记载。

> 数年来官厅催办保卫团,服装旗帜粗具,而器械缺如。近方购得快枪一枝,子弹两排,惜无人演放,缓急无资,急宜增购枪弹练习打靶,并须预习拳棒刀枪,以备最后五分钟之决斗云。[2]

从以上记载来看,此时大宁村保卫团一方面资金不足、器械短缺,另一方面没有能够胜任的教练员,也缺乏能熟练操作器械的人才,因此作者提出急需增购枪弹,加强训练团丁,同时也要练习拳棒刀枪。由此可见,大宁村保卫团当时尚未引起广大村民重视,自然不可能发挥很好的效果。

每年正月, 各县会召集操练最好的团民举行会操。会操时县区人员和村政实察员受邀参加评判,成绩优良者奖给锦旗或奖金。《灵石县西河底村四字联语志》中提及"村民对于拳术,精益求精者多人,县城会操,夺得优胜旗二次"[3],说明灵石县西河底村的保卫团操练有法,村民积极响应。

---

①山西省地方志办公室编《民国山西村政建设》,山西人民出版社,2014,第 681 页。
②王璧:《阳城大宁乡小志》,《山西文史资料》1997 年第 5 期,第 124 页。
③李贵申:《灵石县西河底村四字联语志》,《山西文史资料》1997 年第 5 期,第 104 页。

（三）详细记载当地经济状况

1.户口及赋税

户口是征收赋税的重要依据，也能体现一地的发展状况，因而户口和赋税是方志中的重要部分。在以往方志中，极少会有某一个村落的户口及赋税资料，主要原因在于府州县志记载范围很广，很难顾及各乡村的情况。而村志编纂者则能够容易地得到较为可靠的数据。

5种民国村志在记载人口时，往往会参考本村户籍册或是能够进行翔实调查和统计的数据，内容上通常包括本村户数、闾数、男女数以及男女学童数等。如《汾阳西陈家庄乡土志》卷二户籍目，作者在该目开头就注明"按中华民国十五年本村新编户籍列入"。本村11闾66邻355户户主姓名、职业以及家中人口数在志中一一列出。

> 第一闾闾长王健（全闾分五邻，所管后张街及本北西巷）
>
> 王健士男四口女六口
>
> 刘庆槐邻长商男二口女一口
>
> 贾起禄农男三口女二口
>
> …………
>
> 本闾计士民三户，农民十五户，商民十一户，又寡妇一户，共三十户。男七十五口，女七十一口；内有学龄儿童十四人，壮丁三十人。①

在户籍最后还记有"小商号五家，号伙共十人"，同时对于住庙僧人也有记录。值得注意的是，《西陈家庄乡土志》在职业划分上将

---

①刘天成：《汾阳西陈家庄乡土志》，《山西文史资料》1997年第6期，第154–155页。

所有户籍分为士、农、工、商、军、堪舆、优伶等,另在户籍后设生计目,对本村人谋生的具体职业作了分析论述,从而说明本村农商户多且生活较为宽裕。

《阳城大宁乡小志》户口丁役略分别记载了大宁村民国八年(1919)、民国十三年、民国十四年、民国十八年的户口数和男女数,也明确提到,根据本村民国二十年(1931)户口册记载,全村有"户四百一十三,男口一千一百七十六,女口一千零一,壮丁三百四十一,男学童二百零八,女学童一百八十六"①。后面还记载了民国初年至民国十九年大宁村所纳赋税的状况。

《虞乡县第三区黄旗营治村志》记载的户籍情况是作者在短时间内调查统计得来的。他将所辖各个居村的间数、户口数、男数、女数分列调查表,并用文字进行了分析说明,最后提出民为国本,增加人口能够倍国脉、兴国基的观点。《黄旗营治村志》专设"本治村现在外作事人物及职务"一门,将所从事的职务分为商、兵、政、军、学五种,并且列出村人在外"作事"的地点。能看出黄旗营各居村在外经商之人甚多,且大多前往陕西。

村志中有对本村姓氏的考证和记述。如《西河底村四字联语志》记:

> 有张与李及许和程(注释:)
>
> 考诸碑碣,听之传言,许姓来村最先,程姓次之,张姓少后,李姓又在其后。张姓从张家庄迁来,李姓由曲村迁来。
>
> 杨姓最古弓姓新增(注释:)

---

①王璧:《阳城大宁乡小志》,《山西文史资料》1997年第5期,第122页。

南村原有许杨二姓连接古坟一处,传说许与杨有戚属关系,而许姓合入杨姓户籍,则杨姓之更在许先也明矣。弓姓原野珠泊村人,自光绪年间,始入为本村民户。

薛刘原少牛屈仅存(注释:)

…………

贺家绝世燕姓离村(注释:)

…………①

西河底村人口少,在作者李贵申编纂村志时仅有六七十户,因而作者完全有能力将本村的姓氏一一罗列并对其由来进行考证。从注释中可知,作者利用了碑刻资料和村中传闻,说明杨姓乃本村最早姓氏,张、李、薛、刘等姓氏是从别处迁至本村,贺姓在清光绪年间仍有后嗣,现已绝户,燕姓后迁往他处。除此之外,作者还对本村侨户作了一个大致介绍。

《阳城大宁乡小志》同样有对本村姓氏的介绍。如:"主村刘姓,计分三族,村北一族,在昔人丁颇多,一枝移居于寺头沟之刘家庄,一枝移居崦山后底村,留村者人丁较少云。"②"主村沟西之郭氏一族,来居最早,故列一甲,为全村最先之土著云。"③这些内容在以往的县志中少有,将其记录在村志中能够反映这一时期村中人口的状况。

2.物产及农作物

5 种村志所记物产大致可分为植物、动物及矿物。植物可分为农

---

① 李贵申:《灵石县西河底村四字联语志》,《山西文史资料》1997 年第 5 期,第 101-102 页。
② 王璧:《阳城大宁乡小志》,《山西文史资料》1997 年第 5 期,第 136 页。
③ 王璧:《阳城大宁乡小志》,《山西文史资料》1997 年第 5 期,第 136 页。

作物、天然植物，是村志物产中记述内容最多的。动物可分为牲畜和家禽。山西境内多山地，矿产资源丰富，村志中亦有对本村矿物资源的记载。《阳城大宁乡小志》即是按照以上方式进行分类，将大宁乡所存之植物、动物、矿物名称悉数列出。如对矿物的描述："矿物有火石、印章石、营匠心之制宜兴瓷器土及后庄上大口之铁矿、东沟西溪之煤层、主村小井后西沙石之化石。"①

中国自古以来就是以农业为本的国家，5种村志在记载物产时对农作物的记载是最多的。正如《虞乡县第三区黄旗营治村志》所载："本治村之各村皆为农民所有，土地皆为农地，所出物产皆为农产。最大宗之作物，在夏田则为大麦、小麦，秋天则为谷子、高粱……"②再如《汾阳西陈家庄乡土志》卷一物产目，在记载本村作物时，甚至还说明了作物的具体种类、产量和播种季节等。

谷类

有麦、豆、高粱、谷、黍多种，收量每1亩麦豆可四五斗至一石。高粱、谷、黍可收七八斗至石五六斗。麦分大麦、宿麦、春麦、荞麦四种。大麦分隔年大麦，当年大麦。宿麦系白露播种，明年夏至成熟。春麦……③

《西陈家庄乡土志》按照谷类、蔬菜、瓜类、果类、木类、花类、草类、畜类、禽类等九个方面记载，并对每一类物产在本村的地点也介绍得十分详细。另外，《西陈家庄乡土志》对于一些与农业相关的知识也有记述。如：

①王璧：《阳城大宁乡小志》，《山西文史资料》1997年第5期，第121页。
②苏俊杰等：《虞乡县第三区黄旗营治村志》，《山西文史资料》1997年第4期，第152页。
③刘天成：《汾阳西陈家庄乡土志》，《山西文史资料》1997年第6期，第148页。

（一）区别土壤。砂土大部分是砂质，杂二成以下粘土，土质疏散，水分易蒸发，尚非沃土。种植落花生、棉花、红薯、马铃薯（俗名山药旦）等为宜。埴土……垆土……。碱土……。黑暗土……。大致绿豆宜壤土，谷宜壤土或埴土，豇豆、豌豆宜壤土或砂土。……

（二）研究肥料。……

（三）察度气候。……

（四）掉换茬畔。……

（五）选择子种。……

（六）预防病害。……

（七）储藏粮粟。……

（八）推广种棉。……①

刘天成认为"农民须具之知识甚夥"，于是在记物产的同时又用大量笔墨记述了一些非常实用的农业知识，包括区别土壤、研究肥料、察度气候、调换茬畔等。首先是区分土壤。作者分析了沙土、埴土（黏土）、垆土、碱土等不同土质的土壤分别适宜种植何种作物。作者还指出了肥料的重要性，将肥料分为化肥、实肥、茎肥、下肥、粕肥、堆肥、绿肥、骨肥等，介绍了不同肥料的功效以及使用方法。其次是察度气候。作者列出了许多农家谚语，如"谷前雨后，安瓜种豆""立夏高粱小满谷，中伏荞麦末伏菜"等，同时说明不能一味地相信农家谚语，要及时关注气候变化，遇事变通。这些农业知识对于研究地方农业发展具有重要价值，其中的一些宝贵经验和栽培技术对于现在

①刘天成：《汾阳西陈家庄乡土志》，《山西文史资料》1997年第6期，第145–148页。

的山西农业生产仍有借鉴作用。

(四)商业

以往旧志关于商业的记载，多是将一些儒商或义商的义行、孝行分类列入人物志。现存5种民国山西村志对商业的记载大致可分为三类：一是当地商业发展状况，二是当地商人群体情况，三是杰出的商人个体(即人物部分的相关记载)。这对研究山西商业发展具有重要价值。

《虞乡县第三区黄旗营治村志》"本治村工商业概况"一目，简述了自七七事变以来黄旗营治村工商业破产、人民生计将绝的现实状况。

> 既无工业之建设，又少商家之转运，工商破产，可云定评，今姑调查之。本治村约有粉房七户，油房五户，卖买零星之杂货店仅三五户，其他沿巷叫呼，肩挑走贩，无资本而无货物，皆略而不计。[1]

工商业并不在官方拟定的编撰目录中，且黄旗营治村并无可称赞的工商业，故而作者专设工商业概况一目应是意识到工商业的重要性及其对百姓生产生活有重要影响。

村志中有不少关于本村商人群体的记载。虽然黄旗营治村工商业发展落后，但村中亦有不少人在外经商。《黄旗营治村志》"本治村现在外县作事人物及职务"一目，用统计表的形式列出了黄旗营治村81位在外县做事之人的姓名、职务以及所在地。该表将他们所从事的行业分为商、军(兵)、政、学等四种，所在地点大多记到省县一级，如陕西雒南、潼关，山西永济等，也有个别具体至镇、村等，如临

---

[1]苏俊杰等：《虞乡县第三区黄旗营治村志》，《山西文史资料》1997年第4期，第158页。

晋七级镇、临晋开张村等。黄旗营治村人口众多,共583户,男女共计4565人,作者在表格最后注明"各居村在外经商从军人数甚多,未能一一录出"[1],也说明此表所记录的81人仅是一部分。但以该表81人为样本,能看出在黄旗营外出之人中从商人数最多,有45人,超过了总人数的一半,且去往陕西的人最多,有37人,其余多在虞乡县周边县域,如永济、临晋、解县等,少数去往河南。

另外,《汾阳西陈家庄乡土志》生计目有关于汾阳西陈家庄村人所从事职业的介绍,大致分为士、农、工、商以及杂人五类,各类人口比重大致为"农民三分之二,商民三分之一,士民、工民百分之五,杂业人员百分之四"[2]。除农民外,从商之人所占比重最多,全村近三分之一为商民。志中关于商民有如下记载:

> 商民——在直、鲁、豫、京、津、张、库、恰等处,间有在东省两口者,纯系十五六岁,从亲友外出至二十三四岁,还家成室。嗣后二年半或三年,回家一次,可住六七个月。[3]

汾阳有经商传统,"重商轻农,士人、工人尤居少数"[4]。西陈家庄人外出经商十分普遍,所到地点也十分广泛,涉足河北、山东、河南、北京、天津,往北甚至可达库伦、恰克图等地。同时,村志中对商民的外出年龄,成家、归家情况等也有详细说明。

与《西陈家庄乡土志》记述类似,《阳城大宁乡小志》生业略亦有关于本村商业的记载,但两村情况不同。大宁村人多以农为业,工业

---

①苏俊杰等:《虞乡县第三区黄旗营治村志》,《山西文史资料》1997年第4期,第158页。
②刘天成:《汾阳西陈家庄乡土志》,《山西文史资料》1997年第6期,第169页。
③刘天成:《汾阳西陈家庄乡土志》,《山西文史资料》1997年第6期,第169页。
④《晋商史料全览·吕梁卷》,山西人民出版社,2006,第480页。

上以冶铁为多,专门经商之人"百无一二"①。而西陈家庄从商之人占总人口的三分之一,外出经商现象十分普遍。

《灵石县西河底村四字联语志》有本村人外出经商的记载:"本村地少人多,农田所产,不敷所用,故远出京、津、保经商者,代不乏人。"②能看到西河底村人外出经商原因之一是生活所迫,故而不得不背井离乡。

关于商人个体的记载,《西陈家庄乡土志》卷二善行、《蜀村志》人物志、《西河底村四字联语志》中人物部分均有相关记载,这与以往方志记载风格类似,此处不再详述。

5种村志对商业的记载十分难得,尤其是对当地商人群体的记载十分详尽。从村志记载的本村商人外出经商地点来看,表现出明显的地域差异。《洪洞县蜀村志》记载村人杨清喆、韩世贞等均"业鹾东省",后致富有,而清代洪洞著名的万安刘家、马牧许家等亦在山东经营盐业,这与洪洞县域商人经商的特点有关。汾阳西陈家庄经商之人占到村总人口的三分之一,去往的地点十分分散,有河北、河南、山东、北京、天津、库伦、恰克图等地,这与明清时期汾商的经营特点有关。清代尤其是清中期以后,随着中俄边境贸易的迅速拓展,汾商凭借优越的地理位置捷足先登,以经营皮毛、绸布、茶叶、颜料、油漆、药材、杂货等活跃在张家口、京津、库伦、恰克图一带③,资金、规模很大。据记载:"清末民初,汾阳全县田赋银收入17万元,地方款税收入银3万元,而外地汾商,每年仅经过钱庄'汇安家银约六十余

---

① 王璧:《阳城大宁乡小志》,《山西文史资料》1997年第5期,第121页。
② 李贵申:《灵石县西河底村四字联语志》,《山西文史资料》1997年第5期,第101页。
③《晋商史料全览·吕梁卷》,山西人民出版社,2006,第2页。

万元',数额相当于当地财政收入的 3 倍。"①灵石商人也是晋中商人中不可忽略的一个群体。清中叶后,灵石县外出经商之人不断增多,形成南北两帮,南路商帮主要在豫、鲁、皖、苏、浙等地经营,北路东出娘子关,到石家庄、保定、北京、天津等地开办银号、当铺、货栈,而《灵石县西河底村四字联语志》所载西河底村多有到京、津、保经商之人,符合灵石北路商帮的特点。从《虞乡县第三区黄旗营治村志》所记能看出黄旗营经商之人大多在陕西,亦有在河南,这也符合运城商人的特点。运城地处晋、豫、秦交界地带,潞盐行销三省,大都由当地运商负责销售,因此在陕西经商的运城商人较多。

村志对商业的记载涉及运城商人、平阳商人、晋中商人、汾阳商人,能体现出山西商人的地域性特点,对研究清末民国时期山西商人有一定参考价值。

(五)翔实记录当地学校教育状况

5 种村志都有关于本村学校教育状况的记载。如《汾阳西陈家庄乡土志》卷三教育,《阳城大宁乡小志》学校教育略、教职员表,《虞乡县第三区黄旗营治村志》"本治村教育概况"等目,专记本村学校教育状况。以往县志在记载一县教育状况时最多记至县学或中学,不会涉及乡村小学,而村志对于乡村学校教育的记载十分详细,且更加侧重于对现状的描述,多涉及本村初级(等)小学的创设时间、校舍、教育经费来源和教员等情况,具有一定的史料价值。如《阳城大宁乡小志》学校教育略载:

> 主村初级小学校,创设于民国元年,最初假村北阁上佛堂为

---

① 《晋商史料全览·吕梁卷》,山西人民出版社,2006,第 8 页。

校址,后假西佛堂为校舍。民国九年,主附各村集资创建校舍于主村大庙东之隙地,村中儿童就学,始有适中之处,惟学无专款,进行不易。……

女子初级小学,创设于民国十年,创设之时,县长吴学周洁已每年以缠足罚金,津贴各村女校,每校津贴二十元,迨吴公升任平遥,校款无着。女校停办者一年,其后学款缺乏,仅能开办,及村中教育基金集至五百余元,女校始有专款,但就学者少。女校教员薪金,与男校相差过巨。

民国二十年,男、女两校教员自行商妥,两校课务,由两校教员平均分任,薪金亦平均分支,无所轩轾。惟女校校舍缺如,异日教育普及,必感困难。

各附村私塾,率于农暇问学,兴废无常。下黄崖于民国十年,创设初级小学校一处,学款无着,成绩未著。①

《阳城大宁乡小志》从主村初级小学、女子初级小学以及各附村私塾三方面来记述大宁村学校教育的概况。其中,作者专门提及本村女校的创建与发展,指出最初以"缠足罚金"作为女校津贴,但后来校款缺乏,且女校就学者少,故教员薪金与男校相差很大。后男女两校教员商定,两校课务及薪金平均分配,但女校校舍仍然十分缺乏。最后作者抒发了日后教育普及必然十分困难的感想,体现出作者对教育的重视以及倡导教育平等的观念。

旧时乡村学堂往往由非官方主导,无固定的办学资金和教学用地,通常由一乡之士绅在村中庙宇等场所设帐授徒。民间组织在山

---

① 王璧:《阳城大宁乡小志》,《山西文史资料》1997年第5期,第122—123页。

西乡村教育中起到了非常重要的作用。他们重视对子孙后代的教育,往往在乡里设置义学,村中适龄儿童均可就读。这种情况在晋中和晋南地区体现得尤为明显。如《洪洞县蜀村志》人物志载:

> 浚按:吾乡旧有百人会、正义社、盛义诸社会组织,葺庙宇,置祭田,不一而足,美则美矣,而于槭朴作人之道,则未之及也。立义学,置学田,则自韩君(韩世贞)始,而郑君师覃、郝君允褒实与有力。宣统元年,奉令成立学堂,仍以萃英书院学田作为教育基金,而另设管理以司其事,不与村款混淆,尤符教育经费独立之旨。民国以来,复抽拨韩君祠、老子庵、关帝庙、会胜寺诸公产补助学校,现在共计旱田二十余亩,水田九十余亩,基金充裕,为各村冠。①

《蜀村志》中提及韩君(韩世贞,村志中有传)设义学,置学田。在韩世贞之前,蜀村的学校教育较为落后,自韩君始设萃英义学,资助无力向学的子弟,开蜀村教育之良好风气。后又不断发展,抽拨公产补助学校,使得学校资金充裕,为各村之冠。作者用短短 200 余字说明了蜀村的教育状况,感激、称颂韩世贞慷慨设义学的义行与功德,从中也能看出作者对教育及教育经费需独立的看法。这条史料对于研究蜀村的人才和教育发展,甚至民国时期的乡村教育有一定价值。

《虞乡县第三区黄旗营治村志》则描述了本村教育的现状,用表格的形式统计了 1945 年 12 月时黄旗营治村学生的数量,以及教员、教学设备、经费等情况(见表 2.4.1)。

---

① 杨恩浚:《洪洞县蜀村志》,《山西文史资料》1997 年第 4 期,第 179–180 页。

表 2.4.1　虞乡县黄旗营治村教育概况一览表①

居村别	教员姓名	学校数目	学生数		学校设备				经费		毕业人数				肄业人数			
			男	女	教室	宿舍	运动场	校园	经费来源	每日开支（元）	大	高	中	小	大	高	中	小
枣圪塔	杨组如 叶代琛 杨振峰	2	133	66	3	6	2	2	村公所支给	2000		1	6	20			3	8
黄旗营	许敬寿 孙致敏 薛裕清 祁如贞	2	102	70	3	5	1	1	村公所支给	3000	2	1	10	7			20	9
常旗营	陈学舜 李锡弘	1	72	35	2	4	1		村公所支给	1000			2	3			2	
普乐村	朱建华 叶振中	1	44	28	2	3	1		村公所支给	1800			3	3			6	7
永盛庄	周松侨	1	32	22					村公所支给	800	1	1	4	7			4	5
杨村	周向温	1	19	23	1	2	1		村公所支给	800	1		1					3
郭家庄			8	3										1			1	2
合计	13	8	410	247	12	23	7	5			4	3	26	31			26	34

同时，作者指出当前小学校与九年前相比，"惟其奴役化，死气沉沉，无活泼飞舞之精神，动作畏首畏尾，果敢进取之气概无存，环境化人，可慨矣夫"②，并且列出了当前小学校存在的 11 条缺点及建议。这与该村志编纂的时代背景关系密切。彼时抗日战争刚刚结束，运城地区百废待兴，而村志编纂者认为教育乃是关乎国家未来的大事。于此，我们能够看出编纂者急于改变此种教育现状的心态。

除记载当地教育状况外，村志还往往将本村具有高级小学或中学以上学历之人的姓名和所在学校一一列出。如《汾阳西陈家庄乡土

①苏俊杰等：《虞乡县第三区黄旗营治村志》，《山西文史资料》1997 年第 4 期，第 155 页。
②苏俊杰等：《虞乡县第三区黄旗营治村志》，《山西文史资料》1997 年第 4 期，第 154 页。

志》卷二"近代学校毕业"载："刘天真：字乐斋。本邑师范传习所毕业。"[1]"刘璠：字贵廷。本邑县立第二高小校，河汾中学校，本省商业专门学校毕业，任西北实业公司职员。"[2]《阳城大宁乡小志》和《灵石县西河底村四字联语志》中亦有类似记载，这对研究民国时期的教育体系有一定参考价值。

　　5 种村志对乡村学校教育的记载极为详细，从清代村塾到近代新式学堂、学校，能够体现出民国时期山西乡村新式教育的发展状况。

二、保存珍贵的碑刻资料

　　现存民国山西村志保存了丰富的碑刻资料。查《三晋石刻大全》（吕梁市汾阳市卷、临汾市洪洞县卷、晋城市阳城县卷），一些碑刻如今大多不存，以往县志中也很少见，故而村志就成为保存碑刻资料最重要的载体。《汾阳西陈家庄乡土志》收录的 22 通碑刻，全部不存；《洪洞县蜀村志》收录的 12 通碑刻，如今全部不存；《阳城大宁乡小志》共收 34 通碑刻简目，注明了立碑时间及作者，今仅存 3 通。村志所录碑文多是作者亲自到原址拓印或抄录而来，作者在村志中还将石碑所处位置一一标注出来，较为可信。

（一）《汾阳西陈家庄乡土志·艺文》

　　《汾阳西陈家庄乡土志》卷四艺文共收录 61 篇诗文，其中有 22 通碑刻，以清代碑刻最多，有 17 通，另有 3 通明代、2 通民国时期碑刻。查《三晋石刻大全·吕梁市汾阳市卷》，其收录《西陈家庄乡土志》19 通碑刻，目前全部佚失。村志在收录这些碑刻时，均在旁注明原碑

---

①刘天成：《汾阳西陈家庄乡土志》，《山西文史资料》1997 年第 6 期，第 178 页。
②刘天成：《汾阳西陈家庄乡土志》，《山西文史资料》1997 年第 6 期，第 179 页。

所处位置或此碑文的来源,如"碑在桥北留芳亭""碑在南街文昌庙"
"碑在陈家街本庙""本庄境内不见此墓,此墓记是由《赵氏家乘》补
录"等,说明作者在编纂村志时,这些碑刻大多数还存在。

《西陈家庄乡土志》收录有 12 通记事碑。10 方墓志。其中记事碑
文多为重修庙宇祠堂之事,如《新建西门文昌龙王庙碑记》《重修三
圣庙碑记》《关帝庙重修碑记》《重修翊元庵碑记》《重修文昌帝君庙
碑记》《重修圣母庙碑记》《重修上帝雷公庙碑记》《重修茶房碑记》
《文英会纪念孔子记》《重修嫘祖圣母庙乐楼并王壮桥记》等。西陈家
庄各类庙宇众多,卷一专设庙宇(世族家庙佛堂附)目,记载了 22 座
庙宇祠堂,如关帝庙、火神庙、文昌庙、圣母庙、翊圣庵、三官庵、财神
庙、狄武襄公祠等,供奉神祇众多。这些记事碑刻为研究西陈家庄的
民间信仰以及历史文化提供了珍贵史料。

另外,《西陈家庄乡土志》收录了 10 方墓志,其中 8 方为清代墓
志、2 方为民国墓志。这些墓志的主人分别是李大观(字云樵,西陈家
庄人)、刘慎义(字桂枝,西陈家庄人)、贾尔瑶(字美玉,西陈家庄
人)、李润(字德元,西陈家庄人)、成恩祥(字彤荣,西陈家庄人)、赵
士杰(字海儒,西陈家庄人)、任言豫(字右章,上堡村人)、冯登任(字
青选,罗城镇人)、崔晋承(后改名铨淦,字受三,罗城镇人)、陈韵年
(字赓虞),均为汾阳人。这些墓志中有 4 方墓碑在当时的西陈家庄
村。从村志中能看出作者在收录这些墓志时,应是亲自到墓碑原址
进行了访察,作者也在碑文旁作了标注,如"碑在村南刘家茔""碑在
村南贾家茔"等。同时,对于未见之墓碑,也有"本庄境内不见此墓,

此墓是记由《赵氏家乘》补录"[1]等的说明。这些墓志对研究西陈家庄以及汾阳历史有一定的参考价值。

(二)《阳城大宁乡小志·金石考》

《阳城大宁乡小志》金石考收录了自宋代至民国时期34通大宁村碑刻的目录,介绍了碑刻的地点、年代、撰写人及书写人的姓名等,遗憾的是这34通碑刻没有录文,但从此目录中亦能得到诸多有价值的信息。

民国时期阳城县曾两次组织编修县志,分别是在民国九年(1920)和民国十七年(1928),但由于种种原因,两次均未修成,书稿也已佚失。而在民国九年阳城重纂县志之时,阳城人杨兰阶被委以"金石"部分编纂的重任,之后县志虽未修成,但杨兰阶将自己的纂稿与邑人田九德历年搜集所得编成《阳城金石记》,并于民国二十五年付梓。《阳城金石记》收录了自东魏至清末阳城地区发现的共266种碑刻,民国碑刻一概不收,其中有数通碑刻与《大宁乡小志》重复,但二者均未记录碑文,只是作了碑目提要。二者相比,《阳城金石记》内容稍详细。《大宁乡小志》收录的34通碑刻中有7通属民国碑刻,其他碑刻有数通不见于《阳城金石记》,可补其碑目所缺。另外,可用《大宁乡小志》来校勘《阳城金石记》的部分内容。

查《三晋石刻大全·晋城市阳城县卷》,《大宁乡小志》收录的碑目中至少有3通碑刻尚存。《三晋石刻大全·晋城市阳城县卷》在编写时参考了《阳城县志》《泽州府志》《阳城金石记》等志书,并未参考《大宁乡小志》。《三晋石刻大全·晋城市阳城县卷》在附录中专列"未

---

①刘天成:《汾阳西陈家庄乡土志》,《山西文史资料》1998年第2期,第173页。

予录文的佚碑目录",其中也没有《阳城大宁乡小志·金石考》所收碑刻,因此,《阳城大宁乡小志·金石考》可补其佚失碑刻存目。

(三)《洪洞县蜀村志·金石志》

《洪洞县蜀村志》收 12 通碑刻,其中唐碑 1 通、宋碑 6 通、金代碑 4 通、元碑 1 通。作者将其中 8 通保存较好的石碑进行录文,编成《金石志》,这些碑文在旧县志中从未被提及。作者在每篇碑文下附按语,介绍碑碣的所处位置、大小形状及现状,更有对一些字迹漫漶不清的碑文作出考证。志书末尾还附有碑目补遗 4 篇,记述了 2 通宋代碑刻和 2 通金代碑刻的情况,但由于"字迹漫漶""残落颇多""被毁难识",无法将这 4 通碑刻的碑文记录下来。除大唐故居士韩君碑位于蜀村韩君祠外,其余 7 通均位于蜀村会胜寺。然大唐故居士韩君碑在民国时期被毁,而民国三十一年(1942)后蜀村会胜寺的中殿、鼓楼及所附祠庙也陆续被拆毁,石碑亦不知所终。目前这 8 通石碑均已佚,幸得《蜀村志》将其全文收录。这 8 篇碑文均为作者亲自到原址所录,可信度较高,尤其是关于蜀村会胜寺及与之相关人物的记载,对研究金元时期佛教及寺院发展有着重要价值。

1.从大唐故居士韩君碑看蜀村"韩仙君"信仰

大唐故居士韩君碑立于唐龙朔元年(661),原在蜀村箕山脚下韩君墓前的碑亭中。民国十四年(1925)碑石移至韩居士祠内,民国三十三年(1944)碑亭被毁,石碑也不知所终。此碑记述了唐代韩君的生平、行状,提及韩君于唐贞观十八年(644)在洪洞去世。

查《山西通志》与《洪洞县志》,对韩君的记载均是寥寥数语,仅涉及"韩仙君,洪洞人",曾在蜀村山中炼丹,丹成后化作白鹤飞去。仅《洪洞县志》提及"韩仙君名广"。《蜀村志》收录了数篇邑人所作纪

念韩君的诗作,如张守大《韩仙祠》、邢万秀《韩仙墓》、王轩《韩仙墓碑歌》等,也大多提及韩君制药、炼丹以及化作白鹤而去等事迹。另外,关于"蜀村"之名的来历,《洪洞县志》载:"该村依山傍水,曾名峰阳村。后唐代学士韩仙君,弃学就医,百治百愈,其所用之药,均采自四川,为纪念其功德,改名蜀村。"[①]民国年间,蜀村箕山脚下仍有韩君墓、韩居士祠、韩君碑亭以及炼丹炉一座。韩居士祠建于宋代,元时重修,其正殿额前有"唐韩仙君之庙"六字,为金泰和五年(1205)立,可知在此之前,蜀村就已开始供奉韩仙君。

以往志书对韩仙君的记载较少且单一,目前来看,大唐故居士韩君碑是记述韩君最为详细的资料。从碑文得知,韩君在北周时曾任隰州蒲县令,北周大象元年(579)始居鸡足山,修行佛法;唐武德二年(619)被封赏后归还故里,隐于蜀村九箕山;贞观十八年(644)二月于洪洞去世,葬于箕山。此碑记述了韩君的生平、行状,对其先师杨氏的相关事迹也有提及。但整篇碑文中并未有"仙君"之类的称谓,仅称其为"居士""韩君",也没有关于韩居士在蜀村炼丹之语,更未提及韩居士弃学就医为人治病之事。而关于韩居士之死,碑文仅用"舍化于洪洞里之别第"来说明,并未有化作仙鹤而去的说法。

目前,尚不能得知地方志中有关韩仙君的记载从何而来,但《蜀村志》及《洪洞县志》中均记载供奉韩仙君的韩居士祠在宋代就已经建立,且居士祠内有石刻,因此崇奉韩仙君在宋代就已经成为当地人的一种民间信仰。至于这种信仰是如何产生的,"韩居士"又是如

---

① 张青等编《洪洞县志》(上部),山西春秋电子音像出版社,2005,第 39 页。

何成为"韩仙君",笔者推测应当与佛教和道教的融合有关。在《蜀村志》中,作者还提及"(大唐故居士韩君碑)原在韩君墓前药炉中,土人有疾者镵碑石□许,捣末吞之,云能医下病,碑之劫运,实原此也"①。当地人认为石碑残石捣末喝下能医病的说法亦是对韩仙君信仰的见证。民间流传的韩仙君的事迹以及方志所载应该有真实成分存在,但其中有一部分当是后人赋予的。

2.从蜀村会胜寺所存7通石碑看会胜寺的发展

会胜寺位于蜀村东南隅,今毁,寺中所存碑刻内容大多为寺内僧人的生平事迹及其功德,反映了蜀村会胜寺在经历了宋代朝廷赐额后,逐渐在金元时期走向鼎盛的状况。以下对7通石碑的内容作一简要分析。

(1)"会胜院赐名敕",碑立于宋宣和五年(1123)。据作者杨恩浚考,此碑高三尺、宽二尺,原碑在蜀村会胜寺,碑文内容为宋太平兴国三年(978)四月三十日中书门下省下发至晋州的一份文牒,记载了朝廷赐予晋州上报的13所无名额寺院中的12所寺名:晋州城内2所、临汾县4所、洪洞县3所、襄陵县1所、霍邑县1所、冀氏县1所,另有冀氏县临水院未获得赐额。其中位于蜀村的九箕山三教院被赐予会胜寺额。在文牒之后,有节度推官、节度判官、通判等人下发的文书,要求会胜院按照赐额制造牌匾,并且牌匾须"如法宽大",还要"赴衙呈验"。宋代朝廷十分重视对寺院的管理和控制,通过系帐制[1]、敕额制等进行管理,此碑是北宋朝廷对地方寺院进行有效管理的见证,对于研究宋代晋州寺院的发展有一定价值。(2)"故唯识

①杨恩浚:《洪洞县蜀村志》,《山西文史资料》1997年第4期,第188页。

贤公塔铭并序"，碑立于金大安元年(1209)，记述了善贤和尚自十三岁于会胜寺出家至承安三年(1198)夏圆寂，毕生弘扬佛法的事迹。最后记述撰文的目的是："门人感慕，礼余作文。扬师之美，用广后人。"①此碑对于研究金代佛教有一定价值。(3)"经论传大乘戒沙门珪公生前塔记"，碑立于蒙古太宗十年(宋嘉熙二年，1238 年)，弟子为颂其功德而立此碑，记述了德珪和尚(善贤和尚弟子)弘扬佛法的事迹。碑文中述及金末战乱，德珪为弘愿隐于五台，扰攘之后，又致力于传授佛法。(4)《安葬先师惠公戒师故灵墓志》，碑立于蒙古宪宗三年(宋宝祐元年，1253 年)，记载了照监寺和尚多年之后安葬其师法慧和尚的事迹。(5)法乳祖师教泽碑，碑立于金崇庆元年(1212)，是法乳和尚的弟子为感念其教导与恩泽所建。(6)"祖师智和尚并讲经论传大乘戒迁公和尚生前塔铭"，碑立于蒙古宪宗六年(宋宝祐四年，1256 年)，记述了智和尚与其弟子行迁和尚的相关事迹。(7)洪洞县九箕山会胜寺真觉大师功行之碑，碑立于元统三年(1335)，记述了真觉大师的生平事迹，提及大德七年(1303)洪洞大地震的情景："至年癸卯中秋八月上旬又六日戌时，忽大地皆震，山崩地裂，堂廊殿宇，靡不摧毁……"②此碑对于研究洪洞地震等灾害亦有价值。

关于会胜寺的创建年代，洪洞九箕山会胜寺真觉大师功行之碑载："昔鼻祖肇建梵刹，自唐迄今，凡有年矣。"③此碑立于元统三年，碑文中记述会胜寺肇建于唐。从"会胜院赐名敕"中得知，会胜寺原名三教院，宋太平兴国三年(978)敕赐会胜寺额。此碑既是朝廷敕封

---

① 杨恩浚：《洪洞县蜀村志》，《山西文史资料》1997 年第 4 期，第 183 页。
② 杨恩浚：《洪洞县蜀村志》，《山西文史资料》1997 年第 4 期，第 187 页。
③ 杨恩浚：《洪洞县蜀村志》，《山西文史资料》1997 年第 4 期，第 178 页。

文书,因此可确定该寺院至迟在宋初即已存在。民国《洪洞县志》记载"会胜寺在县东蜀村,金大定二十一年(1181)建"①,显然此处有误。

《蜀村志》记载会胜寺于元至正五年(1345)重修,原寺内有正殿、中殿、钟楼、大士阁、弥勒楼等建筑,周围有若干附庙:九星祠、地藏祠、关帝庙、土地祠。真觉大师功行之碑的碑阴有惠公以下共七世的世系图,表明此时也就是金元时期,会胜寺当盛极一时。时惠公祖师主持院事,其后真觉大师等进一步发扬光大,宗派替传,历数百年。清道光年间,尚有"惠公十五世孙广济、正宗、源光等重整寺产"②等记述,然而到民国时,会胜寺已式微。民国三十一年(1942),中殿、鼓楼及所属附祠庙一并拆毁,唯独正殿留存。据《洪洞名刹古寺》记载,会胜寺毁于年久失修。③

另外,会胜寺原名三教院。据《洪洞名刹古寺》记载,在洪洞县域内的各个村落中,以"三教庙""三教院"为名的寺庙不在少数,如曲亭镇吉恒村三教庙、山头乡安头村三教庙、龙马乡景村三教庙等,这与宋代佛教在山西的发展不无关系。

三、存录已佚书籍的内容

《洪洞县蜀村志·人物志》"王者果"条载:

> 王者果,号箕南道人。布衣,工人物,画竹尤佳,尝见箕峰老于庵壁画罗汉像四,眉色飞舞,神情宛然,足称妙品。又旁壁画

---

①民国《洪洞县志》卷八《建置志》,第446页。
②杨恩浚:《洪洞县蜀村志》,《山西文史资料》1997年第4期,第163页。
③董爱民等编《洪洞名刹古寺》,内部印刷,2011,第219页。

竹数竿,亦潇洒自如,现乡人存其画者,盖复不少也。(《古杨画家录》乾隆)①

作者在此条末尾注明参考了"《古杨画家录》乾隆"。

《古杨画家录》已亡佚,清人李时升著,"古杨"名称源于西周时期周宣王封其子尚父为杨侯,于今天山西洪洞一带建立杨国的历史。秦改为杨县,直至隋改称为洪洞县之前,此地多数时期被称为"杨",后人据此多称此地为"古杨"。作者李时升,字亨山,号石泉,洪洞县东张村人,曾受学张充轩,与王轩同窗且交往密切,互相唱和。曾游走于山东、淮北等地,归来后授徒乡里。李时升善诗文、工书画,是光绪《洪洞县志》的主笔人之一,著有《亨山文稿》《亨山诗话》《亨山诗草》《杨国诗抄》《箕隐偶谈》《禽昌杂俎》《旧雨怀人集》《古杨画家录》等。据民国《洪洞县志》载,这些作品均未付梓。[2]《古杨画家录》是一本为洪洞地区著名画家立传的书稿,保存了一些人物的生平及活动轨迹。遗憾的是,《古杨画家录》未正式刊行,也没能流传下来,如今尚不能得知作者所参考的本子自何而来,面貌为何。目前只见此书被《洪洞文史资料》(第 11 辑)列入《洪洞艺文志》存目,因此该条目有一定的辑佚价值。

注释:

[1] 所谓系帐,即类似于一定时期内寺院和僧尼数目的统计表。

[2] 民国《洪洞县志》卷十七《艺文志下》,《中国方志丛书》第 79 册,成文出版社,1968,影印本,第 1730 页。《洪洞文史资料》(第 11 辑)"洪洞历代书画家小传"中附有《洪洞艺文志》著述书目,其中将《亨山文稿》列入文集目,《亨

---

① 杨恩浚:《洪洞县蜀村志》,《山西文史资料》1997 年第 4 期,第 178 页。

山诗话》列入诗集目,《享山诗草》《杨国诗抄》列入诗草目,《箕隐偶谈》《禽昌杂俎》《旧雨怀人集》列入杂著目,《古杨画家录》列入金石篆刻书画目,并且注明《享山文稿》《禽昌杂俎》《享山诗草》《杨国诗抄》均刊于光绪年间。

第五章　5 种村志对方志理论的探讨

　　5 种民国山西村志在序言和凡例中有对方志理论的阐述与讨论,分析村志所蕴含的方志理论有助于加深对村志编纂的理解,对于研究民国时期的方志发展也有一定价值。

一、史志关系:志乃史之支流

　　史与志的区别、联系一直是修志者探讨的一个重要问题,这直接关系到志书的编纂思想。尤其清代以后,修志者对史志关系的讨论更加多样。在 5 种民国山西村志中,亦有一些对史志关系的阐述,从中能窥见一些修志者的编纂理论。

　　《汾阳西陈家庄乡土志》凡例:"方志为史家支流,乡土志为县志基础。"①直接说明了志乃史之支流,因此作者主张"运以备国史之采择"。这也点明了村志与县志、国史的内在联系。另外,王堉昌在《西陈家庄乡土志》序言中说:"志者,史之基。史有褒贬,志则录,以为史之资。"②这一观点的核心在于志为史之基,修志为修史提供了参考

---

①刘天成:《汾阳西陈家庄乡土志》,《山西文史资料》1997 年第 6 期,第 133 页。

②刘天成:《汾阳西陈家庄乡土志》,《山西文史资料》1997 年第 6 期,第 132 页。

资料,也隐含了志乃史之支流的看法。同时这一观点也从宏观层面说明了志与史的区别:前者秉笔直书,后者遏恶扬善。

《灵石县西河底村四字联语志》序言:"不读传记,未谙前人往事;不有见闻,焉知胜迹名区,此国之所以存史,而地方之尤重乎志也。"①作序者认为史与志在内容和本质上有相通之处,都是为了记载事实,延续历史;二者的区别在于所记载的范围不同,在国即为史,在地方即为志。因此,地方修志不容忽视。

5种村志编纂者均认为史与志关系密切,主张修志以备县志、国史之采择。基于此,村志编纂者大都提倡村志应具有完备性特征,编纂时应尽可能多地搜集查找资料,并对资料进行考证,使内容更加全面、真实、可靠。

二、村志与府州县志的关系

1949年以前的山西村志极少,甚至民国山西村志编纂者着手编志时,大都未曾见过一部体例完整的村志。《虞乡县第三区黄旗营治村志》编者有言:"省有志,县有志,今创新村志。"②编者认为以前没有村志,今日修村志乃是一创新之举。程文根在为《灵石县西河底村四字联语志》所作序言中说:"若夫各地纂修村志,或有感于是书,以此为先河,正未可知也。"③认为《四字联语志》开村志之先河,以往未有。基于此种情况,村志的序和凡例中有不少论及村志与府州县志关系的表述,以此突出村志的重要性和编撰的合理性。

---

①李贵申:《灵石县西河底村四字联语志》,《山西文史资料》1997年第5期,第99页。
②苏俊杰等:《虞乡县第三区黄旗营治村志》,《山西文史资料》1997年第4期,第143页。
③李贵申:《灵石县西河底村四字联语志》,《山西文史资料》1997年第5期,第100页。

卫树模在为《阳城大宁乡小志》所作序言中说："其中图表考略之类。应有尽有，俨然志也，惟范围较小，事实较少而已。"①认为《大宁乡小志》是一部志书，与府州县志的差别仅在于记述范围大小上；且《大宁乡小志》完全遵照民国六年颁布的《山西各县志书凡例》编纂，在编写手法和内容选取上与府州县志相差无几。

《汾阳西陈家庄乡土志》作者刘天成在序言中写道："是知天下之大，未始非由一乡一邑，推而广之者也。使以乡村为不足志，则县邑之文物制度，异世必茫然无稽。"②由一乡一邑之志推及县志，再由县志推出一代之史，说明如若不载乡村，那么县志编纂必然会有诸多不足，一代之史便无所传信于后世。同时，也揭示了记载一乡一邑之事关乎历史传承。刘天成还直言："乡土志为县志基础。……如乡各有志，历久均能续修，庶于县志裨益不少。"③这与王堉昌在《汾阳西陈家庄乡土志》序言中的看法无二："志西陈家庄如此，志他乡亦如此，推之各乡，而县志成矣。"④各乡村修志，合之即为县志。只有村志记载完备，县志才能够完备，进而"备国史之采择"。这也就将村志提到了相当高的地位。

《西河底村四字联语志》则从府州县志编纂的不足入手，认为府州县志所载范围广，在内容选择上往往"撮其大端而略其细微"，导致一些轶事珍闻不能够被记录下来。但这种情况是在所难免的，府州县志要载一府一州一县之事项，卷帙浩繁，必定不能"逐处求

---

①王堃：《阳城大宁乡小志》，《山西文史资料》1997年第5期，第117页。

②刘天成：《汾阳西陈家庄乡土志》，《山西文史资料》1997年第6期，第133页。

③刘天成：《汾阳西陈家庄乡土志》，《山西文史资料》1997年第6期，第134页。

④刘天成：《汾阳西陈家庄乡土志》，《山西文史资料》1997年第6期，第132页。

详"，而村志能够记载诸多府州县志顾及不到的细节，补其不足。

综上，5 种民国山西村志编纂者大都认为，村志可为府州县志提供资料，甚至可备国史采择。村志作者探讨村志与府州县志的关系，其意并不仅仅在此，而是为了最终说明村志的重要性，给自己所编纂的村志谋取一个合理的地位，进而不断完善村志的编纂理论。

三、村志的功用

综上所述，村志是方志体系中的重要一环。受中国传统方志编纂理论的影响，民国山西村志编纂者对村志功用的考量大致基于存史、资政、教化三个层面。方志的存史功能是促使作者编纂村志的重要因素之一，有关内容在中篇第二章"5 种村志的编纂动因"中已详述，此处主要从资政与教化两个方面论述村志的功用。

（一）资政

从前面对 5 种村志内容的论述不难看出，村志具有资政功用。民国山西村志的编纂或多或少都受到山西村政建设的影响，力图为当政者提供一些借鉴，《虞乡县第三区黄旗营治村志》即是一个典型的例子。《黄旗营治村志》编纂于 1945 年 12 月，时值抗日战争刚刚结束，百废待兴，虞乡县组政经军统一行政委员会"亟待明了各治村之详细情形"，于是下令各治村修志，并且规定了村志的目录（包括地亩粮色、闾数、户口数、男女数、物产、教育等事项），要求"事实务必详细，数目务必准确"①。显然，资政是《黄旗营治村志》最重要的目

---

① 苏俊杰等：《虞乡县第三区黄旗营治村志》，《山西文史资料》1997 年第 4 期，第 161 页。

的。正如编者在引言中所说："新政设施,民心欣慰,村志之修,即复员政令、整我河山之初步也。"①

《阳城大宁乡小志》的序言提及当时的社会状况:"国家之危殆情状,几有岌岌不可终日之势,究期原因,要亦不外于忽。试问能真正熟悉我国各地情况者有几人乎? ……设使乡乡有小志,自不难明各地之情况矣。"②作序者认为国家岌岌可危的原因在于为政者忽视乡村,对各地情况不了解,而编纂村志可以弥补这一不足,为政者通过村志可以了解各地情况,能够更好地施政。另外,《大宁乡小志》作者在志中还针对记载的事项,提出了诸多建议,如兴修水利、治理河道、修理道路、培植森林、建立学校基金、发展商业等等,均是一些因地制宜的资政方略。

《汾阳西陈家庄乡土志》用土地、人民、政事、艺文四类统合全志内容。作者在凡例中说道,"人民事项,不可不重","非政事弗克安居乐业",体现了作者存史以资参鉴的目的。同时,序言中还提及"凡可为政治借鉴者,宜备录之"。显然作者认为村志内容应当能为政治所借鉴。卷二之户籍,卷三之村制、水利等均体现了方志作为地情书为当政者提供行政依据的作用。

(二)教化

教化是方志的重要功能之一, 这在村志中也体现得较为明显。编纂村志是唤醒村民集体记忆的过程,凡是被写入村志的人、事、物,无一不是经历了历史考验和时间沉淀后的结果。村志记载一村之历史地理、风土人情,以物态的形式呈现村落的文化品质,能够使

---

① 苏俊杰等:《虞乡县第三区黄旗营治村志》,《山西文史资料》1997年第4期,第143页。
② 王壁:《阳城大宁乡小志》,《山西文史资料》1997年第5期,第117页。

村民获得文化自豪感和认同感,增强凝聚力,起到教化乡里的显著作用。

由于村志受官方条条框框束缚较少, 因而选取入志内容以及以怎样的方式入志都有较大的主观性,明显地体现了作者想要传达的价值准则。"至于名胜古迹、先贤事略,关于正人心、息邪说、励风俗、助教化"①,即是志乡里而寓劝解、移风俗而正人心的选取标准。《灵石县西河底村四字联语志》载本村一张姓村民,将本村一荒沟漫成好地,乃一劳永逸、利人利己之事,值得称颂;载本村精于拳术之人甚多,在县城会操时曾夺得两次优胜等等。这些村民亲历之事,均体现了作者所倡导的为村落建设作贡献、增强荣誉感的价值观念,能够引导人们向上向善,改善社会风气。在《四字联语志》序言中,程文根建议将此志采纳为村塾读本,作为乡土教育的课本,也体现出了村志的教化功能。

5 种民国山西村志均重视对人物的记载。《西陈家庄乡土志》卷二有善行、节孝、选举目,《蜀村志》有人物志,《大宁乡小志》传、表两部分专记人物,《黄旗营治村志》有先贤事略,《西河底村四字联语志》第十二、十三、十四、十五、十六联等,通过对一地贤人善士的记载,弘扬其潜德幽光,起到了教化乡里、模范后世的作用。

村志也蕴含着编纂者教化后学、传承文化的理想。"若夫各地纂修村志,或有感于是书,以此为先河。""《大宁乡小志》其为各乡小志之引□乎!"②这些表述均展现了为序者倡导各地文人积极修志、展现乡村文史面貌以及传承文化的心愿。"使后进观览而生景仰,是亦

---

① 苏俊杰等:《虞乡县第三区黄旗营治村志》,《山西文史资料》1997 年第 4 期,第 144 页。
② 王璧:《阳城大宁乡小志》,《山西文史资料》1997 年第 5 期,第 118 页。

感发人心之微意也夫。"①"庶几乎垂裕有裨,可作将来稽考之一助也,后之继续,当不乏人。"②将村志所载彰显于后人,既是存史,更是编纂者希冀感化后学、榜样后辈的心愿表达。

四、新村志与旧村志编纂理论对比

20 世纪 90 年代以来,新修村志数量快速增长。目前来看,山西新村志数量当在 1000 种以上。新村志吸收和改进了传统方志的编纂理论,逐渐形成了较为成熟的村志编修模式。通过对新村志体例和内容的分析,我们能发现新村志编纂对旧村志既有继承又有发展。

从编纂体例来看,新村志体例较规范,以章节体为主,也有以条目形式展开叙述的。新村志在体裁上一般志、述、记、传、图、表、录通用,传承了以往史志的体裁。新村志大多有凡例或编写说明,较为清楚地说明了村志的编写原则、方式和基本理路,同时志书末尾有后记,交代了编写过程和出版情况。有的村志还有附录,存录了一些既往法令、规章制度、村规民约或者姓氏、家谱等内容,对正文起到了补充作用。因此,新村志在结构上更加完整规范。

从篇目设置上看,民国山西村志排列顺序大致为:地理志、民志、官志、文物志、艺文志、杂志,而新村志一般包括自然、经济、政治、军事、文化、社会、人物等。随着社会发展,村志门目和内容自然会发生变化,但万变不离其宗,新村志仍然以记载本村历史与现状、

①刘天成:《汾阳西陈家庄乡土志》,《山西文史资料》1997 年第 6 期,第 134 页。
②李贵申:《灵石县西河底村四字联语志》,《山西文史资料》1997 年第 5 期, 第 100-101 页。

尽可能全方位地展现本村风貌为主要目的,因此虽然不同时期记载内容差别较大,但在篇目设置上新村志会借鉴以往村志形式,再以不同的分类方式加以编排。

从内容上看,民国山西村志较为微观具体,且重视对与百姓生活相关的衣食住行等方面的记载,新村志亦不例外,也能够做到详县志所略、存县志所无。如文水县《北张村志》①,记载内容不仅包括地理、自然环境、古迹、农业、水利、林业、人物等事项,还涉及人们的衣食住行、生活娱乐、手工业生产、村规民约、宗谱等内容,能更加细致全面地反映村民生活和村落风貌。

关于人物志的书写,新旧村志大体均遵循生不立传的原则。但新村志对于一些对本村有特别贡献的人士会采用类似简介的形式对其进行介绍,适当弥补了旧志中人物志过于单一的不足。

由于村志记述范围小,编写时可利用的文字资料不多,除参考县志中有限的资料和民间著述外,村志编纂者十分注重实地调查,因此对村落现状的记载更为丰富,而对于历史较为久远的事或物则略写或不载。这也体现了"详今略远"的编纂原则。新村志在收集资料时通过大量走访调查,将获得的民间文献和官方统计资料进行整理分析,保存了丰富的口碑、家谱以及关于本村地理环境、经济发展现状的资料。正如大宁县《白杜村村志》所言:"由于很难收集到有文字记载的资料,因而所采用的多是口碑资料,所有资料都经多方对照,反复核实无误之后再采纳应用。"②在《白杜村村志》姓氏宗族中附有许氏宗族传世支系图、李氏宗族传世支系图等详细

①文水县北张村志编纂委员会编《北张村志》,内部印刷,2008。
②许新民:《白杜村村志》,三晋出版社,2013,编写说明第 2 页。

的族谱资料,在农业、树木、养殖业、手工业等目中使用了诸多统计资料。襄汾县《南中黄村志》编者在述及资料搜集过程时说,编纂人员通过组织普查、实地考察、专访调查,到统计机关查阅档案等形式收集资料,"所用资料皆以亲历、亲见、亲闻'三亲'为原则"①。这体现了在村志编纂过程中应尽可能多地收集资料、最大限度地记录和保存真实历史的编纂原则。

与民国山西村志相比,新村志更加注重资政。在民国山西村志中,关于山川河流、名胜古迹以及艺文的记载占比非常大,有明显的重人文轻经济的倾向。可以说,除《黄旗营治村志》外,民国山西村志重视存史和教化胜过资政。而新村志则不然,如襄汾县《南中黄村志》后记说:"村志,是我国最基层一级的志书,村民生活经济数据资料,往往是反映国民经济和社会发展的晴雨表,是国情、省情、县情科学决策的依据,所以获取真实准确全面的地情资料至关重要。"②这表明村志作为重要的地情资料,其编纂对国家治理具有重要意义。从《南中黄村志》的内容也能看到,其整理和分析了较多通过实地调查以及查找官方统计资料而得来的数据。《北张村志》中也大量使用了测量数据和调查统计表,如 1988 年境内文峪河西常家茔钻孔地层结构、北张村分年度农作物产量表、北张村 1986年个人承包果木林名单等,有着明显的资政目的。

民国村志在引用资料时大多会注明来源,即使是未刊刻的私人著述或日记也会有所提及或标注,便于读者查找和分析,这也体现了村志的存史功能。但新村志除极少数引用原文注明来源之外,一

①赵发:《南中黄村志》,内部印刷,2011,第 388 页。
②赵发:《南中黄村志》,内部印刷,2011,第 388 页。

般很少注明材料出处。如《北张村志》:"本志所用资料来源于清光绪九年版《文水县志》……并参考了各种资料、书刊,书中不再注明出处。"①《柏沟村志》:"本志资料来源除依据古迹和引用著述外,余皆不一一注明。"②《后刘家庄村志》:"本志资料来源以史志、档案、统计、调查资料为主,辅以口碑资料,一般不注明出处。"③这种不注明资料出处的现象不仅存在于村志,且已成为当代官修志书的通例。当代志书多使用语体文记述,强调语言的朴实以及可读性,因此对材料来源大多不标注。这种情况容易出现很多问题,如不了解材料出处就难以从来源上分析其价值,对材料的真实性和准确性也就无法把握。如果对这些无出处的材料进行多次引用或是后人续修该志,很容易发生以讹传讹的情况。不注明材料出处并非修志传统。孙诒让认为,在方志编纂中"记录必详其出处,以杜凭虚撰造之嫌"④。旧志编修大都注明史料来源,这是修志者为实现方志存史以资征考的一种基本做法,民国山西村志亦是如此考虑。因此,志书在编写时注明史料来源还是有必要的。

通过对新村志与旧村志进行对比,能发现新村志的编纂对旧村志既有继承也有发展。新村志的体例比旧村志更加规范、完整,这与当代方志、村志理论的进一步发展、成熟不无关系。新村志在篇目设置和资料搜集上对旧村志有所继承,注重对村落整体面貌以及发展现状的记载,同时对村民衣食住行等日常生活

①文水县北张村志编纂委员会编《北张村志》凡例,内部印刷,2008。
②王继林、刘伯伦:《柏沟村志》凡例,山西古籍出版社,1997。
③刘久长、刘峰:《后刘家庄村志》凡例,山西人民出版社,2009。
④孙诒让:《瑞安县志局总例六条·纂辑》,载王葆心《方志学发微 取材篇 纂校篇》,湖北省地方志编纂委员会办公室,1981,第61页。

也给予了较多关注。在今天看来，新村志更加注重资政，注重对村落发展现状的描述与记载，但在多年后其存史功能应当会逐步凸显。

结　语

　　村志是研究乡村最重要的资料之一,目前所见 5 种民国时期山西村志中,除《虞乡县第三区黄旗营治村志》外,其余均为地方文人私人纂写。因此,村志得以编成的最重要原因乃是编纂者对家乡的桑梓之情。民国六年山西省公署颁布《各县志书凡例》,下令各县修志,也间接促进了村志的编纂。此外,民国时期山西轰轰烈烈的村治运动对乡村社会也产生了深刻影响,农村发生的一系列变化也促使一部分地方文人参与到编写村志中来。民国三十四年(1945),虞乡县电令下辖各治村修志,《虞乡县第三区黄旗营治村志》即在此时纂成。

　　与府州县等志相比,村志编纂较为灵活,村志编纂者可以在一定程度上摆脱官修志书条条框框的限制,发挥自身主观能动性,并根据具体实际对已有体例进行调整。即使是官修村志《黄旗营治村志》,也对既定凡例作出了一些改变。由于村志记述范围小,其门目设置和内容更加微观具体,且在内容选择上带有作者较为浓厚的个人色彩,加之村志作者均为本村人,这就使得村志蕴含着一种独特的人文关怀和乡土情结。这也是村志不同于府州县志的一个重要特点。村志内容中有新旧事物并存的现象,体现了民国时期新旧更替

的时代特点,也在一定程度上反映了乡村社会的变迁。

1997—1998 年《山西文史资料》刊载了现存 5 种民国山西村志,它们是学界利用较多的版本,但在内容上存在一些错误。由于村志大都为私修,少有审阅或校订,即使是官修志书,其成书时间也较匆忙,因而在编写过程中难免会出现差错。加之村志多以手稿形式流传,在标点和排印过程中也会出现诸多错误,因此本书对《山西文史资料》所载村志内容作了校订。

5 种民国山西村志保存了大量历史地理、经济发展、风俗物产以及与普通百姓日常生活等有关的史料,对于研究民国时期山西乡村地理环境变迁、行政区域变革、农业商业状况、农村教育发展具有较高的利用价值,同时也能在一定程度上反映山西农村近代化的过程。村志收录了丰富的碑刻资料,如今这些碑刻大多不存,村志就成了记录这些碑刻的唯一载体。这些碑刻对于研究当地民间信仰以及佛教在山西的发展具有重要参考价值。此外,村志文本中还有编纂者有关方志理论的阐述与讨论,提出"志乃史家支流""维风化、资考证则志"等观点,这对于研究民国时期方志理论发展有一定参考价值,对新村志的编纂也有借鉴作用。

晚清民国时期山西乡土志研究

引　言

乡土志是清光绪三十一年(1905)学部颁布《乡土志例目》后正式出现的一种乡土教材。乡土志是在地方志的基础上逐渐衍化而来的,其与地方志既有相通性也有差异性。据统计,全国编纂的乡土志共有 600 余种,其中现存的晚清民国时期作为乡土教材的山西省乡土志实有 13 种。

山西乡土志是在教育改革、国人爱国情怀与山西的文化底蕴、教育传统、国外乡土教育理念的影响下产生的。晚清至民国时期,山西乡土志编纂群体从以地方官员和文人士绅为主逐渐变为以教育界人士私人编撰为主。山西乡土志的编纂目的是增长儿童见识,增进儿童对家乡的了解,培养"爱乡爱国"之情,巩固清王朝统治地位,以及补充旧志内容,为研究当地历史提供重要史料。在此背景下,山西省、州、县的有识之士开始收集乡土资料,编纂乡土志,将其邮寄京师编书局评审,一面录副,经局员审定删润,订成定本,在当地小学堂投入使用。

山西乡土志的语言体例为文言文、白话文、四言韵语 3 种,编纂体例为例目体、课目体、章节体、诗歌体以及相互结合的体例,且内

容丰富。流传至今的山西省乡土志被各地方志办公室、图书馆、博物馆及私人收藏，版本有稿本、抄本、铅印本、石印本、复印本、油印本、影印本等，是非常珍贵的乡土教材。

学术界对山西省乡土志的研究包括三个方面：一是对全国乡土志的研究，二是对区域乡土志的研究，三是对山西乡土志的研究。

1.对全国乡土志的研究。光绪三十一年(1905)，清政府编定全国乡土志教材编纂准则——《乡土志例目》。该例目对历史、地理、格致三科的编写范围作了明确规定。

关于乡土志的研究论著主要有：曹凤南的《小学乡土教育的理论与实际》，该书比较系统地论述了乡土志编纂的目的和价值等，并引用了杜威和鲁特等教育学家的观点，对当今乡土志研究有一定的启发意义；刘纬毅的《山西方志概述》，该书提及了乡土志的产生背景和相关情况，但记述比较简略；李细珠的《张之洞与清末新政研究》，该书论述了张之洞在晚清制度变革中所起的作用，说明晚清制度变革是乡土志产生的重要背景之一；费孝通的《乡土中国》，从多方面分析了乡土中国的社会和结构；刘纬毅等人的《中国方志史》，简要介绍了乡土志产生的背景以及特点；滕星的《中国乡土教材应用调查研究》、李新的《固守与革新——百年中国乡土教材研究》，两书对乡土志的特点和价值等作了比较系统的论述；王兴亮的《清末民初乡土志书的编纂和乡土教育》，对乡土志书的概念作了解释，对编纂时间作了考证，指出"我们现在所讲的作为以乡土志命名的乡土教材，不会早于1905年"[1]。另外，王兴亮综合《中国地方志联合目

---

[1]王兴亮：《清末民初乡土志书的编纂和乡土教育》，《中国地方志》2004年第2期，第43页。

录》《中国地方志总目提要》等书,指出清末民初山西乡土志书有 11种,但没有具体罗列出书名;巴兆祥发表的《论近代乡土志的几个问题》,对乡土志的发展状况、乡土与国家的关系等作了系统分析,提出乡土志值得进一步深入研究;王兴亮的《"爱国之道,始自一乡"——清末民初乡土志的编纂与乡土教育》指出,乡土志的编纂宗旨是"爱乡爱国",并对全国范围内的乡土志书作了一定的对比和分析,但对山西省乡土志涉及较少;李素梅、滕星发表的《中国百年乡土教材演变评述》总结了我国百年来乡土教材的发展脉络,同时指出了乡土教材发展的一些局限;李新在《论清末乡土教材出版的几个问题》中提出,乡土教材在出版方面存在问题,并对清末乡土教材的出版原因及编纂群体等作了简要分析和介绍,对当今乡土教材的编纂有一定参考作用。

2.对区域乡土志的研究。程美宝在《由爱乡而爱国——清末广东乡土教材的国家话语》一文中指出,在清末新政背景下,地方读书人运用新的话语方式定位了地方和国家的关系。刘超建在《清末新疆乡土志及其史料价值》一文中论述了新疆乡土志的史料价值。马隽在《晚清民国时期山东乡土志研究》一文中指出,山东乡土志约有 80种,并系统分析了其内容特点及价值。邹涛、刘嘉媛在《以乡土志为视角的晚清至民国时期云南纺织服装业研究》一文中指出,云南乡土志有 27 种,并从云南乡土志中获取了纺织服装业贸易资料。王安芝在《〈新疆乡土志稿〉版本源流考》中讲述了新疆乡土志因编纂完成后未及刊印,后经人搜集整理形成不同版本的情况,并对其版本源流进行了考证。李东旭在《〈雄县乡土志〉整理与研究》中对《雄县乡土志》作了整理,并分析了其史料价值。负有强在《在清末民国时

期西北丝路沿线乡土志中有关商贸流通的编纂实践探析》中提到，西北地区编纂了 56 种乡土志，并指出乡土志对研究有关西北丝绸之路沿线商贸流通具有史料价值。在《试论新疆乡土志对方志编纂实践的传承与发展》一文中负有强提出，新疆乡土志有 44 种，具有官修志书的思想及秉笔直书的编修理念，并系统论述了新疆乡土志的编纂方法。陈豆豆在《〈绥来县乡土志〉勘误举例》中对该志在汉字讹误、断句失读、背离史实、多重问题叠加以及阙疑存异方面存在的问题作了系统考证、辨析。邹涛、郑珩在《乡土志发展——近代四川省乡土志中纺织服装业贸易资料成果考究》中指出，四川乡土志有 70 余种，并从四川乡土志中获取了纺织服装业贸易资料。

3.对山西乡土志的研究。张梅秀的《清末民初山西乡土志书 17 种述略》指出，清末民初编纂的山西省乡土志书不是很多，并依据王兴亮在《清末民初乡土志书的编纂和乡土教育》中统计的 11 种山西乡土志书，罗列出 17 种山西乡土志书，相对比较全面，但有些不合要求的志书也列入其中，且只是对其作了简单的罗列，没有深入分析与研究。2011 年温润芳在博士学位论文《社会变迁中山西乡土教材的编纂与应用研究》中，通过分析有代表性的乡土教材，介绍了乡土教材的编纂情况，指出了乡土教材的功能，但其涉及范围太广，对乡土志的分析不是很深入。2020 年张慧婷在《清末民初山西乡土志研究》中对山西乡土志的背景、内容、文献价值等作了综合性的概述。其中从清末爱国主义思潮的兴起、教育改革、乡土教育思想的介入以及《乡土志例目》的颁布等方面论述了清末变革的时代背景，从山西民智渐开和传统教育根深蒂固方面论述了清末山西的社会状况；在内容方面，作者对山西乡土志的编纂情况、印行情况、编纂

群体以及崇儒尚贤、忠孝节烈和改良社会的价值取向作了介绍；从存史补遗、地域认同、国民认知三方面分析了山西乡土志的文献价值。该文视野宏大，但对山西乡土志的编纂背景论述得不够全面，且对山西乡土志的编纂过程、编纂语言、编纂体例以及当代文化价值鲜有涉及。

通过对全国、区域及山西范围内乡土志研究成果的梳理，可知学术界的研究成果已经很多，这对本书研究乡土志的产生背景和相关情况有一定借鉴作用。但学术界对山西乡土志的研究比较少，且对山西乡土志的研究仍有不足之处。如《清末民初山西乡土志书17种述略》只是对山西乡土志的种类作了简单罗列，《社会变迁中山西乡土教材的编纂与应用研究》对乡土志的分析不是很深入，《清末民初山西乡土志研究》对山西乡土志的编纂背景论述得不够全面。本书与上述学者对山西乡土志研究的不同之处在于论述了乡土志与地方志的关系，研究了乡土教材语境下晚清民国时期山西乡土志的有关情况，进一步加深了读者对乡土志的理解。

本书在收集资料的基础上对山西乡土志的编纂背景、现存状况、编纂过程、编纂语言、编纂体例以及价值等作了系统阐释。山西乡土志有一定的文献价值，如保存了许多史料，拓宽了史料来源，可补旧志之不足。另外，山西乡土志还有重要的现实意义，如培养当代人的爱国主义情怀，为当代乡土教材的编纂提供参考和借鉴，丰富当代乡土教育的研究内容等。同时，山西乡土志亦有记事偶误之处，如载有节烈妇女事迹和狭隘的民族主义观等。读者应注意到其不足之处，扬长避短，以更好地发挥山西乡土志的当代价值。

第一章　晚清民国时期山西乡土志概况

　　乡土志是在地方志基础上逐渐衍化而来的一种乡土教材，与地方志既有相通之处也有差异性。晚清民国时期，山西省乡土志共有20种，因有的书名虽称之为"乡土志"但并不是真正意义上的乡土志书，有的疑已失传，所以经查询整理，现存晚清民国时期山西省乡土志实为13种。按时间分类，晚清时期编纂而成的有9种，民国时期编纂而成的有4种；按级别分类，省级的有1种，州级的有2种，县级的有10种；按语言分类，文言文类有6种，韵语类有3种，白话文类有4种。

一、乡土志与地方志的关系
（一）乡土志与地方志的含义
　　要知晓乡土志与地方志的关系，首先要明白二者的含义。地方志又称"方志"，其名始见于《周礼》。《周礼·春官》载："外史掌四方之志。东汉郑玄注：志，记也。谓若鲁之《春秋》、晋之《乘》、楚之《梼

机》。"①各个历史时期,地方志的名称各不相同,其中有图经、记、志、乘、录、谱、编、簿、传、略、鉴、书、系、典、掌故、文献、采访册等。按记述内容可分为总志、郡志、州志、府志、路志、军志、监志、省志、道志、县志、卫志、所志、厅志、旗志、土司志等综合性方志和风土志、山志、泉志、河志、寺观志、金石志、名胜志、园林志等专类性方志。关于地方志的属性学术界有不同看法,如地理书说、地方历史说、史地兼备边缘学科说、综合学科说、资料汇编说等。对于地方志的主要功用,方志界多以"资治、存史、教育"进行表述。学者张毅认为地方志"涵盖内容丰富,包罗万象,无所不载,堪称地方的百科全书,举凡一地的建置、沿革、疆域、山川、名胜、物产、气候、人物、文化、教育、民族、风俗、事件等,无所不包,所以又被誉为一方之全史"②。总而言之,地方志是集综合性、全面性、广泛性、地域性、连续性、普遍性和资料性等特性于一体的志书。

要了解乡土志的含义首先要从"乡土"二字说起。"乡土"一词最初由德文翻译而来,是指家中的"寝床、休息室",后渐含"家周围"之意。《辞海》释"乡土"为"家乡、故乡",释"乡土志"为"清末民初各地编印的乡土教材"③。乡土志是应环境和时代需要产生的一个具有感情色彩的词,主要是对儿童进行乡土教育,启发其了解日常可接触到的史地自然等基本知识,培养儿童爱乡爱国情感的一种乡土教材。乡土志是清政府于1905年颁布乡土志编纂指导体例《乡土志例目》后正式登上历史舞台的。乡土志是时代变革的特殊产物,有些学

①刘纬毅、诸葛计、高生记、董剑云:《中国方志史》,三晋出版社,2010,第4页。
②张毅:《地方志文献特性与数据抽取研究》,上海远东出版社,2018,第2页。
③《辞海》,上海辞书出版社,2003,第1851页。

者将乡土志与风土志、乡镇志等同起来,这是不恰当的,因为其编纂背景、体例和宗旨是有一定区别的。乡土志是晚清民国时期教导儿童了解家乡日常所见之物的一类乡土教材,主要突出教育的特性,力图培养儿童爱乡爱国之情,增强民族凝聚力,挽救民族危亡。

(二)乡土志与地方志的差异性

晚清时期作为乡土教材的乡土志与地方志在出现时间、所涉及的范围以及所包含的内容方面都有着显著差异。

首先,"乡土志"之名何时出现,学术界存在许多争议。大多数学者认为作为乡土教材的乡土志是光绪三十一年(1905)学部颁布《乡土志例目》后才正式出现,并随之在全国范围内出现编纂热潮。王兴亮在《清末民初乡土志书的编纂和乡土教育》一文中说:"以乡土志命名的乡土教材,不会早于1905年。"①地方志何时出现,学术界亦存在许多争议,但一般认为其始于《禹贡》、《山海经》或《周礼》等。总之,地方志出现早于乡土志。

其次,"乡土"一词不仅有空间概念,还与人们的情感文化相联系。"乡土"是德文 Heimat 的译名(解作"故乡")。这个字是从 Heim 一字而来,其意由最初的"休息室"至"家",再至"家的周围",范围逐渐扩大。曹凤南在《小学乡土教育的理论与实际》一书中把"乡土"的范围概括为:"先以家庭和学校为中心,次以乡镇为中心,次以区为中心,次以县,次以省,直至于国家。"②《乡土志例目》载:"乡土凡分四目:曰府自治之地(所辖之州县不与焉);曰直隶州自治之地(所辖

---

①王兴亮:《清末民初乡土志书的编纂和乡土教育》,《中国地方志》2004年第2期,第43页。
②曹凤南编《小学乡土教育的理论与实际》,商务印书馆,1936,第1页。

之州县不与焉）;曰州;曰县。今于四者均名曰本境。"由此可知,乡土的区域大小与人们对家乡的情感以及活动范围息息相关。地方志有比较明确的地理界限,一般以国家所规定的行政区划为准。学者梦华亦指出,方志内容专对地方,所以记叙详备,是深入了解地方历史的重要资料①。"乡土"与"地方"相比,其范围具有相对的灵活性。

最后,乡土志是作为小学乡土教材而存在的,是特定时期教材的一种过渡性产物。学者李新认为:"乡土教材作为教科书的一种具体形态,具有教科书所具有的共同属性。"②《吉州乡土志》古迹目载:"乡土志先为初等学堂而设。"③所以,乡土志在编纂宗旨、编纂体例和编纂内容上与地方志有着本质不同。

乡土志的编纂宗旨主要是对儿童进行乡土教育,重点突出教化,培养儿童的"爱乡爱国"之情,巩固清王朝统治地位。地方志的编纂宗旨主要有三:存史、资治和教化。乡土志的编纂主要是以《乡土志例目》所规定的十五目体例为基础,而地方志的编纂体例众多,有通纪体、简志体、续志体和史书体等。乡土志的语言风格要符合《乡土志例目》"事必求其详核,文必期于简雅"的要求,便于学生理解;地方志的语言则官方性更强,更加严谨规范。乡土志的编纂内容分为历史、地理、格致三科。由于是遵循《乡土志例目》的要求编纂而成,所以与传统方志相比,乡土志内容中出现了人类目、实业目和商务目三个新的志目,这是地方志内容此前未见涉及的。

---

① 梦华编《图解国学知识》,中国华侨出版社,2017,第326页。
② 李新:《固守与革新——百年中国乡土教材研究》,博士学位论文,湖南师范大学,2014,第38页。
③《吉州乡土志》,清末抄本,第28页。

学者陈碧如认为，很多著作将乡土志纳入地方志之列并不恰当。他在《乡土志"名"与"实"》一文中指出："乡土志是乡土教科书之'名'，乡土志的'实'是近代初等小学历史、地理、格致三科的乡土教学内容，它的'名'与'实'俱与地方志有本质的不同，不能与方志同归属。"①乡土志的编纂需符合儿童阶段的发展要求，主要侧重于教育性。地方志综合性较强，学者谢谦在《国学词典》中将其定义为："记载地方情况的史志，是深入了解各地历史的重要参考资料。"②因此，地方志较乡土志囊括的内容更广泛。

(三)乡土志与地方志的相通性

所谓"志"是指"记"之意。乡土志和地方志都是对某一特定地域地理、风俗和物产等情况的记载，形式上乡土志从属于地方志。许多学者对"乡土"的解释限于一种空间地理概念，这与"地方"是相通的。林文勉等人所编的《基础写作辞典》把"乡土志"解释为："乡土志是地方志的一种，是以乡镇为单位编写的方志，记载一乡之内的历史文化状况。"③陈碧如在《乡土志"名"与"实"》一文中指出："乡土志因表象上以'志'名、以'乡土'记事为实，与方志性质相近，被方志学著作、地方志目录等归入地方志之列。"④如刘纬毅主编的《三晋文化》、刘纬毅等人合著的《中国方志史》、山西省史志研究院编的《山西通志》以及《中国地方志联合目录》、《中国地方志总目提要》、《山西文献总目提要》和《山西地方志综录》等都将乡土志

---

①陈碧如：《乡土志"名"与"实"》，《中国地方》2007年第3期，第18页。
②谢谦：《国学词典》，四川辞书出版社，2018，第513页。
③林文勉、程克夷、程国安编《基础写作辞典》，湖北辞书出版社，1989，第396页。
④陈碧如：《乡土志"名"与"实"》，《中国地方志》2007年第3期，第18页。

纳入方志范畴。

另外，山西乡土志借鉴了地方志，在取材方面比较广泛。除引用地方志的一些内容外，山西乡土志还引用了其他一些史书内容。如《吉州乡土志》据《吉县全志》知州目，新增内容大多采自前志，有误者则作辨正，不足者补之。《文水县乡土志》历史类的沿革、政绩、耆旧、人类、户口、氏族、宗教、实业八目和地理类的疆域、山川、道路三目内容均取材于县志。《阳城县乡土志》的正文均据旧志缩编。《五台县小志》中的沿革、疆域、山脉、河流、土田、气候、生计、风俗诸目，均取材于光绪《五台新志》。《山西乡土志》在形势目中节录了范氏《山西方舆纪要序文》，并间附己意，在气候目中附有《山西通志·星度谱》序以及《瀋泉法》等。《吉州乡土志》在吉州历史目中征引了《禹贡》、《水经注》、《通典》、《括地志》和《通考》，在山目中征引了《穆天子传》、《水经注》、《山海经》、《通典》、《括地志》和《通考》等。《阳城县乡土志》骈体版的历史目征引了《禹贡》《穆天子传》《国语》，政绩目征引了《去辞汤庙诗》、《刘令生祠记》和《王公德政碑》，耆旧目中的宦业目征引了《名臣传》、《历代名臣言行录》和《国朝汉名臣传》，孝友目征引了《尚书》《诗经》，义行目征引了《一统志》，"氏族"中征引了《明史》《汉名臣传》，"山"中征引了《禹贡》《尚书》，"水"中征引了《水经》等。由于散体版《阳城县乡土志》的征引内容与骈体版大体一致，所以对散体版的征引内容不再赘述。乡土志取材较广，还借鉴了地方志的一些内容，因此在一定程度上保证了所载内容的可靠性，这也是山西乡土志与地方志的相通之处。乡土志是在地方志基础上逐渐衍化而来的一种具有教育性质的乡土教材，二者具有相通性。

综上,乡土志与地方志既有相通性也有差异性,乡土志是"一种体例特殊的地方志,又是处于转型时期的教学课本"[1],是在地方志基础上衍化而来的一种乡土教材。部分学者认为乡土志就是地方志,或者乡土志与地方志无关,这种观点过于片面。对乡土志与地方志的关系应辩证地看待。

二、山西乡土志现存状况

据1979年《中国地方志联合目录》统计,全国共编纂乡土志600余种,而山西省编纂的乡土志书总体数量在全国范围内所占比重不大。根据笔者搜集的资料,晚清民国时期山西省乡土志共有20种,有的虽书名为"乡土志",但并不是真正意义上的乡土教材。如清佚名初稿、民国刘天成增修的《汾阳西陈家庄乡土志》,虽名为乡土志,但实为村志,北京大学图书馆藏有该书民国十年(1921)稿本,其内容被《山西文史资料全编》(第十卷)作为"民国山西乡村志五种"之一录入。清佚名编纂的《猗氏县乡土志》虽名为乡土志,但该书并不是真正意义上的乡土志。在刘纬毅主编的《山西文献总目提要》中,李豫称《猗氏县乡土志》"是志仅抄录或略补旧志人物之不足以作为'乡土',名不符实,疑某人之笔记"[2]。北京师范大学图书馆藏有同治《猗氏县乡土志》手抄本、山西省图书馆存有同治《猗氏县乡土志》胶卷。高鼎臣撰的《左云乡土志》虽名为乡土志,但实为一种地方志。1992年左云县志办据稿本标点铅印。和顺县人民政府建设

---

①王兴亮:《〈中国地方志联合目录〉中"乡土志"的两个问题》,《图书馆杂志》2003年第11期,第74页。
②刘纬毅主编《山西文献总目提要》,山西人民出版社,1998,第317页。

科编纂的《和顺乡土传》是和顺县人民政府调查报告的部分内容,北京大学图书馆藏有抄本。另外,《定襄乡土》《榆次县志歌略》《河曲县乡土志》疑已失传,均未见传本。因此,山西省现存晚清民国时期乡土志实为 13 种。

综上可知,若按时期分类,则晚清时期编纂而成的山西乡土志有 9 种,民国时期编纂而成的有 4 种(见表 3.1.1);按级别分类,省级的有 1 种,州级的有 2 种,县级的有 10 种(见表 3.1.2);按语言分类,文言文类有 6 种,韵语类有 3 种,白话文类有 4 种(见表 3.1.3)。

表 3.1.1　山西乡土志按时期分类表

时　期	乡土志名称
晚清时期	《山西乡土志》《保德州乡土志》《吉州乡土志》《阳城县乡土志》《文水县乡土志》《阳曲县乡土历史地理格致》《崞县乡土志》《平陆县图志歌略》《盂县地理歌略》
民国时期	《汾阳县乡土志》《五台县小志》《榆次县乡土地理教科书》《大同县乡土地理教科书》

表 3.1.2　山西乡土志按级别分类表

级别	乡土志名称
省级	《山西乡土志》
州级	《保德州乡土志》《吉州乡土志》
县级	《阳城县乡土志》《文水县乡土志》《阳曲县乡土历史地理格致》《崞县乡土志》《平陆县图志歌略》《盂县地理歌略》《汾阳县乡土志》《五台县小志》《榆次县乡土地理教科书》《大同县乡土地理教科书》

表 3.1.3　山西乡土志按语言分类表

语言	乡土志名称
文言文类	《山西乡土志》《保德州乡土志》《吉州乡土志》《文水县乡土志》《阳曲县乡土历史地理格致》《崞县乡土志》
韵语类	《阳城县乡土志》《平陆县图志歌略》《盂县地理歌略》
白话文类	《汾阳县乡土志》《五台县小志》《榆次县乡土地理教科书》《大同县乡土地理教科书》

　　值得注意的是,《平陆县图志歌略》《盂县地理歌略》《阳曲县乡土历史地理格致》《五台县小志》《榆次县乡土地理教科书》《大同县乡土地理教科书》虽未以"乡土志"命名,却深受《乡土志例目》影响,且其编纂背景、编纂宗旨与乡土志无异,本质上属于儿童启蒙乡土教材。若因其名而简单地将其排除在外则不合理,所以应将此类乡土教材归入乡土志之列并进行系统研究。另外,由于《阳城县乡土志》的编纂者先以散体写成,后考虑到儿童诵读和记忆之便,又将其改成骈体形式,所以现存的《阳城县乡土志》有骈散二体。因其内容大体一致,且较之散体,骈体还新增地理、山、水、道路、物产、商务方面内容,投入学堂为儿童所用的也主要是骈体版乡土志,所以笔者后面主要对骈体版《阳城县乡土志》作详细叙述。山西省流传至今的乡土志都被各地方志办公室、图书馆、博物馆及私人收藏,其版本有抄本(稿本)、印本(石印本、复印本、油印本、影印本)等。

　　下面对各乡土志的现存状况作详细介绍,以备查考。

　　《山西乡土志》,冯济川纂,山西大学图书馆藏有宣统二年(1910)抄本,被山西省地方志编纂委员会编印的《山西旧志二种》收录。

　　《保德州乡土志》,清延祉等修、吴大猷纂,光绪三十三年(1907)纂修,有民国五年(1916)石印本,山西大学图书馆、北京大学图书馆、中国科学院图书馆藏有石印本,山西省图书馆藏有该书胶卷。

　　《吉州乡土志》,清佚名纂修,北京大学图书馆藏有清末抄本,吉县县志办公室印行了该书标点油印本。

　　《阳城县乡土志》,清杨念先纂、沈继焱修,初稿以散文写成,后改成骈体韵语,宣统元年(1909)成书。山西省图书馆藏有民国二十

四年（1935）铅印本散体版，上海图书馆藏抄本。民国二十三年（1934）该书骈体铅印本内容被《中国方志丛书》和孙英芳等整理的《阳城历史名人文存》（第 8 册）收录。阳城县古籍整理委员会根据1934 年骈体版《阳城县乡土志》印刷本和 1935 年《阳城县乡土志》印刷本内容，通过点校、注释、整理收入《阳城县乡土志　阳城县金石记》正式出版。

《文水县乡土志》，清成连编，有宣统元年（1909）铅印本，山西省图书馆、山西大学图书馆藏。

《阳曲县乡土历史地理格致》，清王相贤编，有宣统年间铅印本，山西省图书馆藏。

《盂县地理歌略》，渤海张琴氏编辑，晋盂县清城官小学堂刊印，有光绪三十二年（1906）木刻本，内容被《阳泉文史资料》1991 年第 8 辑收录，但并未全部收录。《盂县地理歌略》共四十六章，因"史治章第三"和"武功章第四"内容不适宜而被剔除，所以《阳泉文史资料》只收录了四十四章《盂县地理歌略》。

《崞县乡土志》，章同撰，中国科学院图书馆藏光绪三十四年（1908）抄本。

《平陆县图志歌略》，王从龙编，有民国十六年（1927）第六版石印本和民国十九年（1930）第七版铅印本，太原市图书馆藏六版石印本，某私人收藏第七版铅印本，平陆县志办藏影印本。

《汾阳县乡土志》，刘天成撰，汾阳县志办藏民国二十五年（1936）稿本。

《五台县小志》，苏从武编撰，五台川至中学藏民国十一年（1922）铅印本，山西省图书馆和五台县志办藏民国十一年复印本。

《榆次县乡土地理教科书》，赵鹤年编撰，经时任县长张澄秋鉴定，故宫博物院、北京师范大学图书馆藏铅印本，山西省有民国十二年(1923)平民工厂石印本，被某私人收藏。《山西日报》编辑闫芳芳曾在榆次某收藏者家中见到该版本的《榆次县乡土地理教科书》，并对其内容作了详细介绍。

《大同县乡土地理教科书》，民国大同县乡土教材编委会编，有民国二十五年(1936)大同同和书局石印本，某私人收藏。

目前学术界对乡土志的著录与整理成果较为丰硕，从不同角度对乡土志作了不同程度的论述和探讨，但对山西乡土志的研究寥寥无几，对山西乡土志本身的研究少见关注，对山西乡土志做全面深入研究的学者更是微乎其微。本书试图深入研究山西乡土志的现存状况、版本、体例、内容和史料价值等，以增进学术界对山西乡土志的关注。

三、山西乡土志编纂目的

(一)培养儿童"爱乡爱国"之情，巩固清王朝统治地位

山西乡土志最基本的编纂目的是培养儿童的爱乡之情。通过编纂乡土志，给儿童传授乡土知识，对儿童进行乡土教育，以达到增强儿童的乡土情感的目的。

冯济川在《山西乡土志》叙目凡例中说：

> 乡土者，所以感发人爱乡土之心，继往开来，并求改良而进步者也。不独全省当有乡土志，各县皆然。按初等小学，第三年小儿知识渐开，即当教以本县乡土志。通年以四十星期计，每星

期一课,可得四十课,一县事瞭然矣。①

在刘纬毅主编的《山西文献总目提要》中,酒烈芳对《山西乡土志》有这样一句表述:

> 此志为感发乡人热爱故乡,继往开来而作,且注重改良一切实业,故于农业、矿产、人物及重要事件,均略其要。②

常赞春为骈体版《阳城县乡土志》所作序中言:

> 阳城界连豫省,山水清嘉。前辈风流,至今未沫。然则读夫兹纂者,非第玩文辞,而摅怀旧念,发思古情,《樊南》之诗也,七逸之吟也。③

山西乡土志作为小学乡土教材,编纂目的之一是使小学生能够对家乡的一草一木等有深入了解,培养其热爱故乡的情感。山西乡土志最根本的编纂目的是培养儿童的爱国之情,即在国家号召下,在培养儿童爱乡之情的基础上,逐步深化为爱国之情,也就是“爱乡而爱国”。光绪二十九年(1903)国家的教育宗旨即为忠孝。1999年版《山西通志》第三十七卷《教育志》中载:

> 清末遵循历代尊孔崇儒的教育思想,光绪二十九年(1903)在《奏定学堂章程》中提出“忠孝”教育宗旨;三十三年学部又公布“忠君、尊孔、尚武、尚公、尚实”的教育宗旨。仍以“三纲五常”、“忠孝节义”等封建思想道德为其主要内容。光绪二十九年(1903),清政府颁布《奏定初等小学堂章程》,规定初等小学堂开

---

①冯济川:《山西乡土志》,收入山西省地方志编纂委员会编《山西旧志二种》,中华书局,2006,第3页。

②刘纬毅主编《山西文献总目提要》,山西人民出版社,1998,第144页。

③杨念先纂、沈继焱修:《阳城县乡土志》,收入《中国方志丛书》第74册,成文出版社,1967,影印本,第6页。

设历史、地理、格致等课,强调培养学生的爱乡爱国之情,重视对国民的乡土教育。①

山西乡土志作为晚清民国时期的乡土志教材,其主要编纂目的是激发儿童热爱乡土之心,培养儿童的爱国之情,凝聚民心,从而巩固清王朝的统治地位。

(二)增长儿童见识,加深儿童对家乡的了解

冯济川在《山西乡土志》叙目凡例中说:

> 第四年教以全省乡土志,亦约以四十课,由初等升高等小学,便可与言历史、地理矣。今兹所编,特其嚆矢,愿吾乡人匡其不逮,则幸甚。②

《文水县乡土志》序中说:

> 窃维乡土志本初等小学课本,不难于雅,而难于俗,是编之辑仅备塾师之讲授,实未可责儿童之记诵,只以记述乡土具,本志乘非同捏造。③

沈继焱为骈体版《阳城县乡土志》所作序中言:

> 童子束发就傅,通经为难,遑问读史,其才识聪敏者,可博览而旁通;资性鲁钝者,每顾此而失彼。即读史矣,而於《括地》、《食货》及《桂海虞衡》等志,多有束而不阅、阅而弗详者;至我朝之《一统志》、各省通志等书,益不免望洋而叹矣。国家指日立宪,学界振兴,学部大臣奏令天下郡县各撰《乡土志》,以嘉惠小

---

①山西省史志研究院编《山西通志》第三十七卷《教育志》,中华书局,1999,第118页。

②冯济川:《山西乡土志》,收入山西省地方志编纂委员会编《山西旧志二种》,中华书局,2006,第3页。

③成连增:《文水县乡土志》,宣统元年(1909)铅印本,序第1页。

学诸生,盖欲即耳目之见闻,俾循名以核实此诚居今稽古行远自迩之善教也。①

《平陆县图志歌略》序载:

　　课余集《平陆图志》,截长补短,编成俚歌,俾乡里学塾训蒙之需,数月辛勤始付剞劂,挂漏之讥,在所不免。②

潘耀先在《盂县地理歌略》前言中提到:

　　这本书的编写,是当时对第一、二学期学生进行热爱盂县教育的启蒙教材。③

从以上"便可与言历史、地理矣""记述乡土具""乡里学塾训蒙"可知其有增长儿童见识的编纂目的。乡土志作为儿童启蒙教材,对增长儿童见识、加深儿童对家乡的了解具有积极意义。

(三)补充旧志内容,为研究当地历史提供重要史料

编纂山西乡土志还有一个目的, 即补充旧志内容,为研究当地历史提供重要史料。作为乡土教材,此虽非主要编纂目的,但亦不容忽视。

冯济川在《山西乡土志》叙目凡例中说:

　　凡本省人物、紧要事件,均载其略,俟后详注以备参考。④

1983 年 4 月吉县方志编纂办公室在翻印《吉州乡土志》时,在前

①杨念先纂、沈继焱修:《阳城县乡土志》,收入《中国方志丛书》第 74 册,成文出版社,1967,影印本,第 3 页。
②王从龙:《平陆县图志歌略》,民国十九年(1930),第 1 页。
③中国人民政治协商会议阳泉市委员会文史资料委员会编《阳泉文史资料》第 8 辑,政协阳泉市委员会文史资料委员会,1991,第 47 页。
④冯济川:《山西乡土志》,收入山西省地方志编纂委员会编《山西旧志二种》,中华书局,2006,第 3 页。

言里对翻印作了说明,其中提到:此书虽较简略,但对旧志许多内容进行了补充,有益于研究光绪五年(1879)至清末三十余年的吉县历史。

学者田九德在骈体版《阳城县乡土志》序中指出,该乡土志起初作为教材使用。其序有言:

> 书成,沈令呈进上峰,特蒙嘉许。邑中各学校亦皆争相传钞,定作课本。邑乘年久失修,且多违误。先生此作,于旧志则提挈其纲要,而增订其缺失,因革损益,颇费斟酌。虽号乡土,实不异重修旧志也。①

从以上"俟后详注以备参考""对旧志许多内容进行了补充""实不异重修旧志也"可知,山西乡土志有补充旧志之用。若有乡土志将修旧志作为主要目的,则该乡土志不能算作乡土教材。如高鼎臣民国二十五年(1936)编纂的《左云县乡土志》[1]着重于修县志之用,而对儿童进行乡土教育只字未提,所以不能算作乡土教材的乡土志书。

注释:

[1]《左云县乡土志》序言载:"虽有县志草稿可查,让亦缺略不祥;且地居边隅,治区屡废,方舆志书艰难考据……不揣卑陋,集录数语,商诸博雅。倘蒙指其谬误,补其缺漏俾得重加剔缀,将或于县志中增添一幅耳。"可知《左云县乡土志》是为补充县志之缺而作,应属于一种以"乡土志"为名的地方文献,不可归入乡土教材之列。

---

① 《阳城县乡土志 阳城县金石记》,三晋出版社,2009,第7页。

第二章　晚清民国时期山西乡土志的编纂背景

一、山西乡土志编纂的社会文化背景

关于乡土志的编纂背景，很多学者从全国层面对其作过系统分析。如王兴亮的《"爱国之道，始自一乡"——清末民初乡土志的编纂与乡土教育》、温润芳的《社会变迁中山西乡土教材的编纂与应用研究》从晚清政府实施的教育改革措施、颁布《乡土志例目》、欧洲及日本教育理念的影响以及留学生的努力等方面作了系统研究和阐述，但对于特定地区乡土志的编纂背景而言，不可忽视这一地区的独特性对编纂乡土志的潜在影响。以下主要从全国大背景和山西这一特殊地区的角度，研究山西乡土志的社会文化编纂背景。

（一）中央与山西进行教育改革

光绪年间，清政府一方面经历了中日甲午战争和八国联军侵华等战争，被迫与帝国主义侵略者签署了一系列不平等条约，另一方面义和团运动等农民起义不断，民族矛盾不断激化。为巩固清王朝统治地位，凝聚民心，1901 年清政府实行"新政"，在教育方面鼓励发展乡土教育，进行了一系列改革，如派遣留学生、设立教育管理机构、将所有书院改为学堂等。在光绪年间，山西新建学堂多达 35 所，

这为山西教育的发展提供了有利条件。1902年至1903年,清政府陆续制定并颁布了《钦定学堂章程》[1]和《奏定学堂章程》[2],从历史、地理、格致三方面对乡土教育的内容作了简要规定。光绪三十一年(1905),清政府为进一步规范全国乡土志的编纂,在肯定《奏定学堂章程》的基础上,将黄绍箕编写的《乡土志例目》作为全国编纂乡土志教材的指导体例,下发各省学务处执行。民国时期,国民政府仍注重对儿童进行乡土教育,颁布了一系列促进儿童发展的教育纲要。民国元年(1912)教育部颁布了民国时期第一个关于小学教育的《小学校令》,民国四年(1915)教育部颁布了《国民学校令》,民国十一年(1922)教育部颁布了"壬戌学制",民国十二年(1923)教育部颁布了《中小学课程标准纲要》,民国二十年(1931)教育部颁布了《初级中学各学期每周各科教学及自习时数表》。这些教育纲要对儿童的入学年龄、课程目标、课程内容和教育方法等作了相关规定。费孝通在《乡土中国》中言:"从基层上看去中国社会是乡土性的。"[1]基于这种乡土社会的国情,在晚清内忧外患之际,清政府倡导各省、州、县编纂乡土志是维系和拉拢人心的一种手段,以图在教育方面培养"爱国"之士,挽救其统治危局。

山西省地方官员在民族危难之际认识到了教育的重要性,他们迎合新型教育思潮,响应清政府号召,发展乡土教育。张之洞担任山西巡抚期间,正值西学兴盛之时,他逐渐了解了西方的教育理念,在山西实施了一系列改革,整顿教育。1884年他提倡采用西学,为山西教育的近代化奠定了基础。胡聘之1894年担任山西巡抚,其间正值

---

① 费孝通:《乡土中国》,华东师范大学出版社,2018,第1页。

维新思潮涌动之时,他主张改革旧学、增设课程、扩充学额等。1896年胡聘之在向光绪帝上呈的《请变通书院章程折》中指出,当前教育存在弊端,并提出一系列教育改革措施,如推广新式教育,在课程方面加入算学、格致、地理等学科。后胡聘之又在百日维新期间上呈奏折,提出聘请"西学副教习"两人等主张,均被光绪帝采纳施行,这对山西的乡土教育产生了重要影响。岑春煊于1901年担任山西巡抚,认为"教育是政治之首务,人民的知识关系到国家的兴亡"①,于是他借鉴历任山西巡抚的办学经验,大力发展山西教育,创办山西大学堂。1905年,岑春煊向清廷上奏《筹款开办师范学堂先授简易科折》,大力发展山西中小学教育。丁宝铨于1909年任山西巡抚,并进一步发展山西教育,接见赴日留学生。在山西省地方官员的推动下,山西出现了编纂乡土志的热潮。如沈继焱在骈体版《阳城县乡土志》序言中说:

> 国家指日立宪,学界振兴,学部大臣奏令天下郡县各撰《乡土志》,以嘉惠小学诸生,盖欲即耳目之见闻,俾循名以核实,此诚居今稽古、行远自迩之善教也。阳城僻处一隅,风气尚锢,小学、蒙学诸生其於此志尤为当务之急,乃命杨生白生依目条列数月成书。②

阳城县知县沈继焱在接到清政府号召编纂乡土志的令文后,"即延访学识淹雅、熟悉旧闻者闻其事"。此时,杨念先受到众人推荐,知县沈继焱遂请其编纂该县的乡土志。

---

①中国昌:《守本与开新——阎锡山与山西教育》,山东教育出版社,2008,第75页。
②杨念先纂、沈继焱修:《阳城县乡土志》,收入《中国方志丛书》第74册,成文出版社,1967,影印本,序第3页。

民国时期中国社会动荡不堪，乡土教育与乡土志的编纂不免受到一些影响。就山西而言，民国时期所编纂的乡土志数量远少于晚清时期，但乡土志的编纂仍在进行中。此时，亦不可忽视拥有浓厚乡土情感的阎锡山实行的一系列改革政策对促进山西乡土志的编纂与乡土教育发展产生了积极作用。首先，阎锡山在民国时期主政山西长达三十八年，在此期间，制定了《山西省政十年建设计划》，"推行'用民政治'指导下的'村政''村制'，整理村范，实行'村民会议'制度。订立'村禁约'，设立'息讼会'，成立'保卫团'，构建起了山西独具特色的行政组织体系，稳定了全省秩序"①。这些措施在一定程度上使山西处于相对稳定的环境中，为山西乡土教育的发展提供了比较有利的条件。其次，阎锡山在山西实行了一系列文化教育方面的措施。1918 年 8 月，"省政府颁布了《山西逐年教育进行计划案》及《山西全省实施义务教育规程》"②，在山西推行义务教育，"为近代教育的发展奠定了良好的基础和条件。1920 年 3 月，北京政府通令各省参酌山西办法推进义务教育"③。最后，作为一个重视教育的山西人，阎锡山还创办了一系列学堂，如由他亲自创办的川至中学和进山中学等，为山西的乡土教育提供了基地，推动了山西乡土教育的发展与乡土志的编纂。

（二）山西文化发展的需要

晚清时期，随着帝国主义国家的不断入侵，中国的爱国之士走上了向西方学习的道路。甲午战争失败后，康有为、梁启超等维新派

---

①陈义青主编《三晋史话·忻州卷》，三晋出版社，2016，第 250 页。
②陈义青主编《三晋史话·忻州卷》，三晋出版社，2016，第 250 页。
③陈义青主编《三晋史话·忻州卷》，三晋出版社，2016，第 251 页。

提出改革封建制度、倡西学、废八股、办学堂、创办《中外纪闻》等。后期出现的《竞业旬报》《觉民》《湖北学生界》《萃新报》《教育杂志》等刊物进一步宣传爱国思想,企图唤醒国人的家国意识。随着戊戌变法运动的逐渐深入,清政府认识到以科举制为中心的日益腐朽的封建教育已不能完全适应社会发展的需要,于是,1905 年 9 月,清政府废除科举制,在全国范围内开始发展乡土教育。1915 年新文化运动兴起,国外的乡土教育理念进一步受到爱国知识分子的青睐,一定程度上也推动着乡土志的产生与发展。

山西省教育传统悠久,且乡土志纂修者均拥有丰厚的学识和浓厚的乡土情感,这为山西乡土志的编纂提供了一定的文化基础。

1.山西拥有历史悠久的教育传统,儒学兴盛,私学与官学双线发展。

首先,山西私人讲学不断。孔子弟子之一子夏曾于西河[3]讲学,宣扬儒家学说,魏文侯曾向子夏请教儒家经典学问;东汉儒学家郭泰广收门徒,于家乡介休讲学;隋朝儒学家王通著书立说,于河汾讲学;明朝思想家薛瑄聚众讲学,开创了"河东之学",门徒遍及山西、河南、关陇一带等。其次,山西官学不断发展。东汉末年曹操占据河东,重整河东官学;北魏前期,太武帝在平城(今山西大同)东郊"新建太学,任征卢玄、高允等大师为教授,盛祀孔子,以颜渊配享"①。献文帝时山西平城官学达到鼎盛。唐高祖时,太原为北都,设有京都学,学生人数全国最多,山西多个州县都开办了官学和县学。北宋时期,晋北被辽所占,但官学继续发展,辽于大同府设弘州学和德州

---

① 中国昌:《守本与开新——阎锡山与山西教育》,山东教育出版社,2008,第 33 页。

学,以及怀仁、云中等县学。金代恢复辽时于大同府设立的州县学,并在太原府和平阳府设立府学。元朝时,山西所设学校居全国第五位。明清时,山西教育继续发展。从先秦以来,山西兴学传统不断,重教观念深入人心,这为山西乡土志的编纂奠定了坚实基础。《山西乡土志》载:

> 溯自子夏设教西河,王通继起河汾,后之专门名家,如薛文清、辛復元之理学,王维、李商隐、元好问之诗传,皆绝后空前,夐夐独造,不尚标榜,不知弋誉沽名,比之宗派家,有过之无不及也,而独不得以派分焉。①

由此,山西省圣贤辈出,教育传统悠久。山西省是一个儒学思想兴盛的省份,"这种古老而深厚的文化沃土,使生长其中的每个人都会不由自主地产生重视文化、关注教育的心理。阎锡山也不例外,他在生长、生活和统治山西的过程中,首先从山西悠久而辉煌的历史文化中汲取养分,以历代山西的文化名人为楷模,一心想振兴地方文化教育,力求使山西教育能引起世人的关注"②。由此可见,历史悠久的教育传统奠定了晚清民国时期山西乡土志教材编纂和乡土教育工作开展的基础。

2.山西乡土志的纂修者均拥有丰厚的学识。

山西乡土志的纂修者大都是德高望重、经验丰富的学者,有执教山西各学堂和编纂地方旧志、撰写私人著述和为重要古籍作注等经历。如《山西乡土志》的编纂者冯济川曾于光绪三十一年(1905)在

---

① 冯济川:《山西乡土志》,收入山西省地方志编纂委员会编《山西旧志二种》,中华书局,2006,第30页。
② 申国昌:《守本与开新——阎锡山与山西教育》,山东教育出版社,2008,第40页。

山西师范学堂执教,光绪三十二年(1906)在太原创办全晋公立中学堂,后又创办高等小学堂,清末任陕西长安县县长。民国元年(1912)他被学部委任为中央教育会议员。著有《山西风土记》《李菊圃先生遗文》《论语讲义》《毛诗故训传》《朱子年谱节录》《礼记菁华录》《教育丛书》《西河杂志》《孝义县志》《冯氏别录》《家谱》《日记》《文钞》《诗草》《中国伦理学》等书,另为《尔雅》《周易》《国语》《战国策》《史记》《汉书》《三国志》《管子》《晏子》《春秋》《墨子》《荀子》《吕氏春秋》《淮南子》等作注。《阳城县乡土志》的编纂者杨念先曾任阳城第一高级小学堂教员和师范传习所讲师,著有《佩弦子诗抄》,在编纂同治《阳城县志》时任采访。《平陆县图志歌略》的编纂者王从龙曾于民国元年任虞乡知县,著有《忍耐诗抄》等。《五台县小志》的编撰者苏从武毕业于北京高等师范学校,是史地学专家,民国十年(1921)秋应五台川至中学聘请教授史地,著有《洛阳县小志》《汲县小志》。《汾阳县乡土志》的编纂者刘天成光绪三十三年(1907)任山西省公立中学校专科教员,后任孝义县兑镇高等小学教员、山西省长子县两级小学校校长,民国十三年(1924)兼任县督学、文献委员和县志筹备委员会委员,民国二十一年(1932)任平遥县教育局局长,著有《韫斋东游随笔》《西陈家庄乡土志》《韫斋诗抄》《汾阳遗事》等。这些文人之士为山西乡土志的编纂提供了文化支撑。

3.山西人民浓厚的乡土情感。

山西省在自然地理方面属于较为封闭的内陆省份,独特的自然地理环境孕育了乡土情感浓厚的山西人民。山西位于黄土高原,北高南低,地势险要,"昔人谓表里山河,进固可战,而退亦可守,此三晋当日之所以称强也。今则当神京右臂,东有固关,北有雁门,西有

黄河,东南有太行,诚所谓四塞之国,足以自雄者也"①。山西被阴山、太行山、中条山和黄河所包围,区域内还有众多山脉与河流交错,从而形成大小不一的独特区域。山西人民在这种较为封闭的自然地理环境中辛勤劳作、繁衍生息,逐渐养成一种对自己家乡的依恋之情。正因为山西这种独特的自然地理环境,使得坚韧淳朴的山西人民对自己的家乡具有浓厚的乡土情感;也正因为山西这种独特的自然地理环境,在清政府鼓励发展乡土教育的时候,山西的乡绅、学者能够积极响应,为自己的家乡编纂乡土志;也正因为山西这种独特的自然地理环境,使得主政者形成了热爱家乡的浓厚情感。"阎锡山就是一个典型的乡土气息浓郁、地方观念十足的山西军阀。他作为土生土长的山西人,受山西封闭的地理特征影响而带有明显的乡土观念。"②正如申国昌所说:"他(即阎锡山——引者注)兴办山西教育的内在动因之一,就是出于这种情感。"③这种乡土情感牵引着他在主政山西时积极创办学堂,发展乡土教育。

值得一提的是保矿运动的爆发,进一步激发了山西民众的乡土情感和使命感,由此成为身体力行编纂乡土志的催化剂。晚清民国时期,西方资本主义国家一直觊觎山西省丰富的煤铁资源。光绪二十二年(1896)意大利罗沙弟来到中国,取得有关山西省的经济情报后,于次年联合英意资本组成意图夺取山西煤铁矿权的福公司。光绪二十四年(1898),买办官僚刘鹗征得巡抚胡聘之同意,以夏县人贾子永为总办,与英国福公司合办山西矿务,秘密订立了《请办晋省

①冯济川:《山西乡土志》,收入山西省地方志编纂委员会编《山西旧志二种》,中华书局,2006,第14页。
②申国昌:《守本与开新——阎锡山与山西教育》,山东教育出版社,2008,第40页。
③申国昌:《守本与开新——阎锡山与山西教育》,山东教育出版社,2008,第45页。

矿务借款合同》和《请办晋省矿务章程》,合同期为 60 年,将山西矿
权卖给了英国福公司。此事被人告发后,清廷收回了山西与福公司
的谈判权,撤销刘鹗等人职务,直接操办山西商务,却再次与英国福
公司签订了卖国章程。英国福公司用 200 万两白银贿赂清政府的贪
官,签订了《山西开矿制铁以及转运各色矿产章程》,获得了山西煤
铁矿权。之后,义和团运动打乱了英国福公司进一步侵犯我国煤铁
矿权的计划。光绪三十一年(1905),福公司卷土重来,与清廷铁路大
臣盛宣怀续订了《拟设山西熔化厂并合办山西潞泽平盂矿合同》,山
西矿权被拱手出卖。同年英国福公司在山西平定占地开矿,勾结当
地官员查禁民办煤窑,平定民众极为愤慨,争回矿权运动在平定最
先展开。该运动很快传至山西各地,晋人逐渐惊醒,纷纷加入到争矿
运动中,集会游行,强烈抵制山西矿权落入外人之手。山西阳高学生
李培仁痛感晋矿将亡,以死殉海,他所写绝命书云:“山西人未全
死,决不会外族役我尽寸土! 记之,记之,勿忘某所言。”[1]以上种种
丧权辱国的行为激发了山西民众的危机感和使命感,以冯济川为首
的山西爱国学者为收回山西矿权奔波不断,此后大都参与到山西乡
土志的编纂中。由此可见,山西有识之士为争回山西矿产权益,身体
力行,奋勇抗争,家国意识不断增强,推动了对山西乡土志的编纂。

(三)国外乡土教育理念的影响

清末,山西在初等小学生的乡土教育上除遵循清政府所规定的
“忠君尊孔”等教育宗旨外,也仿照德、日等资本主义国家的教育制
度。德、日等国的乡土教育理念为我国乡土志的编纂也提供了一定

---

[1]吾梦:《石像山人简传》,群言出版社,2006,第 51-52 页。

借鉴。

最早提倡对儿童进行乡土教育的是德、英、美等资本主义国家。随着资本主义国家的入侵，国外的乡土教育理念也逐渐传至我国。我国的乡土教育理念深受日本影响。日本通过明治维新学习西方资本主义国家的乡土教育理念，并与日本国内的实情相结合，形成了一系列乡土教育的理论和方法，极大地促进了日本儿童乡土教育水平的提高。甲午战争后，清政府及各地方官员深刻认识到日本的强大及其教育的发达，决定向日本学习。光绪二十九年（1903），清政府以日本明治维新所制定的教育学制为范本，制定《奏定初等小学堂章程》，并仿照日本乡土教育的相关体例和模式，对我国乡土志的编纂内容、目的和宗旨等作了官方规定。另外，清末新政期间清政府还派遣大量留学生前往日本学习。至1907年，我国留日学生人数高达15000人。这些人归国后将其在日本了解到的教育理念与中国教育相结合，进一步推动了中国乡土教育的发展。

如《山西乡土志》的编纂者冯济川曾于光绪三十年（1904）留学日本，对日本先进的教育模式颇有感触。他在日记中写道："日本人坚韧之性格，加上自强自胜之教育，皆从小学入手，能战胜俄罗斯，列于世界强国之林，当然可想象而知。"[1]他从日本对教育的重视中意识到教育对于一个国家强盛的重要性。在归国回到家乡山西孝义后，冯济川兴教办学之心愈强。他在日记中感慨："富国民强，基石就在兴教。"[2]他主张罢科举兴学校。光绪三十二年（1906），冯济川在太原创办全晋公立中学堂，后又创办高等小学堂、女子学堂。宣统二年

①吾梦：《石像山人简传》，群言出版社，2006，第32页。
②吾梦：《石像山人简传》，群言出版社，2006，第37页。

(1910)，他参与编纂我国现存最早的省级乡土志《山西乡土志》。刘天成在编撰《汾阳县乡土志》之前曾留学日本，对日本的教育之强深有感触。归国后他整理汾阳县的乡土材料，撰成《汾阳县乡土志》。为启迪儿童爱国之心，苏从武借鉴日本小学乡土史和德国小学乡土科教材，为川至中学学生编撰了《五台县小志》。

山西军阀阎锡山早年曾有幸获得公费留日机会。1904年他赴日留学，在日本学习长达五年。赴日期间，日本正处于明治维新三十六年之后，其较为发达的教育使阎锡山颇有感触。他了解了日本的风土人情和教育制度，认识到发展教育对一个国家的强大起着重要作用。留学的经历使阎锡山认识到中国教育的落后及改革的不彻底。在主政山西之后，他借鉴日本的一些教育方法，大力发展教育。学者申国昌在《守本与开新——阎锡山与山西教育》中说，阎锡山"受日本明治维新时期教育观念革新的影响，他大力倡导摒弃传统旧学，实现向新学的转变，主张教育的生产化、生活化、实用化。他的这些教育理念，在很大程度上是从日本学来的"[1]。阎锡山从日本学来的教育理念有以下三个方面：第一，新的教育理念。被日本称为"近代教育之父"的日本教育家福泽谕吉倡导普及教育、和谐教育，主张学校教育、社会教育和家庭教育协调发展，提出"教育即发育"的理论。"这一新的教育理念曾是阎锡山领导山西教育变革的指导思想。他在1919年的《省长教育训令》中高度评价福泽谕吉的这一新教育理念。"[2]第二，义务教育制度。1886年日本颁布《小学校令》，规定四年制小学为义务教育阶段，又称"强迫教育"；1907年日本颁布《再改正

---

①申国昌：《守本与开新——阎锡山与山西教育》，山东教育出版社，2008，第38页。
②申国昌：《守本与开新——阎锡山与山西教育》，山东教育出版社，2008，第65页。

小学校令》,将私立小学一律改为公立小学,保障了儿童的入学率。清政府仿照日本于《癸卯学制》中提到要实施四年制教育,但形同虚设。阎锡山于1918年颁布《山西省实施义务教育规程》,借鉴日本的义务教育制度,保障了山西省儿童获得四年的小学教育权。阎锡山是我国近代开展义务教育的重要人物。第三,加强对学生的爱国教育。日本很注重在学校教育方面对学生进行爱国主义思想的灌输,阎锡山以日本教育为范本,提出要加强山西省的乡土教育,增强山西学龄儿童的整体素质和爱乡爱国之情。

二、山西乡土志的编纂过程

光绪二十八年(1902)清政府奏拟并制定了《钦定学堂章程》,但未及实施便被废除。光绪二十九年(1903)清政府又奏拟并制定了《奏定学堂章程》。光绪三十一年(1905),清政府将《乡土志例目》下发各省学务处。这些举措为山西省乡土志的编纂提供了一定的规范和指导。随后,山西省、州、县响应号召,众多有识之士积极收集乡土资料,编纂乡土志。编纂完成后,邮寄京师编书局评审,一面录副,经局员审定删润,订成定本,作为小学课本在当地小学堂投入使用。

(一)政府规范山西乡土志的编纂

光绪二十九年,面对内忧外患的窘境,张百熙、张之洞等人为清政府奏拟并制定了《奏定学堂章程》,在历史、地理、格致三方面对乡土教育作了规定。光绪三十一年,黄绍箕参考地方志休例和内容等编写出乡土志指导纲要——《乡土志例目》。《续文献通考》中载:

> 又学务处奏据编书局监督、翰林院侍读学士黄绍箕咨称查

《初等小学堂章程》历史、舆地、格致三科，均就乡土编课用意至为精善，谨照定章，编成例目，恳请饬下各省督抚发文各府厅州县择士绅中博学能文者，按月考查，依例采录，地近则易详，事分则易举，自奉文日始限一年成书，由地方官逐将清本邮寄京师编书局，一面录副详报本省督抚，庶免转折迟延，并令各省地方官先将本省通志及府厅州县志邮寄编书局，以资参考。各处乡土志辑稿送到由局员删润划一，呈请学务大臣审定，通行各省小学堂授课，臣等察核各节均为编辑课本，力求翔实起见，谨附片具陈①。

　　清政府为在全国范围内对乡土志的编纂进行规范，将黄绍箕编定的《乡土志例目》作为全国编纂乡土志的指导体例，并以学部名义下发至各省学务处。随后，乡土志编纂在全国达到高潮。《乡土志例目》对晚清民国时期山西乡土志的编纂起了重要指导作用，这一时期的山西乡土志大都是依据《乡土志例目》的相关规定编纂而成。表3.2.1 是《乡土志例目》十五目内容的编纂要求。

表 3.2.1　《乡土志例目》十五目内容编纂要求

目名	要求
历史	本境何代何年置(所谓本境者，即现之在之府、州、县名也)。 未置本境以前，唐、虞、夏、商、周属何州，春秋战国属何国，秦汉以降何代属何郡县，何代改何(州县)名。 既置本境以后，何代属何(州、郡、县)。
政绩录	官本境者，有惠政均纪之，以年月先后为次，约分三大端(通古今而言，后仿此)：兴利；去害；听讼。
兵事录	有全在本境者，或本境有何叛党，或他境有何叛党来犯，本境均叙其事之本末。 有涉及本境者，如一大兵事，或在本境为战地，或以本境为险要，或在本境屯驻，则节录在本境一段事。

①《续文献通考》卷一百一《学校考》，民国十通本，第 1932-1933 页。

续表

目名	要求
耆旧录	以本境之乡贤为后学之感劝,约分为二:事业,以实行为凭,孝(善于父母)、友(善于兄弟)、睦(亲于九族)、姻(亲于外亲)、任(信于友道)、恤(恤振忧贫)是也。学问,以著述为凭,经、史、子、集、小学、舆地、算学、校勘、医学、理化是也。 凡历代名儒、名臣、功臣、名将、循吏、忠节为本境人者,均应收入。惟已见正史及国史有传者,不必详录全传,但著录姓名,注明见何史、何传。其事迹果能感动人心者,亦须节录一二。不见正史及国史者应稍详。 附名宦祠
人类	本境于旗汉户口外,有他种人者,务考其源流,叙其本末、世系。现在户口若干,聚居何村、何山,其风俗大略,均应编入其种。约分回、番、畲、倮、苗、傜、僮、狑、犵、狼、皿、狭、打牲、貂、土司。如土司不属府、州、县者,则由布政司查明编辑。
户口	本境户口、丁数,务查明现在实数编入。如有兵荒、疾疫,及因农商各事情形变迁,致与生齿盛衰聚散有相关之故者,详悉载入。并查近年来本境旗户(男口若干、女口若干)、汉户(男口若干、女口若干)。
氏族	本境有何大姓,某姓如何受氏,何时自何处迁居本境,至今传几代。
宗教	本境所有外教,务查明编入。回教,人若干。回教与回种有分别,回种系真阿剌伯人,可编入人类,回教有阿剌伯人,有旗汉人,入教者均编入此。喇嘛黄教、红教若干。天主教,人若干。耶苏教,人若干。
实业	凡齐民不入他教者,务查明实业。分而为四:士若干,农若干,工若干,商若干。
地理	本境在省城之何方向若干里(凡言方向,分四正四隅;言里数,以人行道计),在府城之何方向若干里(凡府与直隶州自治地无此条)。 本境四界系何境,如本境之界不止四境者,则以四隅向明之。 本境分为若干区,或名为乡,或名为村,或名为团,或名为里,各就其旧称记之。 何区在城之何方向若干里。 区之四界系何区(同本境)。 城内、区内有何古迹、祠庙、坊表、桥梁、市镇、学堂。
山	某山在本境治所之何方向、若干里、何区内,或盘互数区之山之何方,距何水若干里,指最近况。如近山有数水,均详之。山内有何水源,其水向何方流。
水	叙水道之源委,约分为四: 有源委全在本境者,某水源出本境治所之何方向、若干里、何区、何山,其水向何方流,经历何区、何市镇,至何处,与何小水会。其小水发源何区、何山,向何方流,经历何处来会。又向何方流,至何处,入何水,约行若干里。

续表

目名	要求
水	有源委均不在本境者,某水发源何境、何山、何方,流至何处入本境(入本境处,在本境治所之何方,若干里)。向何方流,至何处有何水,自何方来注。又向何方流,过何城、何区、何市镇、何大山之麓(须明山之何方向),至何处出本境(出本境处,在本境治所之何方,若干里)。入何境内,行境内若干里。 　　有源在本境,而委在他境者,叙法略同源委全在本境者。但后不言入何水,而言至何处出界,入某境,行境内若干里。 　　有源在他境,而委在本境者,叙法略同源委均不在本境者。但后不言出本境,而言入何水,行境内若干里耳。 　　又有人力沟通之水道,务载明何方自何处,上承何水,向何方行过何地,至何处注何水。凡水之可通舟楫者,务注明自委上溯至何区、何地可行大船,自何区、何地至何地可行小船(可以所载之石计大小),或可行筏。 　　凡濒海之境,则须明海岸之湾曲、港汊,及所辖之岛屿。并注明海岸、岛岸之湾港,何处可泊轮船,何处可泊民船。濒长江大湖之境,亦须记江湖之港,何处可停泊。 　　凡山间之水道可行船者,务注明何处为急流,何处为平流。水有春夏涨而秋冬枯者,须分别注明。
道路	自本境治地起,出城之何方,行若干里,为何地(每十里必计一地名)。又行若干里,逾何山岭,渡何水,至何地,与何支路会。其支路何方自何地来,经何地,过何山水,行若干里,来会本路。又向何方,行若干里(逾山、渡水、过何地同前),至何地,或左、或右分一支路。其支路向何方行(计里,逾山、渡水、过地同前),至何地或会何路,或出界,或止本境。路又向何方,行若干里(同前),至何地,出何界,与何境、何路接。
物产	分天然产、制造产二端,天然产,动物、植物、矿物是也。用三者之本质制成器物,则制造产也。今以天然产列上,制造产列下。 　　动物　植物　矿物 　　动物制造　植物制造　矿物制造 　　凡制造之品虽多,其本质不外动、植、矿三类。如虎、豹、牛、羊皆天然动物产也,其骨、革、齿、毛所制之物,皆动物制造也。丝出于蚕,蚕为动物,产丝为动物制造。布出于棉,棉为植物,产布为植物制造。他如金、银、铜、铁、锡、玉、石所制之器皆然。兹举一二,以概其余。或有合数质为一器者,则取其多数而归类焉。惟天然产、制造产均应分大宗、常产、特产而注记之。又有本境之天然而在他境制造者,或他境之天然而在本境制造者,尤应分别详载。
商务	本境所产之物,所制之品,何项在本境销行,每岁若干;何项运出本境(注明水运、陆运),在何地销行,每岁若干;自他境何地运入本境之何货物(注明水运、陆运),在何地每岁销行若干。

　　注:本表据田雨《清学部颁〈乡土志例目〉》(《社会科学战线》1985年第4期)整理而成。

由表 3.2.1 可知,《乡土志例目》对历史、地理、格致三科的编写范围作了明确规定,主要在历史、政绩、兵事、耆旧、人类、户口、氏族、宗教、实业、地理、山、水、道路、物产、商务等十五目对乡土志的编纂提出了具体要求。山西乡土志的编纂者都是在遵循《乡土志例目》的前提下对乡土志进行编纂,《乡土志例目》为山西乡土志的编纂提供了一定规范和指导。

《保德州乡土志》总目中载:

保德州乡土志总目:第一编历史,第二编地理,第三编格致。①

沈继焱在骈体版《阳城县乡土志》序言中说:

阳城僻处一隅,风气尚锢,小学、蒙学诸生其於此志尤为当务之急,乃命杨生白生依目条列数月成书。②

山西乡土志《文水县乡土志》例言中载:

本编谨遵原颁例目暨奏定学堂章程,分历史、地理、格致三大类。③

由上可知, 山西乡土志在编纂过程中受到《奏定学堂章程》和《乡土志例目》的指导,尤其是晚清时期的乡土志在编纂过程中严格遵循了《乡土志例目》在体例和内容等方面提出的要求。至民国时期,山西乡土志的编纂虽遵循了《乡土志例目》的相关要求,但总的来说没有那么严格。乡土志结合了当地儿童教育及发展的状况,在内容与体例上相对灵活。

---

① 吴大猷:《保德州乡土志》,清光绪三十三年(1907)修,民国五年(1916)石印本,前言第 5 页。
② 杨念先纂、沈继焱修:《阳城县乡土志》,收入《中国方志丛书》第 74 册,成文出版社,1967,影印本,第 3 页。
③ 成连增:《文水县乡土志》,宣统元年(1909)铅印本,例言第 2 页。

（二）响应号召编纂乡土志

晚清时期，山西响应清政府号召，众多有识之士积极收集乡土资料，着手编纂乡土志，以为当地儿童进行乡土教育提供教材。民国时期，山西乡土志的编纂数量较少，但山西地方政府重视教育，继续推动乡土教育发展。1932年教育部颁布了《小学课程纲要》。此外，阎锡山也推行了一系列有助于乡土教育发展的措施。所以，晚清民国时期，在政府号召下山西开始积极编纂乡土志。

杨念先承众绅推荐及县令敦请，收集资料编纂成散体《阳城县乡土志》；后考虑到其为儿童使用，又改为骈体韵语版。田九德在骈体版《阳城县乡土志》序中言：

逊清光绪季年，学部尚书张百熙奏请天下郡县撰辑《乡土志》，用备小学课读。诏从之，颁示各省学臣转饬所属奉行。是时，邑令沈继焱接奉令文，即延访学识淹雅、熟习旧文者任其事。而吾太老夫子杨少梧先生以声闻素隆，翕然为众所推，沈令亦素仰高名，亲诣讲舍，延聘者至再，先生家学渊源，素娴邑中掌故，同治间重修邑乘，两世任参订、采访之职，又多逮事嘉道诸前辈以故文见博洽迥非时流所及，先生承众绅之推荐、县令之敦请，辞不获已，乃勉应之。初创稿成散文体一帙，继思学校诵读骈俪当易记识，遂改纂骈体韵语。①

成连增于光绪年间在文水县两等学堂任职，应翁、刘二县令之嘱，积极收集资料编成《文水县乡土志》。该书序言有载：

光绪丁未承乏本县两等学堂，翁、刘两大令先后嘱编乡土

①杨念先纂、沈继焱修：《阳城县乡土志》，收入《中国方志丛书》第74册，成文出版社，1967，影印本，第7页。

志,仓促脱稿。①

王从龙在课余收集资料,于光绪三十四年(1908)编成《平陆县图志歌略》,其序中有载:

> 尝读《瀛寰全志》,知世界之大,物产之富,人文之进化,政治之隆替,方舆纪物,岁有异同,研究史地,学者正茫如烟海矣。余学不出户,智不及远,何敢管蠡窥测,痴人说梦,即乡图邑乘所载圣贤嘉言懿行,名胜古迹亦无从分析,抚衷自问,惭愧良多,戊申岁游学伊川,课余集《平陆图志》。②

通过对以上部分山西乡土志序的梳理,可知山西各州县响应清政府号召,组织本地有识之士积极收集乡土资料,编纂乡土志。

(三)京师编书局评审修正乡土志并出版

一般而言,乡土志编纂完成后,一边将其邮寄京师编书局评审,一边录副,详报本使大吏,以免转折迟延。经局员审定删润,订成定本,并作为小学课本在小学堂使用。

宣统元年(1909),《文水县乡土志》在太原修订付印,作为小学课本投入使用。《文水县乡土志》序中载:

> 申送司部,迄今未奉审定,而村塾索观者,时有所闻,展转传写讹谬滋多,宣统纪元移砚并垣暇日取旧稿复加理正,暂付排印……排印成因记其缘起如此。③

《阳城县乡土志》序中载:

> 晋士习朴儌,各县编辑仅有文水成书付印,他县顾未之睹也

①成连增:《文水县乡土志》,宣统元年(1909)铅印本,序第1页。
②王从龙:《平陆县图志歌略》,民国十九年(1930),第1页。
③成连增:《文水县乡土志》,宣统元年(1909)铅印本,序第1页。

……兹阳城县乡土志为应知县沈公廊生属编者,哲似芷生大兄与(赟)同事於教育学院生年月日时同交尤挚,兹将以丈遗编印行,属为序。①

今兹所校印者是也。书成,沈令呈进上峰,特蒙嘉许,邑中各学校亦皆争相传钞定作课本。②

山西乡土志编纂完成后一般都要审核删润出版,如以上所列《文水县乡土志》《阳城县乡土志》等皆是如此。然值得注意的是,有部分山西乡土志并没有印刷出版,现存只有稿本或抄本等,如《崞县乡土志》于光绪年间编纂而成却未付梓,现存有光绪三十四年(1908)抄本。有些山西乡土志于晚清时期编纂而成,民国时期出版或再版后投入使用,如《保德州乡土志》虽于光绪三十三年(1907)编纂而成,但至民国五年(1916)才石印后投入学堂使用。有些山西乡土志在编纂完成并出版后,编纂者还在不断增修,并多次出版。如《平陆县图志歌略》共出版七次,各版内容均有不同程度的变化,第七版较前六版内容更为丰富。晚清民国时期编纂而成的山西乡土志版本有抄本、印本(铅印本、石印本、复印本、油印本、影印本)等,现存山西乡土志被各地方志办公室、图书馆及私人等收藏。

三、山西乡土志的编纂群体

山西乡土志的编纂有一人独立完成的,也有多人分工合作完成

①杨念先纂、沈继焱修:《阳城县乡土志》,收入《中国方志丛书》第74册,成文出版社,1967,影印本,第5页。
②杨念先纂、沈继焱修:《阳城县乡土志》,收入《中国方志丛书》第74册,成文出版社,1967,影印本,第7页。

的,包括督修、编辑、赞助、参订、誊录等。晚清时期山西乡土志的编纂群体以地方官员及文人士绅为主,至民国时期教育界人士在编纂群体中所占比例逐渐增大。现存的 13 种山西乡土志中,有 3 种乡土志的编纂者姓名、所卒年份和所处时期不明。经考证,《山西乡土志》的编纂者冯济川所卒年份应为 1928 年,《吉州乡土志》的编纂者处于清光绪时期,《文水县乡土志》的编纂者应是成连增。

(一)山西乡土志的编纂群体及其身份

除《吉州乡土志》为清佚名编纂外,部分山西乡土志由编纂者独自完成。如《山西乡土志》由知事冯济川独自编纂而成,《阳曲县乡土历史地理格致》由王相贤[4]编纂而成,《崞县乡土志》由知县章同编纂而成,《平陆县图志歌略》由知县王从龙编纂而成,《汾阳县乡土志》由教育局局长刘天成编纂而成。另外,还有一些山西乡土志由多人分工合作完成。如《保德州乡土志》由四品衔山西保德直隶州知州延祉和知府衔署山西保德直隶州知州葛文濬二人督修,六品衔山西保德直隶州吏目吴大猷编辑,候选直隶州州判拔贡生赵崇信和优廪生王礼垣二人赞助,河南试用直隶州州同州举人崔文郁和候选州判恩贡生王东垣二人参订,廪生王赞垚誊录。《阳城县乡土志》由拔贡生杨念先编纂,阳城知县沈继焱修。《文水县乡土志》由文水县两等学堂教授成连增编纂,文水县两等学堂教习韩业芳、米育英、赵克昌三人参订,举人侯德旺和陈澍恒二人誊录,署理文水县正堂翁和特授文水县正堂刘鉴定。《盂县地理歌略》由渤海张琴氏编辑,盂县清城官小学堂[5]刊印,《大同县乡土教科书》由民国大同县乡土教材编委会编纂。为更加直观地了解山西乡土志编纂群体的身份,笔者将山西乡土志的可考纂修者身份情况整理成表 3.2.2。

表 3.2.2　山西乡土志可考纂修者身份情况整理表

时期	乡土志名称	纂修者	身份
晚清时期	《山西乡土志》	冯济川(纂)	知事(曾留学日本)
	《崞县乡土志》	章同(撰)	知县
	《文水县乡土志》	成连增(纂) 韩业芳、米育英、赵克昌(参订)	教授 教习
	《平陆县图志歌略》	王从龙(编)	知县
	《保德州乡土志》	吴大猷(纂) 延祉、葛文濬(督修)	知州 吏目
	《阳曲县乡土历史地理格致》	王相贤(编)	不可考
	《盂县地理歌略》	渤海张琴氏(编)	不可考
	《阳城县乡土志》	杨念先(纂) 沈继焱(修)	拔贡生 知县
民国时期	《汾阳县乡土志》	刘天成(撰)	教育局长
	《五台县小志》	苏从武(编)	史地学专家、教授
	《榆次县乡土地理教科书》	赵鹤年(编) 张澄秋(鉴定)	教谕 县长

　　由表 3.2.2 可知,晚清时期山西乡土志的编纂群体以地方官员和文人士绅为主,包括知州、知县、吏目、贡生等;至民国时期,教育界人士在编纂群体中的比重逐渐增大,包括教谕、教育局长、教师等。晚清时期地方官员在编纂群体中所占比重较大,体现了地方官员积极响应清政府教育改革要求,带头组织编纂乡土志的行为。就全国而言,晚清时期乡土志大多是由这一群体编纂的。此外,山西乡土志的编纂群体中还有学堂教员和留学生。学堂教员或受上级嘱托,或自愿在执教之暇编纂乡土志。他们处于基层,与儿童接触最近,最了解当地儿童的学习水平和理解能力,编纂乡土志并开展乡土教育有一定优势。留学生尤其是留日学生赴日学习归国后,将其了解到的教育理念也施用于本国。如《山西乡土志》的编纂者冯济川曾于光绪三十年(1904)游学日本,归国后积极发展教育,创办高等

小学堂,并于宣统二年（1910）编纂成我国现存最早的省级乡土志——《山西乡土志》。晚清民国时期,山西乡土志编纂群体从以地方官员修纂为主逐渐变为以教育界人士私人编撰为主。如民国时期的《汾阳县乡土志》由刘天成私人编撰,《五台县小志》由苏从武私人编撰。刘纬毅主编的《山西文献总目提要》引用梁锦秀在《〈中国地方志联合目录〉订误》中应将"苏从武纂修"纠正为"苏从武编撰"的观点,说明《五台县小志》亦非官方主持修纂。

(二)山西乡土志编纂者相关问题考证

1.《山西乡土志》编纂者卒年考证

李裕民先生在 1996 年版《中国地方志总目提要》中记述:"(民国)《山西乡土志》 冯济川撰。济川（1859—1930）"①查杜红涛主编的《三晋石刻大全·吕梁市孝义市卷》,其中关于冯济川的《石像山人墓志铭》说:"济川,字秋航,别号石像山人。民国十七年夏历十月初三日巳时疾终里第。"②民国十七年,即 1928 年。山西省史志研究院编的《山西通志·人物志》载:"冯济川（1859～1928）。"③因此,《中国地方志总目提要》中所载冯济川卒年为 1930 年有误,实为1928 年。

2.《吉州乡土志》编纂者所处时期考证

《吉州乡土志》为何人编纂尚不可知,但从内容可判断出编纂者所处的朝代。《吉州乡土志》的编纂者多次在志中称"清"为"国朝",

---

①金恩辉、胡述兆编《中国地方志总目提要》,汉美图书有限公司,1996,山西省第4-9 页。

②杜红涛主编《三晋石刻大全·吕梁市孝义市卷》,三晋出版社,2012,第 608 页。

③山西省史志研究院编《山西通志》第四十八卷《人物志》,中华书局,2001,第 78 页。

如在历史目记"明隶平阳府,领乡宁县,国朝因之"①。所以,《吉州乡土志》的编纂者应处于清朝。再者,《吉州乡土志》详细记载了知州李铸的事迹。"吉州官本境者之政迹录"载:"公莅任时,慨然以谋复旧规,培植风气为己任,时值光绪二十七年……迄公去任,遂至一无劫案,此皆其政之卓卓可纪者,今公且以直隶州选用矣。"②其记载了李铸从任职至卸任的经过,且在李铸之后再无载他人政绩。据光绪《吉州全志》卷四人物新增知州目可知,李铸的继任者为黄寿征。《吉州全志》载:"黄寿征浙江人,光绪三十年到任。"③黄秉义所著《黄秉义日记》记有其父黄寿征于光绪三十年(1904)赴任吉州之事,另外李裕民在《中国地方志总目提要》中亦对此事有所提及④。由此可知,李铸的继任者黄寿征于光绪三十年赴吉州任职,所以《吉州乡土志》的编纂时间当在光绪三十年之前,《吉州乡土志》的编纂者应处于清光绪时期。

3.《文水县乡土志》编纂者考证

《文水县乡土志》的编纂者至今存疑,后世有学者因个人疏漏或理解有误等原因,认为《文水县乡土志》的编纂者为"成连"或"连成"。如祁明主编的《山西地方志综录》中记《文水县乡土志》为"(清)成连编"⑤,吕梁地区地方志编纂委员会主编的《吕梁地区志》亦称《文水县乡土志》为"成连编"⑥,李晋林和畅引婷主编的《山西古籍印

---

①《吉州乡土志》,清末抄本,第2页。

②《吉州乡土志》,清末抄本,第6页。

③光绪《吉州全志》卷四《人物》,第505页。

④金恩辉、胡述兆编《中国地方志总目提要》,汉美图书有限公司,1996,山西省第4—9页。

⑤祁明编《山西地方志综录》,山西省地方志编纂委员会办公室,1986,第84页。

⑥任勋禄主编《吕梁地区志》,山西人民出版社,1989,第763页。

刷出版史志》中记《文水县乡土志》为"清连成纂"①。据《文水县乡土志》序记:"宣统元年,岁在己酉十一月,成连增识於井垣寓舍。"查李培信主编的《文水县志》:"清宣统元年(1909),邑人成连增撰成《文水县乡土志》。"②该书还在人物表中以表格的形式载有成连增相关记录:"姓名:成连增;籍贯:文水;科年:清光绪二十一年乙未科。"③《文水文史资料》(第11辑)对《文水县乡土志》编纂者成连增作了详细介绍:"成翰林,本名成连增,男,生卒年(1870—1919),文水城内南街人……编纂成《文水县乡土志》一部。"④所以,《文水县乡土志》编纂者之名应为"成连增"。

四、山西乡土志及志目编纂时间考

山西乡土志一般都有明确的编纂时间,但《保德州乡土志》《阳曲县乡土历史地理格致》编纂时间不明。有些山西乡土志虽有明确编纂时间,但有的门目内容为后来所加,故与乡土志编纂完成的时间不同。《山西乡土志》的沿革目、学校教育目、气候目均为《山西乡土志》编纂完成后所加,但时间不明。以下是对其编纂时间所作的考证。

(一)《保德州乡土志》

《中国地方志综录》以表格形式载:《保德州乡土志》"光绪5,石印33年本"⑤,疑误。《保德州乡土志》前言记"保德州乡土志,光绪三

---

① 李晋林、畅引婷:《山西古籍印刷出版史志》,中央编译出版社,2000,第451页。
② 李培信主编《文水县志》,山西人民出版社,1994,第619页。
③ 李培信主编《文水县志》,山西人民出版社,1994,第774页。
④ 《文水文史资料》第11辑,文水县政协文史资料编委会,1991,第59-60页。
⑤ 祁明编《山西地方志综录》,山西省地方志编纂委员会,1986,第35页。

十三年五月"①,封皮记"民国五年题签";另《山西文献总目提要》中载《保德州乡土志》"是志於光绪三十三年(1907)纂修,未梓。民国五年(1916)石印"②;《中国地方志联合目录》中载《保德州乡土志》"清光绪三十三年(1907)修,民国五年(1916)石印本"③;《中国地方志总目提要》中载《保德州乡土志》"光绪三十三年(1907)修纂,未梓,民国五年(1916)石印"④。

(二)《阳曲县乡土历史地理格致》

《阳曲县乡土历史地理格致》编纂时间不明。《中国地方志总目提要》据《阳曲县乡土历史地理格致》所记"同蒲铁路""明隶太原府迄今未改"等内容,推测该乡土志书"作于宣统年间,记事最晚止光绪三十四年(1908)"⑤。

(三)《山西乡土志》

《山西乡土志》宣统二年(1910)由冯济川编纂,然而有些门目内容为后来所加,因此时间上须注意。现将其时间考证如下。

1.沿革目　"有清为山西省,分四道:冀宁、河东、雁平、归绥,统九府、十州、七厅、四乡、九十县。今则归绥独立,裁府州一律改为县,六年之间,民若不知何属。"⑥其所载"今则归绥独立,裁府州一律改

---

①吴大猷:《保德州乡土志》,清光绪三十三年(1907)修,民国五年(1916)石印本,前言第4页。

②刘纬毅主编《山西文献总目提要》,山西人民出版社,1998,第204页。

③中国科学院北京天文台编《中国地方志联合目录》,中华书局,1985,第90页。

④金恩辉、胡述兆主编《中国地方志总目提要》,汉美图书有限公司,1996,山西省第4-58页。

⑤刘纬毅主编《山西文献总目提要》,山西人民出版社,1998,第148页。

⑥冯济川:《山西乡土志》,收入山西省地方志编纂委员会编《山西旧志二种》,中华书局,2006,第8页。

为县"发生于民国二年(1913),"六年之间"应为"归绥独立,裁府州一律改为县"后的六年间,故推断沿革目应是民国八年(1919)增写。

2.学校教育目 "光绪二十八年,罢制科,兴学堂……三十二年冬,学务公所成立……迄今将近十年。"[1]"三十二年"为光绪三十二年(1906),由"迄今将近十年"可推断应为将近民国五年(1916)。所以,学校教育目应属后来所加,其增写年份应将近民国五年。

3.气候目 气候目后所附《潴泉法》载:"乃民国初立,百事不谋,而盲从日人,先改历焉,妄矣。"[2]由"民国初立"可推断为民国初期。

综上,山西乡土志在编纂完成后并不是一成不变的,而是经过多次出版传抄,内容上不断完善。山西乡土志的现存版本和编纂完成时间可见表3.2.3。

表3.2.3 晚清民国时期山西乡土志现存版本和编纂完成时间

乡土志名称	现存版本	编纂完成时间
《山西乡土志》	宣统二年(1910)抄本	清宣统二年(1910)
《保德州乡土志》	民国五年(1916)石印本	光绪三十三年(1907)纂修,未梓
《吉州乡土志》	清末抄本、1983年标点油印本	清末
《阳城县乡土志》	民国二十三年(1934)铅印本(骈体版)、民国二十四年(1935)铅印本(散体版)、2009年点校本	宣统元年(1909)
《文水县乡土志》	宣统元年(1909)铅印本	宣统元年(1909)
《阳曲县乡土历史地理格致》	宣统年间铅印本	宣统年间
《崞县乡土志》	光绪三十四年(1908)抄本	光绪三十四年(1908)

---

[1]冯济川:《山西乡土志》,收入山西省地方志编纂委员会编《山西旧志二种》,中华书局,2006,第29页。

[2]冯济川:《山西乡土志》,收入山西省地方志编纂委员会编《山西旧志二种》,中华书局,2006,第21页。

续表

乡土志名称	现存版本	编纂完成时间
《平陆县图志歌略》	民国十六年(1927)第六版石印本、民国十九年(1930)第七版铅印本、民国十九年(1930)第七版影印本	光绪三十四年(1908)
《盂县地理歌略》	光绪三十二年(1906)木刻本	光绪三十二年(1906)
《汾阳县乡土志》	民国二十五年(1936)手稿本	民国二十五年(1936)
《五台县小志》	民国十一年(1922)铅印本	民国十一年(1922)
《榆次县乡土地理教科书》	民国十二年(1923)平民工厂石印本	民国年间
《大同县乡土地理教科书》	民国二十五年(1936)大同同和书局石印本	民国二十五年(1936)

由表3.2.3可直观地看出山西乡土志的现存版本情况，其最新版本与之前版本相比内容上更全面。如《平陆县图志歌略》民国十九年(1930)第七版较之前版本新增了辛亥革命的内容及光绪大祲后40年的人口变化情况等。另外，从表中也可直观地看出山西乡土志大多是在光绪、宣统年间编纂完成的。

注释：

[1]又称"壬寅学制"，中国近代最早由国家颁布的学制，未及实行。

[2]又称"癸卯学制"，中国近代第一部由国家颁布并实行的学制，规定儿童七岁入学。初等小学堂学制五年，高等小学堂学制四年。

[3]在今山西河津、芮城一带。

[4]此人不可考，仅各卷均题"五台协丞王相贤辑"。

[5]该小学堂1903年前后成立，民国时期改称为清城国民小学校。

第三章　晚清民国时期山西乡土志的编纂特点

山西乡土志的语言体例为文言文、白话文、四言韵语3种。篇幅简短,文字简练,语言表述浅显易懂,难懂字词后有小字注解。语言形式多样,采用文字与图像、表格相结合的方式。山西乡土志在遵循《乡土志例目》所要求的例目体外,还有课目体、章节体、诗歌体;但受多种因素影响,有些山西乡土志的体例并不是单一的,而是采用多种体例相结合的方式进行编纂。山西乡土志在内容方面重点突出爱国教育,详载地理区域分布及其历代建置沿革,打破了传统的轻商观念。

一、山西乡土志的编纂语言

晚清民国时期,山西乡土志的编纂语言大多为浅显易懂的文言文、易于背诵记忆的韵语和口语化较强的白话文。其篇幅简短,大都在6万字以内,多以小字形式作注解,且文、图、表相结合,直观形象,便于儿童理解。

(一)语言体例：文言文、白话文和韵语

1.文言文

晚清时期,山西乡土志的编纂语言大多为文言文,如《山西乡土志》《保德州乡土志》《吉州乡土志》《文水县乡土志》《崞县乡土志》等。这主要是受科举考试以及传统志书编纂用语等的影响。"从汉魏到明清,由于官方的推行和科举考试的需要,读书人刻意模仿四书、五经的语言写诗撰文,崇尚古雅。"[1]科举制废除后,一些文人仍受先前书写习惯的影响;再者,有些编纂者在编纂乡土志过程中要参考传统地方志书内容,亦会受到传统志书的影响。所以,晚清时期的乡土志编纂者大都使用文言文。另外,考虑到乡土志是为儿童学习所用,所以编纂者会尽量将文言文表述得浅显易懂。

2.白话文

晚清至民国时期,乡土志的编纂语言越来越趋向于口语化,尤其是新文化运动"反对文言文、提倡白话文"的主张对教育界人士影响极深,作为小学教材的乡土志,其编纂语言亦向白话文转化。民国二十五年(1936)编纂而成的《大同县乡土教科书》使用的就是白话文,这顺应了当时教育界对乡土志编纂语言的新要求。民国时期,白话文逐渐成为山西乡土志的通行编纂语言。

3.韵语

有些山西乡土志的编纂语言为韵语,如适合儿童背诵和记忆的骈体韵语《阳城县乡土志》和诗歌体四言韵语《平陆县图志歌略》《盂县地理歌略》。

---

[1]温润芳:《社会变迁中山西乡土教材的编纂与应用研究》,博士学位论文,中央民族大学,2011,第36页。

《阳城县乡土志》有骈、散两体,初稿以散文写成,后考虑到学生诵读骈体易记识、易理解,遂改为骈体韵语。常赞春在骈体版《阳城县乡土志》序言中云:

> 丈纂此志,有骈散二体,今世散体文且将摒黜,何论骈体,虽然(赞)读旧书人也证之於古可乎,周秦以来,著书辞杂骈俪,间有韵言,为学者易於诵记也,宋以来始有纯用四言韵语者,盖句既齐整韵复铿锵, 童子之诵诗舞勺尚存其遗乎, 惜后世乐学崩坏,今则区乐与歌於课程之一。[1]

田九德为骈体版《阳城县乡土志》作序时亦提到骈体韵语易于记识,其言:

> 初创稿成散文体一帙,继思学校诵读骈俪当易记识,遂改纂骈体韵语,今兹所校印者是也。[2]

骈体韵语版《阳城县乡土志》成书于宣统元年(1909),现有民国二十三年(1934)铅印本,且被《中国方志丛书》收录;散体版有民国二十四年(1935)铅印本。《平陆县图志歌略》《盂县地理歌略》均用诗歌形式的四言韵语编纂而成,字数虽未达万字,但简短而精练,读起来韵味十足。

(二)语言表述:篇幅简短,有注解

1.篇幅简短

晚清民国时期的山西乡土志作为乡土教材被儿童使用, 故大多

---

①杨念先纂、沈继焱修:《阳城县乡土志》,收入《中国方志丛书》第74册,成文出版社,1976,影印本,第6页。
②杨念先纂、沈继焱修:《阳城县乡土志》,收入《中国方志丛书》第74册,成文出版社,1976,影印本,第7页。

篇幅不长,适合儿童使用,整体字数少则几千字,多则几万字(具体见表 3.3.1)。

表 3.3.1　晚清民国时期山西乡土志字数统计表

字数 种类	2 万字以下	2 万字至 6 万字	6 万字以上至 8 万字
	8 种	4 种	1 种
乡土志 名称	《阳曲县乡土历史地理格致》《崞县乡土志》《吉州乡土志》《平陆县图志歌略》《盂县地理歌略》《五台县小志》《大同县乡土教科书》《榆次县乡土地理教科书》	《山西乡土志》《保德州乡土志》《文水县乡土志》《阳城县乡土志》	《汾阳县乡土志》

由表 3.3.1 可知,山西乡土志的篇幅大多比较简短,字数都在 8 万字以内。除《汾阳县乡土志》外,其余均在 6 万字以内。其中,字数在 2 万字以下的乡土志有 8 种,字数在 2 万字至 6 万字的乡土志有 4 种,6 万字以上的乡土志有 1 种。可见,山西乡土志的总字数整体上还是比较少的,接受乡土教育的儿童暂时还处于识字量少、理解力不足的阶段。作为乡土教材,山西乡土志的编纂篇幅整体上是符合儿童身心发展规律和教育要求的。

晚清民国时期的山西乡土志文字都比较简练,语言大多浅显易懂,每句字数少则两三字,多则十余字,便于学生背诵和记忆。骈体版《阳城县乡土志》序言云:

> 词多骈偶,取其易吟诵也,字惟浅近,取其无留滞也,文戒冗长,取其便记忆也,由此以及《括地》、《食货》等志融会贯通。①

现截取《阳城县乡土志》[1]骈体与散体两种版本及同治《阳城县志》中历史沿革的部分内容并句读如下,以此来比较其语言特点。

---

① 杨念先撰、沈继焱修:《阳城县乡土志》,收入《中国方志丛书》第 74 册,成文出版社,1967,影印本,第 3 页。

同治《阳城县志》:

> 周春秋战国,我濩泽地《穆天子传》:"四日,天子休於濩泽是也。春秋初为狄皋落氏所据,曰稷桑。《国语》:"晋太子申生败狄於稷桑是也。"晋文襄时地入於晋。战国濩泽或属韩或属魏。秦,濩泽县旧志以为属上党郡,无据,当与汉同属河东郡。汉,濩泽属河东郡,汉承秦,置河东郡领县二十四,其第十县为濩泽县,北境为阳阿县,属上党郡。郡领县十四,第十三县曰阳阿。后汉,濩泽侯国属司隶河东郡,阳阿侯国属并州上党郡。①

散体版《阳城县乡土志》:

> 周《穆天子传》:"四日,天子休濩泽。"

> **春秋战国**

> 春秋初为狄皋落氏所据,名曰稷桑。《国语》:"晋世子申生败狄于稷桑。"至文襄时地入于晋。战国时属韩魏。

> **秦汉**

> 秦濩泽县属河东郡。汉承秦制,河东郡领县二十四,其第十县为濩泽县(在今县治西三十里,址尚存,名泽城村),北境为阳阿县(在今县治西北四十五里,名阳陵村),属上党郡。郡领县十四,第十三县曰阳阿。

> **后汉**

> 濩泽侯国属司州河东郡。阳阿侯国属并州上党郡。②

骈体版《阳城县乡土志》:

---

①同治《阳城县志》,收入《中国方志丛书》第405册,成文出版社,1976,影印本,第59-60页。
②《阳城县乡土志 阳城县金石记》,三晋出版社,2009,第103-105页。

周穆王曾休濩泽(见《穆天子传》);晋世子败狄稷桑(见《国语》)。

战国之时,迭归韩魏;秦并天下,乃属河东(秦建河东郡,领县二十四,第十县曰濩泽县,在今县治西三十里,名泽城村)。

西汉属上党郡,分北境为阳阿(西汉分县北境曰阳阿县,属上党郡。在今县治西北四十五里,名阳陵村);后汉未易其名,改二县为侯国(濩泽侯国属司州河东郡,阳阿侯国属并州上党郡)。[1]

对比以上截取的骈散二体《阳城县乡土志》内容可知,散体版较为冗长,骈体版读起来韵味十足,更易于背诵、记忆;且对较难理解的词句,编纂者以小字的形式作了注解,儿童可参照小字注解理解文意。同治《阳城县志》虽内容简短,却没有对难懂的地名等作注解,读起来也不如骈体版《阳城县乡土志》有韵律。通过以上对比可知,骈体版《阳城县乡土志》作为专为儿童编纂的一种乡土教材,其内容可以为儿童所理解,语句篇幅既简短精练又韵味十足,符合《乡土志例目》对编纂乡土志提出的"事必求其详核,文必期于简雅"的要求。此亦是编纂者杨念先将散体改为骈体的缘故。

再如《山西乡土志》学派目部分内容所记:

孔孟而后,学术纷歧,宗派分焉。不独汉、宋殊途,经史异趣,即推而至于文诗书画,亦尚有古今时代之别、南宗北宗之殊。而晋则自古迄今,未见有一派流衍。如陕之关学,六七百年而不衰者也。正韩子所谓莫为之前,虽美而弗彰,莫为之后,虽盛而弗传,非无其人也。虽有之而前无所承,后无所继,亦无以成宗派,

---

[1]《阳城县乡土志　阳城县金石记》,三晋出版社,2009,第10页。

俾后人有所感而兴起也。①

综上，山西乡土志作为初等小学的乡土教材，其记述浅显易懂，疑难字句甚少，语言风格符合《乡土志例目》对乡土志编纂的要求。

2.易于理解，间有注解

晚清民国时期的山西乡土志是专为儿童编纂的乡土教材，其内容尽量趋于简雅，易于理解。如关于保德在唐虞夏商周时期的沿革，《保德州乡土志》载："保德州在唐尧时代为冀州西北旁地，虞夏商三朝，凡一千一百余年间俱属冀州。周武王时代，仍属冀州，其后周室渐衰，戎狄强盛，於是为北胡娄烦所占。战国时，赵武灵王攻破娄烦尽略其地，此地属赵。"②《保德州志》载："保德禹贡冀州之域，虞夏为荒服，周初为蕃服。"③以上二者相比，《保德州志》只是寥寥数语，一笔带过，不易理解，而《保德州乡土志》记载较详，对保德州在唐虞夏商周时期的沿革和来龙去脉娓娓道来，符合儿童学习发展水平，更易于理解。

但是，晚清民国时期的乡土志中仍会不可避免地出现一些人名、地名等专有名词或比较生僻难懂的字词，所以编纂者会考虑到儿童认知和理解有限，在生僻难懂的词句后以小字或括注的形式作详细注解，以便学生理解。《山西乡土志》《吉州乡土志》《保德州乡土志》《文水县乡土志》《阳城县乡土志》《平陆县图志歌略》等均对难懂的字词作了注解。

---

①冯济川：《山西乡土志》，收入山西省地方志编纂委员会编《山西旧志二种》，中华书局，2006，第30页。

②吴大猷：《保德州乡土志》，清光绪三十三年（1907）修，民国五年（1916）石印本，第1页。

③殷梦高纂、王克昌修：《保德州志》，收入《中国方志丛书》第414册，成文出版社，1976，影印本，第85页。

如《山西乡土志》[12]沿革目载：

　　唐虞以上，荒渺无稽。自虞舜，分中国为十二州，今之山西，兼古并、冀两州。迨禹合为九州，併并于冀。按：尧都平阳，(今平阳府)。舜都蒲坂，(今蒲州府)。禹都安邑，(今夏县)。今之省北一带，与太、汾两府之西北，当时属于夷翟，从可知矣。[①]

从以上截取的《山西乡土志》沿革目部分内容可以看出，该志语言简练精当，且对尧都平阳、舜都蒲坂、禹都安邑这类古代专有名词以小字的形式作了简要介绍。古今地名对照，便于儿童知晓地名的变化。

如《吉州乡土志》山目和吉州官本境者之政绩录载：

　　其半属乡宁县，一名云台郊魏五城山。(冯宜都等聚众于此。)[②]

　　然吉民之思公者，终以不得借寇为憾云！(注：寇即东汉寇恂，借寇喻挽留地方官。)[③]

《吉州乡土志》山目以括注的形式说明冯宜都等聚众于半属乡宁县的云台郊魏五城山，这有助于儿童将此山与历史人物联系起来，融会贯通。吉州官本境者之政绩录亦以括注的形式说明了文中"寇"之所指，易为儿童理解。

如《保德州乡土志》政绩目载：

　　州城中无水取汲者，必至城外，巉岩曲折，登降艰难，乾隆五十年，知州王秉韬乃於西门内北隅掘成一井(惜年久淤塞，井今不

---

①冯济川：《山西乡土志》，收入山西省地方志编纂委员会编《山西旧志二种》，中华书局，2006，第7页。

②《吉州乡土志》，清末抄本，第35页。

③《吉州乡土志》，清末抄本，第6页。

存)。又河中产鲤,每年例贡一百四十尾,后列副贡馈送各名目加至四千有零。①

《保德州乡土志》政绩目以小字的形式注解王秉韬所掘之井今已不存及不存之原因,儿童从中可知晓此井的现存状况。

如《文水县乡土志》地理类疆域目载:

城曰坊,乡曰都,通邑人民皆以此著籍,坊名已具前(明教坊今称明武)都凡六十四,城北曰北榆都(距城三里),异泉都(五里),徐南都(十里),徐北都(十五里),开东都、开西都(均二十里)。②

《文水县乡土志》疆域目以小字的形式注解明教坊今称为明武,及城北各都距城里数,儿童从中可知晓其古今地名及距城远近。

如骈体版《阳城县乡土志》政绩录载:

稽阳城之政绩以宋代为权舆,张之才清慎爱民,诗题汤庙(阳城循吏始於宋张之才,其《去官辞汤庙诗》云:一官来此四经春,不愧青天不负民,神道有灵应信我,去时犹似到时贫)。③

《阳城县乡土志》政绩录以小字的形式注解张之才于汤庙所题诗句,儿童可从注解中体会张之才的爱民之心。

如《平陆县图志歌略》载:

城偏境西　如箕如斗　内城三门　西面山阻

外城蜿蜒　明季所筑　涧水引入　到处环流

(城偏境西,依山靠水,因形势而建,西城仅依山脚,故缺其门,外城

①吴大猷:《保德州乡土志》,清光绪三十三年(1907)修,民国五年(1916)石印本,第5页。
②成连增:《文水县乡土志》,宣统元年(1909)铅印本,第29页。
③杨念先纂、沈继焱修:《阳城县乡土志》,收入《中国方志丛书》第74册,成文出版社,1967,影印本,第11页。

曲折,数里通便门七,明嘉靖时建。)①

《平陆县图志歌略》以小字散文对诗歌作注解,既保证了诗歌的韵律,又降低了理解的难度。

(三)语言形式:文字与图像、表格相结合

清朝以前就有传统方志文字与图像、表格相结合的情况,因为这种表现形式直观形象,通俗易懂,所以有的乡土志就沿袭了下来。晚清民国时期的山西乡土志在编纂过程中也采用了文字与图像、表格相结合的形式。如《山西乡土志》沿革目附历代沿革表、疆界附图、区域附图、山脉附图、河流附图,学校教育目附大成殿正位陈设图、歌乐图,历代人物目附侯国表等。山西乡土志绘制的地图方位明确,都以"上北、下南、左西、右东"的标准在图中注记东、南、西、北。如在《保德州乡土志》中,子骏氏以每方十里比例绘制疆界图(图 3.3.1)、州城图和区域图,图中不仅标有东、南、西、北四大方位,还标注了四方界限。另外,志中还附有保德州五都寨村数表、寺庙坊表、动物制造产列表(图 3.3.2)、植物制造产列表、矿物制造产列表、本境所产有出境销行者列表、他境所产有入境销行者列表和州人贩运他境所产往他境销行者列表。有的山西乡土志地图中有图例,如《平陆县图志歌略》序前有平陆县略图,大致描绘了平陆县的山脉及河流,右下角有图例,"—··—··—"表示县界、"▫"表示区所、"—·—·—"表示区界、"◎"表示市镇等,但需注意该略图绘制比例失当。山西乡土志中的附表、附图与内容相结合,直观易懂,适合儿童的认知。

---

① 王从龙:《平陆县图志歌略》,民国十九年(1930),第 3 页。

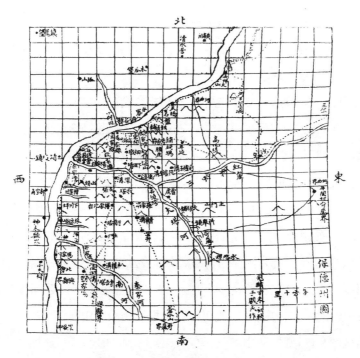

图 3.3.1 《保德州乡土志》疆界图

羽扇	槐蚕	马络头		浑脱	蓑衣口袋呼	毛毡	皮张	名称	动物制造产列表如左
鸐羽	蝾蟓秋间造之在地搏成堆	牛驴皮		全身羊皮	牛羊驴骡毛	羊毛	羊狐狼獭	本质	
俱城有乡	城有乡	东关		俱间有乡	俱关有乡	东关	东关	制造场	
无几	寻常	寻常	尤	寻常	寻常	寻常	羊为大宗饰俱无几	出产	

图 3.3.2 《保德州乡土志》动物制造产列表

二、山西乡土志的编纂体例

山西乡土志的编纂体例基本上遵循《乡土志例目》所规定的十五目内容，并在此基础上拓展了体例或予以局部改动。山西乡土志除遵循并采用《乡土志例目》所要求的例目体外，还有课目体、章节体、诗歌体以及相互结合的体例。

（一）例目体

晚清时期颁布的《乡土志例目》对乡土志在历史、地理、格致三科方面的编写内容作了明确规定，从历史、政绩、兵事、耆旧、人类、户口、氏族、宗教、实业、地理、山、水、道路、物产、商务等十五目方面对乡土志的编纂提出了具体要求。山西乡土志大都符合《乡土志例目》提出的编纂要求，但各州县情况又有不同，所以在遵循基本体例例目体的同时，各地又根据各自不同情况以及其他原因作了局部调整。

对山西乡土志的调整主要分三种情况。第一种是遵循《乡土志例目》的十五目体例，但又与十五目体例所规定的名称不一致。如《保德州乡土志》在遵循十五目体例要求的同时，例目名称与《乡土志例目》又有些许不同。《崞县乡土志》将历史变为述略。《文水县乡土志》依县志旧例名称将历史变为沿革，其例言中云："本境建置始末依县志旧例名为沿革。"①

第二种是各州县情况不同以及其他原因导致所编纂的乡土志志目内容缺失，少于《乡土志例目》所规定的十五目体例。如《文水县乡土志》缺兵事和商务，其例言中对所缺缘由作了说明："本境事迹见

---

① 成连增：《文水县乡土志》，宣统元年（1909）铅印本，例言第 2 页。

于正史者甚寡亦从未出有叛党,国初姜瓖一役,县志又未详载,故缺兵事录……本境僻处偏隅,制造与商□[3]均无可言,故二门暂缺。"①

第三种是在遵循《乡土志例目》十五目的基础上又增加了一些具有本地特色的例目内容。如《吉州乡土志》新增孝义、烈女、镇堡、吉州古迹、州之坊表桥梁类、关津、学校。《阳城县乡土志》新增孝友、忠节、学问、义行、隐逸,另外文中还附有名宦祠、乡贤祠、忠孝祠、节烈祠。

(二)课目体

山西乡土志是晚清民国时期的乡土教材,所以有的山西乡土志的编纂体例为课目体,方便乡土教育课程安排和讲授。如《文水县乡土志》例言云:

> 初等小学课程历史、地理、格致三类,每星期各一点钟,前二年均授乡土志□类多寡,实未能画一,今□盘均算厘为二百四十课□两年程度。②

《文水县乡土志》分历史、地理、格致三门,共十四目一百九十五课,每星期教授儿童乡土志,两年合计共授二百四十课。

(三)章节体

受编纂者习惯或水平等因素影响,有些山西乡土志在《乡土志例目》基础上,将编纂体例定为章节体。如《保德州乡土志》分为历史、地理、格致三编,下分本境、政绩、兵事、耆旧、人类、户口、氏族、宗教、实业、境地、山、水、道路、物产、商务等十五章二百四十四节;《汾阳县乡土志》分为县治沿革、面积及县界、形势、山脉、河流、行政

---

① 成连增:《文水县乡土志》,宣统元年(1909)铅印本,例言第2页。
② 成连增:《文水县乡土志》,宣统元年(1909)铅印本,例言第2页。

区域、城关概要、村镇概要、道路、邮电、风俗、宗教、气候、特产、农业、工业、商务、古迹等十八章。从《保德州乡土志》的章节内容可以看出，其虽为章节体，却与《乡土志例目》所要求的编纂内容大体一致；而《汾阳县乡土志》的部分章节，如城关概要、村镇概要和邮电章虽与《乡土志例目》的要求有些许区别，但体现了汾阳县的地方特色。

(四)诗歌体

山西乡土志还有四言诗歌体例。如《平陆县图志歌略》，包括历史沿革、地理位置、县城建设、集镇津渡、田粮差徭、民商丁户、里村区划、兵防事变、乡贤胜景、物产民俗等在内均用四言诗歌编纂而成，其后还载有《砥柱赋并序》及《八贤诗》《八景诗》，合计共约4000字。

需要注意的是，受多种因素影响，有些山西乡土志的体例并不是单一的，而是采用多种体例相互结合的方式进行编纂。如《山西乡土志》的编纂体例就是例目体与课目体的结合。冯济川在《山西乡土志·叙目凡例》中云：

> 按初等小学，第三年小儿知识渐开，即当教以本县乡土志。通年以四十星期计，每星期一课，可得四十课，一县事瞭然矣。第四年教以全省乡土志，亦约以四十课，由初等升高等小学，便可与言历史、地理矣。今兹所编，特其嚆矢，愿吾乡人匡其不逮，则幸甚。[1]

《山西乡土志》的内容大致可分为历史、地理、格致三科，基本上

---

[1]冯济川:《山西乡土志》，收入山西省地方志编纂委员会编《山西旧志二种》，中华书局，2006，第3页。

遵循《乡土志例目》所规定的十五目教育内容,并在此基础上拓展为三十目。因《山西乡土志》是教授儿童所用的乡土教材,所以在编纂上除运用例目体外,还结合了课目体的体例形式。

综上,山西乡土志书大都根据《乡土志例目》编纂而成,体例大多是例目体,"然必由府、厅、州、县各撰乡土志,然后可以授课。海内甚广,守令至多,言人人殊,虑或庞杂。用是撰例目,以为程式,守令虽事繁,但能征本地读书能文者二三人,按目考查,依例编撰"。但是,也有少数州县采用课目体、章节体或其他体例。据笔者统计,采用例目体的主要有《山西乡土志》《吉州乡土志》《文水县乡土志》《阳城县乡土志》《阳曲县乡土历史地理格致》,采用课目体的主要有《文水县乡土志》,采用章节体的主要有《保德州乡土志》《汾阳县乡土志》,采用四言诗歌体例的有《盂县地理歌略》《平陆县图志歌略》。值得注意的是,无论是采用何种体例,山西乡土志都或多或少受到《乡土志例目》的影响,而且为了方便教学,有些山西乡土志的体例并不是单一的。如《阳曲县乡土历史地理格致》是章节体与例目体的结合,《山西乡土志》《文水县乡土志》是课目体与例目体的结合。

三、山西乡土志的内容特点

(一)重点突出爱国教育

《吉州乡土志》"沿革"记吉州从唐虞至清代的历史沿革;"政绩"记有惠政为官者元 2 人、明 15 人、清 12 人;"兵事"记清军抵御以张宗禹[4]为首的捻军,民不聊生;"耆旧"记吉州名臣、功臣、循吏、忠节者等 17 人在学问与事业方面的事迹;"孝义"记吉州有孝义之品行者 5 人;"吉州人类"记吉州迁入本境的只有自道光时始迁入的回

族;"氏族"记吉州居民半耕半读,敦朴勤俭;"宗教"记吉州以儒教为主,后耶稣教传入。《山西乡土志》"沿革"记唐虞以后至清末民初山西的沿革情况;"人民"和"风俗"记山西的人口、性质、工艺、饮食、语言、衣服居处、森林,且提出"处此竞争时代,以少数人竞争,不如合为一大团体,竞争力更大。且竞争以学、以商、以工艺,是为文明竞争。若争权争利,则为野蛮竞争,终亦归于涣散而已"[1];"宗教"记士崇孔教,民人崇回教及白莲教等,普通人多崇佛教与神教,此外还有奉天主、耶稣及墨教者。

山西乡土志重点突出爱国教育,重视对传统文化的继承。如《山西乡土志》在"历代人物"和"名宦"中加入了自古贤哲、名臣硕学、名宦寓贤等,使儿童在了解当地历史文化的过程中增强自豪感,涵养家国情怀。同时将政绩、兵事、耆旧等录入山西乡土志中。一是根据《奏定初等小学堂章程》,"采本境内乡贤名宦流寓诸名人之事迹,令人敬仰叹慕,增长志气者为之解说,以动其希贤慕善之心";二是在帝国主义侵略和农民起义运动的双重打击下,一批爱国贤士逐渐意识到国人的家国意识淡薄,所以在编纂乡土志过程中重点介绍当地的政绩、兵事、耆旧等,以期在学习乡土知识过程中增强儿童的家国意识。

(二)详载地理区域分布及其历代沿革

《吉州乡土志》"地理"记吉州地理位置,"镇堡"记吉州的 15 处镇堡及其存废情况,"古迹"记吉州古迹及与州之距离,"州之坊表桥梁类"记 2 桥、30 坊及其存废情况,"关津"记吉州的 12 处关津,

---

① 冯济川:《山西乡土志》,收入山西省地方志编纂委员会编《山西旧志二种》,中华书局,2006,第 22 页。

"学校"记吉州的学校与坛庙情况,"山"记吉州的 11 座山,"水"记吉州的 11 条江河,"道路"记吉州与其东南西北镇或村庄的距离。《山西乡土志》"疆界"记山西省的东界、东南界、南界、西南界、西界、西北界、北界、东北界等,"区域"记山西省的河东区、上党区、冀宁区、雁平区等,"山脉"记中条山、壶口山、霍山、太行山等 10 座山,并在其后以小字作注解。另外,《山西乡土志》中附有历代沿革表、疆界附图、区域附图、山脉附图、河流附图,可结合图了解其地理区域分布。

《乡土志例目》载:"一山、一水、一木、一石,平时供儿童之嬉戏者,一经指点皆成学问。"山西乡土志详载地理区域分布及其历代沿革,将地理、山、水等录入志中,是因为这些内容可帮助儿童了解家乡及国家,增长见识。

(三)突破了传统的轻商观念

山西乡土志在重视农业的同时还介绍了一些新兴知识,这是其不同于传统旧志的一大特点,突破了传统的轻商观念。如《吉州乡土志》"实业"载:"其闾阎之贫苦,亦由于不习工商。"吉州之民不习工商,以农为主,所以导致该地贫苦,应鼓励发展工商业。《山西乡土志》"农业"记晋民仰食于天,为提高粮食产量兴水利、植树株、设农业学堂和农学会、出《农学报》、改良种植方法等,肯定了农业的重要性。其载:"国无食,其何以为继哉? 甚矣,农学之有益于人国,不可不研究也。"[1]"矿产"记煤、铁、铜、硫磺、玻璃等矿产及其发展状况。"商业"记晋人善于经商,有耐力,"全中国无不有晋人足

①冯济川:《山西乡土志》,收入山西省地方志编纂委员会编《山西旧志二种》,中华书局,2006,第 58 页。

迹,而其内容则有大商小商之别"①。"工业"记晋人不重视工业,商务局设火柴厂、工艺局制木器和玻璃品等终归于废弃。其载:"自甲午、庚子两大败,国人知工业与农、商并重,乃渐渐讲求。"②提出工业与农、商并重。"钱币"记钱法参差不一,其弊需思整齐划一之方,"否则奸商之鱼肉穷民无终极矣"③。《保德州乡土志》详列动物、植物、矿物制造表,出境、入境贩运物品表,州人贩运他境所产往他境销行者列表等。如载羊皮行销直隶顺德府(今河北邢台)及本省交城县,甘草运销河南禹州(今禹县),柴胡、锁阳、肉苁蓉运销准葛尔(今内蒙古准格尔旗)等。具体情况见表 3.3.2、表 3.3.3、表 3.3.4。

表 3.3.2　保德州本境所产有出境销行者表[5]

名称	果丹皮	枣	煤	龙骨
产地	城乡皆有	西部一带	铁匠铺、带山	逍遥山
运道	陆、水	陆	陆、水	陆、水
销场	河南禹州 本省南路	本省包头 河口	兴县 岢岚州	河南禹州 直隶祁州
岁额	1200000	50000、140000	多寡视年丰歉	120000

①冯济川:《山西乡土志》,收入山西省地方志编纂委员会编《山西旧志二种》,中华书局,2006,第 60 页。
②冯济川:《山西乡土志》,收入山西省地方志编纂委员会编《山西旧志二种》,中华书局,2006,第 61 页。
③冯济川:《山西乡土志》,收入山西省地方志编纂委员会编《山西旧志二种》,中华书局,2006,第 65 页。

表 3.3.3　保德州他境所产有入境销行者表[6]

名称	蒙盐	莜面	水烟	棉布	洋布	绸缎	棉花
贩地	河曲县	岢岚州	河南清化镇	直隶正定府属、河南禹州	天津、榆次、太谷	河南、天津、榆次	获鹿
运道	陆	陆	陆	陆	陆	陆	陆
销场	东关	城关俱有	东关	东关	东关	东关	东关
岁额	150000	20000	50000、140000	16000	800	30、4	15000

表 3.3.4　保德州州人贩运他境所产往他境销行者表[7]

名称	甘草	麻油	粮食	水烟	棉布	洋布	柴胡	锁阳	肉苁蓉
产地	准葛尔	准葛尔、府谷县	准葛尔	河南清化镇	直隶正定府属	天津	准葛尔	准葛尔	准葛尔
运道	水	水	水	陆	陆	陆	陆、水	陆、水	陆、水
入境转运	陆、水	陆、水	水	陆	陆	陆	陆	陆	陆
销场	泗水禹州	碛口、省南	碛口	萨包河口	准噶尔	准噶尔	禹祁州	禹祁州	禹祁州
岁额	1200000	50000、140000	多寡视年丰歉	120000	30000	18000	40000	30000	8000

由表 3.3.2、表 3.3.3、表 3.3.4 可知，在商业方面，可贩运产品多样，销场众多，运道多以水、陆为主。《保德州乡土志》编纂者以表格形式介绍此地的商业情况，说明编纂者突破了传统轻商观念的影响。山西乡土志将实业、商业、工业等录入山西乡土志中，一方面是因为中国自古以来的重农抑商政策已经不适合社会发展需要，要挽救晚清的衰弱统治，必须转变观念，发展商业；另一方面资本主义国家商业发达，国力强盛，这些乡土志的编纂者亦逐渐认识到发展商业对增强国力的重要性。所以，乡土志的编纂者抛弃了重农抑商的观念，在编纂过程中注意对商业部分的系统介绍。

注释：

［1］所截取内容括号部分在原稿中均为双行小字注解，此处采用《阳城县乡土志　阳城县金石记》中的刊载格式，以便阅读。

［2］原稿注解部分为小字，为醒目起见，所有截取内容的小字注解均改作括号注出。后面山西乡土志所引内容均以此格式为准，方便阅读。

［3］此处有文字模糊不清，故用"□"代替。从上下文以及《乡土志例目》可推测应为"务"或"业"。

［4］此处原稿为"张总愚"，实为"张宗禹"。

［5］摘自《保德州乡土志·本境所产有出境销行者列表》。

［6］摘自《保德州乡土志·他境所产有入境销行者列表》。

［7］摘自《保德州乡土志·州人贩运他境所产往他境销行者列表》。

第四章 晚清民国时期山西乡土志的价值

在晚清民国时期，山西乡土志具有帮助儿童树立与时俱进、实业救国先进思想，推动国家走向强盛，激励国民树立奋发图强精神的社会文化价值。另外，山西乡土志还保存了一些旧史料，也提供了一些新史料，拓宽了史料来源。山西乡土志也具有一定的当代价值，为当代乡土教材的编纂提供了参考和借鉴，对培养新时代人们的爱国主义情感，丰富当代乡土教育内容具有重要意义。

一、山西乡土志的时代价值

山西乡土志的编纂目的是培养儿童的"爱乡爱国"之情，巩固清王朝的统治地位，以及补充旧志内容，为研究当地历史提供重要史料等。因此，山西乡土志具有增强民族凝聚力的社会文化价值和拓宽史料来源的时代价值。

（一）山西乡土志的社会文化价值

山西乡土志的编纂宗旨是培养儿童的"爱乡爱国"情感，这在晚清民国时期具有增强民族凝聚力、振奋国民精神、促进国家富强的时代价值。《山西乡土志》的编纂者冯济川在《拟上张中丞（山西巡抚

张筱帅)再派游学书》中曾言："教育得法，然后可统一人心，为富国强兵之计。"①他慨叹乡土教育对于统一人心、振兴庶务、富国强兵具有重要作用。通过《山西乡土志》，读者可探知山西乡土志所弘扬的社会文化价值。人类目、实业目和商务目是《乡土志例目》中的新增目类，可见清政府逐渐意识到培养儿童的乡土爱国情怀与发展工商业的重要性。人类目记载了山西的民族及其民情风俗，儿童在学习过程中潜移默化地形成了一种归属感。山西乡土志的编纂者在编纂内容中倡导实业救国，实业目中记有士农工商的情况，主张士农工商共同发展。商务目记有货物运输销售情况。如《吉州乡土志》商务目载，吉州"俱属陆运……盖州中之人，只知务农，其所谓士者，亦半耕半读"②。对于不通车路、粟贱困农之况，编纂者在末尾提出可务桑蚕的解困之策："州之土性颇宜桑，近有荒地甚多，山猪、山羊类多害稼，务桑蚕则可免此，而州人概未之知，此济贫之所以无术欤！"③山西乡土志对此类内容的记载体现出振兴庶务、富国强兵的思想，有助于儿童树立与时俱进、实业救国的理想，树立起富民强国的使命感和责任感。

《山西乡土志》编纂者冯济川的教育思想对后辈影响深远，他的后人都具有强烈的爱国思想，"多是教育战线和科技领域的佼佼者"④。如长子冯萧曾留学日本，二子冯鼎从事教育事业，四子冯鼐任区长、县长、四县禁烟委员，热衷教育，创办了尊德中学，抗日战争爆

---

① 吾梦：《石像山人简传》，群言出版社，2006，第33页。
② 《吉州乡土志》，清末抄本，第38页。
③ 《吉州乡土志》，清末抄本，第39页。
④ 吾梦：《石像山人简传》，群言出版社，2006，第101页。

发后任孝义县抗日民主政府教育科长、县中学校长。孙女冯凤英、冯莲英、冯兰英是抗日战争时期妇女救国运动中的积极分子和编村妇女干部。冯良贞(别名冯玲、枫林)是抗日救国运动中的积极分子,后参加八路军一一五师学兵队。冯全英、冯涛(原名冯改灵)从小参加抗战并加入中国共产党。冯全英天资聪颖,喜爱读书,深得冯济川喜爱,教授她读书识字和人生道理。日军来犯时,冯全英不畏艰险,号召人们抗日。她说:"冯举人生前是爱国爱民的,冯举人的孙女不当亡国奴! 抗日不分男女老幼,人人都有责任。"①

《阳城县乡土志》的编纂者杨念先的外孙栗守田说:"1933—1935 年我在海会寺的高级小学读书时,就和同学们一起读过我的外曾祖杨念先写的骈体《阳城县乡土志》,其中历史、地理两节引起了我对地方志的兴趣。"栗守田小时候就曾与同学们一起读《阳城县乡土志》,深受影响,家国情怀深厚。栗守田还是一名共产党员,现在当地仍流传着他 96 岁坐轮椅交党费的故事。由此可见,山西乡土志对激发国人的"爱乡爱国"情感具有重要的社会文化价值。

作为晚清时期出现的一类乡土教材,山西乡土志是在清政府面临内忧外患的危局之时,对儿童进行乡土教育、培养儿童"爱乡爱国"之情的时代产物,具有鲜明的时代色彩,在历史上曾起过积极作用。清末,列强侵华,而此时国人家国意识淡薄,为激起国人的"爱乡爱国"意识,挽救危局,清政府鼓励各省、州、县编纂乡土志,大力发展乡土教育。培养儿童的"爱乡爱国"之情是乡土志一直遵循的编纂宗旨,亦是其在晚清民国时期所体现的文化功能中最有价值的部

---

① 吾梦:《石像山人简传》,群言出版社,2006,第 161 页。

分。由晚清时期的爱乡至爱大清王朝，至民国时期的爱整个国家，儿童由最初的无家国意识到"爱乡爱国"，责任意识逐步增强。乡土志在挽救晚清政治危局，促进民国时期国家发展方面起到了重要作用，这亦是山西乡土志区别于传统旧志之处。

（二）拓宽了史料来源，可补旧志之不足

山西乡土志既保存了一些旧史料，更重要的是还提供了一些新史料，拓宽了学界研究的史料来源，可补旧志之不足。

《辞海》阐释乡土志的价值时说："多可补州县方志记载所不及。"[1]散体版《阳城县乡土志》陈晋作序曰："夫一邑之乡土，一国之文献也。春秋之世，有籍氏者有禄于朝，数典而忘其祖，由不习乡土也。"[2]可见，乡土志具有"一国文献"的价值。如山西乡土志中都有提到光绪大祲致户口减少之事。《吉州乡土志》"户口"记光绪大灾，只有汉户的吉州居民死去大半，外地人大量迁入，以致客籍多于土著；《保德州乡土志》"户口"记"光绪初年大祲之际，逃亡最多，而前后每遇荒年无不鬻卖子女"[3]；《文水县乡土志》"户口"记丁戊大祲以后，与光绪二年（1876）相比，户口约减三分之一[4]；《平陆县图志歌略》"户口"记，"自遭有清光绪大祲后仅存九千余户，三万七千九百余口"[5]等。可知山西乡土志保存了光绪大祲时期户口变化情况的史料，这对探究光绪灾荒对山西地区人口数量的影响有一定的文献价

---

[1]《辞海》，上海辞书出版社，2003，第1851页。

[2]《阳城县乡土志　阳城县金石记》，三晋出版社，2009，第100页。

[3]吴大猷：《保德州乡土志》，清光绪三十三年（1907）修，民国五年（1916）石印本，第20页。

[4]成连增：《文水县乡土志》，宣统元年（1909）铅印本，第27页。

[5]王从龙：《平陆县图志歌略》，民国十九年（1930），第4页。

值。另外,山西乡土志还征引了其他重要史料。如《山西乡土志》在形势目中节录了范氏《山西方舆纪要序文》,并间附己意;在气候目中附有《山西通志·星度谱》序。《吉州乡土志》在吉州历史目中征引了《禹贡》等。这些都为后世保存了史料,拓宽了史料来源。

山西乡土志还提供了一些旧志中没有的新史料。山西乡土志遵循《乡土志例目》要求编纂而成,但与传统地方志书相比,内容中出现了三个新的志目,即人类目、实业目和商务目,这是先前旧志内容中从未涉及的。

《文水县乡土志》正文前有明臣山东按察副使郭廷冕、顺天府尹田畴、工部虞衡司主事郑之侨、天津巡抚郑宗周及清湖广总督胡全才、湖广提学道郑昆璧、山东运河兵备道郑时庆、甘肃提督成元震、湖北按察司成汝舟、安徽徽州府知府成履恒、广西左州知州成锡瑜,共11位明清名人画像。这在旧志中非常罕见,弥足珍贵。另外,《文水县乡土志》户口目载光绪二年(1876)有188300多口人,大祲后为136200多口人,文水县人口大约减少三分之一[①];宗教目记村庙间有僧道,皆粗卤无文,天主教民700余名,耶稣教民100多名[②]等内容。文水旧志中均缺此记载,据此可补光绪旧志之缺。

《吉州乡土志》"兵事"载:"同治五年,捻逆张总愚入陕西一带,山右戒严。秋,协郑邓,统领太原团勇三百驻防吉州河口;十月,平阳总镇蒋,复领平阳总兵数百,驻扎吉州城,六年三月……捻匪自陕省窜入境内,山城失守。""兵事"以大量篇幅详载西捻军首领张宗禹从陕西进军山西,占领吉州,以及清军奋勇抵抗的整个过程。《吉州乡

---

① 成连增:《文水县乡土志》,宣统元年(1909)铅印本,第27页。
② 成连增:《文水县乡土志》,宣统元年(1909)铅印本,第27-28页。

土志》对该兵事的记载精确到某年某月某日,如"同治五年""十月"
"六年三月""八月""十月""十一月""十九日""二十二日""二十三
日""二十六日""腊月初三日""初六日""初七日""十九日""二十
三日""七年正月""二月""三月"等,可见其记载之详。吉州旧志缺
此兵事记载,所以《吉州乡土志》对张宗禹入吉兵事记载可补光绪
旧志之缺。

《阳曲县乡土历史地理格致》记事止于光绪三十四年(1908),记
有晚清时阳曲县历史、地理、格致三方面的情况。如在"历史政绩"
中,除记有110人之外,还补录了光绪年间邑令李春芝、丁惟乔2
人。地理部分是此乡土志中最有价值的部分,记载了光绪、宣统初阳
曲县的经济、地理、建置、工农商业、交通、铁路、人口、水利等32项
内容。而阳曲县旧志自道光二十三年(1843)修成后,至民国前60余
年无人再修。《阳曲县乡土历史地理格致》"虽字数不多,但为后人研
究该地晚清历史提供了许多资料,可补旧志之缺"①。

《平陆县图志歌略》正文前有序及92字的《平陆大观楼楹联》,
书后有《砥柱赋并序》及《八贤诗》《八景诗》,且民国十九年(1930)的
第七版又增加了"辛亥兵燹实况"②内容。该乡土志文字简练,内容较
丰,还提供了一些新史料。

由此可见,山西乡土志不仅保存了旧史料,而且其详载的一些内
容还是地方典籍、档案以及旧志中记载不详或缺载的,可作为新史
料补旧志之不足。山西乡土志的编纂者多数为本地有学之士,还有
少许外籍地方官员,他们对该地的乡土知识比较熟悉,且在编纂过

①刘纬毅主编《山西文献总目提要》,山西人民出版社,1998,第148页。
②王从龙:《平陆县图志歌略》,民国十九年(1930),第1页。

程中还亲自走访调查。另外,有的乡土志虽大多取材于旧志,但对旧志记载有误之处作了辨正,对缺漏之处也进行了补充。刘纬毅主编的《山西文献总目提要》称《吉州乡土志》"大多采自前志,有误者则作辨正,不足者补之"[1]。《吉州乡土志》的编纂者在吉州古迹目中言:"乡土志先为初等学堂而设,其辨正自宜从严,不致先开疑窦,故附正误。"[2]这在一定程度上确保了乡土志编纂内容的真实性。所以,山西乡土志具有一定的文献价值,可补旧志之不足,弥补一些史料的空白。

二、山西乡土志的当代价值

晚清民国时期山西乡土志以"爱乡爱国"为宗旨,这对培养人们的爱国主义情怀具有重要价值。山西乡土志的编纂目的、内容、语言、体例对当今教材编纂有一定的借鉴作用,对丰富乡土教育内容也具有一定价值。

(一)培养当代人们的爱国主义情怀

乡土志与乡土教育是培养新时代人们爱国主义情怀的重要途径。晚清民国时期山西乡土志以"爱乡爱国"为宗旨,这与当今我国的爱国主义教育相契合。山西地区的乡土志与乡土教育响应了我国新时代对国人进行爱国主义教育的号召,可增强民族观念,激发爱国热情。山西乡土志与当今我国社会所倡导的"家国情怀"相联系,对激发当代人们的爱乡爱国之情也具有重要的文献价值。

山西乡土志政绩目和耆旧目对本地名人政绩和品行的记载,值

---

①刘纬毅主编《山西文献总目提要》,山西人民出版社,1998,第267页。
②《吉州乡土志》,清末抄本,第28页。

得当代儿童了解和学习,对弘扬当今社会的"家国情怀"具有一定的文化传播价值。如《山西乡土志》历代人物目以大量篇幅列举了仓颉、皋陶、介子推、司马迁、杨笃等山西古代贤哲和汉唐以来的名臣硕学,名宦目亦以大量篇幅列举了山西历代忠厚、爱民、恤赈忧贫的名宦寓贤。此类事迹可凝聚民心,增强山西儿童的自豪感。有些山西乡土志的编纂者在志目中还表达了自己的担忧,发表了看法,并提出了可行的建议,值得我们学习和借鉴。如《山西乡土志》矿业目中载有山西省煤铁多且美,"不独冠全国,且为世界所震惊,其他各质亦众且多","惜乎无大资本家开此利源也"。"英人李提摩太谓,晋人之穷,如困饿于床,而床下满积金银而不知取。"后又记述了英国福公司攫取山西省煤铁矿权、晋人合力数年用 275 万金赎回自办之事。但自办后山西煤铁发展状况不良,冯济川感叹道:"煤口虽多,均不济事,自前年购机器开挖,至今无效。""晋矿虽多,其如无人何?"在商业目中,冯济川提出自己的期望:"吾愿吾晋人以学自励也。"对于"交城之皮货,亦一大都会,然只知造粗皮"的现象,冯济川提出了自己的主张:"然外制造成物,则仍售于我中,何为不自制而必假手于人也。岭南北四府汾、平、蒲、太,四州绛、解、霍、隰,种麦甚多,而麦杆则皆弃于地。使组织一公司制造麦帽,则化无用为有用,其利不可胜用也。"所以,山西乡土志对于培养青少年的"家国情怀"以及不畏艰难、勇于担当,为国家的富强昌盛而努力奋斗的精神具有重要价值,是对青少年进行爱国主义教育的珍贵教材。中共阳城县委和阳城县人民政府非常重视《阳城县乡土志》,认为"此书重新面世,将进一步增进全县干部群众对家乡历史的了解,进一步激发阳城人的

自豪感和争先奋进、追求卓越的责任感"①。

（二）为当代乡土教材的编纂提供参考和借鉴

乡土志是在地方志的基础上逐渐衍化出的一种乡土教材。山西乡土志能够为当代乡土教材的编纂提供参考和借鉴。

《山西乡土志》作为我国现存最早的省级乡土志，"是方志知识普及学校实施'教化'的范本，对我们今后编纂乡土教育读本有可资借鉴的宝贵经验"②。该志在编纂过程中始终贯穿着"爱乡爱国"的宗旨，有些内容可激发山西人民的自豪感和使命感，增强为国奋发图强的力量。如"人民"和"风俗"记有山西的人口、性质、工艺、饮食、语言、衣服居处、森林，且提出"处此竞争时代，以少数人竞争，不如合为一大团体，竞争力更大。且竞争以学、以商、以工艺，是为文明竞争。若争权争利，则为野蛮竞争，终亦归于涣散而已"③；"农业"记晋民仰食于天，为提高粮食产量兴水利、植树株，设农业学堂和农学会，出《农学报》，改良种植之法等；"商业"记："则昔所云'晋国天下莫强焉'者，安见今日之晋不可与英对抗也乎？吾愿吾晋人以学自励也。"④这些内容对山西人凝聚人心、奋发图强、报效国家具有强大的感染力，亦是当今教材可资借鉴之处。

山西乡土志的编纂语言大都浅显易懂，当不可避免出现晦涩难

①《阳城县乡土志　阳城县金石记》，三晋出版社，2009，第2-3页。

②冯济川：《山西乡土志》，收入山西省地方志编纂委员会编《山西旧志二种》，中华书局，2006，前言第8页。

③冯济川：《山西乡土志》，收入山西省地方志编纂委员会编《山西旧志二种》，中华书局，2006，第22页。

④冯济川：《山西乡土志》，收入山西省地方志编纂委员会编《山西旧志二种》，中华书局，2006，第61页。

懂的词句时，多用双行小字作详细注解，且在表述过程中会恰当地利用图表等。如《山西乡土志》在表述过程中穿插有沿革附表、疆界附图、区域附图、山脉附图、河流附图等，通过图文表的结合，使内容更加直观生动。沈继焱在《阳城县乡土志》序言中说："词多骈偶，取其易吟诵也；字惟浅近，取其无留滞也；文戒冗长，取其便记忆也。"①马甫平评价说，这种"明白如话、内容充实的骈体文，却极有利于开启儿童的知识和思想……纂著者杨念先采用这种形式来编写此书，又驾驭得如此得心应手，体现了他独具的匠心和深厚的功力，在方志编纂史上也可以说是一次探索和创新"②。山西乡土志的编纂语言可为当代乡土教材编纂提供一定的参考和借鉴。

山西乡土志所采用的编纂体例，如例目体、课目体、章节体等在时代进程中不断发展演变、相互结合，为当代乡土教材的编纂提供了参考和借鉴。当代乡土教材的编纂体例多采用课目体、章节体或多种体例相结合的形式等，这是借鉴山西乡土志编纂体例的结果。

（三）丰富当代乡土教育的研究内容

山西乡土志能够丰富当代乡土教育的研究内容。王兴亮曾统计，全国乡土志"总数为 676 种，如果加上归属具体不详，总数则当在 700 种左右"③。根据对朱士嘉所编《中国地方志综录》、中国科学院北京天文台所编《中国地方志联合目录》、金恩辉和胡述兆主编《中国地方志总目提要》，以及多个省份的地方志总目提要和综录等

①《阳城县乡土志　阳城县金石记》，三晋出版社，2009，第 4 页。
②《阳城县乡土志　阳城县金石记》，三晋出版社，2009，第 292 页。
③王兴亮：《"爱国之道，始自一乡"——清末民初乡土志的编纂与乡土教育》，博士学位论文，复旦大学，2007，第 31 页。

的分析与考证,可以肯定晚清民国时期全国编纂的可作为乡土教材的乡土志有 600 余种。其中,与全国其他省份相比,山西乡土志的编纂数量较少,且大多为抄本、印本(铅印本、石印本、油印本、影印本)等;再加上晚清民国时期战乱频繁、年代久远,保存下来的乡土志已成为不可多得的珍本、善本、孤本,一般人很少见到。据统计,现存晚清民国时期山西乡土志仅有 13 种。山西乡土志所载晚清民国时期山西各地人类、户口、氏族、宗教、风俗等传统文化情况,对我们塑造当代人文精神、营造人文环境、构建和谐社会,促进山西地区区域文化建设,弘扬华夏灿烂文化具有重要价值。山西乡土志是晚清民国时期学人留给我们的一笔宝贵文化遗产,对其进行研究具有重要意义。中共阳城县委和阳城县人民政府非常重视《阳城县乡土志》的当代价值,认为对其进行研究将对阳城县"建设和谐美好新阳城产生积极的影响"[1]。所以,研究山西乡土志对丰富当代乡土教育具有一定价值。

晚清民国时期我国很多地区都编纂了乡土志,而当代社会通过研究乡土志可以丰富乡土教育内容,为推动当今山西乡土教育发展提供必要的参考和借鉴。

三、山西乡土志的不足之处

注意到山西乡土志存在的问题才可能更好地发挥山西乡土志的价值。站在今天的视角来看待山西乡土志,就会发现其存在一些不足之处。如山西乡土志存在记事偶有失误、载有节烈妇女事迹以及

---

①《阳城县乡土志 阳城县金石记》,三晋出版社,2009,第 3 页。

具有狭隘的民族主义观等问题。但需要注意的是,此类不足之处是当时观念陈旧的时代产物,不可苛求。所以,对这些不足之处需要辩证地、理性地看待,以更好地发挥山西乡土志的价值。

(一)记事偶有失误之处

山西乡土志在记事上偶有失误之处。如《山西乡土志》历代人物目所记"杨笃虞乡人"[1]有误,杨笃实为乡宁人,李裕民先生在《中国地方志总目提要》中对此有所提及。另外,咸丰九年(1859)《杨氏家谱》[2]对杨笃是乡宁人亦有明确记载。《吉州乡土志》吉州兵事载:"同治五年,捻逆张总愚入陕西一带,山右戒严。"[3]"张总愚"记载有误,实为"张宗禹"。张宗禹为著名捻军首领。《吉州乡土志》中记张总愚同治五年(1866)入陕,同治六年从宜川至壶口,连夜潜渡冰桥占领吉州。但此事件主人公在张珊所著《捻军史研究》、陈旭麓等主编的《中国近代史词典》、诰明所著《李鸿章》、李炳清和施宣圆所编《历史之谜》中则被认为是张宗禹。因此,"张总愚"与"张宗禹"实为一人,"张总愚"记载有误,应为"张宗禹"。不过作为当地人编纂的乡土志,口音之误在所难免。骈体版《阳城县乡土志》历史载:"安平、濩泽,及后周而仍名(北周建州领高平、安平二郡,濩泽仍属安平)。"[4]其中"后周"记载有误,应为"北周",括号中的"北周"误为"北齐"。五代时的周为"后周",南北朝时北朝的周为"北周",此处讲述的是南北朝

---

[1]冯济川:《山西乡土志》,收入山西省地方志编纂委员会编《山西旧志二种》,中华书局,2006,第39页。

[2]杨笃:《杨氏家谱》,抄本,1856年。

[3]《吉州乡土志》,清末抄本,第7页。

[4]《阳城县乡土志 阳城县金石记》,三晋出版社,2009,第12页。

之事,所以应为"北周"。"政绩录"载"至于立社仓"①,其中"社"误为
"杜","下车即革除弊俗"②中"革"误为"割"。"兵事录"载"崇祯四
年,流贼王家胤即九条龙"③,其中"王家胤"误为"王嘉印"等。学者
栗守田在校注《阳城县乡土志》时对此类问题均已指出。《平陆县图
志歌略》虽绘制有平陆县略图,但该图比例失当,影响到儿童对平
陆县地区的整体把握。

(二)载有节烈妇女事迹

有些晚清时期的山西乡土志受当时传统思想影响,在编纂时载
入了一些节烈妇女事迹。如《吉州乡土志》列女目记录清朝时期节烈
妇女最多最详,共记有金、元、明、清时期吉州守节烈女38人,其中
金1人,元1人,明6人,清30人。《吉州乡土志》用大量篇幅介绍了
这些守节烈女的事迹,约占整本书内容的五分之一。《吉州乡土志》
在记载清朝张烈女的节烈之事时说:"于捻匪入境时,义不受辱,
扼喉自尽,今人称赞之。"④"未蒙旌表,盖真吉志列女中之一大恨
事。"⑤守节烈女的事迹被世人宣扬、赞扬,但未蒙旌表,实是遗憾。
《保德州乡土志》第四章耆旧目以四节的篇幅记述了60位守节烈
女,其中"死节妇女"15人,"夫亡年少家贫,抚孤守节最苦之妇"35
人,"夫亡亲老年少,抚孤节孝兼全之妇"12人,"姑妇双节"8人。《保
德州乡土志》亦将守节作为一件值得标榜的事情,"王所用为作《双

①《阳城县乡土志 阳城县金石记》,三晋出版社,2009,第16页。
②《阳城县乡土志 阳城县金石记》,三晋出版社,2009,第19页。
③《阳城县乡土志 阳城县金石记》,三晋出版社,2009,第22页。
④《吉州乡土志》,清末抄本,第22页。
⑤《吉州乡土志》,清末抄本,第9页。

节传》", "有司匾其门曰寒松双茂", "有司题曰姑妇双节"。①《阳城县乡土志》亦有节烈目,但仅列其目,于烈女已不甚重视。《山西乡土志》《文水县乡土志》《汾阳县乡土志》《榆次县乡土地理教科书》《大同县乡土教科书》《五台县小志》等均未载节烈妇女事迹,所以《吉州乡土志》《保德州乡土志》《阳城县乡土志》对此类守节烈女之事大量载入,相对其他乡土志观念陈旧,是当今借鉴乡土教材编纂内容时需摒弃之处。

(三)具有狭隘的民族主义观

晚清时期的山西乡土志受时代影响,其所宣扬的"爱国"思想局限于"爱清王朝",将"爱清王朝"与"爱国"视为一体,对其他民族采取轻蔑敌视的态度,具有狭隘的民族主义观。晚清时期的山西乡土志编纂者遵循清政府制定的乡土志统一编纂规范,将"忠君""爱国"思想贯穿于乡土志编纂过程中。如骈体版《阳城县乡土志》历史载:"惟我国朝,升州设府。"②政绩录载:"国朝雅重循良。"③将"清朝"称为"国朝"。耆旧录中"学问"载:"卫昌绩工肄国书,声华藉甚。"④将满文称为"国书"。

晚清时期的乡土志中,还将少数民族和起义者称为"匪""贼人""寇""捻军""捻匪""拳匪"等。如骈体版《阳城县乡土志》政绩录载"时捻匪窜济源境"⑤,兵事录载"白云隘捻酋逼境,赖昌期防御勤

---

① 吴大猷:《保德州乡土志》,清光绪三十三年(1907)修,民国五年(1916)石印本,第19页。

② 《阳城县乡土志 阳城县金石记》,三晋出版社,2009,第13页。

③ 《阳城县乡土志 阳城县金石记》,三晋出版社,2009,第17页。

④ 《阳城县乡土志 阳城县金石记》,三晋出版社,2009,第56页。

⑤ 《阳城县乡土志 阳城县金石记》,三晋出版社,2009,第19页。

劳"①, 耆旧录中"宦业"载"里居时, 粤匪攻围怀庆, 奉旨围防"②, 耆旧录中"孝友"载"闻发匪已入县境"③等, 都将太平天国运动时期的农民起义军蔑称为"捻匪""粤匪""发匪"。兵事录载"石臼村拳匪妆神"④, 将义和团运动时期的农民起义军蔑称为"拳匪"。耆旧录中"义行"载"顺治甲申(1644), 贼刘忠攻阳城垂陷"⑤, 蔑称清末农民起义军李自成义军大将刘忠为"贼"。政绩录载"及流贼前后犯境"⑥, 将没有根据地、来往不定的明末农民起义军蔑称为"流贼"。《吉州县乡土志》吉州兵事载"贼扰龙王汕西岸"⑦, 将以张宗禹为首的清末农民起义军蔑称为"贼人"。晚清时期山西乡土志将"爱国"与"爱清王朝"视为一体, 维护清朝统治的目的显而易见。这种狭隘的民族主义观不利于我国民族融合。清王朝被推翻后, 乡土教育继续进行, 狭隘的民族主义观不适应时代发展, 人们逐渐将"爱清王朝"与"爱国"区分开来, 晚清时期那种狭隘的"忠君爱清"教育思想逐渐延伸扩大为爱整个国家。

---

①《阳城县乡土志　阳城县金石记》, 三晋出版社, 2009, 第24页。
②《阳城县乡土志　阳城县金石记》, 三晋出版社, 2009, 第40页。
③《阳城县乡土志　阳城县金石记》, 三晋出版社, 2009, 第49页。
④《阳城县乡土志　阳城县金石记》, 三晋出版社, 2009, 第24页。
⑤《阳城县乡土志　阳城县金石记》, 三晋出版社, 2009, 第61页。
⑥《阳城县乡土志　阳城县金石记》, 三晋出版社, 2009, 第17页。
⑦《吉州乡土志》, 清末抄本, 第7页。

结 语

乡土志是清政府处于内忧外患之际,为培养儿童"爱乡爱国"之情而编纂的小学乡土教材。它与地方志既有相通之处,也有差异性。乡土志是在地方志的基础上逐渐衍生出的一种乡土教材。作为小学乡土教材的乡土志于光绪三十一年(1905)学部颁布《乡土志例目》后才正式出现,并在全国范围内出现编纂热潮。山西的乡土志主要分为省、州、县三类。据《中国地方志联合目录》、《中国地方志综录》和《山西文献总目提要》等资料统计,全国编纂的乡土志共有 600 余种,其中山西乡土志有 20 种。虽然有的书名不以"乡土志"为名,但实为乡土志书;有的书名虽为乡土志但并不是真正意义上的乡土教材。有些作为教材的乡土志书已经失传,因此,现存晚清民国时期作为乡土教材的山西乡土志实为 13 种,分别是《山西乡土志》《保德州乡土志》《吉州乡土志》《阳城县乡土志》《文水县乡土志》《阳曲县乡土历史地理格致》《崞县乡土志》《平陆县图志歌略》《盂县地理歌略》《汾阳县乡土志》《五台县小志》《榆次县乡土地理教科书》《大同县乡土地理教科书》。

山西乡土志是在教育改革、国人的爱国情怀勃发与山西文化底

蕴、教育传统、国外乡土教育理念等影响背景下产生的。光绪二十八年(1902)清政府奏拟并制定了《钦定学堂章程》，但未及实施便被废除。光绪二十九年清政府奏拟并制定了《奏定学堂章程》。光绪三十一年清政府以学部名义下发《乡土志例目》，在历史、政绩、兵事、耆旧、人类、户口、氏族、宗教、实业、地理、山、水、道路、物产、商务等十五目方面对乡土志的编纂提出了具体要求，为山西乡土志的编纂提供了一定的规范和指导。随后，山西省、州、县的有识之士开始收集乡土资料编纂乡土志，完成后将其邮寄京师编书局评审，一面录副，经局员审定删润，订成定本，在当地小学堂投入使用。晚清民国时期，山西乡土志的编纂群体从以地方官员主持官方修纂为主逐渐变为以教育界人士私人编撰为主。山西乡土志的编纂目的是增长儿童见识，增进儿童对家乡的了解，培养儿童的爱乡爱国之情，巩固清王朝的统治地位，以及补充旧志内容，为当地历史研究提供一些史料。

山西乡土志的语言体例为文言文、白话文、四言韵语，篇幅简短，文字简练，难懂字词后有小字注解，表述浅显易懂。山西乡土志语言形式多样，采用文字与图像、表格相结合的方式，有助于儿童对教材的理解与记忆。编纂体例除遵循《乡土志例目》所要求的例目体外，山西乡土志还有课目体、章节体、诗歌体以及相互结合的体例。山西乡土志内容丰富，重点突出"爱国"教育。在地理分布方面，详载地理区域分布及历代沿革状况。在经济状况方面，在重视农业的同时还介绍了一些新兴知识，突破了传统轻商观念的影响。

山西乡土志保存了一些史料，拓宽了史料来源，提供的新史料可补旧志之不足，有一定的文献价值。山西乡土志在激起国人"爱乡爱国"意识方面也有一定的社会价值。此外，山西乡土志还有重要的

当代价值,如培养当代人们的爱国主义情怀,为当代乡土教材编纂提供了参考和借鉴,丰富了当代乡土教育的研究内容,弘扬了华夏文化。此外,山西乡土志亦有记事间或失误、载有节烈妇女事迹和狭隘的民族主义观等不足之处。这是陈旧的时代产物,不可苛求,需辩证看待,认识到其不足之处,更好地发挥山西乡土志的当代价值。

附录

FU LU

乾隆《景毛小记》考略

浅谈山西省临汾市域旧志整理

乾隆《景毛小记》考略

　　景毛村是今山西省西南部临汾市襄汾县所辖的一个行政村,同时也是景毛乡政府所在地,位于襄汾县中部。2013年,该村内部印行出版了《景毛村志》,编撰先后历时30年,内容详尽,是山西省近年出版的质量较好的村志之一。该志附录了一份《景毛小记》,系据存世抄本誊录标点而成。经调查,稿本由当地关姓学者保存,基本完好,成于乾隆年间。此前山西史志界普遍认为,现存较早的山西村志是5种民国乡土志,即民国十五年《汾阳县西陈家庄乡土志》、民国三十年《灵石县西河底村四字联语志》、民国三十三年《洪洞县蜀村志》、民国三十三年《阳城大宁乡小志》、民国三十四年《虞乡县第三区黄旗营治村志》。今本《景毛村志》披露出有《景毛小记》存世,而此《景毛小记》为目前所知最早的山西省村志。

　　《景毛小记》,现为抄本,内容基本完好,字数有3万多字。但今本《景毛村志》所录《景毛小记》只有2万字,遗漏了《景毛小记》抄本内容下册最后之节烈、方技和艺文三部分内容以及善行之"敦行录",不知何故。加之今本《景毛村志》所录《景毛小记》也存在诸多录文以及编排错误,于是利用时要优先使用《景毛小记》现存抄本。但

由于抄本未曾公开,造成使用不便。

本文以今本《景毛村志》所录《景毛小记》为基础,适当参照部分照片以补阙误,以对《景毛小志》进行初步研究,探究其珍贵的史料价值,管窥清代中期晋南乡村的生活面貌。

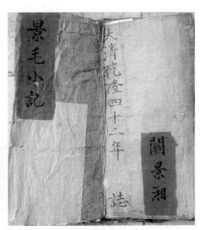

《景毛村志》书影　　　　抄本《景毛小记》书影

一、体例及内容编排

《景毛小记》(以下简称《小记》)分上下两册。依目录所见,上册内容分八欵,下册内容分六欵,共计十四欵。欵即"款",条目之意,同于"类"。上册类目依次为山川(序山十条,序川六条)、水利(十条)、村居(十三条)、土产(七条)、祠祀(十三条)、里俗(七条)、古迹(三十条)、祥异(二十二条),下册类目依次为绅士(元一、明三十九、本朝四十,士林录三十四)、老人(明三、本朝八)、善行(元二、明十三、本朝二十七、敦行录八)、节烈(烈女三,节妇明四、本朝十六,闺房录十九)、方技(明一、本朝六,异才录二)、艺文。

据今本《景毛村志》所录《小记》,其上册依次为山川类(序山十

条,序川六条)、水利类(十条)、村居类(十二条)、土产(十二条)、祠祀类(十三条)、里俗类(七条)、古迹类(三十条)、祥异类(二十二条),下册依次为绅士类(元一、明三十八、本朝三十七;士林录二十九:生员八、国学生十七、杂职四)、老人类(明二、本朝七)、善行类(元二、明十三、本朝二十五)。此后,抄本《小记》尚有敦行录九人(注:此处第九人为后加)以及节烈类(烈女本朝三,节妇明朝四、本朝十六,闺房录十九)、方技类(明朝一、本朝六,异才录二)和艺文类(文二十篇、诗五十二首)。

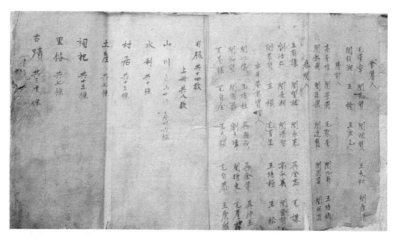

抄本《景毛小记》书影

今本《景毛村志》所录《小记》内容尽管有所缺失,但仍有部分内容收录于今本《景毛村志》中。如第十二章第一节"灵源泉"所录《灵源疏决记》、第七节"碑记"所收《创建浮惠行宫铭》《毛家巷改建楦门记》《重修玉帝庙序》《陀郎庙重建享殿序》《睦宗会序》《重修东岳庙序》《文昌阁序》《元帝庙左右二祠序》《重修华佗庙序》《城隍神社序》

《村居起因》《满水井记》①等共 13 篇文章均被抄本《小记》艺文类收录。由此可见,作者编写《景毛村志》时应该见过《小记》的艺文类内容,但缘何未收入村志,尚不知晓。另外,目录所标与内容条目也有出入,如人物类数量。其中原因或有后加,或为编写《景毛村志》者编排失误所致。

综合目录及内容类目来看,上册为山川、水利、村居、土产、祠祀、里俗、古迹、祥异,下册为人物和艺文,性质上属于一部村志无疑。

二、书写特点

(一)总序和类序兼具,述书写用意

志首有总序,每类之首均有序。总序曰:

> 景毛一庄,僻居太邑之东北隅,其地不过二千余亩。其家不过二十余牌,可谓小矣。然而隶太和之玉宇,亦足昭风化,未尝不可记也。记之者,记其地,记其时,记其人,记其事而已。山水以滋物产,礼俗以别古今,而于祥异一例,足以征气运荣贵,以昭盛典才德,以著修能。而于艺文一例,想见真面目,区山水古今而别之。昧者可使之明,疑而争者,庶几其可安也。集人物才德之能而彰之,殁者可使之存,企而慕者庶几其可鼓也。是记虽小,而劝戒寓焉,以成风化,以培风俗。可必非盛世之一小补乎。余集是册。谨将编录缘由著于篇端,以作先声云尔,谨序。时乾隆四十一年丙申冬月书于灵泉居之馆舍。庄人王天祐荣之氏志。②

---

①王泽培、贾世平:《景毛村志》,内部印行,2013,第 254-261 页。
②王泽培、贾世平:《景毛村志》,内部印行,2013,第 307 页。

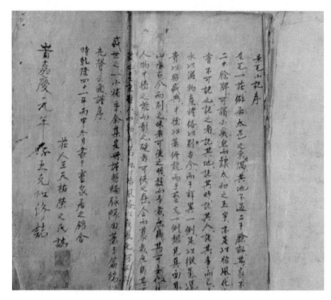

抄本《景毛小记》书影

全志共分十四类，每类之首，均有序。如水利类序曰：

> 尽为沟洫，书言之矣。是庄虽小，亦备沟洫。人岂不知求利
> 乎，但所求利者，或至贪利。贪利者，因而争利，因争利，则不顺
> 自然之利而反恐陷于不利，噫，此欲以利为利，而以利为害，何贵
> 有此水利哉。利贵公而不可私，有此水利者，共谋顺利可也。序
> 水利类。①

总序和类序位居志首及每类之首，叙述编写用意，便于阅读了解。

（二）记述兼有追溯

这在祠祀类和里俗类中较为常见。祠祀类，如"观音殿"条之"菩
萨"、"财神祠"条之"财神"、"关帝殿"条之"关帝"、"龙王神楼"条之

---

①王泽培、贾世平：《景毛村志》，内部印行，2013，第312页。

"龙王"、"老子祠"条之"老子"、"玉皇庙"条之"天皇大帝"、"元天圣母庙"条之"元帝"（实为"玄帝"避讳）、"东岳庙"条之"五岳"和"九江圣母庙"条之"九江圣母"。如"龙王"曰：

> 按龙王之号起于宋，古者祀四渎，以享诸侯之礼祀之。又有祀海神于晋地之说，又有祀两师之说，以其利泽及人，故古人立祀典，然之谓之为龙也。自宋大观中，赠以王号，而龙王之名始起，以水象龙，非一物，果如人形也。盖水本阳，于阴中而成形，氧（疑为"阳"）升则为云，云结则为雨，凝聚于地，则为水，钟于山川，则为泉，流而为江，为河，一而为湖为海，皆此水也。肖像以祀乃释教之余也。①

里俗类"节礼"之元旦节、正月望日、寒食节、端阳节、重阳节，均简要述其来源始末。如"寒食节"曰：

> 春秋时介子推从晋文公从亡有功，隐于绵山，子推被焚而死，晋人哀之，于是日禁火，谓之寒食节。汉末桥元（"玄"字避讳——引者注）谓曹操能安生民，桥元死，操感其知己，于是日自为文祭于墓，于是有寒食祭之礼。乡俗于寒食前一日为扫墓日，前二日为新墓日，皆于日未出时黎明赴墓祀奠，用纸为钱形烧化。②

志书重在如实记述，详今略古，也就是多记述当代。《小记》这部分在记述时多用笔墨追溯神灵、节日来源始末，而该村所属的太平县历代所修纂的《太平县志》所记同类内容就未曾如此追溯。这种追溯便于阅读使用，也有利于文化知识的传播普及。

---

① 王泽培、贾世平：《景毛村志》，内部印行，2013，第323页。
② 王泽培、贾世平：《景毛村志》，内部印行，2013，第329-330页。

（三）类目下有附传

绅士类，分朝代列人物 76 人，随后附录"士林录"，列生员、国学生、杂役三类 29 人；善行类附录"敦行录"9 人；节烈类附录"闺房录"19 人；方技类附录"异才录"2 人。均属于附传性质。

（四）为在世人立传

以往方志学界认为旧志中不为活人立传，但《小记》绅士类附录"士林录"之生员为作者王天祐立传、国学生为参阅人王模立简传。节烈类附录"闺房录"19 人均是年轻守寡，《小记》编写时尚守节在世。乾隆《太平县志》成书于 1775 年，王天祐尚在世，但在《人物志·文行》中已收录王天祐传记。看来乾隆年间编纂志书时已出现为在世人立传的现象，这一点应引起方志研究者的注意。

抄本《景毛小记》书影

三、管窥清代中期晋南乡村生活的珍贵史料

乾隆时期,景毛村隶属于山西布政司平阳府太平县,地处县北,"景毛距县二十六里"。这里是山西经济文化较为发达、人口稠密的地区之一。作为现存少见的清代山西村志,《小记》内容丰富,可以作为管窥清代中期晋南村落面貌的一扇窗,对于研究山西南部乡村史具有较珍贵的史料价值。

(一)民户与村务

景毛村距今已有千年历史,村名经历了"毛村"、"景毛里"、"景陈荀里"和"景毛村"等称谓变化,俗多称"毛村"。

> 宋元时庄甚小,惟毛姓人众,故以毛村名。其时附近诸村,聚而为里,今十甲办事,谓之景毛里。明末役重,民渐流亡,甚至有一甲尽逃者。清初并里攒甲,与陈郭里、荀董里合为一里,谓之景陈荀里。顺治十年,民苦寇,筑城,凡附近诸民,移置一处,统而名之曰景毛村。[①]

"景毛"之名,因毛姓聚居之毛村和村中有灵景泉而来。乾隆时,全村民户共有十二姓(关姓、刘姓、李姓、高姓、贾姓、毛姓、吴姓、张姓、周姓、段姓、王姓、曹姓),分二十三牌零二户,其中"寄寓生理工作人共列三牌零二户,为畸零牌"[②]。此外尚有乐户李姓二家不在上述统计数字内。若按每牌10户计算,全村共有230多户。《小记》谓"所里居民约三百余家,远者二十二三世,近者十三四世"[③],总人口上千,已不是小村落。按《小记》成于乾隆四十一年(1776),村民远者

---

①王泽培、贾世平:《景毛村志》,内部印行,2013,第317页。

②王泽培、贾世平:《景毛村志》,内部印行,2013,第316页。

③王泽培、贾世平:《景毛村志》,内部印行,2013,第317页。

已历二十三四世,往前推已到北宋时代,可知在《小记》成书前,该村已有七八百年历史,属于一个不可多见的有翔实历史记载的古村落,或许可以作为解读山西千年古村落的活标本。

村旧无城,居民甚散。顺治六年(1649),"寇乱,逃亡甚众"。十年癸巳(1653)间,"西坤等筑城。周围共城三十六工,每工高、长各二十四丈,周围共八百六十四丈,计地二里零四分。城占地,十二亩九分六厘"①。明朝时,全村分为西院、南院、东院 3 院,每院为首 6 人,分院办事。康熙十一年(1672),古西院分为中院、西北院,古南院分为南院、西南院,共 4 院,每院 4 人。加上东院 6 人,总计 22 人,只负责办理敬神事宜。村旧有东、西、南三门,中院、西北院办西门事,西南院、南院办南门事,东院办东门事。康熙三十二年(1693)开北门,分拨中院及东院、西北院城外有地之家,办北门事。后因北门人家短少,逢冬月闭门不开,门夫仍然守夜。

村务,雇庄头 2 人办理。西北院、西南院、中院雇 1 人,东院、南院雇 1 人。乡约也曾参与处理村务,后禁用缙绅,村务只委托庄头 2 人。村中有大庙,内有乡约所,"凡村中诸公务,乡绪(疑为"约")鸣锣,聚众商议,皆在此庙"②。村务费用多是公摊。村中有社仓,以备不时之需,原由公议推举仓长经手负责,后因无人愿充仓长,改由五院为五股存谷存银。

村中有互助组织,如睦宗会、关帝社。王姓曾建立睦宗会,"凡生一子者,出银一钱;生一女者,出银五分。以岁之祀祖先者,经其事,记名登簿,按名记银,以二分算息。于每年正月初一交班,两枝轮流,

---

① 王泽培、贾世平:《景毛村志》,内部印行,2013,第 314-315 页。

② 王泽培、贾世平:《景毛村志》,内部印行,2013,第 316 页。

周而复始。一以考成丁之有自,一以使告老之无辞。行之数年,子母
丰裕,取其羡余,享我祖先,燕我宗盟……可以为祠堂建储之费,可
以备婚器用之需。贫而贤者,岁可给灯油之资;老而鳏者,岁可周衣
食之用"①。关姓组建关帝社。因祭祀神灵而组建的会、社尚有其他。
还曾建有互助备荒设施,二甲、四甲均曾有丰赡库。

(二)水利灌溉

景毛村地处汾河中游流域,但汾河水并不流经该村。《小记》所
载水利类共有十条,包括南涧、后涧、脑上汧、窦朵汧、北坡汧、刘家
汧、寨子汧、灵源泉、天池、满水井。村内农业用水多使用沟峪水、泉
水,尤其是夏秋季雨后的山水,主要是来自尉劈峪的南涧水和自豁
都峪而来的后涧水。

> 村居岗脊,前后里许皆涧,后汧之水自西山豁都峪而来,前
> 汧之水,自西山尉劈峪来,俱东流入汾。每逢雷鸣水发,居民障
> 水以浇地,地颇肥美。前汧至终,地下涌泉,凿而为池,浇地数百
> 亩,惠及邻村,为县志八景之一。因名曰灵景泉。景毛之得名,意
> 取诸此。旁涧之地,池水所不能灌者,凿井以灌之。自有居民以
> 来,即享此利久矣。②

记"脑上汧"曰:

> 在村正西,引南大涧之水。上截浇官道以西地,下截过官道
> 东分为二口,南为申村口,北为景毛口,入口至回回鼻,分北一
> 渠,东流至三分口,又北分一渠,皆有申村、董村地。又东流北分
> 一渠,灌虎口里诸地,南分一渠灌申村城门外诸地。东流二渠,

---

①王天祐:《景毛小记》,清抄本,1776年。
②王泽培、贾世平:《景毛村志》,内部印行,2013,第318页。

皆名脑上汧,北汧为头汧,浇村西北诸地,至村南归于涧。南渠为四汧,浇村正西诸地,至西坡上南流,自深沟旁而下入南涧。①

彼时尚有明万历年间竖立的水利碑两通,一通在县治仪门外,一通在本村观音庙内,可见应是水规。又"灵源泉"记:

> 在村正南。碑载池地,东西长四十九丁,东阔十三丁,西涧十二丁,出水口为古莲花池,斜长二十八丁,南北阔四丁。池在本村地界,东流灌四村地,景毛四日,南高二日,北高四日,西郭三日。万历三十四年,西郭退水分,水流至北高南即伏,乾隆四十年六月,西山水发,古池为涧水堑垫,三村俱不能浇地矣,旧呼灵景泉误。②

此泉古为莲花池,有石碑记池地四至。光绪《太平县志·舆地》记"灵景泉在县东北二十五里景毛","灵源泉在县东北三十五里陈郭村西南"。③既然村名"景毛"之"景"源自灵景泉,县志也记灵景泉在景毛村,那么王天祐所谓村中"旧呼灵景泉误",应为灵源泉,不知是何依据?《太平县志》载八景之一为"灵泉春色",王天祐认为是指景毛村的灵景源泉。

《小记》善行类记明代村人王岩"调正村西水利,碑刻传后",关时润"调正水利有功",贾大儒"为渠长,与邻庄争水利,讼百辱不屈,乡人实利赖之"。因调正水利、争水有功,一百多年后他们被王天祐编撰村志时收录,足见水利对景毛村百姓生存的重要性。因管水、治水、争水,他们在当时备受村民推崇,身后仍有影响。

---

① 王泽培、贾世平:《景毛村志》,内部印行,2013,第312页。
② 王泽培、贾世平:《景毛村志》,内部印行,2013,第313页。
③ 光绪《太平县志》,襄汾县志编委会,内部印行,1986,第44页。

村民以农业为主业,得灌溉之利,民风淳朴,安居乐业。"夫人情安于所习耳,田能足食,即无别图,灌溉资勤,不暇他务,所以村僻,而民颇淳。尔来地狎人众,或事商游,积余资者渐有奢侈风焉,然而艳尚服饰,乡人犹争鄙之,盖古道之流传,未尽替坠矣。"①

(三)祭祀与演戏

清代山西南部戏剧极为发达,祭祀与演戏紧密相连。如里俗类之"祭礼"载:

> 正月 元旦节接神,黎明祀浮惠,初九日祀玉皇,十五日前后祀瘟神演戏,十九日祀香山,二十九日祀火星圣母演戏。
>
> 二月 初二日祀土地,初三日祀文昌,十九日礼观音,寒食节祀华佗演戏。
>
> 三月 清明祀浮惠演戏,初三日祀元天上帝,二十日祀子孙圣母演戏,二十八日祀东岳。
>
> 四月 立夏祀五谷神演戏,初八日祀关帝。
>
> 五月 初五日祀浮惠,十三日祀关帝。
>
> 六月 十三日祀华佗,二十四日祀关帝。
>
> 七月 立秋日祀五谷神演戏,初十日祀九江圣母,十五日祀伯王神演戏。
>
> 八月 十五夜祀月,是日华陀庙神首交班。
>
> 九月 十三日祀关帝演戏。
>
> 十月 初一日祀牛马王演戏。
>
> 十二月 二十三日夜祀灶,用饴糖面饼以祭。②

---

① 王泽培、贾世平:《景毛村志》,内部印行,2013,第318页。
② 王泽培、贾世平:《景毛村志》,内部印行,2013,第331页。

另据《小记》祠祀类记载：正月二十九日在火星圣母祠祀神演戏；三月二十日在子孙圣母殿举祀演戏三日；四月立夏日、七月立秋日，在村中大庙敬瘟神演戏；四月初八，在关帝殿，合庄演戏祀神，后来九月十三日关姓演戏独祀；七月十五日在伯皇殿举祀演戏三日；十月初一在牛王殿举祀演戏三日。又，浮惠圣母行宫，"南截建茶房，上加戏房与戏台相连"；浮惠庙，演戏四日；"(乾隆)四十一年，合庄神头现年公议，陀郎、浮惠二庙，同演戏六天，浮惠庙按水地九十一亩，每亩出银八分，(此处疑有脱漏)出银七两二钱八分，下剩合庄按粮分摊。神头办台子旗伞，见年请锣鼓、戏饭摊入村中，上下二庙地亩香资，俱入公用。"①此外，里俗类之"丧礼"载："五七之期，为女者请僧超度，或葬时用僧要戏，皆是旧弊。惟首七祭奠，止散乐数人，禁绝演戏，此变最佳。"②

另古迹类之"社稷坛"载："在村西北玉皇庙后。旧时里人立社，春秋二社日祭，命乐舞于社。明末时，戏兴而舞废，祀神于庙，改为立夏秋日祭，社祀遂废。今故址犹存。"③说明至明末时，当地社祀使用乐舞已改为庙祀使用戏曲，演戏成为时尚，费用多是按地摊派。

上述《小记》所载演戏时间、场地、祀神以及戏房、戏台、戏饭、戏价，均是有关祭祀演戏的鲜活资料。一年中景毛村中有如此频繁的祭祀演戏活动，足见戏剧在村民精神生活中广泛而深入的影响，人、神、戏三者之间频繁互动，可谓人养戏、戏娱神、神佑人。

---

① 王泽培、贾世平：《景毛村志》，内部印行，2013，第 328–329 页。
② 王泽培、贾世平：《景毛村志》，内部印行，2013，第 331 页。
③ 王泽培、贾世平：《景毛村志》，内部印行，2013，第 335 页。

(四)丧葬风俗

当地存在死者停尸数年或数十年不葬的习俗。如里俗类之"丧礼"载:"乡俗重风水,往往艰于难寻佳墓,辄甘停丧,甚至丧积数世,有数十年不葬者矣。人因于俗,竟不知改,是可叹也。"①这种现象在当地不属罕见,尚有其他民间文献佐证。

金元墓葬有无棺而葬之俗。如古迹类之"北古冢"载:"在村西北,冢多砖砌,葬无棺椁,尸在坑上,席衾为睡,一开冢口,触风皆化。或云:金元时葬法如此,尽皆荒坡之地也。"②这种葬俗在晋西南地区的金元墓葬考古发现中屡见不鲜。

(五)灾害

《小记》之祥异类载有地震、虎患、旱灾等。"地大震"载:"康熙三十四年四月初六之夕,有声自西北来,如风吼状,顷之,房舍如铺地,人有压伤者,数月不止。"③此为康熙三十四年(1695)平阳府地震史料。"虎异"载:"康熙四十八(年——引者补加)寒食上坟,虎忽至庄西北崖下,蹲踞窖中。关云章陡见,惊异不敢急走,而虎亦不动。因传闻村人聚众观看,毛姓有名可周者,击之以石,虎出而扑之,伤其一臂,人众喊救,虎遂东行,死于陈郭村中。今本村名其地曰'虎口里',名其窖曰'老虎窖'。"④这反映出彼时南部吕梁山生态尚好,有老虎出没。"旱灾"载:"康熙六十年,麦禾俱无。斗米价银一两,村民有粥换妻子者,邑侯张公在本村庙中散粮救民。"⑤

---

①王泽培、贾世平:《景毛村志》,内部印行,2013,第331页。
②王泽培、贾世平:《景毛村志》,内部印行,2013,第335页。
③王泽培、贾世平:《景毛村志》,内部印行,2013,第337页。
④王泽培、贾世平:《景毛村志》,内部印行,2013,第337页。
⑤王泽培、贾世平:《景毛村志》,内部印行,2013,第337页。

（六）载录碑文及口碑资料

《小记》艺文类所录村中碑文甚多。查《三晋石刻大全·临汾市襄汾县卷》，这些碑刻大多不存，因而其对传承景毛村历史文化弥足珍贵，也可补全《三晋石刻大全·临汾市襄汾县卷》之亡佚碑刻。另如祠祀类录清代修土地庙碑文，曰：

> 古者土地之祀，天子祭地于北郊，看顾诸侯下及闾里，皆祭于社。厥后，社祭废，而变为土地祠。奉神者，视为幽冥中一方乡保之义，尊神也，而反卑之，此释教之诞妄也，余甚愤焉。庄有是也，由来远矣。岁久颓圮，过者皆悯之。庄人修理，功起于去岁二月后，麦熟而告竣。余曰是后民，惟神有灵，惟人有功，功不可泯，神不可诬。余彰功德，而因正祀神之名号，是亦一快事也。是为序。①

古迹类录"古地窖"曰："旧村无城，苦兵祸，多穿窖以避之，其窖多透井，今废弃不用。然时时有塌陷者，人即从而填之。"可知地窖原为村民为避兵祸挖掘，后修城而地窖废。乡人关廉清口述亲身经历，王天祐录为《游地窖记》，文曰：

> 关姓有讳颖发者，其院内西房北间地下一窖，一日已刻启开，人争看之，其族人关国泰、关顺发、关廉清等人，放梯而下，梯约九尺，下尽一梯，有阶一层，又下如此。三梯始至底。国泰等各带火具秉烛而行，其窖宽窄不等，每逢阔处，留土阶一条使人坐也。既而深入，行玩多时，陡闻头上车声如雷状，似车触石而过也。或闻辘碌声，心疑为近井，然究未之遇也。其塌陷处瓦砾

---

① 王泽培、贾世平：《景毛村志》，内部印行，2013，第325-326页。

堆塞,傍行可过,而人不知惧,盖明知其深厚,万不能伤人也。未几烛已灼完,究莫穷其坎穴之所至,又焕(疑为"换"——引者注)一烛,相率而回,及登梯出窖,盖已申刻,其距入窖之际已三逾时矣。关廉清言之凿,录记其语于此,留一异。①

这属于采访获得的口碑资料,可信度较高,足见村中地下通道之曲长。

此外,景毛村历史久远,寺庙等公共建筑众多。古有土地庙、佛爷庙、社稷坛、玄帝庙、浮惠庙、东岳庙等。乾隆年间村中仍有大庙(菩萨庙、关帝庙)、西庙、东小庙、土地庙,村外尚有玉皇庙、玄天圣帝庙、东岳庙、九江圣母祠、陀郎庙、浮惠庙、文昌阁。"各庙占地,共二亩七分六厘三毫九丝九忽。"②由公共建筑众多可以看出村民经济状况不差,可以出资出地出力修建寺庙,信仰多种神灵。但诸庙占地不到三亩,可知规模有限。

四、作者王天祐

《小记》为抄本,线装一册。书衣左上方红纸书签标"景毛小记",中间署有"大清乾隆四十二年 志",右下方红纸衬签标"関景湘"。可知此书应为关景湘收藏于乾隆四十二年(1777)。首页有序,署"庄人土夫祐容之氏志",时间在"乾隆四十一年丙申冬月",书于"林泉居之馆舍"。可知作序者王天祐为本村人,也是作者。自序作于乾隆四十一年(1776)冬月,大概此时成书。序页反面录有"会纂人"8人、"誊订人"10人、"参阅人"15人、"本年巷首资理人"15人姓名,可见

① 王泽培、贾世平:《景毛村志》,内部印行,2013,第334页。
② 王泽培、贾世平:《景毛村志》,内部印行,2013,第315页。

这 48 人也参与了修撰《小记》的工作。

此抄本《小记》已有后人增补,明显处有四。首页紧随序后写有"峕嘉庆元年存王克和修志",这与序笔迹不同;"敦行录"之王克和小传,天头处出现"道光十年入太平县志"字样;"敦行录"最后一人为关登第,小传居然出现"咸丰年间"字样;抄本末尾出现"光绪三年山西省大旱"一段五行文字,显然也是后人所加。

在《小记》绅士类附录"士林录"之生员,竟有王天祐小传。王天祐:"字荣之,道纯子,邑庠生,入县志文行内。志载'景毛人,平生嗜学不倦,所著书数种,皆有本原。诗亦朗朗可诵'。"①乾隆《太平县志·人物志·文行》载:"王天祐,景毛人,庠生。生平嗜学不倦,所著书数种,皆有本原。诗亦朗朗可诵。"②道光《太平县志·人物志·文苑》同。光绪《太平县志·人物志·文苑》载:"王天佑,号灵泉,景毛人。廪贡。嗜学不倦,殚心著述。其《四书考异》一书,考据精详,脍炙人口。诗亦清雅可颂。"③光绪《太平县志·艺文下》载:"《四书考异》于字同义异、字异义同处,剖析极明。其论天文、地理、道学处,亦不失之影响。王天佑著。"④

王天祐,生卒年不详,景毛人。祖父王施泽、父王道纯,《小记》善行类均有传。《小记》载:"王施泽字耒苏,岩孙,入县志。志载'景毛人,弟亡,抚孤侄道隆如子,侄亦以父事。隆与堂弟道纯同居,终身无片言参差,一门友爱,足以维风'。赠匾曰'善行可风'。"⑤查乾隆《太

---

① 王泽培、贾世平:《景毛村志》,内部印行,2013,第 344 页。
② 乾隆《太平县志》,清刻本,1775 年。
③ 光绪《太平县志》,襄汾县志编委会,内部印行,1986,第 488 页。
④ 光绪《太平县志》,襄汾县志编委会,内部印行,1986,第 934 页。
⑤ 王泽培、贾世平:《景毛村志》,内部印行,2013,第 348 页。

平县志·人物志·孝义》载："王施泽，景毛人，弟亡，抚孤侄道隆如子，侄亦以父事之。隆与堂弟道纯同居，终身无片言参差，一门友爱，足以维风。"①道光《太平县志·人物志·孝友》同。《小记》载："王道纯字静巷，施泽子，嗜文艺，笃于孝，同兄道隆同居，终身无片言参差，县志称'一门友爱，足以维风'。序父名下。"②《小记》艺文类收王道纯文章《忍气安命说》一篇，紧随其后似为一首五言诗和四行内容不详文句，注文曰："以上著作刻版存家，录此数条以备一列。"③可知王道纯也是颇有学养之人，曾有著作刻版，所谓"嗜文笃孝"者也。王天祐生活的年代，太平县知县张钟秀修纂成《太平县志》。《小记》中王天祐祖孙小传所谓"县志"，正是指乾隆《太平县志》。在乾隆、道光和光绪3种《太平县志》中，祖孙二人均被收录进《孝义传》《孝友传》和《文苑传》《文行传》。结合《小传》对王天祐祖父、父亲、堂伯父王道隆的简单记载，可知王天祐有家学传承。王家以孝友传家，远近闻名，能进县志在当地应有一定知名度。

　　王天祐，廪贡生，科举方面没有太大成就。他生活简朴，居所自号"灵泉居"。"时侪友知交，有以毛村名余者。余恶汾滨、毛村之得以相混也，因而自为记。且以别吾居曰'灵泉居'。泉灵而人不灵，居其如余何。"④王天祐在景毛一带设帐从教为生。"余居是乡，性最懒甚，有数亩之田，不能自治，而雇佃于人，以故事简，身间得以馆外焉"，"灵泉居之馆舍"，"予边馆于此"。其撰有《四书考异》，"于字同义异、

①乾隆《太平县志》，清刻本，1775年。
②王泽培、贾世平：《景毛村志》，内部印行，2013，第350页。
③王天祐：《景毛小记》，清抄本，1776年。
④王泽培、贾世平：《景毛村志》，内部印行，2013，第318页。

字异义同处,剖析极明。其论天文、地理、道学处,亦不失之影响",可知在理学、四书方面有所深入,对天文、地理也有所研究。前述《小记》在祠祀、节礼方面多有追溯,可知其较为熟悉这些知识。能被县志收录进《文苑传》,说明他有较高的文化素养。王天祐所撰诗文目前仅知连村《分建三星庙真武庙文昌庙泰山庙志文序》,作于"乾隆三十二年岁次丁亥雪月"。当时他在连村任教,"时予边馆于此"。也许正是因为他较有学问,这才承担起编写《小记》的任务。《小记》尽管有多人参与,但作为主笔,王天祐无疑是功劳最大者。

五、结语

现存抄本《景毛小记》是编纂于清乾隆四十一年(1776)的一部村志,是目前所知最早的山西村志。该志依次设有山川、水利、村居、土产、里俗、祥异、祠祀、古迹、绅士、老人、善行、节烈、方技、艺文十四类目,3万多字,记述内容丰富,对于研究清代中期晋南乡村史具有重要的史料价值。此志的现身,使得现存山西乡村志的历史由民国提前到清代中期。期待该志抄本能完整公开,便于史志界研究利用。通过《景毛小记》,可以管窥清代中期晋南乡村生活面貌。景毛村是个千年古村落,因其有《景毛小记》的翔实记述,故而具有研究华北地区千年古村落的活标本价值。结合田野调查、今本《景毛村志》,将《景毛小记》所记录的历史断面充分展示,对于发挥其在文化传承、文物考古、乡土社会研究和旅游开发中的历史文化价值具有积极意义。

浅谈山西省临汾市域旧志整理

　　山西省南部的临汾市古称平阳,今以"尧都"显名于中华大地。临汾市现辖 17 个县(区、市),历史文化积淀厚重,在全省享有盛誉。临汾市域现存 1949 年之前编纂的旧志总数位居全省前列,其中明清版本大多已列入善本古籍。临汾旧志中明代版本存量极少,清代版本也多被较大型图书馆收藏,当地所藏数量较少,不利于研究利用。

　　新中国成立后,准确来说应该是 1980 年至今的 40 多年间,为了研究和利用,一批旧志得到整理出版,主要是标点注释。承担整理任务的主要是各县的学者,前期多为内部印刷,近十年来正式出版才多了一些,对当地的历史文化研究起到了积极作用。相对而言,占总数一半的现存旧志一直未能得到整理出版,加之对其资料价值未能整体分析判断,无形中对地域历史文化研究和开发造成不利影响。在全国各地重视挖掘地域文化、期望让古籍活起来和坚定文化自信的今天,作为记录当地历史文化的"地方百科全书",旧志应该得到重视,地方主管部门应从可持续发展、高质量发展和文化传承与发展的角度出发,加快对旧志的整理、出版和研究,建功当代、泽被后世。

关于临汾市域各县旧志的存佚及整理情况，30多年前临汾当地学者孙觉民曾写过《临汾地区旧志考略》一文。该文在参考《中国地方志综录》《山西地方志综录》的基础上，结合自己利用、研究各市县旧志的实践写成，具有积极的学术意义及一定的参考价值；但因所刊载的《平阳方志》为内部刊物，无形中造成利用不便。10多年前，笔者曾撰文《山西省临汾市旧志整理述略》，主要以刘纬毅主编的《山西文献总目提要》一书之"地方志"部分为基础，结合笔者10余年间对临汾市县旧志的购藏、研究，围绕临汾市域旧志的存佚、整理出版和存在的问题进行简单论述。最近10余年间，临汾市域旧志研究工作有了新进展，一批旧志陆续得到影印及标点整理出版。本文以笔者旧文为基础，适当增补了近10年间的旧志研究新成果，希望能对临汾市域的旧志研究及利用有所帮助。

一、临汾市域旧志存佚情况

据《山西文献总目提要》和《山西地方志综录》两书不完全统计，山西全省现存旧志的政区志（指省志、府州县志、村志）有460余种，其中临汾市域的府州县志有84种、村志有1种，府州县志数量在全省仅次于运城市（88种）。但据笔者最新统计，临汾市域现存旧志（府州县志）实为86种、村志3种，总数与运城市极为接近，位居全省前列。此外，据孙觉民先生统计，临汾市尚存《霍山志》《霍州中渠渠长志》《洪洞水利》《洪洞县水利志补》《古大槐树志》《增广洪洞古槐树志》6种专业志，实际上还有几种别的专业志存世，如《上官河志》。综合《山西文献总目提要》《山西地方志综录》两书所记及最新研究发现，临汾市亡佚的旧志至少有51种（具体见附表1）。

附表 1　临汾市域旧志(府州县志)存佚表

府州县(今所属市县区)名称	现存	亡佚
平阳府 (临汾市)	洪武《平阳志》、正德《平阳志》、万历《平阳府志》、康熙《平阳府志》、雍正《平阳府志》(共5种)	元代《平阳志》、明前期《平阳府志》(共2种)
临汾县 (尧都区)	万历《临汾县志》、康熙《临汾县志》2种、雍正《临汾县志》、乾隆《临汾县志》、民国《临汾县志》2种(共7种)	明前期《临汾县志》(共1种)
汾西县 (汾西县)	康熙《汾西县志》、光绪《汾西县志》(共2种)	金元之际《汾西县志》、明前期《汾西县志》、万历《汾西县志》、顺治《汾西县志》(共4种)
岳阳县 (安泽县、古县)	康熙《岳阳县志》、雍正《岳阳县志》、民国《岳阳县志》、民国《安泽县志》(共4种)	明前期《岳阳县志》、万历《岳阳县志》(共2种)
翼城县 (翼城县)	嘉靖《翼乘》、万历《翼乘》、顺治《翼乘》、康熙《翼乘》、康熙雍正间《翼志存略》、乾隆《翼城县志》2种、光绪《翼城县志》、民国《翼城县志》(共9种)	明前期《翼城县志》、正德《翼城县志》、嘉靖《翼城县志》2种、康熙《翼乘拾遗》(共5种)
曲沃县 (曲沃县、侯马市)	嘉靖《曲沃县志》、万历《沃史》、康熙《曲沃县志》、康熙《沃史》、乾隆《曲沃县志》、嘉庆《曲沃县志》、道光《曲沃县志》、光绪《曲沃县志》、民国《曲沃县志》(共9种)	明前期《曲沃县志》(共1种)
吉州 (吉县)	康熙《吉州志》、乾隆《吉州志》、光绪《吉州全志》、光绪《吉州乡土志》(共4种)	明前期《吉州志》、万历崇祯间《吉州志》、乾隆《吉州考》(共3种)
隰州 (隰县)	康熙《隰州志》、光绪《隰州志》(共2种)	北宋初年《隰州图经》、明前期《隰州志》、万历《隰州志》2种、康熙《隰州志》(共5种)
永和县 (永和县)	康熙《永和县志》、民国《永和县志》(共2种)	明前期《永和县志》、康熙《永和县志》(共2种)
大宁县 (大宁县)	康熙《大宁县志》、雍正《大宁县志》、道光《大宁县志》、光绪《大宁县志》(共4种)	明前期《大宁县志》、万历《大宁七记》、天启《大宁县志》、康熙《大宁县志》(共4种)
蒲县 (蒲县)	康熙《蒲县志》、乾隆《蒲县志》、光绪《蒲县志》(共3种)	明前期《蒲县志》、天启《蒲县志》(共2种)

续表

府州县(今所属 市县区)名称	现存	亡佚
洪洞县、赵城县 (洪洞县)	万历《洪洞县志》、顺治《洪洞县志》、康熙《洪洞县志》、雍正《洪洞县志》、光绪《洪洞县志》、民国《洪洞县志》、顺治《赵城县志》、乾隆《赵城县志》、道光《赵城县志》、民国《赵城县志》(共10种)	明前期《洪洞县志》、嘉靖《洪洞县志》、明末《洪乘续编》、明前期《赵城县志》、嘉靖《赵城县志》、崇祯《赵城县志》、顺治《赵城县志》(共7种)
霍州 (霍州市)	嘉靖《霍州志》、康熙《霍州志》、道光《霍州志》、光绪《霍州志》(共4种)	明前期《霍州志》、道光咸丰间《霍州志》(共2种)
浮山县 (浮山县)	嘉靖《浮山县志》、康熙《浮山县志》、乾隆《浮山县志》、同治《浮山县志》、光绪《浮山县志》、民国《浮山县志》(共6种)	明前期《浮山县志》(共1种)
襄陵县、太平县 (襄汾县)	隆庆《襄陵县志》、康熙《襄陵县志》、雍正《襄陵县志》、光绪《襄陵县志》、民国《襄陵县志》、万历《太平县志》、雍正《太平县志》、乾隆《太平县志》、道光《太平县志》、光绪《太平县志》(共10种)	明前期《襄陵县志》、成化《襄陵县志》、弘治《襄陵县志》、明前期《太平县志》、嘉靖《太平县志》、康熙《太平县志》3种(共8种)
乡宁县 (乡宁县)	顺治《乡宁县志》、康熙《乡宁县志》、乾隆《乡宁县志》、光绪《乡宁县志》、民国《乡宁县志》(共5种)	明前期《乡宁县志》、万历《乡宁县志》(共2种)

流传至今的5种府志:洪武《平阳志》(残本,存前9卷)、正德《平阳志》(残本,存6卷)、万历《平阳府志》(10卷)、康熙《平阳府志》(36卷)、雍正《平阳府志》(36卷)。在清雍正朝前,平阳府辖境大致包括今临汾市与运城市,因此前4种府志尚包括今运城市所辖市县以及晋中市的灵石县;雍正《平阳府志》不再包括今运城市辖区。

二、40多年来临汾市域旧志影印及整理出版情况

1980年至今40多年间,临汾市域的旧志影印及出版情况总体不太理想,具体到各区县,情况也不尽相同。

(一)府志的影印及整理出版

1.洪武《平阳志》,现存最早的山西方志刻本。《中华再造善本》续编影印了洪武《平阳志》,线装,1函3册,国家图书馆出版社,2012年。

2.万历《平阳府志》。中国国家图书馆编《原国立北平图书馆甲库善本丛书》影印明万历四十三年刻清顺治二年递修本《平阳府志》,国家图书馆出版社,2013年。

3.康熙《平阳府志》,纂修者有知名学者孔尚任,属名家名志,先后被标点整理及影印出版。

(1)整理本　发起者是时任运城市稷山县地矿局局长骆山水,该志为其下乡时访的,承担点校任务的是运城学者,线装,2函13册,山西古籍出版社,1998年。

(2)影印本　《山西文华》(史料编)影印了康熙《平阳府志》,硬精装10册,三晋出版社,2006年;临汾市文化局主持,三晋出版社影印本,线装,2函40册,2018年。

(二)旧志均已整理出版的县市

在临汾全市17个县(市、区)中,霍州、浮山、乡宁、吉县、永和、隰县、翼城均已将所存旧志整理出版完毕,其中又以霍州、浮山、乡宁、翼城整理出版较多。

1.霍州市现存旧志4种。

(1)整理本　霍县方志办曾于1985—1987年标注出版嘉靖《霍州志》、康熙《霍州志》、道光《直隶霍州志》和光绪《直隶霍州志续编》,油印本,平装,16开。2001年,霍州市史志编纂委员会又将现存的嘉靖、康熙、道光、光绪4种《霍州志》重新标点注释,内部印行。道

光《直隶霍州志》分上中下 3 册,其余均 1 册,平装,32 开。

(2)影印本　《山西文华》(史料编)影印了嘉靖《霍州志》,精装 1 册,三晋出版社 2017 年出版。

2.浮山县现存旧志 6 种。1988 年,浮山地方志办公室标点注释民国《浮山县志》。该志 32 开,平装 2 册,内部印行。2010 年,浮山县地方志办公室标注整理出版明清《浮山县志》,包括嘉靖、康熙、乾隆、同治、光绪 5 种,合订精装 1 册,16 开,山西人民出版社出版。

3.乡宁县现存旧志 5 种。

(1)整理本　1985 年乡宁县县志编委会曾将民国《乡宁县志》标点,内部印行,平装 1 册,32 开。1996 年乡宁县老龄文史研究会曾将顺治(增订万历)、康熙、乾隆、光绪 4 种《乡宁县志》标点印行，32 开,平装,各 1 册。

(2)影印本　2022 年,三晋出版社影印出版《清代乡宁县志三种》,包括康熙《乡宁县志》、乾隆《乡宁县志》和光绪《续修乡宁县志》,线装,3 函 8 册。

按,《山西文献总目提要》载乡宁县志尚存 6 种,其中万历《乡宁县志》和顺治《乡宁县志》其实指的是同一个版本。《山西文献总目提要》中所说的(顺治)《乡宁县志》"实际上经过了两次增修。有顺治七年增刻本"[1]。《山西地方志综录》未列此"万历本",所录"顺治本"曰"明万历二十年(1592)刻,清顺治七年(1650)增刻本"[2]。既然为顺治增刻万历本,理应定为顺治本。查 1996 年乡宁县老龄文史研究会印行万历《乡宁县志》书尾附记可知,1983 年从北京图书馆复印回该志

---

[1]刘纬毅主编《山西文献总目提要》,山西人民出版社,1998,第 283 页。

[2]祁明编《山西地方志综录》,山西省地方志编纂委员会办公室,1986,第 113 页。

时,字迹已漫漶不清;1993年又赴北图将复印稿对照原书进行校正,并点校抄录①。书首的"重印乡宁县志序"也曰"万历(清顺治增订)"②。而为《山西文献总目提要》撰写"万历《乡宁县志》"的是乡宁县志办刘天章先生,记为:"万历二十年(1592)刻本。北图藏。乡宁县志办有复印本。"③查《北京图书馆古籍善本书目》和《中国古籍善本书目》发现,万历本和顺治本《乡宁县志》都未载。2001年线装书局影印的《清代孤本方志选》(第二辑)收有国家图书馆藏顺治《乡宁县志》6卷,可知刘先生所谓的"县志办复印本"与乡宁县整理出版的"万历(清顺治增订)"本实为同一个版本。那么,《山西文献总目提要》所载万历《乡宁县志》应列为亡佚类地方志,乡宁县现存旧志只有5种而非6种。

4.吉县现存旧志4种。

(1)整理本 1982年,吉县县志编纂办公室标点光绪《吉县全志》,32开,平装1册。之后,吉县县志编纂办公室标点清末《吉州乡土志》(1983年)、康熙《吉州志》(1984年)、乾隆《吉州全志》(1985年)3种,16开,油印,平装,均1册,内部印行。

(2)影印本 2013年,三晋出版社影印出版民国《吉县全志》,线装,1函2册。

5.永和县现存旧志2种。

(1)标点注释本 1983年,县史志征编领导组标点注释康熙《永和县志》,内部印行,32开,平装1册。1994年,县史志征编领导组标

①万历《乡宁县志》,乡宁县老龄文史研究会内部印行,1996,第163页。
②万历《乡宁县志》,乡宁县老龄文史研究会内部印行,1996,第1页。
③刘纬毅主编《山西文献总目提要》,山西人民出版社,1998,第282-283页。

点注释民国《永和县志》,内部印行,32 开,平装 1 册。

(2)翻译本　2016 年,三晋出版社出版《永和县志全译》,平装 1 册,是民国《永和县志》的翻译本。

(3)影印本　2016 年,三晋出版社影印民国《永和县志》,线装 4 册,与上述《永和县志全译》合装,1 函 5 册。

6.隰县现存康熙《隰州志》和光绪《续修隰州志》2 种。

(1)标点注释本　1982 年,隰县县志编委会翻印康熙《隰州志》和光绪《续修隰州志》,标点注释,32 开,平装,合订 1 册,书名《隰州志》。2022 年,隰县党史研究室、方志研究室重排康熙《隰州志》和光绪《续修隰州志》,平装,各 1 册,标点注释;同时出版《隰州志》补辑本,平装 1 册,内容分 6 卷,依次为职官、艺文、学校、选举、杂记、考略。从各种文献中辑录资料增补《隰州志》,便于研究与利用,这也算是传承旧志的一种创新。

(2)影印本　2022 年,隰县党史研究室、方志研究室影印康熙《隰州志》和光绪《续修隰州志》,线装,各 1 函 4 册。

7.翼城县现存旧志 9 种。

(1)标点本　程发聘收集整理《翼城古志集成》,16 开,平装,5 册,2013 年由三晋出版社出版标点本,收旧志 7 种,包括明嘉靖《翼乘》、清顺治《翼乘》、清康熙《翼乘》、清乾隆李氏《翼城县志》、清乾隆许氏《翼城县志》、清光绪《翼城县志》、民国《翼城县志》,附录王世家《翼志存略》卷四至卷九,其实为 8 种。

(2)标点注释本　2004 年,翼城县史志办公室标点注释民国《翼城县志》,山西古籍出版社出版,16 开,精装 2 册,书名是《翼城县志注释》。胡星辰、刘大勇等注《民国翼城县志新注》,标点注释,16 开,精

装2册,2020年由方志出版社出版。该新注本错误较多,甚为遗憾。

(3)翻译本　程发轫译注《翼城县志今译》,16开,精装3册,2011年由三晋出版社出版,是民国《翼城县志》的翻译本。

(4)影印本　《天一阁藏明代方志选刊续编》收有嘉靖《翼城县志》。翼城县志办刘峰先生2010年曾影印民国《翼城县志》,线装,1函8册。

关于万历《翼乘》,《山西文献总目提要》未曾提及。程发轫收集整理《翼城古志集成》述及万历《翼乘》由知县崔儒秀主修、邑人史学迁主纂,刊行于万历三十六年(1608)。"我们从美国购回的顺治志中,保存了一部原汁原味的万历志。"①但据刘峰先生文章,翼城县内收藏家尚保存有万历本《翼乘》。

(三)已整理出版数种旧志的县市

1.安泽县和古县古为岳阳县,现存旧志4种,分别是康熙《岳阳县志》、雍正《岳阳县志》、民国《新修岳阳县志》和民国《重修安泽县志》。

(1)整理本　2010年,安泽县史志办公室出版雍正《岳阳县志》和民国《重修安泽县志》点校本,点校者是著名山西史志专家李裕民教授。李先生依照中华书局古籍整理的凡例予以点校,末尾辑录了成化《山西通志》、雍正《山西通志》和康熙《平阳府志》中关于岳阳、安泽县的资料,以及民国《新修岳阳县志》中未被民国《重修安泽县志》收录的内容。由于民国《重修安泽县志》是在民国《新修岳阳县志》基础上重修,故两志内容绝大部分相同,而点校本收录未收内容

①《翼城古志集成》第一册,三晋出版社,2013,第2页。

实际上也相当于将民国《新修岳阳县志》整理完毕。该点校本书名是
《雍正岳阳县志　民国安泽县志合集》，精装，16 开，1 册，内部印行。
遗憾的是，《雍正岳阳县志　民国安泽县志合集》出版时没有严格依
照李先生的点校底稿，造成不该出现的错误。

（2）影印本　2015 年，中华书局影印出版雍正《岳阳县志》，线
装，1 函 4 册。

2.洪洞（赵城）县现存县志 10 种，其中《洪洞县志》6 种、《赵城县
志》4 种。1992 年，山西人民出版社出版标点本民国《洪洞县志》和道
光《赵城县志》，两志合订 1 册，16 开，精装。2003 年，山西春秋电子
音像出版社重新出版标点本《洪洞县志》，包括民国《洪洞县志》、道
光《赵城县志》及民国《大槐树志》、当代《遗民考证》，合订 1 册，16
开，精装；2003 年，上述 4 种书也曾由洪洞县县志编委会内部印行，
16 开，平装，上下册。另外，笔者曾从地摊购得民国末年李慎言增补
道光《赵城县志》石印本的复制本，16 开，平装 4 册，底本被山西大
学图书馆收藏，极有可能就是在洪洞当地印制。

3.襄汾县现存旧志 10 种。1986 年，襄汾县志编委会翻印民国
《襄陵县新志》和光绪《太平县志》，标点注释，32 开，平装 4 册，书名
是《襄陵县新志　太平县志合刊》，内部印行。

4.蒲县现存旧志 3 种。

（1）整理本　1986 年，蒲县县志编委会翻印光绪《蒲县志》，标点
注释，32 开，平装 1 册，书名是《蒲县志》。蒲县县志编委会也曾翻印
康熙《蒲县志》，标点本，32 开，油印，平装 1 册，书名是《蒲县新志》，
极为少见。

（2）影印本　2016 年，三晋出版社影印出版康熙《蒲县新志》，线

装,1函2册。

(四)已整理出版过1种旧志的县区

1.汾西县现存旧志2种。1988年,汾西县委党史研究室翻印光绪《汾西县志》,标点注释,32开,平装1册,书名是《续修汾西县志》。

2.大宁县现存旧志4种。1985年,大宁县志编委会标点注释光绪《大宁县志》,32开,平装1册。另据《山西地方志综录》记载,1957年曾出版光绪《大宁县志》石印本①。

3.尧都区现存旧志7种。由尧都区方志办发起,卢玉龙、李百玉主持标点民国二十二年(1933)《临汾县志》,2016年由方志出版社出版。该志是标点本而非点校本。临汾市城建局退休干部王兆元先生印制《临汾县志丛书》,包括明万历十九年、清康熙三十五年、康熙五十七年、清雍正八年、清乾隆四十四年、民国十年、民国二十二年《临汾县志》,16开,共7册。因属个人行为,印量极少,姑且在此提及。

(五)只有影印尚未标点整理出版过旧志的曲沃县

曲沃县现存旧志9种。《天一阁藏明代方志选刊续编》收有嘉靖《曲沃县志》。天津古籍出版社1988年曾影印出版《天津图书馆藏稀见方志丛刊》,收万历《沃史》,线装4册。曲沃县和曲沃中学也曾影印过《曲沃县志》,但印量很少。目前尚无1种曲沃县旧志被标点整理出版过。

综上,临汾市域现存旧志(府州县志)86种,已整理出版了44种(包括康熙《平阳府志》),占总数的51.16%;已整理出版的旧志中近一半以光绪、民国版本(光绪11种、民国9种)为工作底本。除部分

---

①祁明编《山西地方志综录》,山西省地方志编纂委员会办公室,1986,第103页。

影印本是由市域之外的文化部门、出版机构主持整理外,其余整理者几乎都是当地学者。已经整理出版的旧志中,康熙《平阳府志》、民国《洪洞县志》、道光《赵城县志》、民国《临汾县志》、民国《永和县志》(全译)、明清《浮山县志》(包括嘉靖、康熙、乾隆、同治、光绪5种)、翼城古志(包括嘉靖、顺治、康熙、乾隆李氏、乾隆许氏、光绪、民国及《翼志存略》)等18种均由出版社正式出版发行,占总数的40.9%,其余26种为内部印行。在17个县市中,只有霍州、浮山、乡宁、永和、吉县、隰县、翼城7县市将所存旧志全部整理出版。洪洞、赵城、襄陵、太平4县在1949年以前为单独建制县域,大部分县只印行过1种旧志。除侯马为新建市外,至今只有曲沃县未标点整理出版过任何1种旧志。

此外,在当代编辑出版的几种大型方志丛书中,尚可以见到收录的多种临汾市及辖区县旧志影印本。如《天一阁藏明代方志选刊续编》收有嘉靖《曲沃县志》和嘉靖《翼城县志》。台北成文出版社影印的《中国方志丛书》收录有民国《新修岳阳县志》、民国《重修安泽县志》、民国《翼城县志》、民国《洪洞县志》、民国《永和县志》、民国《临汾县志》、民国《浮山县志》、光绪《吉县志》、康熙《隰州志》、光绪《续修隰州志》、乾隆《蒲县志》以及民国《洪洞县水利志补》。凤凰出版社(江苏古籍出版社)影印的《中国地方志集成·山西府县志辑》收录的临汾市辖县旧志,包括民国《新修岳阳县志》、民国《重修安泽县志》、光绪《汾西县志》、雍正《平阳府志》、光绪《吉州全志》、乾隆《临汾县志》、民国《临汾县志》、民国《永和县志》、光绪《翼城县志》、乾隆《新修曲沃县志》、乾隆《续修曲沃县志》、光绪《续修曲沃县志》、民国《新修曲沃县志》、民国《襄陵县新志》、乾隆《蒲县志》、光绪《蒲县续

志》、民国《洪洞县志》、道光《赵城县志》、道光《太平县志》、光绪《太平县志》、道光《直隶霍州志》、光绪《续刻直隶霍州志》、同治《浮山县志》、光绪《浮山县志》、民国《浮山县志》、乾隆《乡宁县志》、光绪《续修乡宁县志》、民国《乡宁县志》、光绪《大宁县志》以及民国《洪洞县水利志补》。巴蜀书社、凤凰出版社、上海书店出版社联合影印的《中国地方志集成·山西省善本方志辑》收录的临汾市域旧志包括顺治《翼乘》、乾隆《翼城县志》、万历《沃史》、康熙《沃史》、康熙《永和县志》、雍正《洪洞县志》、乾隆《浮山县志》、雍正《太平县志》、乾隆《太平县志》、雍正《襄陵县志》。上述大型方志丛书不容易见到,好在数字化时代《中国方志丛书》和《中国地方志集成·山西府县志辑》电子版较容易获得。

临汾市整理出版的部分旧志书影

三、临汾市域旧志整理存在的问题

(一)临汾市域旧志整理的困境

近些年来,临汾市的旧志整理工作总体进展不够理想。中央号召开展第一轮修志以后,全市 17 个县市区的新编地方志已经全部编成正式出版(最晚出版的《霍州市志》2013 年 12 月由中华书局出版)。

第二轮修志开始以后,由于有上级部门的统一领导安排,各市县的修志工作也在正常进行,已出版多部新志,尤其是《临汾市志》2013年由中华书局出版。而旧志整理工作的境遇就不可同日而语了,多数县市因缺乏领导的足够重视和切实可行的工作方案,加之旧志整理人才缺乏,相关工作较为迟缓。如临汾市地方志办公室主办的内部期刊《平阳方志》(季刊),近年来就很少刊登旧志整理研究方面的文稿,大概是稿源缺乏的缘故。

除去当地保存的临汾旧县志外,尧都区过去曾将现存的部分旧志从区外复制回来,保存于方志办或档案馆。曾因向中央领导建言修志而在方志界名噪一时的李百玉先生也曾主持过地方志工作,但现存的7种旧志只有民国二十二年《临汾县志》得到整理出版,旧志工作没有在全市起到带头作用。

在前面所述全市业已整理出版的44种旧志中,除雍正《岳阳县志》和民国《安泽县志》是由著名宋史和山西史志研究专家李裕民先生按照学术界通行的古籍整理原则进行点校,对康熙《平阳府志》的艺文部分略有校勘外,其余都由当地学者负责整理、标点以及注释。尽管有的也标有"点校"字样,但其实并未进行内容校勘也未进行版本校勘,只能算作"点注",不能算作"点校"。同时,也还存在不少标点错误。整理出版的旧志多半都是内部印行,加之年代稍久、流通有限,无疑造成利用上的不便。

(二)临汾市域旧志整理的现实必要性

过去,研究中国古代文史的专家学者兼顾地方志研究的甚多,旧志整理研究不算什么问题。现在,文史学界和方志界利用旧志多是采摘其中的相关资料,缺乏对旧志本身的整理研究,加之旧志整

理工作得不到合理的科研评价,导致工作进展缓慢,旧志整理人才逐渐匮乏。而随着老一辈学者年事渐高,现在年轻一代的方志工作者在旧志整理研究方面越来越表现出能力不足的困难。临汾市所属各市县目前在旧志整理研究方面也面临同样的问题。将来即便启动旧志整理出版工作,但要想在当地物色合适的研究承担者也会成为突出问题,而外地学者还存在不了解临汾当地历史文化的弱项。因此,趁一批退休离职的文史、方志专家学者目前尚能工作,加快旧志整理研究应成为当务之急。

第一、二轮修志侧重于中华人民共和国成立以来的历史,距今只有70多年。相对而言,民国及其以前的旧志,尤其是明清时期的府州县志多记当地的古代历史文化内容,人文色彩较为厚重,在当地历史上所占比重较大,理应加大关注力度。现今山西省要建设文化旅游大省,推动山西文化高质量发展,临汾自不例外。除红色旅游文化资源外,山西最为丰富的应是历史文化和民俗文化资源,这些内容在旧志中能得到最为全面集中的反映,因此,加快旧志整理研究具有现实必要性。

在评判临汾各市县所存旧志资料价值时,应该具体问题具体分析,不可一概而论。但不管怎样,正确的内容总是占绝大多数。毋庸置疑,有的旧志内容可以弥补正史所记缺乏,有的可以纠正正史记载错误;但旧志所记错误之处也是屡见不鲜的,同样应引起高度重视。如北宋著名史学家刘恕(1032—1078)曾在宋仁宗时任和川(今属临汾市安泽县)令,而现存的民国《新修岳阳县志》和民国《重修安泽县

志》俱作"英宗时以进士知和川",当误。据李裕民先生《刘恕年谱》①
可知,刘恕始知和川的时间大致在宋仁宗至和元年(1054)前后。而
现在各市县在研究开发地方历史文化以及编修各类新志书、家谱
时,不加辨别地将旧志所记作为材料引用的事例不胜枚举。因此,加
强旧志整理研究,对不同版本间的资料价值进行比勘,整体研究每
部旧志的相对价值,无疑具有现实必要性。

　　开展旧志整理研究工作,最好由地方政府出面组织协调,提供
经费保障。应想方设法先将县里所存的旧志全部复制,永久保存于
县里,如能全部影印出版最好;然后约请相关专家学者,提供必要的
整理研究条件,以多种影印本比勘进行点校整理,最后正式出版发
行。或是像《太原府志集全》《翼城古志集成》那样合订出版,或单行
出版。需要特别提醒的一点是,原则上不要将志书内容全部翻译,主
要是难度太大,市域内缺乏专门人才,不准确的翻译会给阅读使用
者带来一些困扰和误导。总之,当地保存原版复制本或影印本可以
为后辈利用者核对原本提供一劳永逸的帮助,出版点校本也有利于
当地及外地人士研究该地古代、近代历史文化。这样的基础性工作
必将功及当代、泽被后世,是永彪史册的千秋文化之举。

----

①李裕民:《刘恕年谱》,载《宋史新探》,陕西师范大学出版社,1998,第230页。

参考文献

一、基本史料

1.〔春秋〕左丘明:《左传》,岳麓书社 1988 年。

2.〔汉〕司马迁:《史记》,中华书局 1959 年。

3.〔汉〕刘向集录、范祥雍笺证:《战国策笺证》,上海古籍出版社 2014 年。

4.〔汉〕班固:《汉书》,中华书局 1962 年。

5.〔汉〕许慎撰、段玉裁校订:《说文解字注》,上海古籍出版社 2011 年。

6.〔晋〕皇甫谧:《高士传》,上海古籍出版社 2014 年。

7.〔北魏〕郦道元:《水经注》,上海古籍出版社 1990 年。

8.〔南朝宋〕刘义庆撰、徐震堮著:《世说新语校笺》,中华书局 2001 年。

9.〔北齐〕魏收:《魏书》,中华书局 1974 年。

10.〔唐〕房玄龄:《晋书》,中华书局 1974 年。

11.〔唐〕魏征:《隋书》,中华书局 1973 年。

12.〔唐〕李延寿:《北史》,中华书局 1974 年。

13.〔唐〕杜佑:《通典》,中华书局 2016 年。

14.〔唐〕李吉甫:《元和郡县图志》,中华书局 1983 年。

15.〔后晋〕刘昫等:《旧唐书》,中华书局 1975 年。

16.〔宋〕徐锴:《说文解字系传》,中华书局 1987 年。

17.〔宋〕乐史撰、王文楚等点校:《太平寰宇记》,中华书局 2007 年。

18.〔宋〕欧阳修:《新唐书》,中华书局 1975 年。

19.〔宋〕欧阳修:《新五代史》,中华书局 1974 年。

20.〔宋〕欧阳忞:《舆地广记》,中华书局 1985 年。

21.〔宋〕郑樵撰、王树民点校:《通志二十略》,中华书局 1995 年。

22.〔宋〕祝穆:《事文类聚》,上海古籍出版社 1992 年。

23.〔宋〕王应麟:《玉海》,江苏古籍出版社 1987 年。

24.〔宋〕林駉撰:《古今源流至论》,《四库全书》第 942 册,上海古籍出版社 1992 年。

25.〔宋〕张舜民:《画墁录》,《丛书集成初编》第 577 册,中华书局 2013 年。

26.〔元〕脱脱:《宋史》,中华书局 1977 年。

27.〔明〕刘璟撰:《易斋稿》,中科院图书馆藏清钞本。

28.〔明〕宋濂等:《元史》,中华书局 1973 年。

29.〔明〕杨士奇等:《文渊阁书目》,商务印书馆 1935 年。

30.〔明〕杨守陈:《杨文懿公文集》,《四明丛书》,广陵书局 2006 年。

31.〔明〕李贤:《大明一统志》,三秦出版社 1990 年。

32.〔明〕郑晓:《郑端简公今言类编》,商务印书馆 1936 年。

33.《钞本明实录》,线装书局 2005 年。

34.〔清〕程恩泽:《国策地名考》,中华书局 1991 年。

35.〔清〕黄宗羲:《宋元学案》,《黄宗羲全集》第12册,浙江古籍出版社2012年。

36.〔清〕焦循:《孟子正义》,中华书局2011年。

37.〔清〕顾炎武:《肇域志》,上海古籍出版社2004年。

38.〔清〕顾祖禹:《读史方舆纪要》,中华书局2005年。

39.〔清〕胡聘之:《山右石刻丛编》,山西人民出版社1988年。

40.〔清〕孙诒让:《周礼正义》,中华书局1987年。

41.〔清〕沈炳巽:《水经注集释订讹》,商务印书馆1935年影印本。

42.〔清〕王天祐:《景毛小记》,清乾隆四十一年(1776)抄本。

43.〔清〕王轩著、杨恩浚辑:《顾斋遗集》,(民国)山西省文献委员会编:《山右丛书初编(十二)》,山西人民出版社1986年。

44.〔清〕许鸿磐:《方舆考证》,民国二十二年(1933)济宁潘氏华铿阁刻本。

45.〔清〕徐松辑:《宋会要辑稿》,中华书局1957年。

46.〔清〕杨笃:《山右金石记》,三晋出版社2018年。

47.〔清〕杨守敬:《隋书地理志考证》,《杨守敬集》第2册,湖北人民出版社1997年。

48.〔清〕张廷玉等撰:《明史》,中华书局1974年。

49.洪武《平阳志》,国家图书馆出版社2012年。

50.成化《山西通志》,中华书局1998年。

51.嘉靖《曲沃县志》,《天一阁藏明代方志选刊续编》,上海书店1990年。

52.嘉靖《山西通志》,中华书局2017年。

53.嘉靖《浮山县志》,浮山县地方志办公室《明清浮山县志》,山

西人民出版社 2010 年。

54. 万历《平阳府志》,《原国立北平图书馆甲库善本丛书》第 339 册,国家图书馆出版社 2013 年。

55. 万历《山西通志》,中华书局 2012 年。

56. 万历《乡宁县志》,乡宁县老龄文史研究会 1996 年内部印刷。

57. 康熙《平阳府志》,山西古籍出版社 1998 年。

58. 康熙《山西通志》,中华书局 2014 年。

59. 雍正《山西通志》,中华书局 2006 年。

60. 雍正《石楼县志》,《中国地方志集成》第 26 册,凤凰出版社 2005 年。

61. 乾隆《太平县志》,清乾隆四十年(1775)刻本。

62.《嘉庆重修一统志》,中华书局 1986 年。

63. 嘉庆《灵石县志》,《中国地方志集成》第 20 册,凤凰出版社 2005 年。

64. 道光《赵城县志》,《中国地方志集成》第 52 册,凤凰出版社 2005 年。

65. 同治《阳城县志》,《中国方志丛书》第 405 册,成文出版社 1976 年。

66. 光绪《汾阳县志》,《中国地方志集成》第 26 册,凤凰出版社 2005 年。

67. 光绪《凤台县志》,《中国地方志集成》第 37 册,江苏古籍出版社 1998 年。

68. 光绪《山西通志》,中华书局 1990 年。

69. 光绪《太平县志》,襄汾县志编纂委员会翻印 1986 年。

70.〔清〕《吉州全志》,凤凰出版社 2005 年。

71.〔清〕成连增纂:《文水县乡土志》,宣统元年(1909)铅印本。

72.〔清〕黄绍箕编:《乡土志例目》,1905 年。

73.〔清〕王从龙纂:《平陆县图志歌略》,民国十九年(1930)。

74.〔清〕王相贤编:《阳曲县乡土历史地理格致》,宣统年间铅印本。

75.〔清〕吴大猷编:《保德州乡土志》,清光绪三十三年(1907)修,民国五年(1916)石印本。

76.〔清〕杨念先纂、沈继焱修:《阳城县乡土志》,《中国方志丛书》第 74 册,成文出版社 1967 年。

77.《阳城县乡土志 阳城县金石记》,三晋出版社 2009 年。

78.〔清〕佚名修纂:《吉州乡土志》,清末抄本。

79.〔清〕渤海张琴氏编辑、盂县清城官小学堂刊印:《盂县地理图志歌略》,光绪三十二年(1906)刻本。

80.〔清〕章同编:《崞县乡土志》,清光绪三十四年(1908)抄本。

81.〔清〕《续文献通考》卷一百一《学校考》,民国十通本。

82.民国《洪洞县水利志补》,《中国方志丛书》第 80 册,成文出版社 1968 年。

83.民国《洪洞县志》,《中国方志丛书》第 79 册,成文出版社 1968 年。

84.民国《临汾县志》,方志出版社 2016 年。

85.民国《灵石县志》,《中国方志丛书》第 87 册,成文出版社 1968 年。

86.民国《虞乡县新志》,《中国方志丛书》第 83 册,成文出版社

1968年。

87. 高鼎臣纂:《左云乡土志》,民国二十五年(1936)稿本。

88. 李培信主编:《文水县志》,山西人民出版社1994年。

89. 刘天成纂:《汾阳县乡土志》,民国二十五年(1936)稿本。

90. 苏从武纂修:《五台县小志》,民国十一年(1922)铅印本。

91. 王堉昌:《汾阳县金石类编》,三晋出版社2018年。

92. 杨兰阶、田九德:《阳城金石记》,三晋出版社2018年。

93. 杜红涛编:《三晋石刻大全·吕梁市孝义市卷》,三晋出版社2012年。

94. 汾阳县志编纂委员会:《汾阳县志》,海潮出版社1998年。

95. 高建录:《三晋石刻大全·临汾市襄汾县卷》,三晋出版社2013年。

96. 山西省地方志编纂委员会编:《山西旧志二种》,中华书局2006年。

97. 山西省灵石县志编纂委员会:《灵石县志》,中国社会出版社1992年。

98. 山西省史志研究院编:《山西通志》,中华书局1999年。

99. 王继林、刘伯伦:《柏沟村志》,山西古籍出版社1997年。

100. 王泽培、贾世平:《景毛村志》,2013年内部印刷。

101. 文水县北张村志编纂委员会编:《北张村志》,2008年内部印刷。

102. 许新民:《白杜村村志》,三晋出版社2013年。

103. 阳城县志编纂委员会:《阳城县志》,海潮出版社1994年。

104. 张青等编:《洪洞县志》,山西春秋电子音像出版社2005年。

105. 赵发:《南中黄村志》,2011 年内部印刷。

106. 汪学文主编:《三晋石刻大全·临汾市洪洞县卷》,三晋出版社 2014 年。

107. 王天然主编:《三晋石刻大全·临汾市尧都区卷》,三晋出版社 2011 年。

108. 卫伟林编:《三晋石刻大全·晋城市阳城县卷》,三晋出版社 2012 年。

109. 武登云编:《三晋石刻大全·吕梁市汾阳市卷》,三晋出版社 2017 年。

110. 李贵申:《灵石县西河底村四字联语志》,《山西文史资料》1997 年第 5 期。

111. 刘天成:《汾阳县西陈家庄乡土志》,《山西文史资料》1997 年第 6 期、1998 年第 1 期、1998 年第 2 期。

112. 苏俊杰等:《虞乡县第三区黄旗营治村志》,《山西文史资料》1997 年第 4 期。

113. 王璧:《阳城大宁乡小志》,《山西文史资料》1997 年第 5 期。

114. 杨恩浚:《洪洞县蜀村志》,《山西文史资料》1997 年第 4 期。

115.〔日〕山岗师团编、山西省史志研究院译编:《山西大观》,山西古籍出版社 1998 年。

二、今人著作

1. 巴兆祥:《方志学新论》,学林出版社 2004 年。

2. 白清才主编:《山西寺庙大全》,山西经济出版社 1995 年。

3. 仓修良:《方志学通论》,齐鲁书社 1990 年。

4. 曹凤南编：《小学乡土教育的理论与实际》，商务印书馆 1936 年。

5. 程发轫：《翼城古志集成》，三晋出版社 2013 年。

6. 董爱民等编：《洪洞名刹古寺》，2011 年内部印刷。

7. 费孝通：《乡土中国》，人民出版社 2008 年。

8. 黄苇：《方志论集》，浙江人民出版社 1983 年。

9. 黄苇：《论方志的继承和创新》，《方志论集》，浙江人民出版社 1983 年。

10. 黄苇：《中国地方志词典》，黄山书社 1986 年。

11. 黄苇等：《方志学》，复旦大学出版社 1993 年。

12. 金恩辉、胡述兆编：《中国地方志总目提要》，汉美图书有限公司 1996 年。

13. 来新夏：《方志学概论》，福建人民出版社 1983 年。

14. 雷守敬、李九礼：《汾阳县教育志》，山西人民出版社 1992 年。

15. 李晋林、畅引婷：《山西古籍印刷出版史志》，中央编译出版社 2000 年。

16. 李细珠：《张之洞与清末新政研究》，上海书店出版社 2003 年。

17. 李裕民辑：《山西古方志辑佚》，山西省地方志编纂委员会办公室 1985 年。

18. 李裕民：《宋史新探》，陕西师范大学出版社 1998 年。

19. 梁漱溟：《梁漱溟全集》，山东人民出版社 1991 年。

20. 林衍经：《方志学综论》，华东师范大学出版社 1988 年。

21. 林衍经：《方志学概论》，华东师范大学出版社 2008 年。

22. 刘久长、刘峰：《后刘家庄村志》，山西人民出版社 2009 年。

23. 刘纬毅、诸葛计、高生记、董剑云：《中国方志史》，三晋出版

社 2010 年。

24. 刘纬毅:《三晋文化》,山西教育出版社 2006 年。

25. 刘纬毅:《山西方志概述》,吉林省地方志编纂委员会、吉林省图书馆学会 1988 年。

26. 刘纬毅主编:《山西文献总目提要》,山西人民出版社 1998 年。

27. 刘纬毅:《中国地方志》,新华出版社 1993 年。

28. 刘益龄:《山西地方志史》,三晋出版社 2014 年。

29. 孟社旗:《析城山诗集》,山西人民出版社 2014 年。

30. 南开大学图书馆古籍组编:《南开大学图书馆馆藏线装书目录》(史部,地理类分册),南开大学出版社 1980 年。

31. 祁明:《山西地方志综录》,山西地方志编纂委员会办公室 1986 年。

32. 祁明编:《山西方志要览》,山西省新闻出版局 1997 年。

33. 钱茂伟:《中国公众史学通论》,中国社会科学出版社 2015 年。

34. 山西省地方志办公室:《民国山西村政建设》,山西人民出版社 2014 年。

35. 山西省地方志办公室:《民国山西政权组织机构》,山西人民出版社 2014 年。

36. 山西省地图集编纂委员会编:《山西省历史地图集》,中国地图出版社 2000 年。

37. 山西省政协《晋商史料全览》编辑委员会编:《晋商史料全览》(吕梁卷、运城卷、晋中卷、临汾卷),山西人民出版社 2006 年。

38. 史念海:《方志刍议》,浙江人民出版社 1986 年。

39. 谭其骧:《中国历史地图集:元明时期》,中国地图出版社

1996 年。

40. 滕星主编:《中国乡土教材应用调查研究》,民族出版社 2011 年。

41. 宛志文主编:《汉语大字典袖珍版》,四川辞书出版社 1999 年。

42. 汪旭编:《唐诗全解》,万卷出版公司 2015 年。

43. 王葆心:《方志学发微》,湖北省地方志编纂委员会办公室 1981 年。

44. 温润芳:《社会变迁中山西乡土教材的编纂与应用研究》,民族出版社 2013 年。

45. 乌丙安:《乌丙安民俗研究文集·中国民间信仰》,长春出版社 2014 年。

46. 吴志尧:《小学乡土教育》,商务印书馆 1949 年。

47. 阎锡山:《阎锡山早年回忆录》,台湾传记文学出版社 1968 年。

48. 杨士毅:《家之志》,2002 年内部印刷。

49. 姚春敏:《清代华北乡村庙宇与社会组织》,人民出版社 2013 年。

50. 中国古籍善本书目编辑委员会编:《中国古籍善本书目·史部》,上海古籍出版社 1991 年。

51. 中国古籍总目编纂委员会编:《中国古籍总目》,中华书局 2009 年。

52. 中国科学院北京天文台编:《中国地方志联合目录》,中华书局 1985 年。

53. 周振鹤、李晓杰:《中国行政区划通史·总论 先秦卷》,复旦大学出版社 2009 年。

54. 朱士嘉:《中国地方志综录》,商务印书馆 1958 年。

55.《山西期刊史》编纂委员会编:《山西期刊史》,山西人民出版社 2010 年。

56.《山西文史资料全编》编辑委员会编:《山西文史资料全编》第 10 卷,《山西文史资料》编辑部 2000 年内部发行。

三、学术论文

1. 巴兆祥:《论近代乡土志的几个问题》,《安徽史学》2006 年第 6 期。

2. 巴兆祥:《明代方志纂修述略》,《文献》1988 年第 3 期。

3. 柏喜贵:《乡土知识及其利用与保护》,《中南民族大学学报》(人文社会科学版)2006 年第 1 期。

4. 仓修良:《再论方志的起源》,《杭州大学学报》(哲学社会科学版)1986 年第 3 期。

5. 陈碧如:《乡土探源》,《中国地方志》2006 年第 4 期。

6. 陈碧如:《乡土志"名"与"实"》,《中国地方志》2007 年第 3 期。

7. 陈豆豆:《〈绥来县乡土志〉勘误举例》,《文化学刊》2020 年第 9 期。

8. 程美宝:《由爱乡而爱国:清末广东乡土教材的国家话语》,《历史研究》2003 年第 4 期。

9. 高瑞艳、全建平:《明洪武〈平阳志〉探赜》,《图书馆研究与工作》2019 年第 6 期。

10. 韩江雪:《爱国主义与国民启蒙——近代中国教科书的二维文化空间》,《课程教学研究》2019 年第 12 期。

11. 黄苇:《方志基本知识及城市志编纂问题》,《编辑学刊》1988

年第 4 期。

12. 李德华:《明代地方城市的坛庙建筑制度浅析——以山东为例》,《中国建筑史论汇刊》2012 年第 1 期。

13. 李嘎、边疆:《〈汾阳西陈家庄乡土志〉的文本特点与史料价值》,《中共山西省委党校学报》2016 年第 3 期。

14. 李晋林:《金元时期平水刻版印刷考述》(上),《文献》2001 年第 2 期。

15. 李素梅、滕星:《中国百年乡土教材演变评述》,《广西民族大学学报》(哲学社会科学版)2008 年第 1 期。

16. 李素梅:《简论乡土教材文化功能的运行与个体适应》,《湖南师范大学教育科学学报》2009 年第 2 期。

17. 李新:《论清末乡土教材出版的几个问题》,《编辑之友》2014 年第 3 期。

18. 李新:《清末乡土教材的产生及其文化价值探微》,《湖南师范大学教育科学学报》2013 年第 5 期。

19. 李勇先:《试论晚清民国时期巴蜀乡土志的编纂及其创新》,《上海地方志》2018 年第 4 期。

20. 李裕民:《〈民国山西乡村志五种〉前言》,《山西文史资料》1997 年第 4 期。

21. 李裕民:《吕洞宾考辨——揭示道教史上的谎言》,《山西大学学报》(哲学社会科学版)1990 年第 1 期。

22. 李裕民:《山西方志综述》,《沧桑》1995 年第 1 期。

23. 刘超建:《清末新疆乡土志及其史料价值》,《历史档案》2015 年第 3 期。

24. 骆啸声：《中国地方志探源》，《湖北大学学报》(哲学社会科学版)1985 年第 2 期。

25. 吕志毅：《方志起源研究》，《中国地方志》2003 年第 5 期。

26. 吕作芳、吕作昕：《奇人吕洞宾生卒年代及身世再探——对李裕民先生〈吕洞宾考辨〉一文的考辨》，《温州师范学院学报》(哲学社会科学版)1991 年第 2 期。

27. 马甫平：《王璧与〈大宁村小志〉》，《山西地方志》1988 年第 1 期。

28. 毛曦、董振华：《城市化进程中系统开展村志编纂的意义与建议》，《中国地方志》2016 年第 6 期。

29. 彭亚鸣、师希平：《尧庙元代〈圣旨田宅之记〉碑考究》，《发展导报》2018 年 6 月 8 日。

30. 钱茂伟：《浅谈公众社区史的编写》，《中国地方志》2015 年第 9 期。

31. 乔新华：《尧舜故地——明代山西平阳府州县方志纂修的文化现象学探析》，《清华大学学报》(哲学社会科学版)2011 年第 5 期。

32. 任根珠：《山西旧志整理与研究》，《中国地方志》2003 年第 5 期。

33. 沈松平：《关于新中国乡镇村志编修历史的考察》，《2018 年地方志与地方史理论研讨会论文汇编》。

34. 孙常民：《临汾地区旧志考略》，《平阳方志》1990 年第 3 期。

35. 田雁：《五代行政区划单位"军"的形成》，《江汉大学学报》(人文社会科学版)2004 年第 2 期。

36. 田雨：《清学部颁〈乡土志例目〉》，《社会科学战线》1985 年第 4 期。

37. 仝建平：《金状元王纲生平及诗文辑考》，《山西师大学报》

(社会科学版)2015年第4期。

38. 仝建平:《临汾地域文献及其整理述略》,《忻州师范学院学报》2018年第1期。

39. 仝建平:《乾隆〈景毛小记〉考略》,《山西高等学校社会科学学报》2020年第9期。

40. 仝建平:《山西省临汾市旧志整理述略》,《太原理工大学学报》(社会科学版)2012年第1期。

41. 王安芝:《〈新疆乡土志稿〉版本源流考》,《新疆地方志》2019年第3期。

42. 王传明:《志林重现一株新——新发现的〈苫羊山志〉评介》,《山东图书馆季刊》2002年第1期。

43. 王复兴:《浅析村志的编写》,《中国地方志》2017年第5期。

44. 王丽华、李彦良:《元代中书左丞傅岩起研究》,《文物鉴定与鉴赏》2018年第16期。

45. 王汝雕:《从新史料看元大德七年山西洪洞大地震》,《山西地震》2003年第3期。

46. 王兴亮:《〈中国地方志联合目录〉中"乡土志"的两个问题》,《图书馆杂志》2003年第11期。

47. 王兴亮:《清末民初教育类乡土志书的编纂群体与社会影响》,《中国地方志》2004年第6期。

48. 王兴亮:《清末民初乡土志书的编纂和乡土教育》,《中国地方志》2004年第2期。

49. 王兴亮:《乡土志研究综述》,《新世纪图书馆》2011年第2期。

50. 行龙:《清末乡土志的史料价值》,《山西地方志通讯》1987年

第 1 期。

51. 贠有强：《试论新疆乡土志对方志编纂实践的传承与发展》，《中国地方志》2020 年第 3 期。

52. 贠有强：《在清末民国时期西北丝路沿线乡土志中有关商贸流通的编纂实践探析》，《史学志刊》2020 年第 2 期。

53. 张俊峰：《1303 年洪洞大地震与地域分水制度——以广胜寺泉域为中心的考察》，第六届中国灾害史国际学术研讨会 2009 年 7 月。

54. 张梅秀：《清末民初山西乡土志书 17 种述略》，《中国地方志》2006 年第 4 期。

55. 张敏之：《明清时期洪洞民间信仰——以碑刻和地方志所载庙宇为例》，《山西档案》2015 年第 6 期。

56. 张启耀、冯婉婷：《"村政建设"与近代山西乡村社会变迁——兼论"村政建设"的失败原因》，《运城学院学报》2020 年第 4 期。

57. 张艳：《关于村志的研究综述》，《广西地方志》2016 年第 1 期。

58. 张志中：《中国古建筑的防震措施探讨》，《震灾防御技术》2017 年第 1 期。

59. 张宗帅：《关于时间视域下村志写作的思考》，《史志学刊》2019 年第 6 期。

60. 周嘉：《志林奇葩的历史记忆——兼论〈苦羊山志〉之人文历史价值》，《聊城大学学报》(社会科学版)2010 年第 2 期。

61. 周子良：《民初山西村自治机关运行的法制化》，《山西大学学报》(哲学社会科学版)2017 年第 3 期。

62. 朱娇娇、仝建平：《〈山西乡土志〉时代价值分析》，《晋城职业技术学院学报》2020 年第 6 期。

63. 朱士嘉：《方志之名称与种类》，《禹贡半月谈》1934 年第 1 期。

64. 朱士嘉：《谈谈地方志中的几个问题》，《中国地方史志通讯》1980 年第 2 期。

65. 朱士嘉：《中国地方志浅说》，《文献》1979 年第 1 辑

66. 朱士嘉：《中国地方志综录补篇》，《史学年报》1938 年第 2 期。

67. 朱士嘉：《中国地方志的起源、特征及其史料价值》，《史学史资料》1979 年第 2 期。

68. 邹涛、刘嘉媛：《以乡土志为视角的晚清至民国时期云南纺织服装业研究》，《西部史学》2019 年第 2 期。

69. 邹涛、郑珩：《乡土志发展——近代四川省乡土志中纺织服装业贸易资料成果考究》，《区域治理》2020 年第 3 期。

四、学位论文

1. 李东旭：《〈雄县乡土志〉整理与研究》，河北大学硕士学位论文，2019 年。

2. 李素梅：《中国乡土教材的百年嬗变及其文化功能考察》，中央民族大学博士学位论文，2008 年。

3. 李新：《固守与革新——百年中国乡土教材研究》，湖南师范大学博士学位论文，2014 年。

4. 李越：《明代版刻书籍中的字体及名家题字探析》，首都师范大学硕士学位论文，2014 年。

5. 刘惠娟：《民国山西省区村制研究（1917—1928）》，渤海大学硕士学位论文，2018 年。

6. 刘玉玉：《"学必始于乡土，而后可通于天下"——清末民初乡

土志探析》,东北师范大学硕士学位论文,2008 年。

7. 刘桌雯:《乡土意识变迁与乡土书写》,中央民族大学博士学位论文,2013 年。

8. 马隽:《晚清民国时期山东乡土志研究》,西南民族大学硕士学位论文,2018 年。

9. 申艳然:《晋南地区旧志风俗志研究》,陕西师范大学硕士学位论文,2017 年。

10. 沈波:《明代地理学与历史地理学》,西北大学硕士学位论文,2011 年。

11. 王兴亮:《"爱国之道,始自一乡"——清末民初乡土志的编纂与乡土教育》,复旦大学博士学位论文,2007 年。

12. 温润芳:《社会变迁中山西乡土教材的编纂与应用研究》,中央民族大学博士学位论文,2011 年。

13. 张慧婷:《清末民初山西乡土志研究》,华东师范大学硕士学位论文,2020 年。

14. 张俊峰:《明清以来洪洞水利与社会变迁——基于田野调查的分析与研究》,山西大学博士学位论文,2006 年。

15. 张丽:《村志编纂方法研究》,青岛科技大学硕士学位论文,2017 年。

16. 张书剑:《论明代洪洞大槐树移民的伦理意义及启示》,山西大学硕士学位论文,2012 年。

17. 邹涛:《清末至民国时期西南地区乡土志研究(1905—1948)》,西南大学博士学位论文,2014 年。

后　记

　　我是学历史的,从上大学起就喜欢逛地摊买旧书。参加工作后又对地方历史文化产生了浓厚兴趣,于是乎开始收集各类山西地方志书,尤其是已经出版印行的旧志,这成为我购书、藏书的一个重要方向。十多年坚持下来,逐渐有了些收获。旧志多了,随手即可翻检,为我开展山西历史文化研究提供了较大便利,同时我也开始尝试利用搜集到的旧志写点研究文章。

　　业师李裕民先生是著名的宋史专家,也是山西史志研究专家,他经常告诫我说:"藏书多了,要当学问家,不能只当藏书家。"

　　2010年山西省地方志办公室召开纪念新方志工作30年学术会议,我利用手头的旧志写了《山西省临汾市旧志整理述略》。这篇文章以叙述为主,算是我研究山西旧志的第一篇文章。2014年左右,我从周末地摊上买到了襄汾县《景毛村志》,里面收有《景毛小记》,一看正是一种村志。过去山西方志界认为现存最早的山西村志只有民国的几种,清代的尚未发现,这部志书的出现刚好可以证明清代山西村志尚有存世,这也算是一项新发现吧。数年后我写了篇《乾隆〈景毛小记〉考略》,发表在省里的期刊上。

自 2009 年以来,我先后写过《晋学研究资料利用问题》《山西历史文化书目举要》《临汾地域文献及其整理述略》《从地域文化图书出版看改革开放 40 年山西文化发展》《山西地方文献及其整理述略》等文章,均把山西地方志书尤其是旧志作为一项主要内容进行叙述,利用的就是自己搜集到的山西旧志书籍以及各种出版信息等,可以说初步实现了收藏、利用和研究兼顾的目标。

我从 2011 年开始招收硕士研究生,至今已毕业十多人,做的学位论文大都是关于山西地方历史文化的,包括宋金元史、历史文献、旧志、临汾地域、晋商文化、童蒙教育,也为研究、传承山西地方历史文化做了些努力。这些学位论文中涉及山西旧志的有 3 篇,还有 1 篇论文专门研究晚清方志大家杨笃。

洪武《平阳志》是现存最早的山西旧志刻本,国家图书馆藏有一部残本,为海内外孤本,具有较高的文献价值。后来《中华再造善本》(明清编)予以影印,一函 3 册,我知道出版信息后赶紧买了 1 套。《洪武〈平阳志〉研究》是高瑞艳的硕士学位论文,对洪武《平阳志》进行了文献研究。同时,她还对该志进行了初步点校。

全国的村志编纂相对较晚,一般认为《四库全书》收录的安徽贵池(今安徽池州)《杏花村志》是第一部村志。至晚到乾隆年间,山西便有了村志编纂,我对现存的太平(今属临汾市襄汾县)《景毛小记》进行了初步研究。乾隆曲沃县《湾里庄志》、同治《湾里庄续志》为先后编修,也有抄本存世。目前所知现存的民国山西村志有 5 种,分别是《汾阳西陈家庄乡土志》、《灵石县西河底村四字联语志》、《洪洞县蜀村志》、《虞乡县第三区黄旗营治村志》和《阳城大宁乡小志》。这 5 种民国村志是李裕民先生在山西省政

协文史委工作期间搜集到的,20 世纪末期陆续在《山西文史资料》上标点印行。后来我们去进行调研,据村志作者的后人讲,有的村志原稿已经不存,幸亏《山西文史资料》抢救性保护才使其得以继续流传下来。《现存 5 种民国时期山西村志研究》是聂宇洁的硕士学位论文, 对 5 种民国山西村志进行了文献研究,并对发表于《山西文史资料》上的 5 种民国山西村志作了进一步的文字校勘。

乡土志是在清末光绪三十一年(1905)学部颁布《乡土志例目》后出现的一种乡土知识教材,直至民国时期一直在编撰。从文献形式上说,乡土志属于地方志的一种;从内容性质上说,它又属于乡土教材。晚清民国时期,山西编撰的乡土志有几十种,但存世的仅有 10 余种。研究这些乡土志,对于山西旧志的整理与研究及了解近代山西乡土教育有着积极的文化意义。《晚清民国山西乡土志研究》是朱娇娇的硕士学位论文,对现存的 10 余种晚清民国时期山西乡土志进行了文献研究(该部分收入本书出版时改为"晚清民国时期山西乡土志研究")。

这部《山西旧志研究》使用的志书均属山西旧志范畴,书稿主体部分由我指导的上述 3 名研究生的硕士学位论文构成,都是我在阅读使用山西旧志过程中发现的有价值的题目,并指导学生进行研究。3 篇论文均以文献研究为主,并对文本作了适当校勘,同时开展了一定的田野调查;不足之处是利用文献开展社会历史问题研究尚待提升。附录部分是我写的反映临汾市域旧志状况和乾隆《景毛小记》内容价值的 2 篇文章,本次付梓前均作了一定修改完善。希望本书的出版能对山西的旧志整理和研究工作略

有帮助。

　　该书的出版得益于我的工作单位山西师范大学提供了经费资助,也要感谢另外 3 位作者认真校对完善书稿,最后还要感谢我的同学、本书责任编辑杨海军先生的辛勤编校。

仝建平

2023 年 11 月 10 日

本书系2023年山西省哲学社会科学规划课题
"铸牢中华民族共同体意识山西地域历史文化元素研究"
（2023YJ048）阶段性成果